Heine-Jahrbuch

Herausgegeben in Verbindung mit
der Heinrich-Heine-Gesellschaft

HEINE-JAHRBUCH 2000

39. Jahrgang

Herausgegeben von Joseph A. Kruse
Heinrich-Heine-Institut
der Landeshauptstadt Düsseldorf

Verlag J. B. Metzler
Stuttgart · Weimar

Anschrift des Herausgebers:
Joseph A. Kruse
Heinrich-Heine-Institut
Bilker Straße 12–14, 40213 Düsseldorf

Redaktion: Karin Füllner und Marianne Tilch

Die Deutsche Bibliothek – CIP-Einheitsaufnahme

Heine-Jahrbuch ... / hrsg. in Verbindung mit der Heinrich-Heine-
Gesellschaft. – Stuttgart ; Weimar : Metzler.
Erscheint jährl. – Früher im Verl. Hoffmann und Campe, Hamburg. –
Aufnahme nach Jg. 34. 1995
Darin aufgegangen: Heinrich-Heine-Gesellschaft:
Mitteilungen der Heinrich-Heine-Gesellschaft, Düsseldorf

Jg. 34. 1995 – Verl.-Wechsel-Anzeige

ISBN 978-3-476-01790-1
ISBN 978-3-476-02722-1 (eBook)
DOI 10.1007/978-3-476-02722-1
ISSN 0073-1692

© 2000 Springer-Verlag GmbH Deutschland
Ursprünglich erschienen bei J. B. Metzlersche Verlagsbuchhandlung
und Carl Ernst Poeschel Verlag GmbH in Stuttgart 2000
www.metzlerverlag.de
Info@metzlerverlag.de

Inhalt

Kleinere Beiträge

Berichte

Heinrich-Heine-Institut. Sammlungen und Bestände

Reden zur Verleihung der Ehrengabe der Heinrich-Heine-Gesellschaft 2000

Buchbesprechungen

Siglen

1. H. Heine: Werke und Briefe

B = Heinrich Heine: Sämtliche Schriften. Hrsg. von Klaus Briegleb. München: Hanser 1968–1976, 6 Bände (6, II = Register)

DHA = Heinrich Heine: Sämtliche Werke. Düsseldorfer Ausgabe. In Verbindung mit dem Heinrich-Heine-Institut hrsg. von Manfred Windfuhr. Hamburg: Hoffmann und Campe 1973–1997

HSA = Heinrich Heine: Werke, Briefwechsel, Lebenszeugnisse. Säkularausgabe. Hrsg. von den Nationalen Forschungs- und Gedenkstätten der klassischen deutschen Literatur in Weimar (seit 1991: Stiftung Weimarer Klassik) und dem Centre National de la Recherche Scientifique in Paris. Berlin und Paris: Akademie und Editions du CNRS 1970 ff.

2. Weitere Abkürzungen

Galley/Estermann = Eberhard Galley und Alfred Estermann (Hrsg.): Heinrich Heines Werk im Urteil seiner Zeitgenossen. Hamburg: Hoffmann und Campe 1981 ff.

HJb = Heine-Jahrbuch. Hrsg. vom Heinrich-Heine-Institut Düsseldorf. Hamburg: Hoffmann und Campe 1962–1994; Stuttgart: Metzler 1995 ff.

Mende = Fritz Mende: Heinrich Heine. Chronik seines Lebens und Werkes. Berlin: Akademie ¹1970; ²1981

Seifert = Siegfried Seifert: Heine-Bibliographie 1954–1964. Berlin und Weimar: Aufbau 1968

Seifert/Volgina = Siegfried Seifert und Albina A. Volgina: Heine-Bibliographie 1965–1982. Berlin und Weimar: Aufbau 1986

Werner = Michael Werner (Hrsg.): Begegnungen mit Heine. Berichte der Zeitgenossen. Hamburg: Hoffmann und Campe 1973, 2 Bände

Wilamowitz = Erdmann von Wilamowitz-Moellendorf und Günther Mühlpfordt (†): Heine-Bibliographie 1983–1995. Stuttgart und Weimar: Metzler 1998

Wilhelm/Galley = Gottfried Wilhelm und Eberhard Galley: Heine-Bibliographie [bis 1953]. Weimar: Arion 1960, 2 Bände

Aufsätze

I.

Die Sehnsucht nach »ewiger Kirmes« und »Mockturteltauben« Heines »Schnabelewopski« – Eine menippeische Satire

Von Tanja Rudtke

I.

Wahnsinn, der sich klug gebärdet !
Weisheit, welche überschnappt !
Sterbeseufzer, welche plötzlich
Sich verwandeln in Gelächter ! (B IV, 570)[1]

Der russische Literaturwissenschaftler Michail Bachtin zitiert diese Verse aus dem »Atta Troll«, weil sie seiner Meinung nach für Heines Wahrnehmung der Ambivalenz charakteristisch sind.[2] Damit ist ein zentraler Terminus Bachtinscher Theorie und zugleich eine signifikante Verbindung zwischen ihr und Heines Werk angesprochen. Auch bei Heine spielen Ambivalenzen unterschiedlicher Art eine entscheidende Rolle. Viele Eigenheiten, die Heines Stil bestimmen – wie die genannten antithetischen Formulierungen –, korrespondieren mit den wichtigsten theoretischen Ansätzen Michail Bachtins: Dialogizität und Karnevalisierung. Das Pathos des Wechsels, das sich im Eingangszitat als Todesjubel und kluger Wahn manifestiert, ist nur ein besonders markantes Beispiel für das Karnevaleske, das Groteske, die Ambivalenz bei Heine, wie Bachtin es angedeutet hat.

Zunächst sollen Bachtins Überlegungen kurz skizziert werden:

Die Dialogizität des Wortes entsteht durch seine Zweistimmigkeit: es ist sowohl auf den Gegenstand der Rede als auch auf ein anderes Wort, auf fremde Rede gerichtet. Jedes Wort, das einen Gegenstand bezeichnet, orientiert sich an dem, was schon dazu gesagt wurde, tritt in einen Dialog zu ihm, wird mit fremden Worten konfrontiert. Die innere Dialogizität des Wortes wird dort zu einer formbildenden Kraft, wo die individuellen Dissonanzen und Widersprüche durch die soziale Redevielfalt befruchtet werden. Das geschieht nach Bachtin in besonderem Maße im polyphonen Roman, als künstlerisch organisierte Redevielfalt, zuweilen Sprachvielfalt und individuelle Stimmenvielfalt. Die Rede des Autors, die Rede des Erzählers, die eingebetteten Gattungen, die Rede des Helden sind grundlegende kompositorische Einheiten, mit deren Hilfe die Redevielfalt in den Roman eingeführt wird. Jede begründet eine Vielzahl von sozialen Stimmen und eine Vielzahl von (immer mehr oder weniger dialogisierten) Verbindungen und Korrelationen zwischen den Aussagen und den Sprachen.[3] Stilisierung, Parodie und versteckte Polemik in ihren mannigfaltigen Erscheinungsformen sind Ausdrucksarten des zweistimmigen Wortes. Bei der Parodie spricht der Autor wie bei der Stilisierung mit Hilfe eines fremden Wortes; aber im Unterschied zur Stilisierung führt er in dieses Wort eine Bedeutungsrichtung ein, die der fremden Richtung direkt entgegengesetzt ist. Eine dem parodistischen Wort analoge Erscheinung ist das ironische und jedes zweideutig gebrauchte fremde Wort, denn auch in diesen Fällen wird das fremde Wort gebraucht, um ihm feindliche Intentionen zu vermitteln.[4] Bei der versteckten Polemik dagegen bleibt das fremde Wort außerhalb der Autorenrede, aber die Autorenrede zieht es in Betracht und ist auf das fremde Wort bezogen. Auf diese Weise ist dem zweistimmigen Wort Ambivalenz eingeschrieben.

Am Werk von Rabelais entfaltet Bachtin seine Theorie von der Karnevalisierung der Literatur, d. h. der Transposition von Karneval und Lachkultur in die Literatur. Eine literarische Gattungstradition wird damit beschrieben, die sich verändert, weiterentwickelt und mehr oder weniger stark von karnevalistischem Weltempfinden durchdrungen ist. Dieses wird durch die Sprache des Karnevals zum Ausdruck gebracht, die wiederum über eine bestimmte Anzahl von Paradigmen verfügt: fröhliche Relativität, Instabilität, Offenheit und Unabgeschlossenheit, das Metamorphotische, die Ambivalenz, das Exzentrische, die Materialität-Leiblichkeit, den Überfluss, das Austauschen der Wertpositionen: oben/unten, Herr/Sklave, und das Gefühl der Universalität des Seins.[5] Alle Paradigmen werden vom Lachprinzip bestimmt; es ist heiter und spöttisch, es negiert und bestätigt, beerdigt und erweckt zum Leben. Ebenso sind die Karnevalssymbole und Karnevalsspiele (z. B. die närrische Krönung, parodierende Doppelgänger) ambivalent. Sie sind zweieinig, vereinen beide Pole des Wechsels und der Krise in sich: Geburt und Tod, Segen und Fluch, Lob und Tadel, Jugend und Alter, Oben und Unten, Gesicht und Gesäß, Dummheit und Weisheit. Bachtin unterscheidet vier karnevalistische Kategorien:

Familiarität: Die hierarchische Ordnung (des Standes, Ranges, Alters, der Besitzverhältnisse) wird aufgehoben, die Menschen treten in freien familiären Kontakt miteinander.

Exzentrizität: Sie erlaubt den verborgenen Seiten der menschlichen Natur, sich in konkret-sinnlicher Form zu zeigen und auszudrücken.

Mesalliance: Der Karneval nähert Heiliges und Profanes, Hohes und Niedriges, Großes und Nichtiges, Weises und Dummes einander an, schließt es zusammen, verlobt und verbindet es miteinander.

Profanierung: Dazu gehören karnevalistische Degradierungen und Erniedrigungen, Obszönitäten, die mit der Zeugungskraft der Erde und des Körpers verbunden sind, Parodien auf heilige Texte.[6]

Michail Bachtin bezieht in seine Analysen insbesondere die Gattungen des Ernsthaft-Komischen mit ein. Er stellt fest: »Bei all ihrer äußeren Mannigfaltigkeit sind sie durch ihren tiefen Zusammenhang mit der karnevalistischen Folklore verbunden. Sie alle sind mehr oder weniger stark von dem spezifisch karnevalistischen Weltempfinden durchdrungen [...].«[7] Für die karnevalisierte Literatur des Ernsthaft-Komischen gilt: Die Gegenwart ist Ausgangspunkt für das Verständnis, die Beurteilung und die Darstellung der Wirklichkeit. Auf der Ebene der Gegenwart meint vor allem ohne jegliche epische Distanz. In diesem Prozess der Aufhebung von Distanz spielt das Element des Lachens eine große Rolle. Durch die maximale Annäherung, die das Lachen ermöglicht, wird die karnevalistische Kategorie der Familiarität aktiviert. Zudem stützen sich die Gattungen des Ernsthaft-Komischen bewusst auf Erfahrung und freie Erfindung und nicht auf Überlieferung. Hinzu kommt noch die intendierte Vielzahl der Stile und verschiedenen Stimmen. Zwei Genres aus diesem Bereich sind für die Entwicklung des dialogischen Romans außerordentlich bedeutsam: der sokratische Dialog und die menippeische Satire.[8]

Letztere wurde nach Menippos von Gadara, einem Philosophen aus dem 3. Jh. v. Chr. benannt, der ihr die klassische Form gab. Der Begriff selbst wurde als Bezeichnung für eine bestimmte Gattung zum erstenmal von Varro gebraucht, einem römischen Gelehrten aus dem 1. Jh. v. Chr., der seine Satiren »saturae menippeae« nannte. Zu den Vertretern der antiken Menippee gehören auch Petronius mit seinem »Satiricon« oder Lukian und Apuleius. Eine klassische menippeische Satire ist die »Apokolokyntosis« von Seneca. Die Menippee entwickelte sich in späteren Epochen weiter und wurde laut Bachtin zu einem Hauptträger und -vermittler des karnevalistischen Weltempfindens in der Literatur bis in unsere Tage.[9]

II.

Heines Romanfragment »Aus den Memoiren des Herren von Schnabelewopski« soll unter dem Gesichtspunkt der Menippee analysiert werden, der von Bachtin für dieses Genre aufgestellte Merkmalskatalog[10] als Leitfaden dienen. Unbestritten gehört das Prosastück zum Bereich des Ernsthaft-Komischen, es erweist sich m. E. geradezu als Paradebeispiel karnevalisierter Literatur und die engere Definition als Menippee wird seiner Eigenart in besonderem Maße gerecht.

Bachtin nennt 14 Charakteristika für die Menippee, die sich allesamt in irgendeiner Form am Text nachweisen lassen und sich gleichzeitig mit den formalen und inhaltlichen Eigenheiten der Erzählung decken:

1. das Karnevalslachen
2. außerordentliche Freiheit in der Erfindung des Sujets und der philosophischen Idee (keinerlei Forderungen nach äußerer Wahrscheinlichkeit)
3. Provokation und Prüfung der philosophischen Idee (eigentliches Ziel der Abenteuer-Phantastik)
4. das Geschehen spielt sich oft an Plätzen ab, an denen entweder sehr unterschiedliche Menschen in Kontakt zueinander treten oder im sozial niedrigen Milieu (Bachtin spricht von einem »Naturalismus der Elendsviertel«)
5. philosophischer Universalismus (unverhülltes pro und contra in den letzten Lebensfragen, aber ohne komplizierte Argumentation)
6. dreistufiger Aufbau (Erde, Olymp, Hades und der Übergang von einem zum anderen: Schwellendialog)
7. experimentelle Phantastik (Beobachtung aus ungewohnter Perspektive)
8. ungewöhnliche Zustände des Menschen (Träume, Wahnsinn)
9. Skandalszenen, exzentrisches Verhalten
10. scharfe Kontraste, Mesalliancen aller Art
11. ein utopisches Element
12. Einfügung anderer Gattungen, Vermischung von Vers- und Prosasprache
13. Vielfalt der Stile und Töne
14. publizistischer Charakter (»Tagebuch des Schriftstellers«)

Die Aufzählung macht noch einmal deutlich, dass in der Menippee sowohl karnevaleske als auch dialogische Elemente vorhanden sind.

Heines frühe Erzählung zeigt bereits eine für sein Werk typische Kontrastästhetik[11], die sich auch in seiner von Polarität bestimmten Humorauffassung manifestiert. Antithetik und Witz bilden in ihrer Verschmelzung die eigentliche Signatur seines Schreibens. Einige Zitate sollen Heines Humorbegriff illustrieren. Aus der »Reise von München nach Genua«:

> Es war ein echt italienisches Musikstück, aus irgend einer beliebten Opera Buffa, jener wundersamen Gattung, die dem Humor den freiesten Spielraum gewährt, und worin er sich all seiner springenden Lust, seiner tollen Empfindelei, seiner lachenden Wehmut und seiner lebenssüchtigen Todesbegeisterung überlassen kann. (B II, 352)

In »Ludwig Börne« heißt es:

> [...] so ersetzen die Zeitumstände manchmal den angebornen Humor, und ein ganz prosaisch begabter, sinnreicher Autor liefert wahrhaft humoristische Werke, indem sein Geist die spaßhaften und kummervollen, schmutzigen und heiligen, grandiosen und winzigen Kombinationen einer umgestülpten Weltordnung treu abspiegelt. (B IV,103)

Die Beschreibung einer antithetisch erfahrenen Welt wird humoristisch, da sie mit dem Humor das Wechselspiel von Komik und Pathos gemeinsam hat. Im »Buch Le Grand« ist augenfällig, dass Heine den Humor aus objektiven Zusammenhängen herleitet: Gott als Urpoet, der mit dem ständigen Wechsel von pathetischen und komischen Ereignissen die Weltironie erzeugt. Gleichzeitig betont er die Notwendigkeit des Kontrastes und konstatiert: »Die grauenhaftesten Bilder des Wahnsinns zeigt uns Aristophanes nur im lachenden Spiegel des Witzes« (B II, 282). Umrahmt werden die humortheoretischen Überlegungen des 11. Kapitels mit dem Napoleon zugeschriebenen Satz: »Du sublime au ridicule il n'y a qu'un pas«. Verschiedene Kontrastqualitäten werden in diesen Aussagen evoziert: Affirmation und Negation zugleich, das Nebeneinander von Gegensätzen, der Übergang von Einem zum Anderen. Bei Bachtin dominieren entsprechende Kontrastqualitäten – Ambivalenz, Dualismus, Relativität –, wenn er von karnevalistischem Weltempfinden spricht. Das Karnevalslachen ist ambivalent, universal und kollektiv; damit stimmt es mit dem Heineschen Humor teilweise überein. Doch bestehen in der weltanschaulichen Herleitung der Termini natürlich Unterschiede. Was die Ambivalenz betrifft, bleiben bei Heine Antagonismen bestehen, ohne eine Synthese zu bilden. Ambivalenz Bachtinscher Prägung ist Bestandteil einer Gegenwelt zur »offiziellen« Welt. Dabei bilden Komik und Pathos zwei Seiten eines in sich geschlossenen Systems. Universalität des Humors betonen beide, doch verzichtet der Marxist Bachtin auf die Einbeziehung des »Urpoeten«. Die Kollektivität außerdem betrachten sie aus unterschiedlichen Perspektiven. Das zeigt zwar die Notwendigkeit zu differenzieren, doch eröffnet die karnevalistische Ambivalenz als interpretatorische Basis den Zugang zu einer konstruktiven Lesart der Texte Heines.[12]

Das erste Merkmal der Menippee ist, wie oben angeführt, das Element des Lachens. Im »Schnabelewopski« wird Komik erwartungsgemäß oft durch den Kontrast erzeugt. Beispiele sind die sich gegenseitig parodierenden Figurenpaare (dick/dünn), die Verquickung von Heiligem und Profanem (Religion und Essen), die Verbindung von Wichtigem und Nichtigem (»Aber was bedeutet die Buchdruckerei und die Reformation in Vergleichung mit Rauchfleisch?« – B I, 509), oder die pathetische Rede mit komischem Inhalt (»Heil dir, Wirtin zur roten Kuh!« – B I, 534). Sie alle weisen auf die entsprechenden karnevalistischen Kategorien zurück (Mesalliance, Profanierung, Exzentrizität). Komisch wirkt natürlich auch: die Listenbildung (die zehn Merkwürdigkeiten der Stadt Hamburg – B I, 510), das Spiel mit der Erwartung des Lesers (»Ich mache daher hier einen langen Gedankenstrich – Dieser Strich bedeutet ein schwarzes Sofa, und darauf passierte die Geschichte, die ich nicht erzähle.« – B I, 531), die Namenskomik (»Unser Bedienter hieß Prrschtzztwitsch. Man muß dabei niesen, wenn man diesen Namen ganz richtig aussprechen will.« – B I, 504) u. a.

Das dritte Merkmal wird von Bachtin so beschrieben:

> Die wichtigste Besonderheit der Menippee ist darin zu sehen, daß die kühnste, ungezügeltste Phantastik und das Abenteuer innerlich motiviert, gerechtfertigt und durch ein rein ideologisch-philosophisches Ziel geheiligt werden, durch das Ziel, Ausnahmesituationen zu schaffen, in denen eine philosophische Idee, ein Wort, eine Wahrheit, verkörpert im Bild eines Weisen, eines Menschen, der diese Wahrheit sucht, provoziert und geprüft werden können [...]. Es muß hervorgehoben werden, daß es um die Prüfung einer Idee, einer Wahrheit und nicht um die Prüfung eines bestimmten individuellen oder sozial-typischen Charakters geht.[13]

Dieser Idee entspricht in Heines Erzählung seine je nach Zeit und Zusammenhang in verschiedenen Variationen dargestellte Dichotomie von Sensualismus und Spiritualismus, wobei hier – das ist nicht immer so – dem Sensualismus eindeutig der Vorzug gegeben wird.

In religiösem Kontext stellt er oftmals einen Gegenentwurf zum Christentum dar, dessen schauerlichster Reiz, wie Heine es ausdrückt, die Wollust des Schmerzes ist. (B III, 362) Er unterscheidet nicht immer genau: Häufig ist vom Christentum allgemein die Rede, dann wieder wird der sinnenfeindliche Spiritualismus durch das Judentum repräsentiert oder auf den Katholizismus bezogen, als der Lehre von der Verwerflichkeit aller Güter, bei der die Menschen »mit Anweisungen auf den Himmel« abgespeist werden. (B III, 362) Juden und Christen gelten oft gleichermaßen als dürre, freudlose, trübe, qualsüchtige Nazarener (B I, 498), zu denen Menschen mit hellenischer Heiterkeit, Schönheitsliebe, Lebenslust das positive Gegenstück bilden. (B III, 685) Der

Sensualismus Heines distanziert sich aber vom reinen Materialismus. So ist auch die bekannte Äußerung Heines zu verstehen, der Katholizismus sei zunächst notwendig gewesen als heilsame Reaktion auf den grauenhaft kolossalen Materialismus des römischen Reiches; nach dem Gastmahl des Trimalchio folgte die Hungerkur des Christentums. (B III, 363) Der Sensualismus ist kein ausgereiftes philosophisches Konzept, sondern lediglich die Essenz dessen, was der Materialismus und der Spiritualismus jeweils vermissen lassen. Heines Definition nach versucht er die natürlichen Rechte der Materie gegen die Usurpationen des Geistes zu vindizieren, während der Spiritualismus durch die Zerstörung der Materie nur den Geist verherrlicht. (B III, 533)

Im »Schnabelewopski« ist Materialismuskritik in der Hamburgepisode enthalten, der Leidener Abschnitt wird vor allem geprägt von Szenen und Figuren, die sich der sensualistischen oder spiritualistischen Seite zuordnen lassen.

Die Hauptfigur, der Theologiestudent Schnabelewopski, erfährt keine individuelle Ausformung, sondern motiviert in erster Linie den chronologischen Verlauf der episodischen Grundstruktur. Damit trifft die Feststellung Bachtins zu, dass es in der Menippee vorrangig um die Suche nach einer Idee, ihre Provokation und Prüfung geht und nicht um die Prüfung eines bestimmten individuellen Charakters.

Schnabelewopski logiert in Leiden in dem Haus, das einst der Maler Jan Steen bewohnte. Dessen Bilder sind für ihn Ausdruck einer Religion der Freude: »Keiner hat so tief wie er begriffen, daß auf dieser Erde ewig Kirmes sein sollte; er begriff, daß unser Leben nur ein farbiger Kuß Gottes sei, und er wußte, daß der Heilige Geist sich am herrlichsten offenbart im Licht und Lachen.«(B I, 541) Die Werke des Holländers strahlen Sinnenfreude und Lebenslust aus und nehmen damit ein Stück der zukünftigen, »gesunden« Menschheitsgeschichte vorweg.[14] Traum und Utopie, zwei Gattungsmerkmale der Menippee, stehen in wichtiger Beziehung zueinander.[15] In der sensualistischen Utopie ist der Leib mit dem Geist vereint[16] und entsprechende Bedürfnisse nicht in den Traum gedrängt wie in der gegenwärtigen spiritualistischen Epoche Schnabelewopskis:

Das rechte Träumen beginnt erst bei den Juden, dem Volke des Geistes, und erreichte seine höchste Blüte bei den Christen, dem Geistervolk. Unsere Nachkommen werden schaudern, wenn sie einst lesen, welch ein gespenstisches Dasein wir geführt, wie der Mensch in uns gespalten war und nur die eine Hälfte ein eigentliches Leben geführt. Unsere Zeit – und sie beginnt am Kreuze Christi – wird als eine große Krankheitsperiode der Menschheit betrachtet werden. Und doch, welche süße Träume haben wir träumen können! [...] – in unsere Seele flüchtete sich der Duft der zertretenen Rosen und der lieblichste Gesang der verscheuchten Nachtigallen – (B I, 545)

Die süßen Träume Schnabelewopskis werden aus jener philosophischen Dichotomie gespeist, sind gleichzeitig Ingredienz einer zutiefst karnevalesken Erzählung. Im zweiten Kapitel träumt er von einem Strandspaziergang, bei dem ihm der heilige Adalbert auf dem Meer schreitend erscheint, dessen silbernes Abbild er aus dem Dom zu Gnesen kennt und der die Rolle eines Nebenbuhlers um die Gunst Jadvigas hat. Die schöne Frau wird von einem Kahn mit gespenstischen Ruderknechten zu Schnabelewopski ans Ufer gebracht: »und in meinen Armen lag Panna Jadviga und weinte und lachte: ich bete dich an.« (B I, 508) Eine Fortsetzung des Traumes erfolgt in Kapitel 12; voraus geht die oben zitierte Traumtheorie. – Diesmal befindet sich Schnabelewopski mit Jadviga zusammen in einem Boot auf dem Meer, ihr Liebeslieder vortragend. Die Meernixen, die schon im ersten Traum erwähnt wurden, kommentieren nun der Menschen Schicksal:

> sie sind sterblich, nur eine kurze Spanne Zeit ist ihnen vergönnt das Glück zu suchen, sie müssen es schnell erhaschen, hastig ans Herz drücken, ehe es entflieht – deshalb sind ihre Liebeslieder auch so zart, so innig, so süßängstlich, so verzweiflungsvoll lustig, ein so seltsames Gemisch von Freude und Schmerz. (B I, 546)

Die beiden Liebenden umarmen sich, Jadviga fällt in eine Erstarrung, nur die Tränenströme fließen...

Hier wird Schnabelewopski von seiner keifenden Hauswirtin jäh aus dem Schlaf gerissen: Er soll die ehebrecherischen Träume des Hausherrn, die diesen zu verräterischem Liebesgeflüster im Schlaf verleiten, bezeugen.

In Schnabelewopskis Träumen erfüllt sich die sensualistische Idee als Liebesbeziehung zu Jadviga. Der heilige Adalbert – die spiritualistische Position verkörpernd, unterliegt als Nebenbuhler. Mit den Worten Jadvigas: »ich bete dich an« wird die Liebe zum religiösen Ritual, sie ist Teil der Religion der Freude. Der profanierende Akt erhöht gleichzeitig die mitimplizierte Körperlichkeit. Im zweiten Traum wird das Paar in einer ironisch überzeichneten romantischen Liebesszene durch das Geplauder der Meernixen mit dem schon im ersten Traum durch den Charon-Kahn angedeuteten Sterblichkeitsgedanken konfrontiert. Jenem ist auch als Postulat eine carpe diem-Mentalität eingeschrieben, eine diesseitsbetonte Lebenslust, bei der das Dasein ein »farbiger Kuß Gottes« ist.

Es liegt in der Natur der Sache, dass die Darstellung der sensualistischen Idee meist mit einer Portion Humor und Ironie gewürzt ist; vollends konterkariert werden die Träume Schnabelewopskis durch die Träume des bereits erwähnten Hauswirts, der seines Gewerbes Bruchbandmacher und seiner Religion nach Wiedertäufer ist. In dessen geträumten Techtelmechtel sind die Liebesobjekte Frauen des Alten Testaments, besonders Esther und Vasthi haben es ihm angetan. Beides Frauen des Artaxerxes, auch Ahasver genannt. Der Name knüpft an die Sage vom Fliegenden Holländer an, die Schnabelewopski in Amsterdam als Theaterstück sieht. Dieser wird als Ewiger Jude des Ozeans bezeichnet. Damit wird einmal mehr das Motiv der Suche auf den Plan gerufen, das sich in der Erzählung vielfach widerspiegelt. Ob es nun um die Lösung von Rätseln geht (Vonved-Lied) oder um Erlösung (der Fliegende Holländer) oder um die Erfüllung einer sensualistischen Utopie oder die Frage nach einer religiösen Wahrheit; die Suche, Prüfung und auch die Provokation von Ideen bilden ein menippeisches Grundelement des Textes.

Schnabelewopski und der Hauswirt frönen nächtens der Liebe (und zwar jener, die ihnen im Alltag jeweils versagt bleibt) als Teil einer Religion der Freude und werden nach einem bösen Erwachen in skandalöse Szenen verwickelt. Für die Gattung der Menippee sind exzentrisches Verhalten, unpassende Reden und Auftritte typisch: Die eifersüchtige Hauswirtin schlägt ihren Mann im Beisein Schnabelewopskis mit seinen eigenen Bruchbändern aus den biblischen Träumen. Die Prügelszene wirkt zunächst rein komödiantisch, doch die indirekten Folgen offenbaren den ambivalenten Charakter der Erzählung, das groteske Geschehen rückt bald in Todesnähe. Fälschlicherweise wird Schnabelewopski von der Wirtin zur roten Kuh nach dieser nächtlichen Szene der Untreue verdächtigt. Die Liaison, die er mit ihr hat, verschaffte ihm und seinen Mitstudenten tägliche Essenslieferungen, deren kulinarische Qualität von jeweils vorausgehenden Liebesszenen mit ihr beeinflusst wurde. Am nächsten Tag nun schickt sie sehr schlechtes Essen und keine Suppe. Diese Essenskalamitäten bringen die Tischgenossen in Rage und führen schließlich zum Duell zwischen dem kleinen, schmächtigen Deisten Simson und dem dicken Fichteaner Driksen, bei dem Simson schwer verletzt wird. Prompt kündigt Schnabelewopski unter dem Eindruck der tragischen Ereignisse mit einem donnernden Redeschwall seine Beziehung zur Wirtin auf:

> Ungeheur, warum hast du keine Suppe geschickt? [...] O Ihr Weiber, ich weiß daß ihr weinen könnt; aber Tränen sind keine Suppe. Ihr seid erschaffen zu unserem Unheil. Eur Blick ist Lug und Eur Hauch ist Trug. Wer hat zuerst vom Apfel der Sünde gegessen? Gänse haben das Kapitol gerettet, aber durch ein Weib ging Troja zu Grunde. O Troja! Troja! des Priamos heilige Veste, du bist gefallen durch die Schuld eines Weibes! Wer hat den Markus Antonius ins Verderben gestürzt? Wer verlangte den Kopf Johannis des Täufers? Wer war Ursache von Abälards Verstümmlung? Ein Weib! Die Geschichte ist voll Beispiele, wie wir durch Euch zu Grunde gehn. All Eur Tun ist Torheit und all Eur Denken ist Undank. Wir geben Euch das Höchste, die heiligste Flamme des Herzens, unsere Liebe – was gebt Ihr uns als Ersatz?

Fleisch, schlechtes Rindfleisch, noch schlechteres Hühnerfleisch – Ungeheur, warum hast du keine Suppe geschickt! (B I, 550f.)

»Skandale und Exzentrizität [...] schlagen eine Bresche in den unerschütterlichen, normalen (›würdigen‹) Gang menschlicher Handlungen und Ereignisse und befreien das menschliche Verhalten von Normen und Motivierungen, die es von vornherein festlegen.«[17] In der exzentrischen Rede Schnabelewopskis wird der Suppenentzug durch die Wirtin in seiner Tragweite gleichbedeutend mit dem Sündenfall, in ihrer hyperbolischen Vehemenz wirken die Vorwürfe höchst komisch.

Das Karnevalslachen durchdringt alle karnevalistischen Kategorien, die miteinander in Verbindung stehen, so auch die des scharfen Kontrastes und der Mesalliancen: Kennzeichnend für das karnevalistische Denken sind im besonderen gedoppelte, nach Kontrast oder Ähnlichkeit ausgewählte Bilder. Schnabelewopski und die Wirtin zur roten Kuh sind ein Exempel für eine ganze Reihe von Figurenpaaren in der Erzählung. Die gegensätzliche äußere Erscheinung der beiden – die kugelrunde Wirtin und der schlanke Schnabelewopski – gibt den Anlass zu deftigen Spötteleien der studentischen Essgemeinschaft (Obszönitäten, die auf die Zeugungskraft des Körpers abzielen – Teil einer Karnevalskategorie – hier finden sie genügend Nahrung: Anspielungen auf die Potenz Schnabelewopskis, wortreich umgesetzt und karnevalesk erhöht durch Vergleiche aus der antiken Mythologie – B I, 535).

In verschiedenen Facetten kontrastiv aufeinander bezogen sind die Prostituierten Heloise/Minka und die Anstandsdamen Madame Schnieper/Madame Pieper in der Hamburgepisode. Ein cervantinisches Paar bilden auch der schmächtige Simson und der dicke Driksen, die der Tischgemeinschaft Schnabelewopskis angehören. Jene Runde repräsentiert im übrigen den philosophischen Universalismus, der die Menippee als Gattung der letzten Fragen ausweist. An der karnevalistisch-satirischen Erörterung nehmen außerdem noch der Pantheist Vanpitter und drei weitere Studenten teil, die eine atheistische Position vertreten: »Wenn der Braten ganz schlecht war disputierten wir über die Existenz Gottes.«(B I, 536) Diese Disputationen bestehen größtenteils aus profanierenden Reden:

Seine [Simsons] Verdrießlichkeit stieg, als auch der lange Vanpitter seine Witze gegen die Anthropomorphisten losließ und die Ägypter lobte, die einst Ochsen und Zwiebel verehrten: denn erstere, wenn sie gebraten, und letztere, wenn sie gestovt, schmeckten ganz göttlich. (B I, 549)

Karnevalistische Parodien heiliger Texte, Lästerungen und Degradierungen durchziehen in auffälliger Weise das gesamte Prosastück: »Mögen die christlichen Theologen dort noch so sehr streiten über die Bedeutung des Abendmahls; über die Bedeutung des Mittagmahls sind sie ganz einig.« (B I, 509) Abendmahlstravestien, hier nur andeutungsweise umgesetzt, sind fester Bestandteil der Karnevalssprache.

Die Zitate zeigen eine weitere Auffälligkeit: die vielfache Verwendung der Essmetaphorik. Die apfelsinenschalenwerfende Messaline im Amsterdamer Theater – in parodistischer Analogie zu Eva mit dem Apfel – betont wiederum auch die Allianz von Erotik und Kulinarik. Der oft zitierte Vergleich nationaler Weiblichkeiten mit der jeweiligen Landesküche ist ein besonders beredtes Beispiel. (B I, 532 ff.) Heines metaphorische Speisekammer ist reich bestückt, im »Schnabelewopski« wird laufend daraus aufgetischt. Auch das Schlaraffenlandbild fehlt nicht: »Die herabhängenden Zweige dieser Trauerweide waren aber lauter Makkaroni, die mir lang und lieblich ins Maul hineinfielen; zwischen diesem Laubwerk von Makkaroni flossen, statt Sonnenstrahlen, lauter gelbe Butterströme, und endlich fiel von oben herab ein weißer Regen von geriebenem Parmesankäse.« (B I, 533) Heine setzt Nahrungsbilder wörtlich oder im übertragenen Sinn ein, sie sind ernst oder komisch, plump oder raffiniert, sachlich kurz oder ausschweifend detailliert. Er würzt mit Übertreibungen, Vergleichen (»Es ist eine gute Geschichte, köstlich wie eingemachte Ananas, oder wie frischer Kaviar, oder wie Trüffel in Burgunder« – B I, 531), Aufzählungen, Wortspielen (»diese [die Advokaten] mögen noch so sehr streiten: ob die Gerichte öffentlich sein sollen oder nicht; darüber sind sie einig, daß alle Gerichte gut sein müssen, und jeder von ihnen hat sein Leibgericht.«- B I, 509), Synästhesien (»ja, in dem weichen Tone ihrer Stimme dufteten sogar Trüffel« – B I, 551), Personifizierungen (»da seufzt kein geistreiches Ragout« – B I, 533) und Neologismen (»Mockturteltauben« und »Rauchfleischlichkeiten« – B I, 534). Es gibt keinen Bereich, den Heine nicht zuweilen mit dem Essmotiv verknüpft.[18] – Als Charakteristikum karnevalisierter Literatur wird das Essen im Kapitel »Festmahlmotive« von Bachtin bei seiner Rabelais-Analyse erörtert.[19] Die groteske Reihe des Essens und Trinkens zeichnet sich vor allem durch Detaillisierung und Hyperbolisierung aus. Bachtin: »Wie gesagt, werden in die Reihe des Essens und Trinkens die vielfältigsten Dinge, Erscheinungen und Ideen miteinbezogen, die vom (in der ideologischen, literarischen und in der Redepraxis) vorherrschenden Standpunkt sowie nach den gängigen Vorstellungen mit dieser Reihe überhaupt nichts gemein haben.«[20] Dafür findet sich in Heines gesamtem Werk eine Fülle von Belegen.

Eine weitere Eigenschaft der Menippee ist der »Naturalismus der Elendsviertel«: »Die Abenteuer der Wahrheit auf der Erde spielen sich auf großen Straßen, in Bordellen, Diebesnestern und Tavernen, auf Marktplätzen, in Gefängnissen, bei erotischen Orgien geheimer Kulte u.ä. ab.«[21] Was hier zugespitzt formuliert ist, rekurriert auf einen grundsätzlichen Aspekt:

> In der karnevalisierten Literatur wird der Platz, als Ort der Sujethandlung, zweischichtig und ambivalent: durch den realen Platz hindurch ist gleichsam der Karnevalsplatz sichtbar, der Platz des freien familiären Kontaktes, der allgemeinen Krönungen und Erniedrigungen. Auch andere (durch das Sujet oder im Sinne der Wahrscheinlichkeit motivierte) Orte der Handlung werden zusätzlich im Sinne von Karnevalsplätzen gedeutet, wenn sie nur als Treffpunkte und für den Kontakt verschieden gearteter Menschen geeignet sind [...][22]

Das gilt für das Amsterdamer Theater, an dem Schnabelewopski die holländische Messaline trifft. Die edle Herkunft beider steht in Kontrast zu ihrem lockeren Lebenswandel. Gesellschaftliche Konvention wird auf den Kopf gestellt, umgestülpt. – Sein Wohnhaus in Leiden, das nach Schnabelewopskis Beschreibung tatsächlich einem Elendsviertel zugehörig scheint (»Das Äußere des Hauses war elend und kläglich und mürrisch« – B I, 542), ist Treffpunkt der disputierenden Tischgemeinschaft, fungiert als karnevalesker Schauplatz. Die Personen, mit denen die Hauptfigur Umgang hat, verweisen auf die entsprechenden Karnevalsplätze zurück: Prostituierte, Wirtinnen etc. Der Jungfernsteg in Hamburg ist ein Karnevalsplatz par excellence: Hier flaniert das ganze Volk, wenn auch des Erzählers Augenmerk besonders auf das weibliche gerichtet ist.

Die negative Gegenszene Hamburgs, die Schnabelewopski zwölf Jahre später schildert, erfüllt das Kriterium der experimentellen Phantastik, der ungewohnten Perspektive. Den Erzähler ergreift ein »närrischer Wahnsinn«, er sieht die Menschen nun als missliche und kränkliche Zahlenmenschen vorbeiparadieren:

> [...] und da ging eine krummfüßige Zwei neben einer fatalen Drei, ihrer schwangeren und vollbusigen Frau Gemahlin; dahinter kam Herr Vier auf Krücken; einherwatschelnd kam eine fatale Fünf, rundbäuchig mit kleinem Köpfchen; dann kam eine wohlbekannte kleine Sechse und eine noch wohlbekanntere böse Sieben [...] (B I, 516)

Die irreale Szene wird mit dem veränderten Zustand des Ich-Erzählers begründet. Damit korrespondiert das Geschehen mit der dem Traumaspekt zugeordneten Möglichkeit der Menippee »alle Arten des Wahnsinns«[23] zu enthalten.

Noch ein Merkmal der Menippee ist die durch den philosophischen Universalismus bedingte triadische Struktur und der damit einhergehende Schwellendialog: »Die Handlung und die dialogischen Synkrisen werden von der Erde auf den Olymp und in den Hades übertragen«.[24] Das bedeutet konkret im »Schnabelewopski«: Das Geschehen spielt sich auf der Erde ab, der Olymp wird durch die Träume repräsentiert, die eine andere Wirklichkeit und bessere Zukunft zum Inhalt haben, der Hades kommt mit dem schwerverletzten Simson ins Spiel. Dieser hat sich im Namen seines deistischen Spiritualismus tapfer, aber ob seiner schmächtigen Gestalt chancenlos, geschlagen und ringt nun mit dem Tod. Der Schwellendialog (auf der Schwelle zum Tod) beherrscht das vierzehnte und letzte Kapitel: In diesem identifiziert sich Simson mit dem über gottähnliche Kräfte verfügenden Simson aus der Bibel und verdeutlicht sein eigenes Scheitern einmal mehr, als er in Anlehnung an Simsons Zerstörung des Philistertempels an den Bettpfosten rüttelt und »sich selber zum Einsturz bringt«.[25] Erzähltechnisch verwirklicht sich wiederum das Prinzip einer Zweieinigkeit, einer Doppelung: Das jeweilige Geschehen wird durch entsprechende Erzähleinlagen variierend oder kontrastierend erweitert: der Sterbeszene Simsons wird die Geschichte seines biblischen Namensvetters beigegeben – die Träume des Hauswirts stehen in parodistischer Beziehung zu den Träumen Schnabelewopskis – die treulose Messaline ist der treuen Frau in der Fabel vom Fliegenden Holländer gegenübergestellt – die Reise Schnabelewopskis wird vom Lied des in der Welt umherreisenden Vonved unterbrochen. Diese Aufzählung demonstriert ein weiteres Phänomen der Menippee: das Einfügen anderer Gattungen, vor allem der des Prosimetrums (Vonvedlied, 42 Strophen werden ungekürzt zitiert!).

> Die eingefügten Gattungen verstärken die Vielfalt der Stile und Töne in der Menippee; es entsteht ein neues Verhältnis zum Wort als dem Material der Literatur, das für die gesamte dialogische Linie in der Entwicklung der künstlerischen Prosa charakteristisch ist.[26]

Hervorzuheben ist der Umgang mit Subtexten, markierten und unmarkierten Zitaten. Heine steht in der Tradition der großen Humoristen: Rabelais, Shakespeare, Cervantes und Sterne, deren Werke nach Bachtin herausragende Beispiele karnevalisierter Literatur sind. Heine bezieht von ihnen Anleihen, was Einzelmotive (z. B. Narrenfiguren) und Gattungselemente (z. B. Schelmenroman, Reisebericht, Memoirenliteratur) betrifft, die ebenso diverse Spielarten des dialogischen Romans auszeichnen. Die verschiedenen Diskurse sind als textuelles Verweissystem der Erzählung eingeschrieben, es finden Diskursverschiebungen statt (Schelmenroman ohne Schelm). – Renate Lachmann geht in ihrer Untersuchung »Gedächtnis und Literatur« auf Synkretismus und Karnevalisierung ein und bezeichnet u. a. auch Heine als Synkretismus-Stilisten (Spieler mit fremdem Stil und fremdem Sinn):

> Im ludistischen Moment selbst nämlich, das sowohl im Verbergen des Sinns als auch in der Demonstration der Form sich durchsetzt, verbinden sich Sprachkarneval und Sprachmagie. Das Raffinement des Synkretismus arbeitet mit seinen Verfahren der Andeutung, Verschleierung, Mehrdeutigkeit [...].[27]

In diesem Sinn lässt sich nach Lachmann die Menippee verstehen: »Die Menippea tendiert, trotz ihres Realismus – und das zeigt die Bachtinsche Analyse ja auch auf –, zur Zersetzung des Bildes einer konkreten Wirklichkeit.«[28] Ein weiteres Indiz dafür, dass der »Schnabelewopski« wesentlich vielschichtiger ist, als es auf den ersten Blick scheint.

Unbestritten als literarisches Vorbild für Heine ist Sterne:

> Als Leser des »Tristram Shandy« und der »Sentimental Journey« ist der Verfasser der Reisebilder bekanntlich in wichtigen Stilfiguren und Kompositionsprinzipien Laurence Sterne verpflichtet. Dies gilt für das Fragmentarische, die anekdotische Struktur und Intimität der Erzählweise, die Manipulationen von erzählter und erlebter Zeit, das Wechselspiel von Komik und Pathetik und viele formale Aspekte, wie insbesondere den komischen Hang (oder soll man sagen: den »stilistischen Tick«) zur Reihung des Inkongruenten in grotesken »Katalogen«, die Sterne seinerseits Rabelais verpflichtet sieht. Es gilt dies ferner und in Sonderheit für das Prinzip des abschweifenden Erzählens: die »Ideenassoziation, die durch Contraste entsteht« (DHA VIII, 231).[29]

Was hier Frank Schwamborn vor allem auf die Reisebilder bezieht, gilt ebenfalls für den in zeitlicher Nähe entstandenen »Schnabelewopski«.

Die Empfehlung des Vaters, jeden Dukaten zehnmal herumzudrehen, bevor ihn Schnabelewopski ausgibt, wird nach Eulenspiegelmanier wörtlich genommen (»Das befolgte ich auch im Anfang; nachher wurde mir das beständige Herumdrehen viel zu mühsam.« – B I, 507). Eulenspiegel ist eine der Narrenfiguren ganz nach Heines Sinn. Im Zusammenhang mit dem Maler Jan Steen (dieser spielt bekanntlich im »Schnabelewopski« eine wichtige Rolle) äußert Heine: »Daß ich dies Buch [über Jan Steen] und mein bestes Gedicht, den Till Eulenspiegel, nicht geschrieben habe, wird mich ewig schmerzen.« An anderer Stelle urteilt er: »Der Till Eulenspiegel ist aber ein ganz altes Volksbuch, voll tückischer guter Laune und unflätigem Spaß.«[30]

Cervantes' »Don Quijote« inspiriert Heine sein ganzes literarisches Schaffen hindurch, sein Einfluss verdiente gesonderte Betrachtung.[31] Die Doppelfigur Don Quijote und Sancho Pansa mit ihrem »ironischen Parallelismus« begegnet einem, wie Heine feststellt, unter den verschiedenartigsten Vermummungen, in der Kunst wie im Leben. (B IV, 166f.) Im »Schnabelewopski« erzeugen die schon genannten cervantinischen Figurenpaare nicht nur Kontrastkomik durch ihre äußere Erscheinung, sondern diese korreliert meist mit weltanschaulichen Positionen: Idealismus und Realismus, Geist und Materie, Moral und Unmoral etc.

Shakespeare taucht mehrmals in Anspielungen (»Wahrlich, es gibt Gerichte [...]« – B I, 509) und Wortspielen (Banko und Banquo aus »Macbeth«) etc. auf.[32]

Auch Rabelais existiert als Subtext in Heines Romanfragment, deutlich wird das eben durch essmotivische Parallelen, groteske Kataloge und bei der Namenskomik: Myn Heer van der Pissen heißt eine Nebenfigur, wohl ein Namensverwandter des Herrn von Pissart in »Gargantua und Pantagruel«.[33]

Diskurse werden nicht nur affirmativ, sondern auch parodistisch aufgerufen, der zweite Traum Schnabelewopskis kann als Beispiel für diese Art des zweistimmigen Wortes dienen:

> Unabsehbar weite Wasserfläche, und darauf schwamm ein buntgewimpeltes Schiff, und auf dem Verdeck saß ich kosend zu den Füßen Jadvigas. Schwärmerische Liebeslieder, die ich selber auf rosige Papierstreifen geschrieben, las ich ihr vor, heiter seufzend, und sie horchte mit ungläubig hingeneigtem Ohr, und sehnsüchtigem Lächeln, und riß mir zuweilen hastig die Blätter aus der Hand und warf sie ins Meer. Aber die schönen Nixen, mit ihren schneeweißen Busen und Armen, tauchten jedesmal aus dem Wasser empor, und erhaschten die flatternden Lieder der Liebe. Als ich mich über Bord beugte, konnte ich ganz klar bis in die Tiefe des Meeres hinabschaun, und da saßen, wie in einem gesellschaftlichen Kreise, die schönen Nixen, und in ihrer Mitte stand ein junger Nix, der, mit gefühlvoll belebtem Angesicht, meine Liebeslieder deklamierte. Ein stürmischer Beifall erscholl bei jeder Strophe; die grünlockigten Schönen applaudierten so leidenschaftlich, daß Brust und Nacken erröteten, und sie lobten mit einer freudigen, aber doch zugleich mitleidigen Begeisterung: »Welche sonderbare Wesen sind diese Menschen! Wie sonderbar ist ihr Leben! Wie tragisch ihr ganzes Schicksal! Sie lieben sich und dürfen es meistens nicht sagen, und dürfen sie es einmal sagen, so können sie doch einander selten verstehn! Und dabei leben sie nicht ewig wie wir, sie sind sterblich, nur eine kurze Spanne Zeit ist ihnen vergönnt das Glück zu suchen, sie müssen es schnell erhaschen, hastig ans Herz drücken, ehe es entflieht – deshalb sind ihre Liebeslieder auch so zart, so innig, so süßängstlich, so verzweiflungsvoll lustig, ein so seltsames Gemisch von Freude und Schmerz. (B I, 546)

Die geschilderte romantische Liebesszene scheint perfekt, doch wird sie durch den ironisch-reflektierten Sprachgestus ambivalent. Das Erzähler-Ich ist zweigeteilt, der Liebende und der sich des Klischeehaften der romantischen Liebe bewusst Gewordene sind hier als »feindliche« Intentionen gegenübergestellt. Den meisten Interpreten entgeht der ironische Ton völlig[34], der in der Schilderung angeschlagen wird: »Schwärmerische Liebeslieder, die ich selber auf rosige Papierstreifen geschrieben«. Das Erzähler-Ich distanziert sich von überkommenen Ausdrucksformen des Liebesgefühls. Ähnliche Konstellationen finden sich im »Buch der Lieder« (Das 44. Gedicht aus dem »Heimkehr«-Zyklus pointiert dieses Thema: »Die prächtgen Kulissen, sie waren bemalt / Im hochromantischen Stile, / Mein Rittermantel hat goldig gestrahlt, / Ich fühlte die feinsten Gefühle.« – B I, 130); auch klingt die im »Buch der Lieder« zentrale oxymorische Liebeskonzeption in petrarkistischer Tradition an (»ein so seltsames Gemisch von Freude und Schmerz«).

Selbst das Karnevalsspiel der Krönung und Erniedrigung als zweieiniger ambivalenter Brauch findet sich im »Schnabelewopski« wieder. Der Theologieprofessor Myn Heer van der Pissen balgt sich tagtäglich mit einem Mohren, einem Affen und einem Pudel. Anschließend wird er von einem kleinen Kind mit einem welken Lorbeerkranz zum Sieger gekürt.

> Hier ist der Spielaspekt nicht lediglich ein Affront gegen das als pedantisch-systematisch, »ernst« und »gesetzt« verschriene Philistertum, sondern auch zugleich eine selbstverordnete Entwöhnung von der Lebenslogik, mit dem Ziel der Montage einer allegorisierten, intellektuell erklügelten Karnevalisierung des Weltverständnisses. Diese Karnevalisierung nivelliert symbolisch die hierarchischen Rangunterschiede, sie versteht ihr Spiel als ein Prinzip der Umkehr, als Sanktionieren der umgetauschten Größenordnungen, der umgestülpten Symbole der Macht und Gewalt (Thron und Zepter), Jugend und Alter, Herr und Knecht (der kleine Mohr), der menschlich-tierischen Mesalliance.[35]

Als letzter Punkt wäre noch der publizistische Charakter der Menippee zu nennen: »[…] sie [die Satiren Lukians dienen als Beispiel für dieses Merkmal, Anm. d. Verf.] sind voll von Anspielungen auf große und kleine Ereignisse der Zeit, spüren neue Tendenzen in der Entwicklung der Sitten auf, zeigen aufkommende, soziale Typen in allen Schichten der Gesellschaft u.ä. […].«[36] Höhn stellt bei der Hamburgepisode im »Schnabelewopski« eine scharfe satirische Kritik an der aufsteigenden Finanzbourgeoisie fest.[37] Geld beherrscht die Bürger Hamburgs, sie werden immer wieder entsprechend charakterisiert. Der schädliche Einfluss Bankos lässt sie schließlich zu Zahlenmenschen verkommen, die dem Erzähler nach zwölf Jahren in abschreckender Weise ebenso begegnen wie ein grotesker Leichenzug – ein »trübsinniger Mummenschanz« – , dessen Teilnehmer u.a. »rote bezahlte Gesichter« haben.

Grundsätzlich fällt auf, dass die Gattungszuordnung des »Schnabelewopski« bisher meist ex negativo erfolgte: Ein Schelmenroman ohne Schelm (in diesem Sinn: Gerhard Kluge)[38] oder eine parodistische Negation des Bildungsromans (Schirmeisen)[39]. In neuer Zeit knüpft Dieter Arendt wieder an Windfuhrs Thesen[40] an und spricht vom »Pikaro am Jungfernstieg«[41]. Das Hauptaugenmerk richtet sich dabei immer auf den vermeintlichen Pikaro oder Antipikaro, der aber, wie schon festgestellt, in seiner Ausformung vage und ohne Profil bleibt. Auf den einzelnen Episoden dagegen – lediglich chronologisch motiviert durch die Hauptfigur – ihrem Inhalt und ihrer Gestaltung liegt das eigentliche Gewicht der Erzählung.

Die Deutung des »Schnabelewopski« als moderne Menippee erfasst die Eigenheiten des Textes vollständiger als die bisherigen Zuordnungen. Das Vorhandensein aller menippeischen Elemente aus dem von Bachtin aufgestellten Merkmalskatalog bestätigt die These, denn diese Elemente und ihr innerer Zusammenhang ergeben ein schlüssiges Gesamtbild der zunächst willkürlich erscheinenden Reflexionen und Episoden. Die sensualistische Idee wird dabei folgerichtig in den Mittelpunkt gerückt, gleichzeitig werden alle anderen Phänomene (z.B. die starke Präsenz der materiell-leiblichen Sphäre) in ihrer Bedeutsamkeit bekräftigt. Der »Schnabelewopski« zeugt damit in besonderer Weise vom karnevalistischen Weltempfinden Heines.

Anmerkungen

[1] Zitiert wird nach: Heinrich Heine. Sämtliche Schriften. Hrsg. von Klaus Briegleb. München 1968–1976. 6 Bände.

[2] Michail Bachtin: Rabelais und seine Welt. Volkskultur als Gegenkultur. Frankfurt/ M. 1995, S. 537.

[3] Michail M. Bachtin: Die Ästhetik des Wortes. Frankfurt/ M. 1979, S. 157.

[4] Michail Bachtin: Probleme der Poetik Dostoevskijs. München 1971, S. 215 ff.

[5] Renate Lachmann: Vorwort. – In: Bachtin: Rabelais [Anm. 2], S. 25 f.

[6] Bachtin: Dostoevskij [Anm. 4], S. 136–148.

[7] Ebd., S. 119.

[8] Ebd., S. 120 f.

[9] Ebd., S. 126 f.

[10] Ebd., S. 127–133.

[11] Gerhard Höhn verwendet diesen Begriff und geht an mehreren Stellen darauf ein (u.a. S. 385 ff.). – In: Ders.: Heine-Handbuch. Zeit, Person, Werk. Stuttgart 1997. Zweite, aktualisierte und erweiterte Auflage.

[12] Wolfgang Preisendanz stellt in verschiedenen Arbeiten einen Zusammenhang zwischen Bachtin und Heine her, wenn auch nur am Rande. So lautet eine Anmerkung in dem Aufsatz: Die umgebuchte Schreibart. Heines literarischer Humor im Spannungsfeld von Begriffs-, Form- und Rezeptionsgeschichte: »Was Michail Bachtin über karnevalistisches Weltempfinden [...] und über Karnevalisierung sagt [...], das berührt sich vielfach sowohl mit Jean Pauls Ausführungen über die vernichtende Idee des Humors als auch mit dem, was für die Zeitgenossen Heines Humor ausmachte, insbesondere aber mit der oben zitierten Heineschen Bestimmung des Humoristischen als Abspiegelung ›einer umgestülpten Weltordnung‹ in einem exzentrischen Geist.« – In: Wolfgang Kuttenkeuler (Hrsg.): Heinrich Heine. Artistik und Engagement. Stuttgart 1977. – Angewendet werden die theoretischen Ansätze von Michail Bachtin bei Slobodan Grubačič (Heines Erzählprosa. Stuttgart 1975), dessen Absicht es war, bei der Analyse der Erzählprosa auch Elemente der Karnevalisierung nachzuweisen, wobei er sich allerdings zu sehr in der Mikrostruktur der einzel-

nen Texte verliert und einen gedanklichen Überbau vermissen lässt. – Auch Rolf Hosfeld (Die Welt als Füllhorn: Heine. Das neunzehnte Jahrhundert zwischen Romantik und Moderne. Berlin 1984) wird dem Thema kaum gerecht, da er sehr global mit wenig Textnähe interpretiert und völlig darauf verzichtet, seine Vorgehensweise zu begründen. – In jüngster Zeit ist von Frank Schwamborn eine beachtenswerte Arbeit erschienen (Maskenfreiheit. Karnevalisierung und Theatralität bei Heinrich Heine. München 1998), die anhand ausgewählter Aspekte die Bachtinsche Lesart für Heines Werk fruchtbar macht. Schwamborn zeigt eingangs Übereinstimmungen zwischen »Bachtins dialogischer Tradition und Heines humoristischen Herkünften« auf. Er geht u.a. auf »Formen der Umkehrung und Parodie von Hochkultur« ein, auf den Zusammenhang von »Karneval und Revolution«, auf das Henkermotiv bei Heine (vor allem die literarische »Hinrichtung« des Grafen August von Platen in den »Bädern von Lucca«) und natürlich auf den vieldeutigen Narrenbegriff Heines. Das Erzählfragment »Florentinische Nächte« ist Gegenstand der Interpretation (mit dem zentralen karnevalistischen Motiv der »schwangeren Madame La Mort«), ebenso der Theaterdiskurs Heines.

  [13] Bachtin: Dostoevskij [Anm. 4], S. 128.

  [14] Höhn [Anm. 11], S. 337.

  [15] Bachtin verifiziert seine Thesen zur Menippee anhand einiger Erzählungen Dostoevskijs. Er spricht von der Tradition der Menippee, den Traum künstlerischer Intentionen nutzbar zu machen und erwähnt dabei die »originelle Traumlyrik Heines« (Bachtin: Dostoevskij [Anm. 4], S. 166).

  [16] In ihrer Einleitung zu Bachtins Rabelais-Buch führt Renate Lachmann aus: »Bachtins Konzept erhält weitere Konturen, wenn die für seine Argumentation konstitutiven Begriffe des *Materialismus* und der *Ambivalenz* als den Utopiegedanken klärend miteinbezogen werden. Die Lach- und Volkskultur wird unumwunden als materialistisch bestimmt. Seine Geltung scheint der Bachtinsche Materialismusbegriff, den man zunächst wohl eher in die Nähe des Marxschen gerückt hätte, bei genauerem Hinsehen aus dem Gegensatz zum Spiritualismus zu gewinnen. Es geht Bachtin – und er gestaltet dieses Interesse in vielfach sich wiederholenden Gedankengängen sehr eindringlich – um die *Aufwertung der Materie*, des Körperlichen.« (Bachtin: Rabelais [Anm. 2], S. 15 f.) Die »Aufhebung des Dualismus von Materie und Geist«, wie sie hier als Zielvorstellung angedeutet wird, zeigt Berührungspunkte mit Heines sensualistischen Utopieentwürfen.

  [17] Bachtin: Dostoevskij [Anm. 4], S. 131.

  [18] Verschiedentlich ist das schon von Heine-Interpreten berücksichtigt worden. In seiner Einführung zum Heine-Kommentar (München 1970) meint Werner Vordtriede, Heine habe das Esslied, die Essdichtung geschaffen; für die Dichtung einen Bereich erobert, der ihr bis jetzt verschlossen gewesen sei. Erklärend fügt er hinzu, Heine sei Epikureer, also Genießer gewesen – außerdem Jude, dadurch mit rituellen Essvorschriften vertraut – und schließlich auch ein sozialer Vorkämpfer, der sich mit der Armut und dem Hunger des Volkes befasste. Ein idealer Nährboden also für unzählige Essensbezüge (Bd. I, S. 28 ff.). – Zwei Jahre später verarbeitet Bernd Wetzel in seiner Dissertation: Das Motiv des Essens und seine Bedeutung für das Werk Heinrich Heines (München 1972) viele Hinweise aus Vordtriedes Einführung. Einer bildet die Grundlage seiner Arbeit: Das Erscheinen von gastrosophischen Werken zu Heines Zeit, vor allem Rumohrs »Geist der Kochkunst« und die »Physiologie des Geschmacks« von Brillat-Savarin. Wetzel sammelt Essmetaphern, ordnet sie in Kategorien wie Literaturkritik, Völkerpsychologie, Personenbeschreibung, Politik und Religion ein, interpretiert aber nur oberflächlich. – Neu angeregt wurde das Thema durch Terence James Reeds Überlegungen zu »Heines Appetit« (HJb 22, 1983). Ihm zufolge durchbricht Heine das orthodoxe Gattungsdenken, bei dem profane körperliche Bedürfnisse

ausschließlich in die Komödie verbannt wurden. Als zentral bezeichnet Reed die politische Funktion der Essmetaphorik. – Im Heine-Jubiläumsjahr 1997 erschienen u. a. folgende Publikationen: Essen und Trinken mit Heinrich Heine (hrsg. von Jan-Christoph Hauschild. München 1997) und: Heine à la carte. Ein Koch- und Lesebuch nach Heinrich Heine (zusammengestellt von Cordula Hupfer und Holger Ehlert. Düsseldorf 1997). Beide sind in ihrer Zitatfülle auch ein Beweis für die Ergiebigkeit des Themas.

[19] Bachtin: Rabelais [Anm. 2], S. 320–344.

[20] Michail M. Bachtin: Formen der Zeit im Roman. Untersuchungen zur historischen Poetik. Frankfurt/M. 1989, S. 117 f.

[21] Bachtin: Dostoevskij [Anm. 4], S. 128.

[22] Ebd., S. 144.

[23] Ebd., S. 130.

[24] Ebd., S. 129.

[25] Höhn [Anm. 11], S. 337.

[26] Bachtin: Dostoevskij [Anm. 4], S. 132.

[27] Renate Lachmann: Gedächtnis und Literatur. Intertextualität in der russischen Moderne. Frankfurt/M. 1990, S. 211.

[28] Ebd.

[29] Schwamborn [Anm. 12], S. 43 f.

[30] Dichter über ihre Dichtungen. Heinrich Heine. Hrsg. v. Norbert Altenhofer. 3 Bde. München 1971, Bd. III, 102 f.

[31] Dazu Frank Schwamborn: »‹Der sinnreiche Junker Don Quijote von der Mancha‹ schließlich – für Bachtin der ›größte karnevalistische Roman der Weltliteratur‹ – ließe sich, folgt man der hier angemessenen Terminologie der Intertextualitätstheorie, in mancherlei Hinsicht als Heines ›Prätext‹ schlechthin beschreiben. Dreimal, 1829 in der ›Stadt Lucca‹, 1833 in der ›Romantischen Schule‹ und 1837 in der ›Einleitung zum Don Quijote‹, hat er sein erklärtermaßen ›Lieblingsbuch‹ (und dessen Thema: ›über Lektüre den Verstand verlieren‹) sozusagen identifikatorisch besprochen. Zahllos sind darüber hinaus seit der ›Harzreise‹, die ja auch – in Göttingen – von einer Kritik imaginärer Bücherwelten ausgegangen war, die Anspielungen, Zitate, Reminiszenzen auf die Figur des Ritters von der traurigen Gestalt (und seines Knappen von der fröhlichen).« – Schwamborn beleuchtet verschiedene Facetten der Cervantes-Lektüre Heines. Er zählt 18 Gründe für die Affinität sowohl zu dem spanischen Autor und dessen bewegter Lebensgeschichte, als auch zur – als solcher beschworenen – »Zweieinigkeit« seiner Romanfigur auf. (Schwamborn [Anm. 12], .S. 50–63).

[32] Erwähnenswert in diesem Zusammenhang ist eine Beurteilung Shakespeares durch Heine in seinem Aufsatz »Shakespeares Mädchen und Frauen«, deren Argumentationsweise aus karnevalistischem Weltempfinden resultiert. Heine verteidigt Shakespeare gegen Grabbes Vorwurf, er habe die aristotelischen Regeln verletzt: »Der Schauplatz seiner Dramen ist dieser Erdball, und das ist seine Einheit des Ortes; die Ewigkeit ist die Periode, während welcher seine Stücke spielen, und das ist seine Einheit der Zeit; und beiden angemäß ist der Held seiner Dramen, der dort als Mittelpunkt strahlt, und die Einheit des Interesse repräsentiert … Die Menschheit ist jener Held, jener Held, welcher beständig stirbt und beständig aufersteht – beständig liebt, beständig haßt, doch noch mehr liebt als haßt – sich heute wie ein Wurm krümmt, morgen als ein Adler zur Sonne fliegt – heute eine Narrenkappe, morgen einen Lorbeer verdient, noch öfters beides zur gleichen Zeit – «(B IV, 180).

[33] Ein Zeitungsbericht anlässlich des Erscheinens von »Lutetia« fasst in sehr anschaulicher

Weise zusammen, in welcher Tradition Heine von seinen Zeitgenossen gesehen wurde (vermutlich von Ferdinand Eckstein): »[...] was Rabelais und sein Copist Fischart für das sechzehnte Jahrhundert waren, was Yorick Sterne für Goethe gewesen ist, was Hamann für Herder und für Jacobi war, das ist alles Heinrich Heine für die Mit- und Nachwelt. Wie der Narr im König Lear des Shakespeare, wie so manche pikante Hofnarren an mittelalterlichen Höfen in ihren Narrenkappen eine tiefe Weisheit verborgen hielten, wie der Quell des Lachens bei ihnen auch eine Quelle des Weinens war, wie sie die Menschheit auf originelle Weise in Klugheit und Verkehrtheit charakterisierten, so auch Heinrich Heine. [...] Freilich findet Hr. Cuvillier Fleury, sowie Hr. v. Pontmartin, daß, für den französischen Geschmack (sie haben den alten Rabelais vergessen!), Hr. Heinrich Heine zu viel Meditation über das Nachtgeschirr verliert.« (B V, 980f.) Anlass zu solcher Kritik könnten auch diverse derbe Äußerungen im »Schnabelewopski« geben: »Sie [Minka] war so seelengut. Sie konnte nichts abschlagen, ausgenommen ihr Wasser.« (B I, 511).

[34] So z.B. kommentiert den Traum Joachim Müller: »Dennoch steht hinter dem romantischen Meeres- und Liebestraum der Tod, dem auch der lebensheitere Schelm nichts entgegensetzen kann.« (Ders.: Heines Prosakunst. Berlin 1975, S. 144).

[35] Grubačič [Anm. 12], S. 93.

[36] Bachtin: Dostoevskij [Anm. 4], S. 132.

[37] Höhn [Anm. 11], S. 335.

[38] Gerhard Kluge: Heinrich Heines Fragment »Aus den Memoiren des Herren von Schnabelewopski« und das Problem des Schelmischen. – In: Der moderne deutsche Schelmenroman. Interpretationen. Hrsg. v. Gerhart Hoffmeister. Amsterdamer Beiträge zur neueren Germanistik 20, 1985/86. S. 41–52. (Die Formulierung »Schelmenroman ohne Schelm« stammt von Gerhard Höhn.) – Kluge stellt fest, dass Heine zwar viele formale Merkmale des pikarischen Romans übernommen hat, aber er resümiert: »Schnabelewopski gehört, alles in allem, nach meinem Dafürhalten nicht zu dem Geschlecht der Schelme in der deutschen Literatur, in dem ein Grundmuster des Pikarischen fortentwickelt und variiert wird, sondern, wenn man denn nach einer Typologie sucht, in die Reihe von Zerrissenen, die in der Romantik beginnt und bis weit in die Moderne hineinreicht.« (S. 51).

[39] Andreas Schirmeisen: Heines »Aus den Memoiren des Herren von Schnabelewopski«. Eine parodistische Negation des Bildungsromans. – In: HJb 1996. S. 66–80. Schirmeisen setzt Schnabelewopski in Beziehung zu Goethes Wilhelm Meister; er bezeichnet ihn als »Anti-Wilhelm« (S. 76) – in jedem Fall passiv, entwicklungslos, auf sinnliche Genüsse beschränkt. Einer, der durch die Konfrontation mit der »oberflächlichen Banalität des Tatsächlich-Alltäglichen« die »auf ein Ziel zusteuernde Entwicklung eines zu bildenden Individuums« negiert.

[40] Manfred Windfuhr: Heines Fragment eines Schelmenromans. »Aus den Memoiren des Herren von Schnabelewopski«. – In: HJb 1967. S. 21–39. Windfuhr geht als erster ausführlich auf die im »Schnabelewopski« vorhandenen Elemente des Schelmenromans ein, so z.B. der Ich-Erzähler, der im Stil einer Autobiographie berichtet; die episodische Struktur; das Außenseitermilieu; das »Interesse an der Vital- und Instinktsphäre des Menschen« u.a. Gleichzeitig weist er auf die weit über das Pikareske hinausgehenden Tendenzen der Erzählung hin, spricht von einer eigenen produktiven Weiterbildung des tradierten Schemas durch Heine (S. 37).

[41] Dieter Arendt: Heinrich Heine: Aus den Memoiren des Herren von Schnabelewopski oder ein Pikaro am Jungfernstieg. – In: HJb 1997, S. 40–69. Wie der Titel schon ankündigt, geht es Arendt um die pikarische Perspektive des Erzählers, insbesondere in der Hamburgepisode. In vielerlei Hinsicht reizt das Insistieren auf dem Pikaro-Blick zum Widerspruch. Drei Beispiele: »Für den Pikaro gibt es keinen Unterschied zwischen Eros und Sexus und alle Mädchen und Frauen

sind gleicherweise weiblich [...]«(S. 45). Arendt meint dabei Schnabelewopskis Haltung sowohl gegenüber den Dienstmädchen als auch den Kaufmannstöchtern, die über den Jungfernsteg flanieren. Die diesem Standpunkt keineswegs entsprechende Konzeption der Frauenfigur Jadviga, deren Bedeutung offensichtlich ist, da sie in der Erzählung dreimal erscheint – und das an für die Handlung wichtigen Stellen (Beginn der Reise Schnabelewopskis; am Wendepunkt zum tragischen Ende hin), wird völlig vernachlässigt. Die mehrmalige Charakterisierung Schnabelewopskis als pikarischer Voyeur aus dem Hinterhalt (S. 44, 51) scheint überzogen, da hier ein Platz gemeint ist, an dem sich offensichtlich alles Volk trifft, zum »schönsten Spaziergang«, zum Sehen und Gesehen werden. Der »pikarische Nihilismus«, von dem Arendt spricht, ist nicht wirklich als Geisteshaltung Schnabelewopskis auszumachen, dazu ist seine Beobachtungshaltung zu uneindeutig dargestellt.

Heines Lieblingskarikaturen

Holland, Holländisches und Holländer in den »Memoiren des Herren von Schnabelewopski«

Von Gerhard Kluge

I.

Heines Ansichten über die Niederlande und ihre Bewohner sowie deren literarisches Erscheinungsbild in seiner Prosa und Lyrik werden meist mit einer gewissen Verlegenheit erwähnt, weil sie anscheinend wenig schmeichelhaft sind und man sich deswegen gegenüber unseren Nachbarn geniert. Heine hat die Holländer als seine »Lieblingskarikaturen«[1] bezeichnet und die Möglichkeiten, welche die literarische Karikatur bietet, als Dichter in jeder Hinsicht weidlich und auch sehr gekonnt ausgenutzt. Mit welchen spezifisch literarischen Mitteln er dabei gearbeitet hat und wie diese Karikaturen entstehen, ist bisher allerdings kaum beachtet worden, auch von Niederländern selbst nicht, die es Heine ohnehin nicht verübelt haben, dass er sich über sie lustig machte; er ist bei ihnen ein beliebter Autor, und von draußen gesehen nimmt sich alles sowieso ganz anders und gar nicht so schlimm aus. In der Sicht und Bewertung der holländischen Literaturwissenschaft ist »das Bild des Holländers in der deutschen Literatur« fest umrissen durch einen maßstabsetzenden Aufsatz Herman Meyers, des besten Gewährsmannes in dieser Angelegenheit.[2] Ihm zufolge reduziert sich dieses Bild vor allem auf den Typ des Philisters, eines beschränkten, kleinlichen Menschen, dessen karikierte Darstellung sich vor allem seit der ersten Hälfte des 19. Jahrhunderts immer stärker ins Negative verschiebe. Daneben fallen einige andere, meist gefühlskalte oder dämonisierte Personen holländischer Abkunft nicht ins Gewicht, und Meyer erwähnt sie auch nur nebenbei. Die Einschränkung auf den Philister ist aber doch viel zu einseitig, und würde man Meyers These umkehren, ginge sie gleich gar nicht auf: Kaum ein Philister in der deutschen Literatur ist ein Holländer. Denkt man an die recht ausschweifenden und variationsreichen Philistersatiren in der deutschen Literatur des 18. und 19.Jahrhunderts, vornehmlich in der Romantik bei Brentano, Hoffmann oder Eichendorff, so wird schnell deutlich, dass mit Meyers These noch nicht viel gewonnen ist. Der poesiefeindliche, nüchterne, rechnende, phlegmatische Kleinbürger, Kaufmann und Händler ist an der Elbe, Spree und Donau derselbe wie an der Amstel oder Vecht. Nationale Unterschiede fallen, auch wenn sie hier und da sichtbar werden, so gut wie nicht ins Gewicht. Im Philister wird ein Konzept (klein)bürgerlicher und kleingeistiger, restaurativer Lebensgestaltung satirisch angegriffen und verspottet und nicht primär eine nationale Eigentümlichkeit der Niederländer im Gegensatz zum Deutschen hervorgehoben. Wenn Heine einen Beitrag zur Philistersatire geleistet hat, so doch nicht ausschließlich auf Kosten der Holländer, und andere aus seiner Generation haben fraglos ein sehr viel negativeres Bild von Holland und Holländern gezeichnet. Über wen, über welches Volk und über welches Land hätte er auch nicht gespottet und gelacht?

Meyer scheint indessen der Auffassung zu sein, dass im Philiströsen etwas Richtiges, dem Wesen, Naturell und Temperament des Holländers Entsprechendes getroffen und den Figuren bei aller karikaturistischen Überzeichnung mithin eine gewisse Realitätsnähe nicht abzusprechen sei. Er muss es ja wissen. Aber ist es tatsächlich so, und ist es eigentlich wichtig? Man könnte auch andersherum fragen: welche Personen in der deutschen Literatur sind Holländer und w a r u m sind sie es? Damit wäre man auch die für die literaturwissenschaftliche Interpretation zweitrangige Frage los, ob der Holländer in der Literatur dem wirklichen entspreche und brauchte fiktionale Texte nicht mit Reisebeschreibungen (oft auch noch aus früheren Jahrhunderten) auf einen Haufen zu werfen, in denen tatsächliche Begegnungen mit Holland und Holländern erinnert und beschrieben werden, um etwas »typisch Holländisches« herauszufinden. Der berühmteste Holländer in der deutschen Literatur des 20.Jahrhunderts ist bekanntlich gar keiner, sondern ein leibhaftiges Charakterporträt Gerhart Hauptmanns. Gleichwohl wollte Thomas Mann, dass ein Holländer namens Peeperkorn im »Zauberberg« auftauchte, und er hatte seine Gründe dafür. Das literarische Erscheinungsbild des Niederländers in der deutschen Literatur bedarf offensichtlich nicht immer einer empirischen Grundlage, d.h. einer intensiven Begegnung mit Land und Leuten. Und so steht vor der Frage nach dem Bild des Niederländers in der deutschen Literatur zunächst eine andere: Woher haben deutsche Dichter und Schriftsteller ihre Kenntnis, worauf beruht ihre Anschauung der Niederlande? Bei fast allen, die in diesem Zusammenhang zu nennen wären, ist die Antwort darauf ernüchternd, weil sie nämlich nur sehr oberflächlich, höchst flüchtig, kaum je längeren Kontakt zu Land und Leuten hatten und häufig ihre Kenntnis, ihr Bild von diesen aus zweiter oder dritter Hand bezogen haben.

Das gilt auch für Heine. Seine Kenntnis Hollands, seine Erfahrungen und Begegnungen mit Holländern waren – nach allem, was man weiß – denkbar gering: zwei kurze Aufenthalte, die eigentlich nur als Stationen auf einer »Transitreise« bezeichnet werden können auf dem Wege von England nach Norderney vom 16. bis 21. August 1827 und von Hamburg nach Paris vom 11. bis 14. Oktober 1844[3], wobei er kaum mehr als Rotterdam, Leiden, Den Haag und Amsterdam gesehen haben dürfte, aber »viel Spaß gehabt« haben will.[4] Wie die »Memoiren des Herren von Schnabelewopski« zeigen, dürfte das zutreffen. Im Sommer 1825 hatte Heine allem Anschein nach in Emden (erstmals?) eine holländische Bekanntschaft gemacht und dabei

> schon den Vorgeschmack des holländischen Wesens genossen; ich wollte mich todt lachen als ich die erste hübsche Holländerin küßte und sie pflegmatisch still hielt und nichts sagte als ein immerwährendes myn heer![5]

Es muss einen unauslöschlichen Eindruck auf ihn gemacht haben, denn wortwörtlich wird diese Episode in den sechs oder sieben Jahre später entstandenen Prosatext einmontiert. Von einer anderen Begegnung mit einem Niederländer berichten einige Briefe aus Helgoland, die später in das Börne-Buch aufgenommen wurden. Das »indifferente Fettgesicht« dieses Käsehändlers und dessen »Nüchternheit in Mitten einer allgemeinen Begeisterung« über die Pariser Juli-Revolution hat Heine in der Tat zu bissigen und gar nicht mehr bloß witzigen Äußerungen hingerissen.[6]

Aber dass Heine auch zu einem viel differenzierteren und gerechteren Urteil bereit und fähig war, zeigen seine Äußerungen zu Varnhagen von Ense:

> Ich liebe die Holländer nicht, aber ich habe Achtung für sie, sie haben Charakter, sie besitzen Volkswürde, sie führten die Revoluzion aus, welche die Belgier nur beginnen konnten, und wie einst ihre Republik, so wissen sie auch jetzt ihren König zu vertheidigen.[7]

Im folgenden geht es weniger darum, was Heine über Niederländer gesagt hat, sondern wie er sie gestaltet und woher die einzelnen »Bestandteile« kommen, aus denen sich sein Bild der Niederlande und Niederländer zusammensetzt; denn dieses ist weder bloß Abbild unmittelbar erfahrener Wirklichkeit, noch steht es bloß in der aus dem 18. Jahrhundert herkommenden, in der Romantik und Restaurationszeit weitergeführten literarischen Tradition des phlegmatischen Philisters, in die es sich auch nur sehr bedingt einfügen lässt. Es ist in jeder Hinsicht originell und einmalig. Um das erkennen zu können,

muss man sich allerdings detaillierter auf den Text einlassen als im allgemeinen
üblich. Denn es ist wortwörtlich aus sehr vielen Einzelheiten und Kleinigkei-
ten in der Art einer literarischen Montagetechnik zusammengesetzt, und her-
ausgekommen ist etwas ganz Artifizielles, jedenfalls kein Bild im Stile realistischer holländischer Genremalerei, und auch kein »Bild« in dem Sinne, wie
Herman Meyer den aus der soziologischen Forschung übernommenen Begriff
verwendet, als starres, seinsinadäquates, affektives Vorurteil eines Volkes über
ein anderes.[8]

II.

Auffällig sind zunächst die Namen, die Heine in den Leidener Kapiteln für die
Mitglieder von Schnabelewopskis »Tischgesellschaft« verwendet: Abgesehen
vom Juden Simson, in dem man eine Karikatur Ludwig Börnes zu sehen pflegt,
sind es der Friese »Vanpitter«, der Utrechter »Driksen« und der schöne »van
Moeulen« sowie dessen Vetter »van der Pissen«. Es sind anscheinend sehr holländische Namen, aber sie sind alle entstellt, und nur für nicht-holländische
Ohren klingen sie holländisch. Man könnte es bei der Feststellung orthogra-
phischer Fehler oder von Beweisen für die Existenz des Druckfehlerteufels bewenden lassen und diese mit H. de Leeuwe stillschweigend korrigieren: also
»van Pieter«, »Dirksen«, »van (der) Meulen«.[9] Aber damit hat man das Problem durchaus nicht vom Hals, denn es könnte nämlich auch sein, dass der Erzähler ganz absichtlich diese Namen verballhornt hat. »Vanpitter« ist gänzlich
unholländisch und friesisch schon gar nicht. »Pitter« ist die am ganzen Niederrhein und bis ins Moselfränkische verbreitete Dialektform zu »Peter«[10]; im
Holländischen müsste es »Piet« oder »Pietje« heißen.[11] Die Kombination des
Präfixes »van« mit einem Personennamen widerspricht der Wortbildung im
Niederländischen, da »van« immer eine lokale Bedeutung hat, die auf Herkunft bzw. Abstammung deutet. »Pitter« ist nur in Nord-Holland als Famili-
enname belegt, häufiger sind aber »Putter«, »van der Putte«, vereinzelt auch
»van de Pitte«, allesamt abgeleitet von »put« (Grube). Die Namensform
»Driksen« gibt es im Holländischen nicht. Bekannt sind ›Drieskens‹ (gebildet
zu ›Andries‹) bzw. ›Dirksen‹ (Dercksen) bzw. ›Dirckz‹ (gebildet zu ›Dirk‹ bzw.
›Derek‹). Sollte es sich also nicht um ein Schreib- oder Druckversehen handeln,
so hätten wir wiederum einen Namen, der von den Regeln der holländischen
Namensbildung abweicht. Und was der Erzähler aus dem Namen »van (der)
Meulen« macht, wäre im Holländischen kaum auszusprechen: Mu-ülen. All
das erinnert auffallend an das parodistische und zungenbrecherische Spiel mit

den polnischen Namen im Eingangskapitel (»Prrschtzztwitsch«). Schon durch die Namensformen werden die Personen zu Karikaturen und Witzfiguren. Im Falle des Leidener Theologieprofessors, der sich mit der Exegese des Hohenliedes und der Offenbarung Johannis beschäftigt, sorgt der zotig-obszöne Name für einen derbkomischen Kontrast zwischen dem Erhabenen und dem Niedrigen, der durch das sonderbare Gebaren von Mijnheer ins Groteskkomische erweitert wird. Dass der niederländische Name »Pissens« (eine Ableitung von »Pieters« bzw. »Piersens«) Heine zu dieser Namenswahl veranlasst haben könnte, scheidet natürlich aus.

Eine Karikatur im Witzblattstil ist auch die namenlos bleibende »Wirthinn zur rothen Kuh«: »Es war eine untersetzte Frau, mit einem sehr großen runden Bauche und einem sehr kleinen runden Kopfe.«[12]

Es ist schon bemerkt worden, dass es sich um eine aus zwei Kugeln zusammengesetzte Figur handelt, aber man braucht dabei nicht an die abstrakte Komposition einer »geometrischen Euklidgestalt« zu denken[13], sondern kann sich ganz konkret an zwei landestypische Produkte halten, zwei Käselaibe nämlich, und schon steht Frau Wirtin leibhaftig vor uns. Dass der Vergleich nicht zu weit hergeholt ist, beweist die Beschreibung van Moeulens, bei dem der Erzähler deutlicher wird:

> ein Apollo, aber kein Apollo von Marmor, sondern viel eher von Käse. Er war der vollendetste Holländer, den ich je gesehn. (S. 180)

Wie man sich in Holland den Deutschen nicht anders als »mof« vorzustellen vermag, so ist aus deutscher Sicht der Holländer eben der »kaaskop«. Doch finden sich bei dieser holländischen Venus noch andere Klischees, die zum typischen und standardisierten Hollandbild gehören – damals wie auch heute noch. Sie sind sogar derart gehäuft, dass die ganze Gestalt geradezu die Allegorie Hollands, eine »Hollandia« sozusagen als Ergänzung der kurz vorher erwähnten »Hammonia«, genannt werden könnte. Auf Darstellungen aus dem 16. und 17. Jahrhundert sieht man häufiger »de hollandse maagd« (die holländische Jungfrau, also die Allegorie Hollands in Gestalt eines jungen Mädchens) in einem sicher und fest umgrenzten oder umzäunten Garten sitzen, das Landeswappen in den Händen.[14] In parodistischer Umkehrung sitzt bei Heine diese holländische Ur-Mutter mit dem breiten Becken und dem viel zu kleinen Kopf in einem ähnlichen Garten und trinkt Tee.

> Wenn Myfrau den Obertheil des Kopfes mit den friesischen Goldplatten umschildet, den Bauch mit ihrem buntgeblümten Damastrock eingepanzert, und die Arme mit der weißen

Fülle ihrer brabanter Spitzen gar kostbar belastet hatte: dann sah sie aus wie eine fabelhafte
chinesische Puppe, wie etwa die Göttin des Porzelans. (S. 177)

Zunächst einmal sieht sie aus wie »Frau Antje« aus der Holland-Werbung, wie
die weibliche Holländer-Puppe aus dem Souvenirladen, angezogen und geschmückt im folkloristischen Trachten-Look, der quasi ganz Holland, von
Nord bis Süd, von Friesland bis Brabant umgreift und mithin Kleidungsstücke
miteinander kombiniert, die streng genommen überhaupt nicht zusammen gehören oder zusammen passen. Obwohl die seitlich unter den weißen Häub-
chen hervorragenden Goldplatten – »boekies« (Büchlein) genannt – oder auch
anderer goldener Zierrat nicht nur in Friesland, sondern auch in anderen Pro-
vinzen getragen werden, besonders von wohlhabenden Bauern- und Fischers-
frauen, waren um 1840 gerade in Friesland besonders große Exemplare dieses
Kopfschmucks üblich, um Reichtum und Wohlstand zu demonstrieren.[15] Falls
Heine mit der Betonung gerade friesischer Goldplatten auch darauf hätte aufmerksam machen wollen (was sich natürlich nicht beweisen lässt), müsste man
sich die kleine korpulente Figur noch um eine weitere Nuance groteskkomi-
scher vorstellen. Im ganzen Land trugen die Frauen aber mit Vorliebe sehr far-
bige, bunte Röcke, was sogar englischen Reisenden als bemerkenswert aufge-
fallen ist: Die holländischen Frauen seien zu verrückt auf Buntes, als dass sie es
bei einer einzigen Farbe würden bewenden lassen können. Und ganz besonders beliebt seien rot und blau gewesen[16], also genau diejenigen, die im Ambiente der Wirtin zur roten Kuh besonders auffällig hervorgehoben werden:
»Rothe Wängelein, blaue Aeugelein; Rosen und Veilchen« (S. 176).
      Die Stämme der Bäume im Garten sind »hübsch roth und blau angestri-
chen« (ebd.). Nehmen wir dazu noch das mehrfach erwähnte Weiß (in den
Brabanter Spitzen, im Porzellan), so haben wir allerdings auch die holländischen Nationalfarben, die sogenannte niederländische Trikolore, beisammen.
Der ursprünglich orangefarbene Streifen im Tuch der Prinzenfahne Wilhelms
von Oranien mutierte bereits ab der Mitte des 17. Jahrhunderts, nach dem
Westfälischen Frieden, allmählich ins Rote, und seit der Gründung der »Ba-
taafse Republik« (1796) wurde die Kombination blau-weiß-rot, die Heine sowieso sehr sympathisch war, zur offiziellen Staatsflagge.[17]
      Der wiederholte Hinweis auf chinesisches Porzellan ist noch in anderer
Hinsicht bemerkenswert. Einerseits verbindet sich dieses Motiv mit dem
phlegmatischen Temperament – so sagt der Erzähler, die Wirtin sei unter seinen Küssen »ganz porzelanig steif stehen« geblieben und habe »ganz porzelanig: Myn Heer« geseufzt (S. 177) – vor allem wird auf eine ganz besondere Redensart angespielt, die in Westeuropa im 19. Jahrhundert sehr populär gewesen

ist: die Holländer seien die Chinesen Europas.[18] In Holland selbst und unter
Holländern auch verbreitet, wurde diese Redensart vor allem in spöttischer,
aber auch bösartiger Absicht vor allem in Deutschland verwendet, vereinzelt
noch bis in die Anfänge des 20.Jahrhunderts. Ausgedrückt werden sollten mit
diesem ziemlich verqueren Vergleich verschiedene »hebbelijkheden en tekort-
komingen«, eine gewisse Rückständigkeit und der Konservatismus der Holländer[19], beispielsweise dass diese sich – wie die Chinesen durch ihre Mauer –
gegen die Nachbarvölker abschlössen oder dass sie immer noch an alter, aber
inzwischen längst vergangener Größe hängen. Um 1830 hatten einige enthusi-
astische Patrioten gar die Idee, die Holländer sollten eine eigene Kleidertracht
anlegen, denn dann würden sie in jedem europäischen Land auffallen wie Chinesen und den Namen rechtens tragen.[20] Wie auch immer diese Redensart entstanden ist, sie beruht auf zwei Fehlschlüssen, einem absurden Vergleich
zweier Kulturen, der möglich wurde durch ein ganz verzerrtes und fiktives
Bild von China. So prominente Hollandreisende wie beispielsweise Pückler-
Muskau assoziierten die real gesehene Landschaft mit aus der Literatur ver-
trauten oder mit erträumten Vorstellungen von China. Grachten und »vaar-
ten« mutierten so zu Kanälen in einem fernen exotischen Land, wo man im Sü-
den lange Reisen zu Wasser machte, die »trekschuit« wurde zur Dschunke. Zu
den bis in unser Jahrhundert hartnäckig sich haltenden Stereotypen von Ost-
asien, China und Japan gehörten das Verschwiegene – »Doch wie's da drin aus-
sieht, geht niemand was an« (»Das Land des Lächelns«) – wie das Putzige,
Kleine und Niedliche – »Wir sind an alles Kleine von jeher gewöhnet« (»Madame Butterfly«) – und das weckte wiederum manche Assoziationen zu den
kleinen niedrigen Häusern in dem weiten stillen Nachbarland, seinen Brück-
chen, Teepavillons und der eifrigen Verwendung von Diminutiven in der
Unterhaltung.[21]

III.

Ein solch putziger, pittoresk-exotischer Bezirk ist der Garten der Wirtin. Aus-
ländische Reisende fanden holländische Gärten zum Lachen. »Alles, was ver-
zwickt, kleinlich, abgeschmackt und naturwidrig erschien«, wurde als holländischer Garten bezeichnet.[22] Schnabelewopskis Beschreibung scheint das, ku-
rios genug, zu bestätigen:

> Es war ein schöner Garten, viereckige und dreyeckige Beete, symmetrisch bestreut mit
> Goldsand, Zinober und kleinen blanken Muscheln. Die Stämme der Bäume hübsch roth und

blau angestrichen. Kupferne Käfige voll Kanarienvögel. Die kostbarsten Zwiebelgewächse in buntbemalten, glasirten Töpfen. Der Taxus allerliebst künstlich geschnitten, mancherley Obelisken, Pyramiden, Vasen, auch Thiergestalten bildend. Da stand ein aus Taxus geschnittener grüner Ochs, welcher mich fast eifersüchtig ansah, wenn ich sie umarmte, die holde Wirthinn zur rothen Kuh. (S. 176 f.)

Niederländische (Haus-)Gärten sind Architekturgärten und dem französischen Stil verpflichtet, sind aber aufgrund der andersartigen politischen und sozialen Entwicklung des Landes weniger Spiegel einer höfisch-absolutistischen, sondern einer städtisch-bürgerlichen Kultur.[23] Die Gärten an den Landhäusern entlang der Vecht, aber auch kleinere Hausgärten in den Städten, etwa im Diemermeer-Polder galten als touristische Sehenswürdigkeiten: In der Regel bestanden sie aus an den Seiten durch Grachten, natürliche Hecken, Zäune oder Gitter abgegrenzten und vor Einblicken von außen abgeschirmten Parzellen, die – je nach der Größe des Grundstücks – in rasterartige und mit Rabatten eingefriedete Beete unterteilt waren. Trotz der kleinteiligen Gliederung und ihres geringen Ausmaßes waren diese Gärten aber »bis an die Grenze der Verwirrung« ausgestattet, dekoriert und verziert.[24] Manche schienen wahren »Gruselkabinetten«[25] geglichen zu haben, so vollgestopft waren sie mit pyramiden- oder kugelförmig geschnittenen Bäumen, Obelisken, Vasen und anderen architektonischen bzw. figürlichen Objekten. Hoch aufschießende Zierstücke galten »als spezifisch niederländisch«.[26] »Reinlichkeit, Zierlichkeit und Nettigkeit« strahlten diesen Gärten aus[27], in denen um die bunten Blumenbeete auch noch bunte Erde ausgelegt wurde.[28] Die bunten Blumen, vornehmlich Tulpen, stehen in noch bunteren Töpfen. Im königlichen Park Het Loo kontrastierte der »weiße Grund der einzelnen Zierbeete [...] kräftig mit dem Gelb der Wege ringsum«.[29] Heines Text könnte geradezu von Johanna Schopenhauers Beschreibung abstammen:

Die Gärten vor den Häusern sind eben so wunderlich anzuschauen. Alles ist darin zu finden, nur keine Natur. Da sieht man Bäume, die gar nicht mehr wie Bäume aussehen, so verschnitzt sind ihre Kronen, die Stämme werden zur größeren Zierlichkeit mit weißer Oelfarbe angemalt. Da stehen alle mögliche und unmögliche Thiere der bekannten und unbekannten Welt aus Buchsbaum geschnitten neben Säulen, Pyramiden, und Ehrenpforten aus Taxus [...]. Den Boden bedecken unzählige krause Schnirkel von Buchsbaum, nett gezogen, als wären sie mit der Feder gerissen. Ausgefüllt mit bunten Glaskorallen, Muscheln, Steinen und Scherben in allen möglichen Farben, nach der schönsten steifsten Symmetrie, gleichen sie kolossalen geschmacklosen Stickereien.[30]

Die »Neigung zu großer Buntheit«[31] wächst sich aus ins Kunterbunte.

Breukelen. Der Garten des Herrn Boendemaker

Das Holland-Bild dieses Textabschnittes ist eine meisterhafte Montage aus populären und zum Teil noch heute geläufigen Klischees und Stereotypen über das Land und dessen Bevölkerung, in die ein paar Realitätspartikel, die dem Reisenden ins Auge gefallen sein mochten oder die angelesen sein können, eingegangen sind. Das Ergebnis ist von extremer Künstlichkeit. In der Gartenszenerie sind Natur und Natürliches nahezu völlig verschwunden bzw. durch den »grotesken Baumverschnitt« entstellt. Das Belebte wird architektonisiert, das Unbelebte anthropomorphisiert. Die Aneinanderreihung und Kumulierung solcher für »das Holländische« typischer Bilder und Vorstellungsinhalte bewirkt eine Überzeichnung der Wirklichkeit, also deren Karikatur, voller witziger, ironischer und erotischer Anspielungen und von ebenso verblüffender wie grotesker Komik. Die erzählerischen Mittel und sprachlichen Manipulationen sind dieselben wie in anderen Teilen des Werkes: absurde Symmetrie, Disproportionierung und Entstellung, Verrückung bzw. Verschiebung des Maßvollen.[32]

Ist die Wirtin inmitten ihres puppenstubenartigen Lebensraumes die karikierte Allegorie des ins Triviale verschobenen Holland und »leider nur eine schöne Kunstfigur«, wie man mit Brentano sagen könnte, so sind die auf sie, den Ich-Erzähler und seine Freunde bezogenen Episoden die anekdotische Entfaltung der Redensart »Liebe geht durch den Magen«. Das heißt, die Lust am und aufs Essen, die kulinarische, ist gekoppelt mit der sexuellen, und ausgekostet werden diese Genüsse in an Wortspielen und an obszönen Anspielungen reichen Metaphern, mit denen der Erzähler über den Körper und die Kochkunst der Wirtin buchstäblich herzieht. Dabei machen er und seine Freunde »die schlechtesten Vergleiche« (S. 178). In genießerischer Lust wird die Kochkunst der europäischen Länder mit deren »besonderen Weiblichkeiten« auf Ähnlichkeiten hin durchbuchstabiert, und während Engländerinnen, Französinnen und Italienerinnen »von hohem idealischen Standpunkte« (S. 175) betrachtet, ganz oben rangieren, geradezu sentimentalische wie sentimentale Empfindungen und Sehnsüchte auslösen, die untypisch sind für einen Pikaro, der ein Gourmand, ein Vielfraß ist, aber kein Gourmet, rangieren die Holländerinnen ganz unten, dort, wo alles nur noch handgreiflich, sinnlich ist. Vom »Geist der Kochkunst« bleibt da ebenso wenig etwas übrig wie vom Graziösen, Schmachtenden, Zärtlichen der Schönen aus den anderen Ländern. Alles an der holländischen Küche ist reinlich und vor allem lecker, »rührend inniger, und doch zugleich tiefsinnlicher Sellerieduft [...] und Knoblauch« (S. 176). An den »schönen Töchtern« des Landes sind die »selbstbewußte Naivität«, also Geistlosigkeit, und die »Unterhosen von Flannel« bemerkenswert. Es beginnt ja schon während der Vorstellung des »fliegenden Holländer« in

der Amsterdamer Schouwburg, als eine verführerische blonde Eva Schnabelewopski mit Apfelsinenschalen verlockt, ins Paradies verführt, das zunächst nur
der oberste Balkon, dann aber ein »schwarzes Sopha« (S. 174) ist, auf dem das
passiert, was Heine lange vor Schnitzler nur durch einen langen Gedankenstrich erzählt. Ob in der Kunst, der spezifisch holländischen Manier, ob in ero-
ticis oder im Blick auf die Frauen: in Holland ist alles ganz und gar sinnlich, ir-
disch. Die kühle Blonde aus dem Norden – vergleichbar »gefrorenem Cham-
pagner« – ist erfüllt von innerer Glut, und Schnabelewopski, der sein eigener
Leporello, sein eigener Buchhalter ist – goutiert nichts Pikanteres als diesen
Kontrast:

> Ja, weit mehr als in Brünetten, zehrt der Sinnenbrand in manchen scheinstillen Heiligenbil-
> dern, mit goldenem Glorienhaar und blauen Himmelsaugen und frommen Liljenhänden.
> (ebd.)

IV.

Leiden ist nicht nur deshalb der Ort des Geschehens, weil es die älteste und berühmteste holländische Universitätsstadt mit einer respektablen theologischen
Fakultät ist, sondern auch wegen der im Namen der Stadt enthaltenen meta-
phorisch-allegorischen Bedeutung: Es ist auch und vor allem die Stadt der Leiden, und als solche verklammert sie die Episoden, die einerseits von Lust und
Leiden an der Liebe und am Essen und andererseits vom Leiden am und durch
den Glauben handeln. Damit fügen diese Kapitel sich auch nahtlos ein in die
Thematik der »Memoiren«, den Dualismus von Leib und Seele, Natur und
Geist, Entfremdung und Zerrissenheit des Menschen und die Frage nach der
Möglichkeit von deren Überwindung. Selbstverständlich wird dieser Dualismus von einer sensualistisch-materialistischen Grundlage aus entfaltet, d.h.
nur wenn das von der Wirtin gelieferte Essen schlecht ist, weil Schnabelewopski zwar Appetit, aber keine Lust zu einem Gang »über die Alpen« hat
oder auf den »Ruinen von Carthago« (S. 178) gerade mal nicht ausruhen möchte, nur dann kommt das Spirituelle zu seinem Recht. Dann diskutieren die
Herren Studiosi über die Existenz Gottes. Und während der tapfere Gottes-
streiter Simson dabei verblutet, erleidet der Ich-Erzähler bloß ein groteskko-
misches Martyrium, wenn er sich stellvertretend für seine Kommilitonen op-
fert, um für alle eine gute Mahlzeit zu bekommen. Eine Christus-Parodie? Die
theologischen Disputationen gehören inhaltlich bekanntlich in den Kontext
von Heines Auseinandersetzungen mit Religion und Philosophie in Deutsch-

land und mit Börne. Doch berühren sie wiederum Holländisches. Von Vanpitter heißt es, er

> holte seine Argumente aus der deutschen Philosophie, womit man sich damals in Leyden
> stark beschäftigte. Er spöttelte über die engen Köpfe, die dem lieben Gott eine Privatexistenz
> zuschreiben, er beschuldigte sie sogar der Blasphemie, indem sie Gott mit Weißheit, Gerech-
> tigkeit, Liebe und ähnlichen menschlichen Eigenschaften versähen, die sich gar nicht für ihn
> schickten [...]. (S. 178f.)

In den ersten beiden Jahrzehnten des 19. Jahrhunderts gab es tatsächlich in Holland eine in wenigstens zwei Wellen verlaufende heftige Auseinandersetzung
um Kants Philosophie, wobei es im wesentlichen um die Frage ging, ob diese
dem christlichen Glauben und der christlichen Sittenlehre eine Stütze oder diesen eher gefährlich sein könne.[33] Überhaupt war die Philosophie bis in die vierziger Jahre an den Universitäten kaum eine selbständige Disziplin, sondern eine Magd der Theologie, sofern man von ihr erwartete, dass sie Argumente liefern möge, die dem redlich denkenden Menschen helfen könnten, seinen
Glauben vor sich selbst zu rechtfertigen und gegenüber Glaubensgegnern zu
verteidigen. Der in Leiden seit 1822 lehrende Theologe Jacob Nieuwenhuis – er
nannte sich selbst einen »christlichen Philosophen« (christelijk wijsgeer) –, ehemals lutherischer Prediger in Utrecht, hat in diesen Auseinandersetzungen eine
nicht unwichtige Rolle gespielt. Demgegenüber haben Hegel und dessen Schüler in den Niederlanden wenig Anhänger gefunden. Die nachkantischen Systeme wurden als Luftschlösser, Mystizismus abgelehnt, man hielt sie für nicht ver-
einbar mit dem christlichen Glauben, erkannte allenfalls eine Nähe zum Pan-
theismus, der von allen Konfessionen strikt verworfen wurde. In der Theologie
überwog in der ersten Hälfte des 19. Jahrhunderts eine Richtung, die ihre Abstammung von der Aufklärung nicht verleugnen kann und deren Prinzipien mit
denen des Offenbarungsglaubens zu verbinden suchte, der »Rationalistische
Supranaturalismus«, nach dessen Auffassung die von Gott geoffenbarten Wahr-
heiten für ein vernünftiges, sittliches Wesen verständlich und unentbehrlich
seien und Gott ähnliche Eigenschaften besitze, die Vanpitter als Blasphemie erscheinen. Merkwürdiger- und unerklärlicherweise berührt Heine also Themen,
die in philosophischen und theologischen Diskussionen während der ersten
Hälfte des 19. Jahrhunderts an holländischen Universitäten erörtert wurden.
Allerdings verliefen sie ruhiger als in Deutschland und auch ruhiger als unter
den holländischen und deutschen, christlichen und jüdischen Streithähnen zu
Leiden, weil sowohl in den Köpfen der Philosophen als auch der Theologen in
den Niederlanden konservative Auffassungen und der gesunde Menschenverstand die Vorherrschaft und Kontrolle behielten.

In der Gegenüberstellung der beiden phlegmatischen Holländer, des Friesen und des Utrechters, mit dem kleinen sanguinischen Frankfurter Juden stoßen unterschiedliche Temperamente aufeinander, in denen man, wenn man will, auch nationale Physiognomien gespiegelt sehen kann. Hingegen sind van Moeulen und van der Pissen wiederum karikiert; jener eher mit üblichen Holland-Klischees, dieser auf grotesk-skurrile Weise. Bei beiden verbindet sich Phlegma mit Mut. Dieses sonderbare Gemisch wird bei dem einen eher bestaunt, bei dem anderen lächerlich gemacht. Beide haben ausgesprochene Marotten, die sich in ihren vier Wänden, also nicht öffentlich äußern. In beiden Fällen arbeitet Heine wieder mit dem Mittel der Deformation: der »Apollo [...] von Käse« erhält zugleich tierhafte Züge durch »eine Reihe ganz kleiner weißer Zähnchen, die eher wie Fischgräte aussahen« (S. 180). Die großen goldenen Ohrringe geben ihm überdies noch das verwegene Aussehen eines Piraten. Beim Theologieprofessor wird das Hochgeistige durch das buchstäblich Niedrige – seine Balgereien mit dem Mohren, dem Pudel und dem Affen auf dem Teppich – deformiert. Beide haben Komplexe und sind auch psychisch deformiert: der eine durch seinen Tick, in seiner Wohnung ständig die Möbel umzuräumen, der Leidener Professor durch sein Leiden an mangelndem Selbstvertrauen, das durch den täglich zu erneuernden »Sieg« über die niederen Kreaturen und die Krönung mit dem verwelkten Lorbeerkranz kompensiert wird. Die Wiederholung ein und derselben Handlung in regelmäßigen Abständen lässt ihr Tun zu einem sinnlosen Kreislauf werden und dadurch nähern sie sich sehr jenem Typ des Narren, in dem Heine den Geist der Restauration treffen will, der ein Feind der Bewegung ist.[34]

Die häuslichen Leiden des Leidener Bandagisten bilden die letzte der kleinen in sich geschlossenen episodischen Anekdoten um unterschiedlich scharf karikierte, teilweise auch närrische Niederländer, und an ihm wird die Not des Menschen während der großen »Krankheitsperiode der Menschheit« (S. 186) auf besonders krasse und groteske Weise deutlich. Dass nur Menschen, »deren Harmonie gestört« ist (ebd.), träumen, verbildlicht Heine einerseits an der Art, wie die Eheleute auf eine durchaus unharmonische Weise miteinander musizieren[35], andererseits an den nächtlichen Heimsuchungen des Mannes, in denen, fast schon im Sinne Freuds, die gestörte Sexualität kompensiert, im Ehealltag nicht befriedigtes sexuelles Begehren erfüllt wird. Dass der Mann, an dem gezeigt wird, »wie der Mensch in uns gespalten« ist (ebd.), ausgerechnet ein Bruchbandmacher ist und mit seinen eigenen Produkten von seiner bösartigen Frau gestraft wird, ist ein zusätzlicher Effekt. Das Aussehen, die Beschreibung der Frau könnten inspiriert sein von einer der vielen alten, halb hexenhaft, halb vettelhaft wirkenden Frauengestalten auf niederländischen Ge-

Pieter Breughel d. Ä.
Kopf einer alten Bäuerin

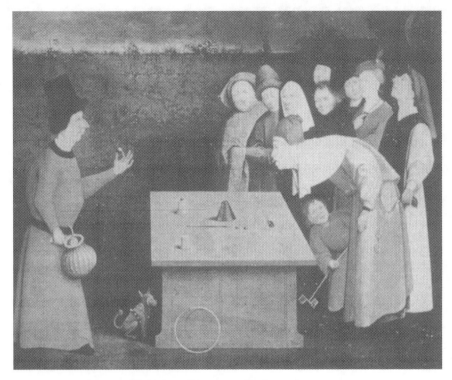

Hieronymus Bosch
De Goochelaar

mälden von Bosch bis Breughel; man vergleiche die Beschreibung ihres Gesichtes zum Beispiel mit dem Frauenprofil auf Hieronymus Boschs Gemälde
»De Goochelaar« oder mit dem »Kopf einer alten Bäuerin« von Pieter Breughel d.Ä.[36]

Dass das am Eheleben des Bandagisten gesteigerte seelische und körperliche
Leiden sich ausgerechnet in dem Haus ereignet, in dem »einst der Geist der
Freude« geherrscht hatte, bringt diese Episode zusammen mit den anderen
nicht nur auf den gemeinsamen thematischen Nenner, sondern rückt sie auch
unter eine geschichtsphilosophische und weltanschauliche Perspektive, dass
nämlich »der Friede zwischen Leib und Seele wieder hergestellt« werden muss,
und sie »wieder in ursprünglicher Harmonie sich durchdringen«.[37]

V.

In den Niederlande-Kapiteln des »Schnabelewopski« finden sich nur wenige Passagen, die nicht in einem satirischen oder karikaturistischen Stil geschrieben sind. Zu ihnen gehören die Abschnitte über Jan Steen. Heines persönliche Vorliebe und Begeisterung für diesen Maler ist mehrfach bezeugt. Aus dem Jahr 1850 ist die Aufzeichnung eines Gesprächs mit Adolf Stahr und Fanny Lewald überliefert, in dem Heine gesagt haben soll:

> Am liebsten habe ich Amsterdam, wo die Originale aller meiner Ideale herumlaufen, alle Bilder von Jan Steen. Ich habe immer wollen Jan Steen's Leben nach seinen Bildern schreiben. Das heißt, ich wollte alle seine Bilder sehen und danach eine Geschichte dieses heitersten Menschen schreiben. Es hat mir immer so gefallen, daß er seine erste Frau, die ihn oft wegen seines Trinkens ausgezankt, in einem seiner besten Bilder als Betrunkene gemalt hat. Daß ich dies Buch, und mein bestes Gedicht, den Till Eulenspiegel nicht geschrieben habe, wird mich ewig schmerzen.[38]

Heine nennt Jan Steen und Eulenspiegel in einem Atemzug. In den beiden bis ins 19. Jahrhundert maßgebenden Beschreibungen des Lebens von Jan Steen von Houbraken[39] und Weyerman[40] finden sich zahlreiche, meist wohl erfundene Anekdoten über das ausgelassene Leben des Malers, der immer wieder zu Streichen, auch eulenspiegelhaften, aufgelegt gewesen sein soll. Da Heine sich genauer mit Steens Lebensumständen befasst hat, wird er zumindest eine dieser Biographien gekannt haben. Die Absicht, das Leben des Malers anhand seiner Bilder zu beschreiben, stimmt überein mit Houbrakens Lebensskizze, der nichts anderes getan und damit die Einschätzung und Würdigung Jan Steens bis ins 19. Jahrhundert hinein bestimmt hat: »In 't algemeen moet ik zeggen dat zyn schilderyen zyn als zyn levenswyze, en zyn levenswyze als zyn schilderyen.«[41]

Heine wusste demnach auch, dass Steen, obwohl es von ihm nur zwei ausdrücklich als solche bezeichnete Selbstporträts gibt, sich auf vielen seiner Gemälde als Staffagefigur abgebildet hat: als Trinker, als Narr, als Tölpel, als geiler Alter. Welche Gemälde Heine kannte, weiß man nicht. Das im »Schnabelewopski« beschriebene »Bohnenfest«, von dem es mindestens drei authentische Versionen gibt, ist identisch mit dem seit 1749 dem hessischen Grafen Wilhelm gehörenden »Dreikönigsfest« (entstanden 1668), das Heine im November 1827 in Kassel gesehen haben dürfte, wo es sich noch heute befindet.[42]

Was Heine alles über Jan Steen wusste und woher er sein Wissen hatte, wird sich wohl nicht mehr eruieren lassen. So findet sich die Anekdote mit dem »Prädikant« weder bei Houbraken noch bei Weyerman. Sie könnte aus einer anderen Künstlerbiographie übernommen oder aber auch frei erfunden worden sein. Man hat sie in Verbindung bringen wollen mit einem Gemälde Jan Steens – »Boetpredicatie van den Dominee« (Bußpredigt eines Geistlichen) –, auf dem eine Dirne und eine Kupplerin am Fenster des Bordells sitzen, während von draußen der Pfarrer ermahnend auf jene einredet, die ihn schalkhaft und höhnisch anlächelt.[43] Dass das Bild mit dieser von Heine erzählten, biographisch aber nicht nachweisbaren Anekdote in Verbindung stehen sollte, ist ganz unwahrscheinlich. Immerhin steht bei Weyerman eine Episode, die zwar nicht inhaltlich, aber grundsätzlich eine gewisse Ähnlichkeit mit jener hat: Nach dem Tod seiner ersten Frau sei es mit Steens Familie sehr schnell bergab gegangen, und einer seiner wohlhabenden Gönner, der ihn eines Tages besucht und das mit schmerzlichen Gefühlen festgestellt habe, hätte ihn mit starken Worten ermahnt und geraten, eine neue Frau zu nehmen, übrigens auch deshalb, weil verheiratete Männer die besseren Bürger (»Republyksgezinde«) und für das »Gemeene Best« nützlicher seien als unverheiratete und unversorgte:

> De Historie zegt, dat Jan Steen onder de vermaning zo aandachtlyk paste op het inschenken, dat hy geen gelegenheyt had om eens te luysteren na dat sermoen, zynde de wyn en een pyptabak zyn twee heerschende hartstogten [...].[44]

Auch der als scheinbar authentisches Zitat des Meisters angeführte Satz, der dessen legendäre Trunksucht illustrieren soll – Steen war nebenbei auch noch Bierbrauer und betrieb später in Leiden eine Gastwirtschaft – lässt sich in den biographischen Quellen nicht nachweisen.

Steen hat seine Jugend in Leiden verlebt und ist nach Aufenthalten u. a. in Delft und Haarlem im Jahre 1670 wieder in seine Geburtsstadt zurückgekehrt. Die Familie hat in verschiedenen Häusern gewohnt, auch am Wasser, aber Heines Beschreibung des Wohnhauses stimmt mit keiner der nachweisbaren Adressen überein:

> Das Aeußere des Hauses war elend und kläglich und mürrisch, ganz unholländisch. Das dunkle morsche Haus stand dicht am Wasser, und wenn man an der anderen Seite des Canals vorbeyging, glaubte man eine alte Hexe zu sehen, die sich in einem glänzenden Zauberspiegel betrachtet. (S. 184)

Steens Elternhaus befand sich an der Delftse Vliet, allerdings einer der unansehnlichsten Grachten der Stadt zwischen dem Stadtzentrum und den Wällen. Später wohnte er eine zeitlang am Nieuwe Rijn, zuletzt besaß er bis zu seinem Tod ein Haus mit Gastwirtschaft an der Langebrug in der Nähe der Pieterskerk. Aussehen und Lage des beschriebenen Hauses können durchaus auf landschaftlichen Eindrücken von Heines Reise durch den Westen des Landes stammen, aber auch aus einem der zahllosen Gemälde, auf denen verfallende Wirts- und Bauernhäuser abgebildet sind; auch bei Steen lassen sie sich nachweisen. Dass Heine auf Amsterdamer Straßen wiederholt Menschen begegnet sei, die direkt aus Jan Steens Gemälden herausgestiegen sein könnten, zeugt nicht nur von einer guten und wohl auch umfangreichen Kenntnis dieser Gemälde, sondern ist obendrein eine Beobachtung, die man heute hin und wieder auch noch machen kann. Dass sich Jan Steen auf Genrebildern mitsamt seiner ganzen Familie porträtiert habe, stimmt jedoch nur zum Teil. Er selbst, seine beiden Frauen und seine Kinder sind leicht identifizierbar, bei vielen anderen ist eine Familienzugehörigkeit nicht zweifelsfrei nachweisbar. Aber Heine gibt die landläufige Meinung wieder, und eines der eine »fröhliche Gesellschaft« darstellenden Gemälde wurde auch so populär, dass man es »Het gezin van Jan Steen« nannte, und »Huishouden als bij Jan Steen« ist in den Niederlanden zu einer sprichwörtlichen Redensart geworden.

Heines Beschreibung des »Bohnenfestes« ist, wenn sie aus der Erinnerung an das doch etliche Jahre früher gesehene Bild stammen sollte, erstaunlich genau. Dargestellt ist das fröhliche Familienfest am Abend des Dreikönigstages (6. Januar). Es war Brauch, den »König« durch eine in ein Gebäck eingelegte Bohne suchen zu lassen. Andere Rollen wurden ausgelost. Die kleinen Zettel mit deren Namen hefteten sich die Beteiligten an die Kleidungsstücke. Bei einigen der dargestellten Personen sind sie deutlich lesbar.

Weyerman berichtet, Steens zweite Frau, Marietje Herculens, habe sich über ihren Mann beklagt:

> Dat Jan Steen haar dikmaals konterfyte, doch altoos als een onzedig voorwerp, dan voor een dronke Wyf, nu als een Koppelares, en op een ander tyd voor een geyle Snol, dat haar verveelde. Zy voegde er by, dat zy wenschte uitgeschildert te werden als een fatsoenlyke vrouw.[45]

Houbraken erzählt dasselbe von Steens erster Frau, Grietje van Goyen. Da Heine diese Beschwerde direkt auf das Bild bezieht, deutet er die trunkene junge Frau mit dem Weinkrug als Steens Gattin. Es ist übrigens dasselbe Mädchen wie auf der oben erwähnten Bordellszene. Steens Frau – die erste – sitzt aber neben ihm am Tisch, etwas matronenhaft und in sich versunken, vielleicht auch schon kränklich, denn ein Jahr nach dem Entstehen des Bildes starb sie. Dass Steens alte Mutter mit dem jüngsten Enkelkind auf dem Arm dabei stehe, ist ein Erinnerungsfehler; auf anderen Bildern Steens findet sich aber das Motiv. Die als Beguine gekleidete Frau, die dem Bohnenkönig das Glas an die Lippen führt, ist wahrscheinlich Steens Schwester, eine Nonne.

Heine war nicht der erste, der Jan Steen an die Seite Raffaels gestellt hat. Sir Joshua Reynolds hatte sowohl in den »Discourses of Art« (1769), als auch in seiner »Journey to Flanders and Holland« (1781) Steens starke, männliche Art des Malens derjenigen Raffaels nahezu gleichrangig gewürdigt, und wäre er in Rom geboren oder Raffaels oder Michelangelos Schüler geworden, hätte Steen seine tiefe Einsicht in das Wesen unterschiedlicher Charaktere und deren künstlerischen Ausdruck wohl auf die Nachahmung dessen, was in der Natur groß und erhaben ist, angewendet.[46] Heine erkennt dem Holländer höchsten künstlerischen Rang zu und hebt damit auch die Winckelmannsche Gegenüberstellung von antiker bzw. die Antike nachahmender Kunst, die »ihre Wiedergeburt in Raffael« erfahren hat[47], und niederländischer, von idealischer und realistischer Kunst aus den Angeln. Winckelmann und alle von ihm abhängigen Kunsttheoretiker und kunstbeflissenen Hollandreisenden achteten die Malerei der Gouden Eeuw vermöge ihrer malerisch-koloristischen Qualitäten, weniger wegen ihrer genrehaften Sujets und deren naturalistischer Darstellungsweise. Raffael galt unter den nachklassischen Künstlern als schlechthin unerreicht: »Ist ein Künstler mit persönlicher Schönheit, mit Empfindung des Schönen, mit Geist und Kenntnis des Altertums, begabt gewesen, so war es Raffael.«[48]

Wackenroders Klosterbruder war es immerhin geglückt, Raffaels absolute Vorrangstellung zu relativieren, indem er ihm Albrecht Dürer an die Seite stellte. Er träumt von einem Bildersaal, in dem die verstorbenen Meister »umherwandelten, und die noch immer geliebten Werke ihrer Hand betrachteten«.[49] Raffael und Dürer standen »Hand in Hand leibhaftig vor meinen Augen und sahen in freundlicher Ruhe ihre beisammenhängenden Gemälde an«.[50] Niederländer waren dabei kaum anwesend. Wackenroder würdigt Dürer unter nationalen Aspekten als Vertreter einer eigenen vaterländischen Kunst, aber auch als einen Maler, der nicht wie der Italiener »für das Idealische und die erhabene Hoheit« geboren war, sondern seine Lust daran hatte, »uns die Menschen zu zeigen, wie sie um ihn herum wirklich waren«.[51] Heine rückt Raffael in seiner ureigensten Domäne zu Leibe, wenn er Jan Steen als religiösem Maler dieselbe Größe zuspricht. Dass damit nicht Steens Gemälde mit biblischen Themen gemeint sind, sondern eine andere Religion als die christliche, die »Religion des Schmerzes«, nämlich die »Religion der Freude« (S. 182), bedeutet zugleich eine Aufwertung der niederländischen Malerei überhaupt, zumal Heines Vergleich des Lebens mit einer ewigen Kirmes ein von niederländischen Malern bevorzugtes Thema zitiert.[52]

In Steens Kunst verbildlicht sich für den Ich-Erzähler die Hoffnung auf eine Überwindung des Christentums und auf eine Diesseitsreligion, die allerdings meilenweit entfernt ist von der täglichen Sorge ums Überleben eines Pikaro. Der denkt ans Heute, allenfalls noch an Morgen, aber nicht an Übermorgen, und Gedanken über eine ferne Zukunft macht er sich nicht. Jan Steen

> begriff, daß unser Leben nur ein farbiger Kuß Gottes sey, und er wußte, daß der heilige Geist sich am herrlichsten offenbart im Licht und Lachen.
> Sein Auge lachte ins Licht hinein, und das Licht spiegelte sich in seinem lachenden Auge. (S. 182)

Das ist mehr als eine Metapher und eine gute Beobachtung, denn tatsächlich hat sich Jan Steen immer lachend (nie jedoch ernsthaft) gemalt.[53]

VI.

Am Ende der holländischen Episoden steht (sieht man von dem Wurmfortsatz der biblischen Philister-Parodie und des Duells ab) Jan Steen, der Prophet der »Genußseligkeit«, an ihrem Anfang stand der fliegende Holländer; beide, frei von parodistischen und karikaturistischen Zügen, heben sich von ihrer Umgebung ab. Steen: göttlichen Geistes voll, die »Lebensherrlichkeit«, hellenisch-heidnisch, aber nicht von edler Einfalt und stiller Größe. Der Holländer: Spielball des Teufels, »zwischen Tod und Leben hin und hergeschleudert« (S. 172), hoffnungs- und ruhelos. Wiedergänger sind sie beide, denn »der Geist der Freude« besucht nach Jans Tod noch das Atelier, »um lustige Bilder zu malen und zu trinken« (S. 183), und im »ewigen Juden des Oceans« (S. 172) erscheint der erlösungssüchtige Spiritualismus des Christentums. Der christliche Kontext wird verstärkt durch die mehrfache Verwendung des Sündenfall-Motivs, der heidnische durch die bacchantischen Züge in Jan Steens Leben und Kunst.

In der Holländersage tauchen zwei Motive auf, die so sehr Heines Zutat sind, dass sie von Wagner nicht übernommen werden konnten, da sie einerseits der Polarität von Spiritualismus und Sinnlichkeit zum Ausdruck verhelfen (um die es Wagner nicht zu tun war) und andererseits die Geschichte des Holländers (nicht diesen selbst) in ein komisch-ironisches Licht rücken und den Mythos parodieren. Es handelt sich zum einen um die Falle, die der Teufel dem Holländer stellt, indem er ihm Hoffnung auf Erlösung »durch die Treue eines Weibes« (S. 171) verspricht. Der Teufel ist zwar dumm und wird in Märchen, Schwänken und anderem volkstümlichen Erzählgut immer wieder durch Schlaumeier und Schelme überlistet, aber im vorliegenden Fall erweist er sich doch als durchtriebener Schalk, denn die Bedingung ist nicht deshalb unerfüllbar, weil es keine Weibertreue gäbe, sondern weil der Verfluchte »von der Ehe selbst wieder erlöst und seine Erlöserinn« loswerden möchte (S. 172). Erlösung von der Erlöserin – despektierlicher und witziger kann man sich die Zersetzung des romantischen Erlösungsgedankens kaum vorstellen.[54]

Aber was komisch wirkt, ist blanker, teuflischer Zynismus: Des Holländers Lage ist aussichtslos. Die Wiederholung der immer gleichen Erfahrung verstärkt nicht nur die Hoffnungslosigkeit und Enttäuschung des Holländers, sie infiziert ihn auch mit der Zivilisationskrankheit des 19. Jahrhunderts, dem ennui, nach Kierkegaard eine »Kontinuität im Nichts«, eine inhaltlose Ewigkeit, aus der nur der rettende Sprung in den Glauben erlösen könne. Dass der Theaterbesucher gerade in dem Augenblick, wo die nihilistische Ausweglosigkeit im Schicksal des Holländers bewusst geworden ist, aus der Zuschauer-Illusion durch eine Verführerin herausgerissen wird, zerstört auf ironische Weise das Pathos des ewigen Treueschwurs des Mädchens, aber auch das Pathos der Verzweiflung des Holländers auf der Bühne. Fiktion weicht nun der Wirklichkeit, und diese läuft zunächst als Parodie der biblischen Ur-Szene ab: Der Verführte begibt sich nicht unfreiwillig zur Verführerin und auch nicht ungern: »es ist Wahlverwandtschaft«; kein Apfel, bloß die Schalen einer Apfelsine; keine Schlange, bloß »das Schwänzchen einer fortschlüpfenden Eydechse«; nicht das »eritis sicut deus scientes bonum et malum«, »sondern bloß ein schlimmes Wissen« (S. 173), die sexuelle Erfahrung. Die dann folgende Ur-Szene, der vollkommene, erfüllte Augenblick, gesteigert durch ein geradezu dekadent anmutendes raffiniertes Genussempfinden, das notabene einem Pikaro ganz fremd ist, bildet den Kontrast zur inneren Leere und Langeweile des Holländers.

Als der Icherzähler ins Theater zurückkehrt, wird er gerade noch Zeuge, dass Treue doch kein leerer Wahn ist, auf der Bühne natürlich. Er konstatiert das anscheinend auch mit einer gewissen Befriedigung. Volle Hingabe der Frau auch hier, und man könnte sich fragen, ob damit nicht Wunschbilder auftauchen, die in der bürgerlichen Geschlechts- und Ehemoral noch eine wichtige Rolle spielen sollen: hier die treue und reine Gattin – dort die verruchte Geliebte, die Trennung von Eros und Sexus, die das von Heine erhoffte Ende der »Krankheitsperiode der Menschheit« in eine vorläufig noch unabsehbare Zukunft verweist.

Heines literarische Karikaturen von Holländern lassen sich nicht auf eine Philistersatire reduzieren.[55] Er hat Holländerinnen und Holländer aber auch nicht nur deshalb karikiert, weil sie ihm in der Wirklichkeit als besonders lächerlich oder in irgend einer Hinsicht als besonders unsympathisch im Vergleich mit anderen Exemplaren der menschlichen Gattung erschienen wären. Wenn diese beiden Aspekte immerhin eine Rolle dabei gespielt haben mögen, so ist es im Endeffekt doch eine untergeordnete, und sie werden durch die Evokation Jan Steens widerlegt oder wenigstens relativiert. Ihr funktionaler Sinn in den »Memoiren« erschließt sich erst vor dem Hintergrund von Heines Geschichtstheorie, dem »Dualismus von Sensualismus und Spiritualismus« und dessen erhoffter Aufhebung. Es sind, wie fast alle in dem Text erscheinenden Personen, auch deshalb Karikaturen, weil sie an diesem mit der menschlichen Natur unvereinbaren Widerspruch leiden, dessen tragische, im Diesseits unauflösbare Konsequenz in der Gestalt des fliegenden Holländers erscheint wie andererseits das Ideal gesunden, erlösten Menschentums in Jan Steen.

Anmerkungen

[1] Der Ausdruck findet sich in einem nicht erhaltenen Brief Heines an Julius Campe von Mitte Juni 1827, dessen Text teilweise aus einem Brief Campes an Immermann erschlossen werden kann. Vgl. HSA XX,293 und XXK,180. Zum Thema vgl. auch Joseph A. Kruse: Schnabelewopski in Leiden oder Heine und die Niederlande. – In: J.A.K.: Heine-Zeit. Stuttgart, Weimar 1997, S. 162–170 und Nop Maas: Heine war ein Holländer. – In: »Ich Narr des Glücks.« Heinrich Heine 1797–1856. Bilder einer Ausstellung. Hrsg. von Joseph A. Kruse unter Mitw. von Ulrike Reuter und Martin Hollender. Stuttgart, Weimar 1997, S. 235–240.
[2] Herman Meyer: Das Bild des Holländers in der deutschen Literatur. – In: H.M.: Zarte Empirie. Studien zur Literaturgeschichte. Stuttgart 1963, S. 202–224, 400f.
[3] Mende 1981, S.64, 227.
[4] Heine an Friedrich Merckel, 20.8.1827, HSA XX, 296.
[5] Heine an Ferdinand Oesterley, 14.8.1825, HSA XX, 211.
[6] HSA IX, 315f., vgl. auch S. 311.
[7] Brief v. 13.2.1838, HSA XXI, 254.
[8] Meyer [Anm. 2], S. 203f.
[9] H.H.J. de Leeuwe: Was Heinrich Heine über Holland nicht gesagt hat. Utrecht 1976, S.7. Es handelt sich hier natürlich um eine Argumentation aus der Sicht unserer Zeit, denn um 1830 gab es in den Niederlanden noch keine normierte Orthographie. Obwohl bereits 1804 eine gesetzliche Rechtschreibregelung entworfen wurde, konnte diese sich nicht durchsetzen und wurde von etlichen Schriftstellern nicht akzeptiert. Erst 1865 wurde ein neuer Versuch unternommen (vgl. Honderd Jaar Spellingstrijd. De Nederlandse Spelling sinds 1863. Ingeleid en samengesteld door J. Berits. Groningen 1964, bes. S.78–80). Dass Heine kein »korrektes« Niederländisch schreibt, ist kaum verwunderlich, und es ist auch gänzlich unerheblich; wo er einen der Niederländer holländisch reden lässt, ist es – wie de Leeuwe zurecht betont – niederdeutscher Dialekt. Bei den Personennamen handelt es sich aber um verkehrte Konstruktionen und Wortbildungen.
[10] Vgl. Rheinisches Wörterbuch. Bearb. u. hrsg. v. Josef Müller. Bd. VI. Berlin 1844, Sp. 624–634.
[11] A.N.W. van der Plank: Het namenboek: de herkomst van onze voornamen en de hiervan af-

geleide achternamen. Bussum 1979. – J.A. Meijers / J.C. Luitingh: Onze voornamen: traditie, betekenis, vorm, herkomst. Amsterdam 1948.

[12] DHA V, 176; im folgenden steht die Seitenzahl direkt nach dem Zitat.

[13] Slobodan Grubačič: Heines Erzählprosa. Versuch einer Analyse. Stuttgart 1975, S. 81.

[14] Derkwillem Visser: De Nederlandse Vlag in heden en verleden. Amsterdam 1990, Abb. 13, 17.

[15] K.P.C. de Leeuw: Kleding in Nederland 1813–1920. Van een traditioneel bepaald kleedpatroon naar een begin van modern kleedgedrag. Diss. Katholieke Universiteit Brabant. Tilburg 1991, S. 96, 129, 334.

[16] Ebd., S. 90. – Bekanntlich ist »Rot« bei Heine die Farbe der Revolution und des Umsturzes. Bei der »rothen Kuh« handelt es sich wahrscheinlich um eine parodistische Abwandlung des in Deutschland sehr häufig vorkommenden, in Holland ungebräuchlichen Gasthofnamens »Zum roten Ochsen«.

[17] Vgl. Visser [Anm. 14], S. 15, 26.

[18] Vgl. J. P. de Winter: De Chinezen van Europa. Groningen 1979.

[19] Ebd., S. 10.

[20] Ebd., S. 7f.

[21] Vgl. dazu Mary Gertrud Mason: Western Concepts of China and the Chinese 1840–1876. Westport (Conn.) 1973, S. 68ff. Mason meint auch: »Much of the information laid before the public in the nineteenth century was uncritical and incorrect« (S. 19). Dass aus europäischer Perspektive Menschen, Gebäude und Einrichtungsgegenstände in den asiatischen Ländern klein erschienen, belegt Mason an mehreren Beispielen, vgl. S. 144ff., 163. Das Zitat aus Puccinis »Madama Butterfly« lautet im Original: »Noi siamo gente avezza / Alla piccola cose, / Umili e silenziose« (Finale 1. Akt). – Der anonyme Verfasser der »Launigen Reise durch Holland« weiß noch von einer anderen Übereinstimmung: »der Holländer und der Chinese können als ein seltenes Pärchen figurieren. Hierin meine ich nur die größern Betrügereyen, denen ein Fremder in Holland ausgesetzt ist [...]. Unter sich selbst gehts bey den Holländern in den Geschäfften sehr ehrlich und rechtschaffen zu« (Launige Reise durch Holland. In Yoricks Manier. Mit Charakter-Skizzen und Anekdoten über die Sitten und Gebräuche der Holländer. Aus dem Englischen. Zittau und Leipzig, bey J. D. Schöps 1795, S.72).

[22] Marieluise Gothein: Geschichte der Gartenkunst. Fotomech. Nachdr. d. Ausgabe Jena 1926. München 1977, Bd. II, S. 302.

[23] Wilfried Hansmann: Gartenkunst der Renaissance und des Barock. Köln 1983, S. 195–206.

[24] Ebd., S. 199.

[25] Vgl. J. T. P. Bijhouwer: Nederlandsche Tuinen en Buitenplaatsen. Amsterdam 1942, bes. S. 190ff.

[26] Hansmann [Anm. 23], S. 200.

[27] Gothein [Anm. 22], S. 304.

[28] Ebd., S. 305; vgl. auch Hansmann [Anm. 23], S. 206. Bijhouwer [Anm. 25] zitiert eine zeitgenössische Quelle: »De stammen der boomen die op de goudgele met klinkers bestrate plaats staan, zijn allen helder en vrij blauwtjes gewit [...]« (S. 129).

[29] Hansmann [Anm. 23], S. 206.

[30] Johanna Schopenhauer: Reisen durch England und Schottland. Braunschweig 1818, Teil 1, S. 61f.

[31] Gothein [Anm. 22], S. 305.

[32] Vgl. Grubačič [Anm. 13], S. 87f.

[33] Vgl. dazu: Ferdinand Sassen: Wijsgerig Leven in Nederland in de eerste helft van de 19e eeuw. Een poging tot reconstructie. Amsterdam 1994 (Mededelingen der Koninklijke Nederlandse Academie van Wetenschappen. Nieuwe Reeks, deel 17. Afdeling Letterkunde nr. 10, S. 281–324); H. Roessingh: De moderne theologie in Nederland. Hare voorbereiding en eerste periode. Groningen 1914.

[34] Vgl. Jürgen Brummack: Das Narrenmotiv im Werk Heinrich Heines. – In: Heinrich Heine und die Romantik. Hrsg. v. Markus Winkler. Tübingen 1997, S. 72–85.

[35] Musizierende Paare sind ein wiederholt vorkommendes Motiv in der niederländischen Malerei des 16. und 17. Jahrhunderts, und damit wird eine weitere Quelle und Vorlage für Heines Niederlande-Bild sichtbar, auf die er sich allerdings ebenfalls parodierend und karikierend bezieht. Vgl. dazu auch die weiteren Ausführungen.

[36] Fast alle von Heine genannten physischen Merkmale finden sich auf den Gemälden: niedrige Stirn, fliehendes Kinn, zahnloser Mund, Magerkeit, die lange Nase, deren Spitze wie ein Schnabel herabhängt. Das Gemälde von Bosch befindet sich seit 1872 im Musée Municipal von Saint-Germain-en-Laye, das Bild von Breughel in den Staatlichen Gemäldesammlungen zu Berlin.

[37] Zur Geschichte der Religion und Philosophie in Deutschland. DHA VIII, 17.

[38] Werner II, 222. – Vgl. auch »Reise von München nach Genua«, Kap. XXVIII, DHA VII, 66. – Zum Eulenspiegel-Projekt vgl. Gustav Karpeles: Litterarisches Wanderbuch. Berlin 1898, S. 93.

[39] Arnold Houbraken: De Grote Schouwburgh der Nederlantsche Konstschilders en Schilderessen. Deel 3. Den Haag 1721. Der Jan Steen betreffende Text ist abgedruckt in: Jan Steen. Schilder en Verteller. Katalog der Ausstellung im Rijksmuseum Amsterdam 1996, S. 93–97, und in: Karel Braun: Alle tot nu bekende schilderijen van Jan Steen. Rotterdam 1980, S. 182f.

[40] J.C. Weyerman: De Leves-Beschrijvingen der Nederlantsche Konst-Schilders en Konst-Schilderessen. Deel 1. Den Haag 1729. Abgedruckt bei Braun [Anm. 39], S. 183–186.

[41] Houbraken [Anm. 39], S. 93.

[42] Mende 1981, S. 66. Eine Wiedergabe des Gemäldes in HJb VI (1967), nach S. 32.

[43] Das Gemälde ist abgebildet bei Braun [Anm. 39], S. 133, Nr. 319. Es befand sich bis 1824 in Privatbesitz in Rotterdam, seit 1895 als Leihgabe im Gemeentemuseum Den Haag. 1956 wurde es verkauft, der jetzige Besitzer und Verbleib sind unbekannt. Die These, Heine habe die Anekdote nach diesem Gemälde gestaltet, wurde vertreten von A. Heppner: Heinrich Heine en Jan Steen. – In: Op de Hoogte. Maandschrift voor de Huiskamer. Deel 33, 1936, S. 317–319 (dort auch eine Abb.).

[44] Weyerman [Anm. 40], S. 185.

[45] Ebd.

[46] Zitiert bei Braun [Anm. 39], S. 186.

[47] Walther Rehm: Griechentum und Goethezeit. Geschichte eines Glaubens. München 1952, S. 37. Vgl. dazu auch: Manfred Ebhardt: Die Deutung der Werke Raffaels in der deutschen Kunstliteratur von Klassizismus und Romantik. Diss. Göttingen 1969.

[48] Johann Joachim Winckelmann: Kleine Schriften und Briefe. Weimar 1960, S. 132.

[49] Wilhelm Heinrich Wackenroder: Werke und Briefe. Heidelberg 1967, S. 64. – Giorgio Vasari hatte in seinen Lebensbeschreibungen der ausgezeichnetsten italienischen Baumeister, Maler und Bildhauer (1568) die freundschaftliche Beziehung zwischen Raffael und Dürer ausgiebig gewürdigt.

[50] Wackenroder [Anm. 49], S. 65.

[51] Ebd., S. 64.

[52] Heine hat in der »Reise von München nach Genua« einerseits die im »Schnabelewopski«

entworfene Charakterisierung Jan Steens vorweggenommen (Kap. XXVIII, vgl. Anm. 38) und indirekt einen Bezug zu Raffael hergestellt, andererseits aber in der Gegenüberstellung der Malerei von Peter Cornelius und Peter Paul Rubens die »niederländische Heiterkeit und Farbenlust« von der Karfreitagsstimmung in Herz und Atelier des deutschen Malers abgehoben, ohne ein Werturteil auszusprechen; denn beide seien geborene Maler und »in der Schöpfungskühnheit, in der genialen Ursprünglichkeit, sind sich beide ähnlicher«, und wenn es im »Schnabelewopski« der Geist Jan Steens ist, so ist es hier derjenige »eines jener großen Maler aus raphaelscher Zeit«, der aus dem Grabe hervorsteigt, »um noch einige Bilder zu malen« (S. 77). Dennoch tragen auch die Menschen auf den Bildern von Rubens den Todeskeim in sich, aus »Lebensüberfülle« (S. 78). Ist Rubens mithin ein Maler, der der vergangenen Zeit angehört, so Steen der Maler einer zukünftigen Zeit, in der »das Christenthum vorüber ist« (S. 67).

[53]   Vgl. die 34 Beispiele bei Braun [Anm. 39], S. 8 f.

[54]   Vgl. Hans-Jürgen Schrader: Schnabelewopski und Wagners »Fliegender Holländer«. – In: Heinrich Heine und die Romantik [Anm. 34], S. 191–224.

[55]   In Heines Gedicht »Das Sklavenschiff« erscheint ein mit der Philistersatire nicht zu vereinbarendes »Bild des Holländers«, das man in einer Reihe anderer Dichtungen aus dem ersten Drittel des 19. Jahrhunderts ebenfalls antreffen kann und auf das ich in anderem Zusammenhang eingehen werde.

Große Oper der alten neuen Welt – Überlegungen zu Heines »Vitzliputzli«

Von Anne Maximiliane Jäger

I.

Heines letzte große Gedichtsammlung, der »Romanzero«, ist insgesamt von zwei Momenten geprägt. Auf der einen Seite ist es die politische Enttäuschung nach der gescheiterten Revolution von 1848, auf der anderen Seite Heines körperlicher Zusammenbruch in demselben Jahr, der ihn endgültig an die »Matratzengruft« fesselt. Heine selbst hat diese beiden Ereignisse im »Nachwort zum Romanzero« anspielungsweise verschränkt (DHA III/1,177). In den drei großen »Abtheilungen« des »Romanzero« spielt er persönliche und historisch-politische Enttäuschung auf verschiedenen Ebenen durch. Ihrem Obertitel entsprechend, evozieren die »Historien« Geschichte, und zwar in Geschichten, die stets in absteigender Linie zu verlaufen scheinen. Vom alten Ägypten zum zeitgenössischen Siam, vom mittelalterlichen Bergischen Land zum England der Renaissance, vom Niederrhein zum modernen Paris, vom biblischen Altertum zum spanischen Mittelalter und darüber hinaus bis in die neu entdeckte Neue Welt sind »die Schlimmen [...] an der Macht, seit jeher und überall«.[1] Die »Lamentazionen« transformieren diese historische Erfahrung ins Persönliche und Autobiographische. In den »Spanischen Atriden« bindet Heine seinen privaten Konflikt des Erbschaftsstreits in die historische, aber fiktiv autobiographisch formulierte Szenerie ein, an deren Ende die durchsichtig auf die Gegenwart verweisende Allgegenwart der Spitzelei[2] zur Bilanz der eigenen politischen Bestrebungen im Spiegel der Entwicklung früherer Weggefährten überleitet (»Der Ex-Lebendige«, »Der Ex-Nachtwächter«). In den »Lazarus«-Gedichten schreibt er seine Qualen, Ängste und Rachewünsche dann unverblümt heraus. Scheinen die »Hebräischen Melodien« mit der so humor- wie liebevollen religiösen Dimension der »Prinzessin Sabbath« und der Feier des absoluten Dichterkönigtums in »Jehuda ben Halevy« schließlich einen neuen Hoffnungsstandpunkt anzudeuten[3], so offenbart sich doch das Erlösungsglück des Sabbat nur als Kehrseite und ephemere Kompensation des realen jüdischen »Hundedaseins«. Halevis große »Zionide« ist nicht allein Realisation höchster Dichtung, sondern zugleich essentieller Ausdruck der seit der Vernichtung der jüdischen Ansiedlung in Jerusalem im Jahr 1099 radikalisierten jüdischen Diaspora[4], und die unter dem Vorzeichen religiöser Chancengleichheit begonnene »Disputazion« im Toledo des 14. Jahrhunderts endet mit der Verteilung des alten Klischees vom *foetor judaicus* auf – immerhin – beide streitenden Parteien.

Natürlich ist es bei alledem keine Frage, dass der Gehalt des »Romanzero« nicht in der Reproduktion andauernden historischen und persönlichen Pessimismus aufgeht. Gerade in den »Historien« mit ihrer Wiederholung des immer gleichen Schlechten von Asien bis Mesoamerika realisiert sich, wie Alberto Destro im Kommentar der DHA betont, wenn schon Pessimismus, dann ein »ganz konkreter historisch-politischer Pessimismus«[5], dessen Kehrseite ein politischer und, das gilt besonders für die »Historien«, ein eminent kultur- und geschichtskritischer Impetus ist. Ob Heine sich dabei kritisch mit Hegels aufsteigendem Geschichtsmodell auseinandersetzt, wie Lefebvre vermutet hat, mag dahingestellt sein.[6] Jedenfalls schreibt er in den »Historien« manche Herrscher- und Heldengeschichte gegen den Strich neu und entlarvt so die unheroischen Beweggründe – Habgier, Machtmissbrauch und religiösen Terror – als Triebkräfte des historischen Erfolgs. Zumal die große Romanze (oder das kleine Romanzenepos) »Vitzliputzli«, mit der Heine das historische und kulturelle Panorama der »Historien« ins Transatlantische ausweitet, um es in »umfassender Negativität«[7] zirkulär nach Europa zurück zu wenden, unterzieht die Eroberung Mexikos, ihre Akteure und ihre Beweggründe einer schonungslosen Revision, welche auch die unterliegenden Azteken einbezieht.

Entsprechend der exponierten Position des Gedichts als Abschluss der »Historien« greift Heine in »Vitzliputzli« strukturierende Momente der Abteilung wie der ganzen Sammlung auf. Sind es insgesamt Erinnerungen, solche historischer wie solche persönlicher Art, welche in unterschiedlichem »Mischungsverhältnis« und je nach dem jeweiligen Schwerpunkt den »Romanzero« insgesamt prägen, so greifen auch in »Vitzliputzli« historische und autobiographisch-werkautobiographische Erinnerung ineinander. Das Thema der Eroberung Mexikos hat nicht nur in Heines eigenem Werk eine Geschichte, welche diese späte Bearbeitung vorprägt[8], es ist auch durch ideologische Subtexte der Historiographie, der Reiseliteratur und literarisch-künstlerischer Bearbeitungen geprägt, welche Heine aufnimmt und umformt. Die Diskrepanz, die Heine dem epischen Geschehen im »Präludium« wie paradigmatisch vor-

anstellt, nämlich die zwischen der Hoffnung auf eine zu entdeckende »neue«
Welt und ihrer Desillusionierung durch die Tatsache, dass der fiktive Entdecker die eigenen (europäischen) Begriffe und Zustände bei der Entdeckung des
Neuen nicht loswerden kann, schließt nicht zuletzt an die schon im 18. Jahrhundert reflektierte Problematik der Entdeckung und Erforschung des geo-
graphisch und kulturell Unbekannten an (II); in der – bisher ungesehenen –
Reminiszenz an die Tradition der »Montezuma«-Opern in »Vitzliputzlis« großer episch-choreographischer Inszenierung der Kampf- und Eroberungssze-
nerie verbindet Heine ein weiteres Mal die historische mit der autobiographischen Erinnerung (III); in die wechselseitige (Zerr)-Spiegelung des katholischen und des anthropophagischen Opferkultes arbeitet er schließlich
heilsgeschichtliche Interpretationen der Entdeckung Amerikas sowohl aus
dem christlichen als auch dem jüdischen Kontext ein, was das grausige Geschehen um eine Dimension sowohl der Klage als auch der Kritik ergänzt (IV).

II.

Mit dem hoffnungsvollen Aufbruch in die Neue Welt sucht das »Präludium«
nicht nur die Alte Welt, sondern auch das Mittelalter, den »Kirchhof der Romantik«, hinter sich zu lassen und in die moderne Zeit der Diesseitigkeit und
»Gesundheit« aufzubrechen.

> Dieses ist die neue Welt!
> Wie sie Christoval Kolumbus
> Aus dem Ocean hervorzog.
> Glänzet noch in Fluthenfrische,
>
> Träufelt noch von Wasserperlen,
> Die zerstieben, farbensprühend,
> Wenn sie küßt das Licht der Sonne.
> Wie gesund ist diese Welt! (P/ 5–12)

Doch die poetisch entworfene neue Sphäre, welche noch nicht »europäisiret
abwelkt« (P/ 4), verrät sich schon im hoffnungsfrohen »Präludium« als unmöglich. Spiegelbildlich zur Hoffnung in der Alten, deren Metapher das Barbarossa-Banner ist, wird auch die Hoffnung auf die Neue Welt zur Travestie.
Wie das Geschehen des gesamten Gedichts zuletzt zirkulär verläuft, vom Aufbruch nach Amerika zur Rückkehr des »verteufelten« Aztekengottes Huitzilopochtli – in dessen verballhorntem Namen »Vitzliputzli« sich die Travestie

sinnfällig niederschlägt – nach Europa, gerät bereits im »Präludium« die Neue
zum Zerrspiegel der Alten Welt[9], indem die Trikolore Barbarossas als »Affensteißcouleuren« auf dem »abgeschabten Hintern« eines sich bekreuzigenden
Affen erscheint (P/75–78). Thematisiert das eigentliche Epos den Beginn der
Eroberung Mexikos durch die Spanier unter Führung des »Räuberhauptmanns« Cortés (I/5), macht bereits das »Präludium« Heines Perspektive auf
das historische Geschehen kenntlich: die Enttäuschung über die politische
Entwicklung im Land seines deutschen Lesepublikums nach 1848, welche das
travestierte Barbarossa-Banner auf dem Affenhintern eindrücklich metaphori-
siert.[10]

Mit der im »Präludium« formulierten Spannung von hoffnungsvoller Suche
nach dem unberührten Neuen und Gesunden und ihrer empirischen Desillusionierung, die sich im Epenverlauf durchsetzt, von in die Neue Welt proji-
ziertem Wunschzustand und Kritik der eigenen Verhältnisse am Entdeckten
oder vom Entdeckten aus steht »Vitzliputzli«, ebenso wie das fast zwei Jahre
später entstehende unvollendete »Bimini«, in der Tradition der kritischen fik-
tiven Reiseberichte eines Montesquieu, Cadalso oder Voltaire, die das dem eigenen Wunsch entsprechend verklärte fremde Kostüm zur Repräsentation des
positiven Standpunktes ihrer Satiren nutzten. Mit der grundlegenden Spannung von scheinbar naiver Illusion und hermeneutisch unausweichlicher Desillusion beerbt Heine aber auch die Reflexionen eines Diderot oder Forster anlässlich der Entdeckung und Erforschung der Südsee, gewissermaßen einer
zweiten, nunmehr unter aufklärerischem Vorzeichen erforschten Neuen
Welt.[11] Während »Bimini«, das Heine wenig später schrieb und unvollendet
ließ, die auf eine unbekannte Karibikinsel projizierten Wunschvorstellungen
des »alten« Europäers[12] unbarmherzig als imaginär aufdecken wird, bleibt in
»Vitzliputzli« die Spannung zwischen Hoffnung und Enttäuschung, Parteinahme und Kritik, die Ambivalenz vom erhofften »guten« Ureinwohner
gegenüber dem schlechten Spanier und der bitteren Tatsache, dass sich dieses
Verhältnis exakt umkehren kann, durchgehend erhalten. Angefangen vom witzigen Vergleich der unbekannten Vögel mit »Kaffeeschwestern« (P/ 28) über
die Suche nach Javanesischen oder Rotterdamschen Vergleichserinnerungen
für die neuen Düfte und der komischen Umkehrreaktion des Affen, der sich
angesichts des »Gespenstes der Alten Welt« (P/ 60) bekreuzigt, bis hin zum
politisch anstößigen Appendix der »Affensteißcouleuren« schwindet das sehn-
süchtig postulierte neue Amerika Stück für Stück und macht dem Motivkanon
vom »Kirchhof der Romantik« Platz. Obgleich es eher unwahrscheinlich ist,
dass Heine sich für die Frage nach der adäquaten Beschreibung des »Neuen«
mit vorgefassten Mitteln, nach dem Verhältnis von Beobachten und Beschrei-

ben, Präsentation und Perzeption interessiert hat, mit denen sich Anthropologie und Komparatistik beschäftigen, klingt im »Präludium« doch die Reflexion der subjektiven bzw. perspektivischen Bedingtheit jeglicher Beschreibung durchaus an. In den »Geständnissen« wird Heine sie zum Prinzip erheben: »Ich werde immer meine Farbe ganz getreu angeben, damit man wisse, wie weit man meinem Urtheil trauen darf, wenn ich Leute von anderer Farbe bespreche« (DHA XV, 15). Dieses Postulat wiederum erinnert ausgesprochen an Georg Forsters Bemerkung in der »Vorrede« zur »Reise um die Welt«: »Denn da ich von menschlichen Schwachheiten nicht frey bin, so mußten meine Leser doch wissen, wie das Glas gefärbt ist, durch welches ich gesehen habe.«[13] Auch das für die Anthropologie des späten 18. Jahrhunderts (und immer noch) gravierende Faktum, dass kein Landstrich vollständig unberührt, da ja in jedem Fall durch die »Kontaktierung« gestört, noch auch vollständig »gut« oder, wie Heine sagt, »gesund« ist, klingt im »Präludium« an. Mit der Anspielung auf die eigene Krankheit ist die »Gesundheit« des imaginären Amerika von vornherein als Wunschprojektion *ex negativo* gekennzeichnet:

> Aus gesundem Boden sprossen
> Auch gesunde Bäume – keiner
> Ist blasirt und keiner hat
> In dem Rückgratmark die Schwindsucht. (P/17–20)

Die Reaktion des Affen schließlich zeigt komisch an, dass, entgegen allen Beteuerungen, der europäische Dichter die »Katakomben der Romantik« nicht hinter sich lassen kann, sondern »in die Neue Welt sein Bildinventar mitbringt und es auf alles projiziert, was ihm über den Weg läuft.«[14] Wenngleich Heines Interesse hier also nicht vordringlich auf die Beantwortung der Frage gerichtet sein mag, ob die Kontamination der Neuen Welt durch christliche und nationalromantische Symbole ein Effekt seines – imaginären – Eindringens sei, so ist doch literarische Tatsache, dass er schon im »Präludium« die romantische Bildlichkeit und die Signale der (auch politisch) »kranken« Zeit untrennbar miteinander verknüpft. Diesem Paradigma entsprechend wird das gesamte folgende Gedicht exemplifizieren, dass Spanien, das »romantische« Land schlechthin, die »Krankheitsperiode« als unweigerliches Komplement mit sich trägt und dass ihm – deshalb (?) – kaum etwas anderes begegnen kann. Wenn Heine in »Vitzliputzli« die Eroberung Mexikos durch Cortés als wechselseitige Abschlachtung der gegnerischen Heere unter dem Vorzeichen von Machtgier und Religion zum Thema der Romanzendichtung macht, strapaziert er nicht nur die poetische Sprache der Romanze bis zum äußersten. Reflektiert in der Unausweichlichkeit der (national-) romantischen Bildlichkeit des »Präludiums«, definiert er auch den Inhalt der (romantischen) Romanzendichtung neu. Die Romanze als die romantische Form schlechthin[15] schleppt den »Kirchhof der Romantik« unabwendbar mit sich (oder gibt, umgekehrt, für ihn die adäquate Form). Ihre Themen sind, so macht das »Präludium« deutlich, weder die großen Helden noch die heile Natur, sondern es ist vielmehr die »Krankheit«, deren persönliche Dimension sich als Subtext des Gedichts und deren historische sich auf seiner Handlungsebene realisiert.

III.

Erster Protagonist dieses dergestalt desillusionierten Epos' ist folgerichtig »Nicht ein Held und auch kein Ritter« (I/4). Der »Räuberhauptmann« Hernán Cortés reiht sich unter die bekannten epischen Anti-Helden ein, ist aber neben Immermanns rührend-komischem Tulifäntchen, Heines plumpem politisierenden Atta Troll und dem späteren quijotesken Ponce de León eine pathetische und düstere Figur. Die Abwertung des Cortés als des »kleineren« Nachfolgers gegenüber dem »Helden« Kolumbus, den Heine gemeinsam mit dem Religionsstifter Moses auf eine mythologisch-heilsgeschichtliche Stufe stellt, hat eine lange Tradition. Noch ein Titel wie Miguel Angel Díaz Arenas' »De la ingeniosidad de Cristóbal Colón al cinismo de Hernan Cortés« (Kassel 1991) zeigt die Fortdauer des kontrastierenden Topos. Gerade an Cortés und seiner blutigen Usurpation des Aztekenreiches ließ sich ein Hauptstrang der protestantischen *leyenda negra* festmachen.[16] Auch im 18. Jahrhundert, als Spanien sowohl in geistig-religiöser als auch in macht- und gesellschaftspolitischer Hinsicht vor allem in den protestantischen Ländern immer noch als mächtige Repräsentantin der Gegenaufklärung, der geistigen Unterdrückung und der politischen und wirtschaftlichen Rückständigkeit galt, war die Eroberung Mexikos durch Cortés ein Stoff, in dem sich antispanische Haltung eindrücklich bündeln ließ. Kein geringerer als Friedrich II. griff in seinem von Carl Heinrich Graun vertonten Libretto »Montezuma« (1755) den bereits mehrfach in Opernform gefassten Stoff auf – man denke an Vivaldis (heute verlorenen) »Montezuma« und den 1765 uraufgeführten »Montezuma« von Francesco de Majo – und prägte ihm, gegen die katholischen Habsburger, die antispanische Tendenz ein weiteres Mal ein.[17]

Auch Heines »Vitzliputzli« steht in der Tradition solcher Bearbeitungen. Bereits die Tatsache, dass unter den lateinamerikanischen Themen in seinen Schriften gerade die Eroberung Mexikos immer wieder auftaucht, dürfte mit dem nachhaltigen Eindruck zusammenhängen, den schon früh Gasparo Spontinis am 28. November 1809 in Paris uraufgeführte Oper »Fernand Cortez ou la Conquête du Mexique« auf ihn gemacht hat. Die Königliche Oper Berlin war eine der ersten Bühnen, welche die zweite, deutsche Fassung (1818) spielte, mit »Fernand Cortez« gab der Berliner Generalmusikdirektor Spontini 1820 sein Debüt als Dirigent.[18] Heine erwähnt die Oper bereits in den »Briefen aus Berlin« zweimal voller Lob, und in der »Musikalischen Saison von 1844. II« apostrophiert er sie und Spontinis »Olimpia« als zwei »Prachtwerke, die noch lange fortblühen werden im Gedächtnisse der Menschen, die man noch lange bewundern wird«.[19] Spontini seinerseits hatte »Fernand Cortez« zunächst auf Wunsch Napoleons geschrieben, und zwar, der bereits vorhandenen Prägung des Stoffes entsprechend, mit der Intention eines antispanischen Tendenzstücks im Vorfeld des französischen Spanienfeldzuges. Doch wurde die Tendenz insgesamt ambivalent. Das hing zum einen mit der personenzentrierten Dramaturgie zusammen, die differenzierte Figuren benötigte. Vor allem aber lag es an der je nach Aufführungsort und politischer Situation schwankenden Verteilung der politischen Identifikationsmuster, beispielsweise in der politisch wechselnden Rolle von Überfallenden und Überfallenen und deren Umkehr bei Aufführungen in Deutschland.[20]

»Vitzliputzli« folgt sicher nicht in Einzelheiten der Opernhandlung von Spontinis »Fernand Cortez« oder Jouys Libretto. Heine hält sich vielmehr eng an die Darstellung seiner unmittelbaren Quellen.[21] Gänzlich fehlt in »Vitzliputzli« die Liebesgeschichte, die bei Spontini breiten Raum einnimmt (die einzige intime Figuration findet sich bei Heine im abschließenden Zwiegespräch des Oberpriesters mit Huitzilopochtli-Vitzliputzli, die keinerlei Vorbild zu haben scheint), auch stirbt Montezuma in keiner der Opernfassungen, bei Heine aber schon im ersten Gedichtteil. Gleichwohl scheint die gesamte Darstellung vom nachwirkenden Operneindruck mitbestimmt. Sowohl grundsätzliche Wertungen – auch in den früheren Fällen, in denen Heine das spanisch-mexikanische Beispiel verwandte, sind die Spanier mit den Gegnern identifiziert[22] – als auch szenische und choreographische Reminiszenzen scheinen sich in der Figuration des »Vitzliputzli« niederzuschlagen, zuallererst die einleitende, grundlegend negative Haltung zur Figur des Cortés, dem Heine den edlen Montezuma eindeutig parteilich kontrastiert. Gerade im Zusammenhang dieser eindeutigen antispanischen Parteinahme sollte es kein Zufall sein, dass die Gefangennahme Montezumas, mit der Heine Cortés endgültig als Verräter bloßstellt, eine explizite theatralische Reminiszenz beinhaltet:

> Wie das Festspiel war betitelt,
> Weiß ich nicht. Es hieß vielleicht:

> »Span'sche Treue!« doch der Autor
> Nannt' sich Don Fernando Cortez.
>
> Dieser gab das Stichwort – plötzlich
> Ward der König überfallen,
> Und man band ihn und behielt ihn
> In der Burg als eine Geisel. (I/81–88)

Ebenso wie in der Oper, die gleichfalls zwischen Glorifizierung der Parteien und Mitleid mit ihnen schwankt[23], verwischen sich auch im Verlauf der Kampfes- und Tötungsschilderungen in »Vitzliputzli« eindeutige Parteinahmen zusehends. Schon in der naturhaften Darstellung der auf Montezumas Tod folgenden Angriffe der Azteken:

> Schrecklich jetzt begann die Brandung –
> Wie ein wild empörtes Meer
> Tos'ten, ras'ten immer näher
> Die erzürnten Menschenwellen (I/93–96)

geht die an den einzelnen Figuren orientierte Sympathie für die Mexikaner zugunsten einer panoramatisch-dramatischen Schilderung der massenhaften Bewegungen zurück, während die wehmütige Erinnerung der Spanier an »die traute Christenheimath«, welche sich vor allem in der von Heine stets mit Sympathie bedachten heimischen Küche, der spanischen »Ollea-Potrida« (I/112) bündelt, ein zwar spöttisches, aber menschlich identifikatorisches Moment aufruft.[24] Mag auch eine Art Schadenfreude mitklingen, wenn sich zeigt, dass die Azteken sich nicht überlisten und die Spanier nicht heimlich werden abziehen lassen – »Doch der Spanier machte diesmal / Ohne seinen Wirth die Rechnung« (I/141–142) –, so löst sich im allgemeinen Kampf doch jegliche Sympathie zugunsten einer schauerlich-dynamischen Szenerie des Gemetzels auf (I/149–184), um sich dann, wenn einzelne der spanischen Akteure hervortreten (I/185–204), auf ihre Seite zu verlagern. Am Seegestade mit seinen phantastischen »Trauerweiden« (I/216), unter denen sie auch – »Traurig unter Trauerweiden« (II/73) – der Opferung ihrer Gefährten zusehen müssen, gönnt Heine den unterliegenden Spaniern dann sogar eine Reminiszenz an den berühmten 137. Psalm, den »Exil-Psalm«, der an keiner Stelle seiner Schriften anders denn als Sprache pathetischer Trauer zu verstehen ist.[25] Damit verlagert und erweitert Heine die antikatholische und antispanische Tendenz, welche die Bearbeitungen des Stoffes bis hin zu Spontini prägt. Wo sie Menschliches erkennen lassen, fällt den Angehörigen beider Parteien Sympathie, sogar Mitleid zu. Die Kritik dagegen trifft nicht nur das katholische, sondern auch das religiöse System der Azteken. Beide sind unmenschlich, beide von Macht-, Gold- und Blutdurst gelenkt oder diese umgekehrt befördernd.

Vor allem jedoch scheint die Choreographie von Heines Schilderung der Kampfes- und Opferszenen vom Eindruck der Spontini-Aufführungen geprägt zu sein. »Fernand Cortez« gilt als eines der Hauptwerke des Musiktheaters der napoleonischen Epoche vor allem deshalb, weil er erstens den exotischen und historischen Stoff mit typisierenden Instrumenten illustriert, zweitens, im »Vorgriff« auf die Dramaturgie der Grand Opéra, das Kollektiv des Chors in die Handlung mit einbezieht und drittens das theatralische Tableau für die musikalische Großform und damit auch Raumeffekte für die musikalische Faktur fruchtbar macht.[26] Wenn Heine die schauerliche Opfermusik der »Tempel-Musici, / Paukenschläger, Kuhhornbäser – / Ein Gerassel und Getute [...] / Ein Miaulen wie von Katzen« (II/58–64) evoziert, mag sich darin der Operneindruck ebenso niederschlagen wie die Tableaudramaturgie und die Wirkung agierender Opernchöre in den Massenszenen des Kampfes und der Opferszene. Und wenn Heine gerade die Opferszene im zweiten Teil wiederum in dramaturgischem Vokabular schildert:

> Stehen dort [die Spanier] wie im Parterre
> Eines großen Schauspielhauses,
>
> Und des Vitzliputzli-Tempels
> Helle Plattform ist die Bühne,
> Wo zur Siegesfeier jetzt
> Ein Mysterium tragirt wird (II/79–84),

so ist nicht zu vergessen, dass Spontinis »Cortez« mit einer nächtlichen Opferszene in der Vorhalle des großen Tempels von Tenochtitlán beginnt. Das große Panorama über den Tenochtitlán umgebenden See hinweg verbindet sich denn auch bei Heine mit Opferszene und Theaterkulisse:

> Armes Publikum am See!
> Cortez und die Kriegsgefährten
> Sie vernahmen und erkannten
> Ihrer Freunde Angstrufstimmen –
>
> Auf der Bühne, grellbeleuchtet,
> Sahen sie auch ganz genau
> Die Gestalten und die Mienen –
> Sah'n das Messer, sah'n das Blut – (II/129–136)

Und wenn Heine schließlich nach europäischen Vergleichen für den »Tempel Vitzliputzlis« sucht, so könnte die Bildvorlage dieser Beschreibung gleichfalls in den Bühnenbildern von Spontinis berühmter Oper zu finden sein:

> Götzenburg von rothem Backstein,
> Seltsam mahnend an egyptisch,
>
> Babylonisch und assyrisch
> Kolossalen Bauwerk-Monstren,
> Die wir schauen auf den Bildern
> Unsers Britten Henri Martin. (II/10–16)[27]

IV.

Wie die negative Darstellung des »Räuberhauptmanns« Hernán Cortés, hat auch die Genealogie von »wirklichen« Helden, gegen die Heine ihn pejorativ kontrastiert, die retrospektive Abfolge Kolumbus – Moses, bereits Tradition. Mit dieser historisch-mythologischen Genealogie greift Heine auf die heilsgeschichtliche Interpretation der Entdeckung Amerikas zurück. Diese deutet er jedoch geschichtsphilosophisch um und verankert darin eine konkrete politisch-gesellschaftliche Dimension. So erhält die oft gesehene Religionskritik »Vitzliputzlis« verschärfte Brisanz.

Bereits der historische Kolumbus hatte seine Entdeckungs- und Eroberungsfahrt in einen straffen, aus alt- wie neutestamentlichen Argumenten zusammengefügten theologisch-heilsgeschichtlichen Begründungszusammenhang gestellt.[28] Sein Freund und Chronist Bartolomé de Las Casas griff sie auf, und die biblische Auslegung der Conquista tradierte sich bis in die Verherrlichungs- und Legitimationsstücke des spanischen Siglo de Oro. Eines der berühmtesten, Lope de Vegas »El Nuevo Mundo descubierto por Cristóbal Colón«, baut neben der schon auf Las Casas zurückgehenden christlichen Interpretation des Namens, »Cristóbal« als »Christum ferens« und »Colón« als »der Neubesiedler«[29], und der heilsgeschichtlichen Deutung als eines neuen Alexanders (»Alejandro nuevo«) auch die alttestamentliche Reminiszenz an Moses ins heilsgeschichtliche Gebäude ein.[30] Heine greift diese theologischen Deutungen auf. Nicht nur im »Präludium«, sondern auch noch in der Preisung des Kolumbus erscheint Amerika als von Europa her ersehntes, als »gelobtes Land«.[31] Doch gibt Heine, anders als die traditionelle Auslegung, sowohl Kolumbus als auch dem ihn überragenden Moses eine entschieden hoministische Wendung. »[...] jener hat der Welt / Eine ganze Welt geschenket« (I/30–31),

dieser, Moses, »Gab uns mehr und gab uns Bessres«, denn er hat »uns einen
Gott gegeben« (I/42–44). Die von Heilsgeschichte und Offenbarung her gedachte theologische wird zur geschichtsphilosophischen Perspektive. Moses,
der Begründer der monotheistischen Religion, und Kolumbus, mit dessen
Fahrt sich die Erde endgültig rundet, sind »Heroen« auf dem Weg der menschlichen Aufklärung. Cortés, der »Räuberhauptmann«, ist dagegen »nur« ein
Macher auf dem materiellen Feld.

Im Zusammenhang mit der frühen Bemerkung gegenüber Moser, es sei
»interessant [...] daß dasselbe Jahr wo sie [d.i. die Juden] aus Spanien vertrieben worden, das neue Land der Glaubensfreyheit, nemlich Amerika entdeckt
worden« (HSA XX,168), erhalten die Abwertung des Hernán Cortés gegenüber dem »Messer Christoval Kolumbus« (I/25) und dessen Verschränkung mit
Moses eine Perspektive, unter der des Cortés spektakulär blutige Eroberung
Mexikos nicht nur als Niederlage, sondern sogar als Verrat erscheinen muss.
Warum Moses sein »bester Heros« ist, wird Heine drei Jahre später in den
»Geständnissen« ausführlicher erläutern. Auch dort erscheint die Gottesfin-
dung des Moses als Gotteserfindung, der mosaische Gott nur als »der zurück-
gestralte Lichtglanz des Moses selbst, dem er so ähnlich sieht« (DHA XV,41).
Ähnlich wie Heine in »Jehuda ben Halevy« die jüdische Identität über die Literatur zu bestimmen sucht, formt er in den »Geständnissen« den Staatsgrün-
der Moses zum Künstler:

> er nahm einen armen Hirtenstamm und schuf daraus ein Volk, das ebenfalls den Jahrhunder-
> ten trotzen sollte, ein großes, ewiges, heiliges Volk, ein Volk Gottes, das allen andern Völkern
> als Muster, ja der ganzen Menschheit als Prototyp dienen konnte: er schuf Israel!

Im Zusammenhang mit den beiden Äußerungen erhält die Verbindung Moses
– Kolumbus mitsamt der impliziten Assoziation an das Gelobte Land eine
Wendung, die auch noch in jüngster Zeit die Gemüter beschäftigt hat. Kolumbus, der Entdecker des »neuen Landes der Glaubensfreyheit«, hätte in der
Neuzeit das Werk des Staatsgründers Moses wenn nicht fortsetzen, so doch
zumindest erhalten können. Zwar nicht die erst seit dem Ende des 19. Jahrhunderts immer wieder auftauchenden Spekulationen über die jüdische Abstammung des Kolumbus[32], wohl aber die jüdische heilsgeschichtliche Perspektive auf Amerika, die sich noch jüngst in Simon Wiesenthals »Segel der
Hoffnung. Christoph Columbus auf der Suche nach dem gelobten Land«
(Frankfurt a.M. 1991) niedergeschlagen hat, scheint bei Heine angelegt. Diese
religiös wie gesellschaftlich brisante Perspektive ist mitzudenken, wenn er
Cortés gegenüber Moses und Kolumbus als »Räuberhauptmann«, gar als –

heilsgeschichtlich natürlich ebenfalls anspielungsreichen – »Schächer« (I/19) abwertet und das unter seiner Regie begonnene große Töten in Mexiko zum Material einer episch-poetischen Darstellung macht, in der vor allem die herrschende Religion beider Seiten, wechselseitig grausam gespiegelt, der schonungslosen Kritik unterworfen und einem hoffnungslosen Ende zugeführt wird.

Über den bekannten Verrat der Spanier am arglosen Montezuma, den Heine voll bitterer Ironie mit dem Glauben an »Treu' und Ehre / Und an Heiligkeit des Gastrechts« ausstattet, den moralischen Tugenden also, welche eigentlich als Gütesiegel spanisch-christlichen Rittertums gelten und im Zusammenhang mit dem »Abergläubisch blinden Heiden« (I/70–72) eine Umkehr im historischen Bewertungskanon signalisieren, nimmt die wechselseitige Zerstörung ihren Lauf. Erst mit ihrer (vorläufigen) Niederlage und dem schrecklichen Schauspiel der Opferung ihrer Kampfgefährten im zweiten Gedichtteil gönnt Heine den erobernden Spaniern ein sentimentales Moment trauernden Mitgefühls. Die wiederholte Erwähnung der an den See von Tenochtitlán verlegten »Trauerweiden« – »ein Seegestade, / Karg bepflanzt mit Trauerweiden« (I/216) und die Betonung, dass die Spanier »Traurig unter Trauerweiden« stehen (II/73) – verweist dabei ein weiteres Mal auf die religiöse und religionskritische Dimension, die Heine im Geschehen verankert. Die im mexikanischen Hochland unwahrscheinlichen Trauerweiden gemahnen an den berühmten und für Heine wiederholt wichtigen »Exil-Psalm«, den er zur gleichen Zeit in »Jehuda ben Halevy« zur Generierung des gesamten poetischen Geschehens einsetzt:

> Bey den Wassern Babels saßen
> Wir und weinten, unsre Harfen
> Lehnten an den Trauerweiden –
> Kennst du noch das alte Lied? (II/1–4)

In »Vitzliputzlis« Amerika, dem »neuen Land der Glaubensfreyheit«, welches, wie Heine bemerkte, beinahe zeitgleich mit der Vertreibung der Juden aus Spanien von Spanien aus entdeckt worden war[33], erscheint das Zitat wie ein klagendes Gegenstück zur einleitenden Preisung des Staatsgründers Moses, dessen »Kunstwerk« Israel von den katholischen Eroberern hier eben nicht fortgesetzt wird. Heine betrauert es weder mit einem Motiv aus der erobernden katholischen, noch der unterliegenden aztekischen, sondern, sinnfällig, mit einem Motiv aus der jüdischen Religion.

Die Religionskritik hingegen führt er im katholischen Motivkanon weiter. Zunächst ist es ein Element des pathetischen Heldenepos, wenn Heine in der

Schlachtenszene die Spanier hervorhebt, wie sie heldenhaft die Fahne mit dem Bildnis der heiligen Jungfrau tragen, bis sie von den Geschossen der Indianer durchbohrt werden:

> Auf der dritten Brücke fiel
> Junker Gaston, der an jenem
> Tag die Fahne trug, worauf
> Conterfeit die heil'ge Jungfrau.
>
> Dieses Bildniß selber trafen
> Die Geschosse der Indianer;
> Sechs Geschosse blieben stecken
> Just im Herzen – blanke Pfeile,
>
> Aehnlich jenen güldnen Schwertern,
> Die der *Mater dolorosa*
> Schmerzenreiche Brust durchbohren
> Bey Charfreytagsprozessionen.
>
> Sterbend übergab Don Gaston
> Seine Fahne dem Gonzalvo,
> Der zu Tod getroffen gleichfalls
> Bald dahin sank. – Jetzt ergriff
>
> Cortez selbst das theure Banner,
> Er, der Feldherr, und er trug es
> Hoch zu Roß bis gegen Abend,
> Wo die Schlacht ein Ende nahm. (I/185–204)

Schockierend wirkt zunächst die krasse Gegeneinandersetzung der nun individualisierten Spanier mit der nackten Zahl: »Hundert sechzig Spanier fanden / Ihren Tod an jenem Tage« (I/205). Durch die Anspielung auf die Karfreitags-Ikonographie in der Fahne mit der Mater dolorosa suggeriert das Sterben der Spanier, die hier unter ihrem Vorzeichen fallen, aber zugleich die blutige Seite des Christentums als eines Opferkultes, den Heine später ironisch mit dem aztekischen Opferritus parallelisiert. Die fallenden Spanier erscheinen in dieser Szene als Menschenopfer unter dem Banner, das auf die Opferidee des Christentums verweist. An jenen »achtzig«, welche »lebend / In die Hände der Indianer« fallen (I/207–208), realisiert sich diese Idee als tatsächliches Menschenopfer. Das christliche Vorzeichen des Karfreitags findet seine grausige Erfüllung im Opferkult des Huitzilopochtli:

»Menschenopfer« heißt das Stück.
Uralt ist der Stoff, die Fabel;
In der christlichen Behandlung
Ist das Schauspiel nicht so gräßlich.

Denn dem Blute wurde Rothwein,
Und dem Leichnam, welcher vorkam,
Wurde eine harmlos dünne
Mehlbreyspeis transsubstituiret –

Diesmal aber, bey den Wilden,
War der Spaß sehr roh und ernsthaft
Aufgefaßt: Man speis'te Fleisch
Und das Blut war Menschenblut. (II/85–96)[34]

Hier, »im Kontext von Menschenopfern«, wird der rassische Dünkel der spanischen *limpieza de sangre*-Ideologie nicht so sehr »satirisch-sarkastisch vernichtet«, wie Karlheinz Fingerhut formuliert hat[35], sondern er wird vielmehr anthropophagisch auf seinen absurden Punkt gebracht:

Diesmal war es gar das Vollblut
Von Altchristen, das sich nie,
Nie vermischt hat mit dem Blute
Der Moresken und der Juden.

Freu' dich, Vitzliputzli, freu' dich,
Heute giebt es Spanier-Blut,
Und am warmen Dufte wirst du
Gierig laben deine Nase. (II/97–104)[36]

So sind die durchsichtigen Vergleiche des indianischen mit dem katholischen Kultus nicht nur beißend satirisch, sondern auch motivisch konsequent. »An des Gottes Seite stehen / Rechts die Layen, links die Pfaffen«, die »Clerisey« (II/41–44) singt ein »Mexikanisches Te-Deum« (II/63) und der kahlköpfige, hundertjährige Opferpriester in seinem »scharlach Kamisölchen« (II/46–48) lässt, karikierend verzerrt, den Kirchenfürsten in Kardinalsrobe assoziieren. Dass die geopferten und die von fern zusehenden Spanier zu dieser Szene das »De profundis« und das »Miserere« aus der katholischen Totenmesse anstimmen (II/140–152), ist im christlich-aztekischen Wechselspiel des Menschenopfer-Mysteriums die bittere, aber adäquate Ergänzung. Und schließlich ist der grausige Vorschlag des Opferpriesters, seinem Gott auch noch die eigenen »beiden Enkel« zu schlachten (III/25–26), auch eine ins Realistisch-Antropo-

phagische transponierte Version vom Sohnesopfer des christlichen Gottes, die
sich allerdings nochmals verkehrt, wenn Vitzliputzli den Priester zur Opfertö-
tung seiner selbst auffordert, um – nicht zum »Vater« hinauf, sondern zur
»Muhme / Rattenkön'gin« hinabzufahren (III/73–82).

Im letzten Teil des Gedichts gerinnen Religionsthematik und -kritik im
Zwiegespräch des aztekischen Opferpriesters mit seinem Gott. Einerseits
kehrt Heine dabei die Perspektive nochmals um und legt dem Priester entscheidende Punkte der Kritik in den Mund:

> Diese Fremden, die aus fernen
> Und noch unentdeckten Ländern
> Zu uns kamen über's Weltmeer –
>
> Warum ließen sie die Heimath?
> Trieb sie Hunger oder Blutschuld?
> [...]
>
> Was ist ihr Begehr? Sie stecken
> Unser Gold in ihre Taschen,
> Und sie wollen, daß wir droben
> Einst im Himmel glücklich werden!
> [...]
>
> Auch moralisch häßlich sind sie,
> Wissen nichts von Pietät,
> Und es heißt, daß sie sogar
> Ihre eignen Götter fräßen! (III/34–64)

Dass die Reklamation von »Pietät« im Munde des anthropophagischen Opferpriesters absurd wirken muss, ist das eine. In der folgenden Aufforderung an
den Gott, »diese ruchlos / Böse Brut, die Götterfresser« zu »vertilgen«,
kommt das gänzlich zum Vorschein. Aber liegt die weitergehende, nunmehr
auf der Seite der künftigen Unterliegenden abgehandelte Kritik nicht vor allem
darin, dass dieser über Leben und Tod mächtige Opferpriester zwar das Rich-
tige fragen kann, aber nicht fähig ist zu handeln, vielmehr nur bestrebt, seinen
Kriegsgott mit religiösen Opfern dazu zu bringen, den Sieg herbeizuzaubern?

> Aber artig mußt du seyn,
> Mußt uns neue Siege schenken –
> Laß uns siegen, liebes Göttchen,
> Putzlivitzli, Vitzliputzli! (III/29–32)

Man könnte diese Passage mit Heines früher zitierter Umdeutung des mosaischen Gottes als eigentlich einer Schöpfung des Moses in den »Geständnissen« zusammendenken. Der abergläubische Fatalismus des aztekischen Vitzliputzli-Gottes erschiene dann als Auswirkung und Reflex der Handlungsunfähigkeit des Opferpriesters, der nicht nur in religiöse Rituale verstrickt, sondern vor allem auf den eigenen Genuss bedacht ist.[37] Der Gott ist (nur) die Spiegelung der menschlichen Verfassung, die Kritik an der Religion fällt auf ihre Träger und »Erfinder« zurück. Die im letzten Teil des »Vitzliputzli« im grausig-skurrilen Zwiegespräch verhandelte Wechselwirkung zwischen der irdischen religiösen Instanz und ihrem Gott wäre damit einerseits eine ins exotisch-satirische Bild transponierte Variation von Heines scharfer Kritik an den quietistischen Bestrebungen der Kirche(n) sowohl in Deutschland als auch in Frankreich, die er seit den »Reisebildern« unermüdlich wiederholt hat. Andererseits stimmt diese Szene auch mit Heines umstrittenem Geständnis im »Nachwort zum Romanzero« überein, er habe sich nunmehr zu demjenigen »persönlichen Gott« zurückgewandt, der seiner aussichtslosen Krankheit gemäß sei (DHA III/1,179 f.)

Mit Vitzliputzlis Kapitulation vor der »Jungfrau«, die »Zauberkundig, wunderthätig [...] das Spaniervolk« beschützt, wird die in der Kampfesszene das »Menschenopfer« überwachende Mater dolorosa prospektiv zum Symbol des siegreichen Christentums, das die aztekische Kultur zerstört, ihr kulturhistorisches Potential aber nicht aufhebt, sondern es, wie Heine es auch in »Zur Geschichte der Religion und Philosophie« dargestellt hat und wenig später in den »Göttern im Exil« wieder aufgreifen wird, als verdrängtes historisches Trauma unbewältigt weiterschleppt[38]:

> Dieser Tempel stürzt zusammen,
> Und ich selber, ich versinke
> In dem Qualm – nur Rauch und Trümmer –
> Keiner wird mich wiedersehen.
>
> Doch ich sterbe nicht; wir Götter
> Werden alt wie Papageyen,
> Und wir mausern nur und wechseln
> Auch wie diese das Gefieder.
>
> Nach der Heimath meiner Feinde,
> Die Europa ist geheißen,
> Will ich flüchten, dort beginn ich
> Eine neue Carrière.

> Ich verteufle mich, der Gott
> Wird jetzund ein Gott-sey-bey-uns;
> Als der Feinde böser Feind,
> Kann ich dorten wirken, schaffen.
>
> Quälen will ich dort die Feinde,
> Mit Phantomen sie erschrecken -
> Vorgeschmack der Hölle, Schwefel
> Sollen sie beständig riechen.
> [...]
>
> Mein geliebtes Mexiko,
> Nimmermehr kann ich es retten,
> Aber rächen will ich furchtbar
> Mein geliebtes Mexiko. (III/121–156)[39]

V.

Den hoffnungsfrohen Aufbruch in eine gänzlich »neue« Welt am Anfang des »Präludiums« nimmt Heine bis zu dessen Ende zurück. Die Barbarossa-Farben auf dem Hintern des amerikanischen Affen signalisieren die Erkenntnis, dass erstens eine ganz »gesunde« neue Welt nicht zu finden und dass zweitens der auf sie gerichtete Blick grundsätzlich von Heines Situation, der körperlichen Krankheit und der politischen Enttäuschung, geprägt ist. Die Erweiterung des geographischen, historischen und kulturellen Panoramas der »Historien« in den transatlantischen Bereich und die »Eroberung« des Montezuma-bzw. Cortés-Stoffs für das Romanzenepos folgen zweifellos Heines in der Bewegungslosigkeit der »Matratzengruft« gesteigertem Interesse für exotische und historische Stoffe verschiedenster Provenienz.[40] Auch sind die großen Kampfes- und Opferszenen und die Darstellung der aztekischen Kultur und Rituale sicher eine besonders reizvolle Herausforderung für die poetische Umsetzung. Aber gerade die skurrile und grausige Darstellung des Zwiegesprächs zwischen Aztekenpriester und Vitzliputzli-Gott, in dem Heine mythologische und Märchenmotive phantastisch ineinander fügt, zeigt auch, dass Heines Interesse nicht eigentlich auf die Azteken und ihre untergegangene Kultur und Religion gerichtet ist. So sehr die abschließende Prophezeiung Vitzliputzlis an bedrohlichem Gewicht dadurch gewinnt, dass der Gott als Inbegriff des unterdrückten kulturellen Substrats ein eindrückliches poetisches Eigenleben erhält, so sehr stimmt auch seine »Emigration« nach Europa mit der Richtung zusammen, die Heines Blick im gesamten Gedicht lenkt. Wo »Vitzliputzli« über den literarischen Reiz des spektakulären Ereignisses am historisch fernen und kulturell exotischen Ort hinausgeht, ist Heines Interesse auf Europa gerichtet.[41] Die Religionskritik, die er zunächst an den im Montezuma-Stoff herkömmlich negativ geprägten spanischen Akteuren entfaltet, zielt nicht vordringlich auf die Tatsachen der historischen Eroberung Mexikos durch die Spanier unter der Führung des Hernán Cortés, sondern sie zielt vielmehr engagiert und polemisch auf die Gegenwart. Die verzerrende Spiegelung des Katholizismus in der anthropophagischen Aztekenreligion gibt dieser Kritik ihre besondere Schärfe. Die Neue Welt fungiert in »Vitzliputzli« als Zerrspiegel der Alten, ihre Zustände erscheinen als potenzierende Travestie der europäischen, wie die Barbarossa-Farben auf dem Hintern des amerikanischen Affen die eigentliche Epenhandlung mit der komischen Korruption der politischen Hoffnung eröffnen.

Anmerkungen

[1] Jean-Pierre Lefebvre: Nachwort. – In: Heinrich Heine: Romanzero. Hrsg. von Bernd Kortländer. Stuttgart 1997, S. 288.

[2] »Don Diego stockte plötzlich, / Denn der Seneschall des Schlosses / Kam zu uns und frug uns / Höflich: ob wir wohlgespeist? – – (DHA III/1, 93).

[3] Die berühmte Passage am Schluss der ersten Teils, Vers 173–180 (DHA III/1,135). Helmut Koopmann sieht in der religiösen Dimension der »Hebräischen Melodien« Heines Versuch, der »Dichtung einen neuen Inhalt zu geben« und nach der dichterischen »Ernüchterung« der »Lamentazionen« die »Möglichkeit einer neuen Poesie« zu erproben. (Helmut Koopmann: Heines ›Romanzero‹. Thematik und Struktur. In: ZfdPh 97 (1978), S. 51–70, hier S. 67–69).

[4] Vgl. Hermann Levin Goldschmidt: Jehuda Halevi: Aufbruch nach Zion. – In: Ders.: Der Rest bleibt. Aufsätze zum Judentum. Hrsg. von Willi Goetschel. Wien 1997, S. 131–144, S. 133 f. und J. F. Baer: Galut. Berlin 1936, S. 28. Zur Engführung von Dichtung und Galut und den judentumstheoretischen Implikationen in »Jehuda ben Halevy« vgl. Anne Maximiliane Jäger: »Besaß auch in Spanien manch' luftiges Schloß«. Spanien in Heinrich Heines Werk. Stuttgart/Weimar 1999 (Heine-Studien).

[5] DHA III/2,546 f.

[6] Lefebvre [Anm. 1], S. 284 f. deutet die triadische Struktur der gesamten Sammlung als polemische Kontrafaktur und kritische Dekonstruktion von Hegels dialektischem Geschichtsmodell.

[7] DHA III/2,707.

[8] Schon als Schüler entlieh Heine aus der Düsseldorfer Landesbibliothek die Beschreibung der europäischen Kolonien in Amerika (vgl. Eberhard Galley: Harry Heine als Benutzer der Landesbibliothek in Düsseldorf. – In: HJb 10 (1971), S. 30–42, S. 40). Im Zusammenhang der Studien über die jüdisch-spanische Geschichte für den »Rabbi von Bacherach« erhielt die (von Spanien ausgehende) Entdeckung Amerikas einen historischen, zugleich konstruktiv in die Gegenwart verlängerbaren Sinn: »Interessant ist es daß dasselbe Jahr wo sie [die Juden] aus Spanien vertrieben worden, das neue Land der Glaubensfreyheit, nemlich Amerika entdeckt worden.« (HSA XX, 168).

1828 las Heine Washington Irvings neu erschienenes Werk »The life and voyages of Christopher Columbus« (vgl. HSA XX,321), vergleicht in der »Romantischen Schule« Joseph Görres anspielungsreich mit den Bluthunden, welche in Mexiko zuletzt ihre spanischen Herren anfielen (DHA VIII,189), gebraucht die mexikanischen Parteien in den »Französischen Zuständen« als Gleichnis fürs Englische Parlament (DHA XII, 173) und parallelisiert in der »Nordsee« die Erinnerung an das eroberte Spanien und das eroberte Mexiko als Beispiele für die Evokationskraft der Dichtung (DHA VI, 160f.) – eine Passage, die für die Erinnerungsdimension von »Vitzliputzli« besonders interessant ist.

⁹ Unter dem thematischen Vorzeichen der »Spanischen Spiegel« spricht Karlheinz Fingerhut im Zusammenhang mit »Vitzliputzli« vom »spanisch-mexikanischen Spiegel« (Karlheinz Fingerhut: Spanische Spiegel. Heinrich Heines Verwendung spanischer Geschichte zur Selbstreflexion des Juden und Dichters. – In: HJb 31 (1992), S. 126).

¹⁰ Natürlich drängt sich die Frage auf, ob »Vitzliputzli« nicht auch eine Reaktion auf den außerordentlich opferreichen Krieg Mexikos gegen die USA von 1846 bis 1848 ist, in dem Mexiko etwa ein Drittel seines nationalen Territoriums einbüßte. Allerdings ist, wie Heines Interesse an den Vereinigten Staaten ja insgesamt vergleichsweise minimal erscheint, eine direkte Rezeption des mexikanisch-amerikanischen Krieges nicht nachzuweisen. Als historischer Hintergrund des »Vitzliputzli« sei aber immerhin an diesen für beide Staaten folgenreichen Krieg erinnert.

¹¹ Vgl. dazu die vorzügliche Darstellung von Uwe Japp: Aufgeklärtes Europa und natürliche Südsee. Georg Forsters »Reise um die Welt«. – In: Hans Joachim Piechotta (Hrsg.): Reise und Utopie. Zur Literatur der Spätaufklärung. Frankfurt a. M. 1976, S. 10–56.

¹² Die Figuration scheint geradezu ein Reflex auf Diderots »Nachtrag zu ›Bougainvilles Reise‹«: »Der Tahitianer steht am Anfang der Welt, der Europäer ihrem Greisenalter so nahe!« (Zit. nach Japp [Anm. 11], S. 34). Das gilt freilich auch für das »Präludium« des »Vitzliputzli« insgesamt sowie für die Variationen der »Europamüdigkeit« von Heines »Englischen Fragmenten« (DHA VII,262) über Ernst Willkomms Roman »Die Europamüden« (1838) bis hin zu Kürnbergers Umkehrung »Der Amerikamüde« (1854). Vgl DHA III/2,712.

¹³ Georg Forster: Reise um die Welt. (1777). – In: G. Forster: Werke. Hrsg. von Gerhard Steiner. Leipzig 1972, Bd. I, S. 17f.

¹⁴ Andreas Böhn: Der fremde Mythos und die Mythisierung des Fremden. Heines politisch-literarische Mythologie in »Vitzliputzli«. – In: Aufklärung und Skepsis. Internationaler Heine-Kongreß 1997 zum 200. Geburtstag. Hrsg. von Joseph A. Kruse, Bernd Witte, Karin Füllner. Stuttgart 1998, S. 367–378, S. 371. Wie der Titel des Aufsatzes nahe legt, geht Böhn in diesem Zusammenhang sehr interessant der Verschränkung, Übereinanderblendung und damit Kritik mythologischen Denkens nach, die er im »Vitzliputzli« realisiert sieht.

¹⁵ Zur herausragenden Bedeutung der Romanze in der romantischen Dichtung vgl. Gerhard Hoffmeister: Spanien und Deutschland. Geschichte und Dokumentation ihrer literarischen Beziehungen. Berlin 1976, S. 134–141.

¹⁶ Zur *leyenda negra*, der »schwarzen Legende«, welche über lange Zeit das Bild Spaniens im – vor allem protestantischen – Ausland bestimmte, vgl. Bärbel Becker-Cantarino: Die »Schwarze Legende«. Zum Spanienbild des 18. Jahrhunderts. – In: ZfdPh 94 (1975), S. 183–203 und Julián Juderías: La leyenda negra. Estudios acerca del concepto de España en el extranjero. Barcelona ⁴1917.

¹⁷ Vgl. Hans-Wolf Jäger: Montezuma, literarisch. – In: Studia Germanica Gedanensia 4. Gdansk 1997, S. 5–11, insbes. S. 7. Zu den genannten Opern und zum folgenden insgesamt vgl. Pipers Enzyklopädie des Musiktheaters. Hrsg. von Carl Dahlhaus und dem Forschungsinstitut für Musiktheater der Universität Bayreuth unter Leitung von Sieghart Döhring, Bd. V, S. 775–779.

[18] Vgl. Pipers Enzyklopädie des Musiktheaters [Anm. 17], Bd. V, S. 778.

[19] DHA VI,16 und 26; DHA XIV,137.

[20] Die Gestaltung der unterschiedlichen Schlussversionen der insgesamt 4 Fassungen im Zusammenhang mit der jeweiligen politischen Konstellation sind von Anselm Gerhard und Jacques Joly untersucht worden; vgl. Enzyklopädie des Musiktheaters [Anm. 17], Bd. V, S. 779.

[21] DHA III/2,684–702.

[22] Vgl. Anm. 4.

[23] Vgl. Enzyklopädie des Musiktheaters [Anm. 17], Bd. V, S. 776.

[24] Die Raffinesse dieser Beschreibung der Olla Potrida, bei der die »Knoblauchwürstchen« nicht nur »schalkhaft duften«, sondern auch »kichern« und damit die deutsche Übersetzung der genannten »Garbanzos«, nämlich »Kichererbsen«, suggestiv mitassoziieren lassen, sei nicht unterschlagen.

[25] Zur Bedeutung des Exilpsalms im Zusammenhang der Arbeit des »Vereins für Cultur und Wissenschaft der Juden« und seine Erinnerungsfunktion im späten »Jehuda ben Halevy« vgl. die Kapitel »Gleich jenen spanischen Juden – Der Rabbi von Bacherach« und »Dichter und Schlemihl – Jehuda ben Halevy« in meiner Dissertation [Anm. 4], S. S. 87–156 und S. 276–309. Die Psalmenreminiszenz fügt sich dabei auch auf der Ebene der Opernreminiszenzen ein. Hans-Joachim Lope wies mich darauf hin, dass der ebenfalls auf den Exilpsalm rekurrierende Gefangenenchor aus Verdis 1842 uraufgeführter Erfolgsoper »Nabucco« in jener Zeit so etwas wie die zweite Nationalhymne Italiens, den Identifikationstext der italienischen Hoffnungen auf einen demokratischen Nationalstaat darstellte. Allerdings muss dazu gesagt werden, dass Heine Verdi kaum, seine berühmte Oper überhaupt nicht erwähnt, wie seine Auseinandersetzungen um »Tendenzpoesie« und Nationalismus auch vermuten lassen, dass er jedem »opernhaft« sich äußernden Patriotismus eher distanziert gegenüberstand.

[26] Vgl. Enzyklopädie des Musiktheaters [Anm. 17], Bd. V, S. 778.

[27] Was gegebenenfalls noch genauer zu prüfen wäre.

[28] Neben der vorbereitenden und begleitenden Korrespondenz auch im »Diário de a bordo«. Ed. de Luis Arranz. Madrid: Historia 16 1985. Vgl. dazu grundlegend Tzvetan Todorov: Die Entdeckung Amerikas. Das Problem des Anderen. Aus dem Französischen von W. Böhringer. Frankfurt a. M. 1985, insbes. S. 11–66.

[29] Diese Interpretation geht wohl auf Kolumbus selbst zurück, der bekanntlich im Laufe seines Lebens seinen Namen mehrmals änderte. Bei Las Casas heißt es: »Suele la divinal Providencia ordenar que se pongan nombres y sobrenombres a las personas que señala para se servir conformes a los oficios que les determina cometer [...] Llamóse, pues, por nombre, Cristóbal, conviene a saber, Cristum ferens, que quiere decir traedor o llevador de Cristo [...] Tuvo por sobrenombre Colón, que quiere decir poblador de nuevo [...].« (Bartolomé de Las Casas: Historia de las Indias. Texto fijado por Juan Pérez de Tudela y Emilio López Oto. Ed. y est. prelim. de J. Pérez de Tudela Bueso. Madrid: BAE 1957, 2 Bde., Bd. I, S. 21). Vgl. Todorov [Anm. 28], S. 36.

[30] El Nuevo Mundo descubierto por Cristóbal Colón. Comedia de Lope de Vega Carpio. Edition critique, commentée et annotée par J. Lemartinel et Charles Minguet. Lille: Presses Universitaires 1980, S. 43 und S. 31. Vgl. dazu meinen Aufsatz: Der Teufel in Amerika. Zur Struktur von Kritik und Rechtfertigung der Conquista in Lope de Vegas »El Nuevo Mundo descubierto por Cristóbal Colón«. – In: Hispanorama 73 (1996), S. 71–82. In diesem Zusammenhang sei auf Susanne Zantops interessante Ausführungen zum Verhältnis des »Vitzliputzli« zu der Kolumbus-Rezeption Alexander von Humboldts und den Kolumbus- und Humboldt-Dramen des 19. Jahrhunderts verwiesen: Susanne Zantop: Kolumbus, Humboldt, Heine: Über die Entdeckung Euro-

pas durch Amerika. – In: Differenz und Identität. Heinrich Heine (1797–1856). Europäische Perspektiven im 19.Jahrhundert. Hrsg. von Alfred Opitz. Trier 1998, S.79–89.

[31] Ob Heine Lope de Vegas »Comedia« gekannt haben könnte, ist hier nicht zu entscheiden; doch hat seine Evokation im »Präludium« durchaus Ähnlichkeiten mit Lopes »tierra dichosa y bella« mit ihren »aromas suaves«, »perdiz«, »papagayo« und »avestruz« und der Vielzahl an üppigen exotischen Bäumen (El Nuevo Mundo descubierto, S. 18).

[32] Vgl. dazu die reichhaltige Studie von Günther Böhm: El supuesto orígen judío de Cristóbal Colón: una reevaluación. – In: Titus Heydenreich (Hrsg.): Columbus zwischen zwei Welten. Historische und literarische Wertungen aus fünf Jahrhunderten. 2 Bde. Frankfurt a.M. 1992, Bd. I, S.47–82.

[33] Vgl. Anm. 8.

[34] Dass Heine hier auf Georg Friedrich Daumers antikatholisches Werk »Die Geheimnisse des christlichen Altertums« (2 Bde. Hamburg: Campe 1847) zurückgreift, hat, wie die DHA vermerkt, schon Max Waldau *alias* Georg Spiller von Hauenschild in seiner Rezension in den »Blättern für literarische Unterhaltung« (127, 15. November 1851) bemerkt. Nach ihm soll diese Passage zum Verbot des »Romanzero« in Preußen entscheidend beigetragen haben (vgl. DHA III/2,679 und 704).

[35] Fingerhut [Anm. 9], S. 125.

[36] Ohne die Anspielungen überstrapazieren zu wollen, scheint es doch sinnvoll, in dieser harschen Kritik am Herkunftsland der Eroberer und seiner rassisch-religiösen Ausgrenzungspolitik einen weiteren Hinweis auf die enttäuschte jüdische, das heißt auch soziale und religionspolitische Hoffnung zu sehen, die sich mit der Entdeckung einer »neuen Welt« verknüpfte.

[37] »Heute werden dir geschlachtet / Achtzig Spanier, stolze Braten / Für die Tafel deiner Priester, / Die sich an dem Fleisch erquicken.« (II/105) Hier und in ähnlichen Passagen erscheint das rituelle Opfer doch eher als Vorwand für ein anthropophagisches Festmahl der »Clerisey«.

[38] Es zeugt von Heines außerordentlichem kulturpsychologischem Scharfsinn, dass er, wie in der Forschung immer wieder angenommen, lange vor dem Aufkommen der Psychoanalyse die mutmaßlich aus Amerika eingeschleppte Syphilis als Ergebnis dieser historisch-kulturellen Verdrängung hervorhebt. Dies zumal, weil gerade die Geschlechtskrankheit als gleichsam psychogenetisches Symptom der »spiritualistischen« christlichen Triebunterdrückung fungiert.

[39] Anzumerken ist, dass Heine mit dem Bild der »Verteufelung« des amerikanischen Gottes ebenso wie schon oben mit der Genealogie Kolumbus – Moses auf die heilsgeschichtlich legitimierende Deutung der Eroberung Amerikas zurückzugreifen, sie aber geschichtskritisch zu wenden scheint. Nach der christlichen Legitimationsbestrebung beispielsweise eines Bernardino de Sahagún wurde das zu erobernde Amerika als »von Luzifer beherrschter Kontinent« betrachtet, den es qua Christianisierung von der Herrschaft des Teufels zu befreien galt (vgl. dazu Ernesto Garzón Valdés: Die Debatte über die ethische Rechtfertigung der Conquista. – In: Karl Kohut (Hrsg.): Der eroberte Kontinent. Frankfurt a.M. 1991, S. 55–70 und nochmals meinen Aufsatz: Der Teufel in Amerika [Anm. 30], insbes. S. 74–76). Bei Heine wird, im Unterschied zum missionarisch-legitimistischen Optimismus dieser Deutung, der »Teufel in Amerika« durch die christliche Usurpation gerade nicht besiegt, sondern erst zum Teufel gemacht, was den usurpatorischen Charakter der herkömmlichen Umdeutung fremder Götter zu Teufeln im christlichen System scharfsichtig aufdeckt.

[40] Vgl. beispielsweise Joseph Anton Kruse: »Nachwort« zu Heinrich Heine: Romanzero. Frankfurt a.M 1981, S.264f.

[41] Mit ihrer interessanten Deutung, dass Heine im Vorgang des »gegenseitigen Verschlingens«

(»mutual [...] incorporation«) ein »model of cultural interaction« gebe, welches die wechselseitige Verwandlung der kulturellen Begegnung beschreibe, geht Susanne Zantop meines Erachtens etwas zu weit über Heines grundsätzlich europäisch zentriertes Interesse hinaus (Susanne Zantop:
Colonialism, Cannibalism, and Literary Incorporation: Heine in Mexico. – In: Peter Uwe Hohendahl / Sander L. Gilman: Heinrich Heine and the Occident. Mulitple Identities, Multiple Re-
ceptions. University of Nebraska Press 1991, S. 110–38, Zitate S. 111 f.). Gerade die nicht nur völlig phantastische, sondern auch deutlich aus dem Grimmschen Märchenfundus gespeiste Phantas-
magorie des Vitzliputzli relativiert die »Wechselseitigkeit« der »literary incorporation«.

II.

Heinrich Heine und die deutsche Literatur des 18. Jahrhunderts

Von Sikander Singh

Die schönen Ideale von politischer Sittlichkeit, Gesetzlichkeit, Bürgertugend, Freyheit und Gleichheit, die rosigen Morgenträume des achtzehnten Jahrhunderts, für die unsere Väter so heldenmüthig in den Tod gegangen, und die wir ihnen nicht minder martyrthumsüchtig nachträumten – da liegen sie nun zu unseren Füßen, zertrümmert, zerschlagen, wie die Scherben von Porzellankannen, wie erschossene Schneider – doch ich will schweigen, und Sie wissen warum. (HSA XXIII, 181)

In diesem späten Brief aus dem Februar 1852 betrachtet Heinrich Heine den historischen Prozess, den die Aufklärung seit der Mitte des 18. Jahrhunderts in Gang gebracht hat und der über die Französische Revolution von 1789 und die Julirevolution von 1830 bis in die Jahre nach dem März 1848 wirkt. Trotz des resignativen Tons steht für Heine die Kontinuität des historischen Prozesses im Vordergrund. Die Revolutionen, denen der Versuch gemeinsam ist, die Gedanken von politischer und religiöser Emanzipation in die Tat umzusetzen, mögen zwar in den Jahren nach dem März 1848 als gescheitert betrachtet werden, doch die Vergleichbarkeit der geistesgeschichtlichen Dispositionen des späten 18. und des beginnenden 19. Jahrhunderts bleibt bestehen.

Wie auch immer dieser Brief, den Heine an Gustav Kolb nach Augsburg schreibt, gelesen werden mag, er sagt etwas aus über den historischen Ort, den der Dichter sich selbst zuweist und den literarhistorischen Platz, an dem er sein Werk eingeordnet sehen will.

Heines Bilder von Autoren des 18. Jahrhunderts sind geprägt von der Opposition gegen die klassische und romantische Kunstauffassung und die Politik der Restauration in der eigenen Gegenwart. Wenn die Perspektive auf einzelne biographische oder literarische Aspekte verkürzt wird und stilisierte Bilder von Autoren des 18. Jahrhunderts gezeichnet werden, wird deutlich, dass der Rückgriff auf die Vergangenheit nicht ihrer Konservierung dient, sondern der Gestaltung der eigenen Zukunft. Anders als der philologisch-konservierende und politisch-restaurierende Rückgriff der Romantik auf das politisch und weltanschaulich als homogene Einheit verstandene Mittelalter, ist Heines bewusst partieller und kritisch-abwägender Rückbezug auf das 18. Jahrhundert der Versuch, in der Übergangszeit des Vormärz und der Ungewissheit des Nachmärz für die eigenen Zukunftsvorstellungen eine Grundlage in der Geschichte zu finden.

I.

Der Richter in der Literatur sollte die Kritik seyn, aber seit der Mitte des vorigen Jahrhunderts, seit den Encyklopädisten in Frankreich, seit den Essayisten in England, seit Lessing in Deutschland, ist die Kritik nicht mehr die Dienerin der Literatur, sondern ihre Herrscherin. Die Kritik ist selbst Literatur geworden.[1]

Was der Verlag der Literarischen Anstalt (J. Rütten) im April 1845 in der Einladung zur Subskription der gesammelten Werke Karl Gutzkows über Gotthold Ephraim Lessing sagt, spiegelt auch die Perspektive Heinrich Heines auf die Literatur des 18. Jahrhunderts. Das literarische Werk der Schriftsteller des Aufklärungszeitalters wird primär als kritisches Œuvre verstanden.

In den literarhistorischen Kontext der Aufklärung stellt Heinrich Heine vornehmlich Lessing, Nicolai, Herder und Voß, das »Jüste-milieu zwischen Philosophie und Belletristik« der Berliner Aufklärung bilden »Mendelssohn, Sulzer, Abbt, Moritz, Garve, Engel und Biester« (DHA VIII, 70f.) und als Gegner der Aufklärung wird Friedrich Heinrich Jacobi gesehen: »Der Maulwurf! er sah nicht, daß die Vernunft der ewigen Sonne gleicht, die, während sie droben sicher einherwandelt, sich selber mit ihrem eignen Lichte, ihren Pfad beleuchtet.« (DHA VIII, 62)

Gotthold Ephraim Lessing ist jedoch derjenige Schriftsteller der Aufklärung, mit dem Heine sich am intensivsten in seinen Schriften auseinandersetzt und zugleich der Autor, den er am besten aus eigener Lese-Erfahrung kennt.[2] Heine beginnt bereits in seinen frühen Schriften aus der Lessing-Lektüre erwachsene Gedanken in das eigene Werk einzuarbeiten. Höhepunkt seiner Beschäftigung mit dem Wolfenbütteler Bibliothekar sind jedoch die »Romantische Schule« und »Zur Geschichte der Religion und Philosophie in Deutschland« aus den 1830er Jahren.

Lessing war der literarische Arminius der unser Theater von jener Fremdherrschaft befreyte. Er zeigte uns die Nichtigkeit, die Lächerlichkeit, die Abgeschmacktheit jener Nachahmungen des französischen Theaters, das selbst wieder dem griechischen nachgeahmt schien. Aber nicht bloß durch seine Critik, sondern auch durch seine eignen Kunstwerke, ward er der Stifter der neueren deutschen Originalliteratur. Alle Richtungen des Geistes, alle Seiten des Lebens, verfolgte dieser Mann mit Enthousiasmus und Uneigennützigkeit. (DHA VIII, 134)

Einerseits wird hier Lessings kritisches Engagement für die Entwicklung des bürgerlichen Schauspiels gewürdigt – der Paradigmenwechsel von der französischen Klassik zur griechischen Antike –, andererseits hat die ästhetische Akzentuierung der Antike ihrerseits epigonale Züge. So schreibt Heine über August Wilhelm und Friedrich Schlegel, die er als Nachfolger Lessings begreift:

In der Polemik, in jenem Aufdecken der artistischen Mängel und Gebrechen, waren die Herren Schlegel durchaus die Nachahmer des alten Lessings, sie bemächtigten sich seines großen Schlachtschwerts [...]. Was soll ich aber von ihren Rezepten für anzufertigende Meisterwerke sagen! Da offenbarte sich bey den Herren Schlegel eine Ohnmacht, die wir ebenfalls bey Lessing zu finden glauben. Auch dieser, so stark er im Verneinen ist, so schwach ist er im Bejahen, selten kann er ein Grundprinzip aufstellen, noch seltner ein richtiges. (DHA VIII, 137)

Heine stellt das literaturkritische Schaffen der Romantik in die Nachfolge der Aufklärung und umreißt implizit die Funktion, die der Kritik nach Aufklärung und Romantik im Kontext der eigenen Gegenwart zugewachsen ist. Der Dualismus von Originalität und Nachahmung zielt auf das Werk der Schlegel und hinterfragt zugleich Lessing. Heine stellt Lessing als den »Stifter der neueren deutschen Originalliteratur« an den Beginn der deutschen Literatur, denn der Aspekt des Stiftens soll im Vordergrund stehen. Durch die Kritik am Bestehenden eröffnet Lessing lediglich die Möglichkeit zu Neuem und ist selbst nur bedingt in der Lage dies zu erreichen.

Damit versucht Heine eine Akzentverschiebung vom dichterischen zum kritischen Œuvre, was nicht notwendig als Abwertung Lessings verstanden werden darf, sondern die Perspektive des Jungen Deutschlands spiegelt, das in der Tradition der Aufklärung wie der Romantik auch die Kritik als Literatur begreift.[3]

Neben den Literaturkritiken in der »Romantischen Schule« betrachtet Heine in »Zur Geschichte der Religion und Philosophie in Deutschland« die politische, soziale und vornehmlich die religiös-emanzipatorische Leistung Lessings. Er löst Lessings Biographie in einzelne Sequenzen auf, mit denen er weniger eine tatsächliche Charakteristik beabsichtigt, sondern die implizit eine Aussage Heines über geistesgeschichtliche, politische und literarhistorische Zusammenhänge formulieren. Trotz dieser Akzentuierung würdigt Heine die Vielschichtigkeit des literarischen und philosophischen Werkes des Aufklärers, dessen Intention er – gleichsam als implizite Definition des eigenen Programms – so formuliert: »In allen seinen Werken lebt dieselbe große sociale Idee, dieselbe fortschreitende Humanität, dieselbe Vernunftreligion« (DHA VIII, 134). Der emanzipatorisch-aufklärerische Aspekt wird noch deutlicher herausgearbeitet. Lessing ist der »Champion der Geistesfreyheit und Bekämpfer der klerikalen Intoleranz« (DHA VIII, 135) und somit der Gegner des feudal-absolutistischen Staates und der Kirche, gegen die die Jungdeutschen, und ihnen voran Heinrich Heine, in der Restaurationsepoche ebenfalls kritisch anschreiben. Durch die stilisierende Parallelisierung der beiden Emanzipationsbewegungen, der aufklärerischen und der jungdeutschen, gelingt es Heine, einen für die eigene Programmatik wichtigen Zugang zu Lessing zu eröffnen, denn im Rückgriff auf die aufklärerische Tradition der Kritik wird versucht, dem eigenen Verständnis von Kritik eine Tradition abseits der Romantik zu geben – die zahlreichen Verweise auf die Schlegel deuten auf nichts anderes.

Das dichterische Werk Lessings bleibt in diesem Zusammenhang ganz ausgeblendet, lediglich das in diesem Kontext relevante Element der Kritik wird auf den Stil hin untersucht.

> Sein Witz war kein kleines französisches Windhündchen, das seinem eigenen Schatten nachläuft; sein Witz war vielmehr ein großer deutscher Kater, der mit der Maus spielt, ehe er sie würgt. (DHA VIII, 73)

Das Bild vom »französischen Windhündchen« und dem »deutschen Kater« ist ein Porträt Lessings und zugleich eine Selbstcharakteristik, in der sich in doppelter Brechung der deutsch-französische Zwiespalt des Schriftstellers Heine spiegelt. Der Rekurs auf Lessing dient primär der Charakterisierung und Stilisierung des eigenen Witzes, der eigenen Polemik.[4] Ulrich Pongs spricht in seiner Studie zwar davon, dass Lessing Heines »persönliches Vorbild« sei[5], der Begriff Vorbild erfasst das Verhältnis jedoch nicht in seiner komplexen Vielschichtigkeit. Denn Lessing ist Vorbild und zugleich Projektionsfläche unterschiedlichster Selbstentwürfe Heines. So wie Heine in der »Romantischen Schule« Lessing als poetologischen und politischen Emanzipator begreift und damit zugleich auf die Bedürfnisse der eigenen Gegenwart verweist, zeigt er in Lessings Methoden der Kritik Möglichkeiten für die eigene Zeit auf.

Auch Heines Darstellung Lessings im Kontext der religiös-emanzipatorischen Bewegungen Luthers und Mendelssohns lässt dieses Thema deutlich hervortreten.

> Ich sage Lessing hat den Luther fortgesetzt. Nachdem Luther uns von der Tradizion befreyt, und die Bibel zur alleinigen Quelle des Christenthums erhoben hatte, da entstand, wie ich

schon oben erzählt, ein starrer Wortdienst, und der Buchstabe der Bibel herrschte eben so tyrannisch wie einst die Tradizion. Zur Befreyung von diesem tyrannischen Buchstaben hat nun Lessing am meisten beygetragen. (DHA VIII, 76)

Neben den protestantischen Emanzipationsprozess stellt Heine den jüdischen:

Moses Mendelssohn verdient daher großes Lob, daß er diesen jüdischen Katholizismus, wenigstens in Deutschland, gestürzt hat. (DHA VIII, 72)

Die Antagonismen Protestantismus-Katholizismus und Judentum-Christentum, die Heine in seiner Darstellung ineinander verschränkt, laufen in dem hier propagierten, sowohl von Hegelschen wie von Saint-Simonistischen Vorstellungen überlagerten dreistufigen Geschichtsmodell auf eine Leerstelle hinaus, die in Heines eigener Gegenwart liegt. Implizit wird der Gedanke formuliert, in Heine selbst die Synthese der verschiedenen Emanzipationsbewegungen zu sehen, »in der die geistige Revolution sich mit der politischen und gesellschaftlichen verbindet«.[6]

Heinrich Heines produktive Rezeption des Aufklärers Gotthold Ephraim Lessing trägt in sich das Bewusstsein einer vergangenen, historisch gewordenen Vorstellungswelt, die nicht mehr die seine war und diese dennoch erst möglich gemacht hat.

II.

Wie Karl Gutzkow, der in seinen Erinnerungen berichtet, dass die Werke Johann Gottfried Herders nach ihrem Erwerb »zum Buchbinder gegeben und wenigstens teilweise von der Verklebung des Blätterschnittes durch Lektüre befreit« wurden[7], hat auch Heinrich Heine bereits als Schüler Schriften Herders gelesen. Aus der Düsseldorfer Bibliothek ist die Ausleihe von »Adrastea«, »Briefe zur Beförderung der Humanität«, »Ideen zur Geschichte der Menschheit« sowie der von I. T. L. Danz aus Herders Werken kompilierten Sammlung »Ansichten des klassischen Alterthums« belegt.[8]

Neben diesen frühen Lektüreeindrücken stehen Aussagen in den Werken Heines, die den Weimarer Oberkonsistorialrat unter die großen Denker Deutschlands einreihen. So erscheint er in »Ueber Polen« als einer »von unseren edelsten Volkssprechern« (DHA VI, 65) und in der »Romantischen Schule« rechnet Heine Herder unter die »großen Geister« (DHA VIII, 141), die der Humanität verpflichtet seien. Im ersten Buch der »Romantischen Schule« findet sich auch eine biographische Würdigung Herders, die einen Einblick in Heines Bild dieses Denkers und Dichters gibt.

Noch eines anderen Schriftstellers, der in demselben Geiste und zu demselben Zwecke wirkte und Lessings nächster Nachfolger genannt werden kann, will ich hier erwähnen; seine Würdigung gehört freylich ebenfalls nicht hierher; wie er denn überhaupt in der Literaturgeschichte einen ganz einsamen Platz einnimmt und sein Verhältniß zu Zeit und Zeitgenossen noch immer nicht bestimmt ausgesprochen werden kann. Es ist Johann Gottfried Herder, geboren 1744 zu Morungen in Ostpreußen und gestorben zu Weimar in Sachsen im Jahr 1803. Die Literaturgeschichte ist eine große Morgue wo jeder seine Todten aufsucht, die er liebt oder womit er verwandt ist. Wenn ich da unter so vielen unbedeutenden Leichen den Lessing oder den Herder sehe mit ihren erhabenen Menschengesichtern, dann pocht mir das Herz. Wie dürfte ich vorübergehen, ohne Euch flüchtig die blassen Lippen zu küssen! (DHA VIII, 135 f.)

Die zwar positive, aber inhaltlich undeutliche Darstellung zeigt abermals Heines Akzentuierung der aufklärerischen Tradition. Ulrich Pongs zieht in seiner Untersuchung den Schluss, die Lessing-Passage in der »Romantischen Schule« müsse eigentlich als Lessing-Herder-Einheit betrachtet werden.[9] Er übersieht jedoch gänzlich die kurze Bewertung der literaturhistorischen Schriften Herders zu Beginn des zweiten Buches der »Romantischen Schule«, die auf August Wilhelm Schlegel anspielt.

Nur durch Zusammenstellung der Herderschen Arbeiten solcher Art könnte man sich eine bessere Uebersicht der Literatur aller Völker verschaffen. Denn Herder saß nicht wie ein literarischer Großinquisitor zu Gericht über die verschiedenen Nazionen, und verdammte oder absolvirte sie nach dem Grade ihres Glaubens. Nein, Herder betrachtete die ganze Menschheit als eine große Harfe in der Hand des großen Meisters, jedes Volk dünkte ihm eine besonders gestimmte Saite dieser Riesenharfe, und er begriff die Universal-Harmonie ihrer verschiedenen Klänge. (DHA VIII, 168)

Heine bezieht sich auf Schlegels 1815 erschienene Vorlesung »Geschichte der alten und neuen Literatur«, in der Schlegel die aus der protestantischen Tradition erwachsene Literatur eher kritisch ablehnend betrachtet und die katholisch-mittelalterliche Dichtung akzentuiert. Diese Herder-Passage ist zum einen als Relativierung des Urteils über Schlegel zu verstehen, zum anderen zielt sie auf den Dualismus Romantik-Katholizismus und Aufklärung-Protestantismus. Schlegels Urteile werden als subjektiv und in ihrer Perspektive eingeschränkt bewertet. Herder hingegen sei darum bemüht, die Eigenheiten der unterschiedlichen Nationalliteraturen zu untersuchen und darzustellen. Damit wendet sich Heine nicht nur gegen Schlegel, sondern zugleich gegen die programmatische romantische Kunstauffassung und propagiert eine ›entideologisierte‹, eher immanente Darstellung der Literatur.

Auch Herder steht mehr paradigmatisch als Vertreter der aufklärerisch-protestantischen Tradition – wie Heine in der »Romantischen Schule« stets ver-

sucht, Gedanken der Aufklärung, die sowohl von Klassik wie Romantik überlagert und verdrängt worden sind, für das Denken seiner Zeit wieder zugänglich und produktiv zu machen –, als dass eine detaillierte Würdigung der Herderschen Schriften intendiert wäre.

Daneben gibt es in Heines Werken – wenngleich nur indirekt – Anspielungen auf die disparat-vielschichtigen Gedanken Herders, die sich nicht in einem
Hauptwerk sublimiert und konzentriert finden, sondern über die zahlreichen
Einzelschriften verstreut bleiben. Sie haben zwar produktiv auf Heines literarisches Schaffen gewirkt, jedoch mehr in Form gedanklicher Paraphrasen als in
konkreten textlichen Übernahmen und Anlehnungen, was, wie Bernhard Becker in seiner Studie zeigt, im Kontext der Herder-Rezeption des 19. Jahrhunderts nicht ungewöhnlich erscheint.[10] Auch Helmut Koopmann kommt in seiner Untersuchung zu einer vergleichbaren Bewertung, wenn er das Junge
Deutschland »in der Nachfolge Herderscher Überlegungen« sieht.[11] Und Frederick Barnard betont ebenfalls, dass Heine zwar Ideen und »Denkanstöße«
Herders verarbeite, dessen Schriften jedoch nicht, bis auf wenige Ausnahmen,
als direkte Quelle Heines anzusehen sind.[12]

Dies gilt auch für Herders Sammlung »Stimmen der Völker in Liedern«, die
Heine am 22. Januar 1821 aus der Göttinger Bibliothek entliehen hat.[13] Er rezipiert damit zwar keine originär aus dem 18. Jahrhundert stammenden Gedichte, aber Volkslieder, die aus dem konzeptionellen Interesse dieser Zeit gesammelt worden sind. Daraus resultieren eine Vielzahl von Anklängen und
Entlehnungen, wenngleich deutlich wird, dass Heine eher von der Volkslied-
konzeption der Romantik beeinflusst ist als von der des ausgehenden 18. Jahrhunderts.[14] Herders Nachwirkung in Heines Schriften ist zwar durchaus intensiv, jedoch eher als gedankliche und konzeptionelle Nähe zu beschreiben,
denn als direkter Einfluss festzumachen.

III.

Auch der Aufklärer Friedrich Nicolai wird, dem Kompositionsprinzip der
»Romantischen Schule« folgend, einem Romantiker gegenübergestellt: Ludwig Tieck.

> Wie bey den Malern, kann man auch bey Herrn Tieck mehrere Manieren unterscheiden. Sei-
> ne erste Manier gehört noch ganz der früheren alten Schule. Er schrieb damals nur auf An-
> trieb und Bestellung eines Buchhändlers, welcher eben kein anderer war als der seelige Nico-
> lai selbst, der eigensinnigste Champion der Aufklärung und Humanität, der große Feind des
> Aberglaubens, des Mystizismus und der Romantik. Nicolai war ein schlechter Schriftsteller,

eine prosaische Perrücke, und er hat sich mit seiner Jesuitenriecherey oft sehr lächerlich gemacht. Aber wir Spätergeborenen, wir müssen doch eingestehn, daß der alte Nicolai ein
grundehrlicher Mann war, der es redlich mit dem deutschen Volke meinte, und der aus Liebe
für die heilige Sache der Wahrheit sogar das schlimmste Martyrthum, das Lächerlichwerden,
nicht scheute. (DHA VIII, 180)

Ulrich Pongs sieht in Tieck und Nicolai Romantik und Aufklärung verkörpert
und deutet demzufolge Tiecks literarische Unfruchtbarkeit unter dem Einfluss
Nicolais als Versagen des »poetologischen Konzeptes« der Aufklärung.[15] Doch
geht es hier weniger um die literarische, als abermals um die kritische Qualität
der Literatur im Zeitalter der Aufklärung. Deshalb kann sich Heine zumindest
partiell in der Nachfolge Nicolais sehen. In der nachnapoleonischen Ära, in
der sich die ehemals fortschrittliche Romantik in eine dem alten Feudaladel
und der katholischen Kirche nahestehende restaurative Strömung verkehrt
hatte, ist es für Heine möglich, auf die aufklärerische Tradition Nicolais als
Kritiker der Romantik Bezug zu nehmen. Die Polemik beider Autoren ist gegen die ›gleiche‹ literarische Strömung gerichtet, wenn auch unter veränderten
Vorzeichen. Dabei bleibt Heines Sicht auf Nicolai ambivalent, Nicolai ist ein
missverstandener und missverständlicher Held.

Auch geschah es wohl zuweilen, daß er Windmühlen für Riesen ansah und dagegen focht.
Noch schlimmer aber bekam es ihm, wenn er manchmal wirkliche Riesen, für bloße Windmühlen ansah, z.B. einen Wolfgang Goethe. (DHA VIII, 69)

So bereitwillig sich Heine der Kritik an der Romantik anschließt, so abwartend
bleibt er gegenüber Nicolais Goethe-Satiren. Und über Nicolais Polemik gegen die von Herder und Bürger ausgehende Beschäftigung mit dem Volkslied
schreibt Heine in »Zur Geschichte der Religion und Philosophie in Deutschland«:

Es ist nicht zu läugnen, daß mancher Hieb, der dem Aberglauben galt, unglücklicher Weise
die Poesie selbst traf. So stritt Nicolai z.B. gegen die aufkommende Vorliebe für altdeutsche
Volkslieder. Aber im Grunde hatte er wieder Recht; bey aller möglichen Vorzüglichkeit, enthielten doch jene Lieder mancherley Erinnerungen, die eben nicht zeitgemäß waren, die alten
Klänge, der Kuhreigen des Mittelalters, konnten die Gemüther des Volks wieder in den Glau-
bensstall der Vergangenheit zurücklocken. (DHA VIII, 70)

Auch hier meint die vielleicht überraschende Kritik Heines am Volkslied weniger das im 18. Jahrhundert erwachende philologische Interesse an dichterischen Denkmalen der deutschen Vergangenheit. Vielmehr ist Heines Polemik
als implizite Kritik an der Romantik zu verstehen und sein erneuter Schulter-

schluss mit Nicolai als ein anti-romantisches Bündnis. Christoph Schmid stellt in seiner Studie fest, dass Heine mit der »Romantischen Schule« einen Aspekt der Romantikrezeption aufgreift, »der von der bisherigen Forschung nachdrücklich wiederholt wurde: die Anerkennung einer sog. Wiederentdeckung des Mittelalters durch die Romantik«.[16] Wie der Blick auf Heines Bodmer-Rezeption zeigt, war sich Heine nur bedingt bewusst, dass die Romantiker bei ihrer Auseinandersetzung mit dem Mittelalter auf Vorarbeiten aus dem 18. Jahrhundert zurückgreifen konnten.[17] Das ist der eine Aspekt dieses Abschnitts. Der andere ist aufschlussreich für das dichterische Selbstverständnis Heines. In »Zur Geschichte der Religion und Philosophie in Deutschland« schreibt Heine weiter:

> Jetzt haben sich die Umstände in Deutschland geändert, und eng verbunden mit der Revolution ist die Parthey der Blumen und der Nachtigallen. Uns gehört die Zukunft, und es dämmert schon der Tag des Sieges. (DHA VIII, 70)

Heine betrachtet die eigene Gegenwart vor dem Hintergrund der Vergangenheit und versucht das eigene dichterische Werk als Synthese von Volkslied und politisch-programmatischer Dichtung zu deuten. Die »Blumen und Nachtigallen« sind nicht mehr als literarischer Arm der Reaktion, wie in den 1820er Jahren, zu missbrauchen. Gegen die reaktionäre Spätromantik stellt Heine die eigene Dichtung, die nicht nur die Volksliedtradition fortsetzt, sondern zugleich, indem sie diese mit politischen Inhalten verbindet, weiterentwickelt. Er vollzieht die Synthese des Altdeutschen mit dem Gedankengut der Französischen Revolution zu einer erneut avantgardistischen Bewegung.

Wenn Heine sich einerseits auf Nicolai als Aufklärer beruft, so greift er – wie bei Lessing – auch auf die damit verbundene polemische und satirische Tradition zurück und obwohl die literarischen und persönlichen Bedingungen sowie die historischen Voraussetzungen andere sind, ist der Gestus der Widerständigkeit im aufklärerischen Sinne das verbindende Element über die Epochengrenzen hinweg. Der Rückgriff auf Nicolai gelingt jedoch nur durch die deformierende und zugleich stilisierende Verengung der Perspektive, wobei die Intention Nicolais – die absolute und bedingungslose Präferenz der Vernunft, das Ziel einer aufgeklärten, säkularisierten, vom alten Aberglauben befreiten Welt – zugleich auch eines von Heinrich Heines eigenen Idealen spiegelt.

IV.

Der spätere Lehrer Heinrich Heines an der Bonner Universität, August Wilhelm Schlegel, der von 1786 bis 1791 in Göttingen studierte, war ein Student Gottfried August Bürgers. In seinem 1801 in den »Charakteristiken und Kritiken« veröffentlichten Aufsatz »Über Bürgers Werk« setzt Schlegel sich zwar kritisch abgrenzend, aber dennoch um Objektivität bemüht mit den Dichtungen seines einstigen Lehrers auseinander. Heinrich Heine unterstellt Schlegel in der »Romantischen Schule« jedoch eine polemische Absicht und bemängelt in Schlegels Bürger-Kritik unzutreffende Vergleichsmaßstäbe.

> Z. B. wenn er den Dichter Bürger herabsetzen will, so vergleicht er dessen Balladen mit den altenglischen Balladen, die Percy gesammelt, und er zeigt wie diese viel einfacher, naiver, alterthümlicher und folglich poetischer gedichtet seyen. Hinlänglich begriffen hat Herr Schlegel den Geist der Vergangenheit, besonders des Mittelalters, und es gelingt ihm daher diesen Geist auch in den Kunstdenkmälern der Vergangenheit nachzuweisen, und ihre Schönheiten aus diesem Gesichtspunkt zu demonstriren. Aber alles was Gegenwart ist, begreift er nicht [...]. Die altenglischen Gedichte, die Percy gesammelt, geben den Geist ihrer Zeit, und Bürgers Gedichte geben den Geist der unsrigen. Diesen Geist begriff Herr Schlegel nicht; sonst würde er in dem Ungestüm, womit dieser Geist zuweilen aus den Bürgerschen Gedichten hervorbricht, keineswegs den rohen Schrey eines ungebildeten Magisters gehört haben, sondern vielleicht die gewaltigen Schmerzlaute eines Titanen, welchen eine Aristokrazie von hannövrischen Junkern und Schulpedanten zu Tode quälten. Dieses war nemlich die Lage des Verfasser der Leonore, und die Lage so mancher anderen genialen Menschen, die als arme Dozenten in Göttingen darbten, verkümmerten, und in Elend starben. (DHA VIII 169 f.)

Heine greift Schlegels Unverständnis für den in Bürgers Dichtung zum Ausdruck kommenden Geist der Zeit an und entwirft damit implizit ein poetologisches Programm: Dichtung muss aus ihrer Zeit erwachsen, muss die Probleme, Visionen, Sehnsüchte, Realitäten und Umstände der gegenwärtigen Lebenssituation in sich aufnehmen und darstellen, ihren poetischen Gehalt gleichsam herausdestillieren, wodurch sie erst zu einer – um ein Wort der Romantik zu gebrauchen – »progressiven Universalpoesie« werden kann.[18] Dieser dichterische Selbstentwurf Heinrich Heines, in dessen Dichtung die poetische Darstellung der politischen wie der sozialen Misere gelingt, die wirklichkeitsgetreu abgespiegelt werden und dadurch das Leben und alle Lebensbereiche wieder poetisch werden lassen, zeigt Heine einmal mehr in seiner Rolle als Vollender und Überwinder der Romantik.

Doch was sich einerseits als Romantikkritik fast nur stellvertretend an Schlegel richtet, ist andererseits nur sehr bedingt als positive Bewertung der

Dichtungen Bürgers zu lesen, sondern vielmehr als eine von programmatischen und poetologischen Motiven bestimmte Instrumentalisierung eines Dichters des 18. Jahrhunderts. In Heinrich Heines historischem Konstrukt der eigenen Gegenwart dient Gottfried August Bürger der Positionsbestimmung gegenüber dem eigenen Lehrer August Wilhelm Schlegel.

V.

Als Johann Heinrich Voß im Alter von 70 Jahren seine Schrift »Wie ward Friz Stolberg ein Unfreyer?« veröffentlicht, lernt Heine in seinem ersten Semester an der Universität Bonn Wolfgang Menzel kennen. Für Heine gewinnt Voß als Literat wie als Aufklärer zunehmend an Bedeutung, während sich das Verhältnis zu Menzel beständig verschlechtert und die beiden einstigen Kommilitonen zu erbitterten literarischen Gegnern werden.

Fast zehn Jahre nach der ersten Begegnung mit Menzel veröffentlicht Heine 1828 in den »Neuen politischen Annalen« seine Rezension zu Menzels Literaturgeschichte, die ihrerseits wieder mit dem Namen Johann Heinrich Voß verbunden ist, da Menzel mit einer kritischen Darstellung Vossens Heines Opposition geweckt hatte.

> Wenn der Vfr. unseren seligen Voß einen »ungeschlachten niedersächsischen Bauer« nennt, sollten wir fast auf den Argwohn gerathen, er neige selber zu der Parthey jener Ritterlinge und Pfaffen, wogegen Voß so wacker gekämpft hat. Jene Parthey ist zu mächtig, als daß man mit einem zarten Galanteriedegen gegen sie kämpfen könnte, und wir bedurften eines ungeschlachten niedersächsischen Bauers, der das alte Schlachtschwert aus der Zeit des Bauernkriegs wieder hervorgrub und damit loshieb. (DHA X, 245)

Mit der Assoziation Bauern/Bauernkrieg stellt Heine den ›Bauern Voß‹ in den Kontext des religiösen Befreiungskampfes der Reformation. Heine sieht Voß in der protestantisch-reformatorischen Tradition und deutet ihn zum Kämpfer gegen die reaktionären und katholischen Tendenzen der eigenen Zeit um.

Er hat damit ein Bild gefunden, auf das er im Zusammenhang mit Voß häufig zurückgreifen wird. So bezeichnet er im »Schwabenspiegel« von 1838 – hier ist es dann endgültig zum Zerwürfnis mit Menzel gekommen – Voß als »ungeschlachten aber ehrlichen sächsischen Bauern« (DHA X, 271). Wurde zuvor durch einzelne Motive wie »Bauernkrieg« oder »Bilderstürmerey« der Bezug zur Reformation hergestellt, geschieht dies in den »Bädern von Lukka«, im Zuge der Platen-Polemik, explizit durch die Einordnung Vossens in die Nachfolge Luthers. Auch sich selbst bezieht Heine in diese Tradition mit ein, er ist der protestantische »Glaubensgenosse«, der innerhalb der Platen-Polemik dem »Katholizismus« der Platen-Partei entgegensteht.

Die Parallelisierung mit Voß, sowohl in der aufklärerischen, protestantischen Intention als auch in dem literarischen Instrument im Ideenkampf, der Polemik, thematisiert Heine auch in einem Brief an Karl August Varnhagen von Ense vom 4. Februar 1830: »Vielleicht bin ich außer Voß der einzige Repräsentant dieser Revoluzion in der Literatur –« (HSA XX, 385).

In der »Romantischen Schule« kommt zu der Idee vom protestantischen Aufklärertum ein national-patriotisches Element. Heine kehrt zurück zu Wolfgang Menzel und dem Bild vom »niedersächsischen Bauern«, das jetzt nicht nur auf Voß bezogen wird, sondern auch auf Martin Luther, der demselben »derbkräftigen, starkmännlichen Volksstamme« angehört. (DHA VIII, 145) Heine verknüpft assoziativ den Protestantismus mit vaterländisch-deutschen Elementen. Damit konzipiert er einen Gegenentwurf zur Romantik, der sich zum einen gegen die Symbiose richtet, die die Spätromantik mit der reaktionären Politik der Metternich-Ära eingegangen ist, und sich zum anderen gegen den Vorwurf wendet, die liberalen, demokratischen und republikanischen Tendenzen der eigenen Gegenwart seien durch die Hinwendung zum großen Vorbild der Französischen Revolution Verrat am Vaterland. Heine versteht die politische Befreiung als Fortsetzung der mit der Reformation und der Aufklärung begonnenen Bewegung und als die eigentliche patriotische Kraft in Deutschland.

Dieser gegenromantische Entwurf kommt auch in der Würdigung des Literaten und Übersetzers Voß zum Ausdruck. Heine beleuchtet den Kontrast zwischen den Leistungen des Aufklärers und denen der Schlegel. Gleichzeitig wird der Dualismus von Protestantismus und Katholizismus, Liberalismus und Reaktion, repräsentiert durch Voß und die Schlegel, angerissen.

> Er hatte einen ausgezeichneten Namen unter den Dichtern der alten Schule, aber die neuen romantischen Poeten zupften beständig an seinem Lorbeer und spöttelten viel über den altmodischen ehrlichen Voß, der in treuherziger, manchmal sogar plattdeutscher Sprache das kleinbürgerliche Leben an der Niederelbe besungen, der keine mittelalterlichen Ritter und Madonnen, sondern einen schlichten protestantischen Pfarrer und seine tugendhafte Familie zu Helden seiner Dichtungen wählte, und der so kerngesund und bürgerlich und natürlich war, während sie, die neuen Troubadouren, so somnambülisch kränklich, so ritterlich vornehm und so genial unnatürlich waren. […] Voß hatte schon vor Entstehung der neuen Schule den Homer übersetzt, jetzt übersetzte er, mit unerhörtem Fleiß, auch die übrigen heidnischen Dichter des Alterthums; während Herr A. W. Schlegel die kristlichen Dichter der romantisch katholischen Zeit übersetzte. (DHA VIII, 144f.)

Auf die Idyllen von Voß anspielend, kontrastiert Heine die poetologischen Programme der Aufklärung und der Romantik, die er, Goethes Diktum verkehrend, als »kerngesund« und »kränklich« definiert. Heine unterstellt beiden eine polemische Absicht: Voß beabsichtige durch seine Übersetzungen auf die Antike als Vorbild hinzuweisen und sie zum literarischen Paradigma zu erklären, während Schlegel mit seinen Übertragungen dies mit der christlichen Kultur versuche.

Auch der Rückbezug auf Johann Heinrich Voß ist ein Versuch Heines, der eigenen Position, die im Spannungsfeld von politischem Liberalismus und vormärzlicher Romantikkritik gewollt uneindeutig bleibt, eine historische Dimension und Legitimation zu geben.[19] Diese Möglichkeit eröffnet sich durch Vossens Schrift »Wie ward Friz Stolberg ein Unfreyer?«, deren Darstellung Heine der Verortung Vossens als Aufklärer und Protestant anschließt. Dieses Kompositionsprinzip bietet eine doppelte Perspektive auf Voß, zum einen als Übersetzer im Kontrast zu den Schlegel, zum anderen als Polemiker in Bezug auf den Grafen Stolberg. In der »Romantischen Schule« würdigt Heine dieses späte Werk des Aufklärers ausführlich:

> Er analysirte darin dessen ganzes Leben, und zeigte: wie die aristokratische Natur in dem verbrüderten Grafen immer lauernd verborgen lag; wie sie nach den Ereignissen der französischen Revoluzion immer sichtbarer hervortrat; wie Stolberg sich der sogenannten Adelskette, die den französischen Freyheitsprinzipien entgegenwirken wollte, heimlich anschloß; wie diese Adligen sich mit den Jesuiten verbanden; wie man durch Wiederherstellung des Catholizismus auch die Adelsinteressen zu fördern glaubte; wie überhaupt die Restaurazion des kristkatholischen feudalistischen Mittelalters und der Untergang der protestantischen Denkfreyheit und des politischen Bürgerthums betrieben wurden. Die deutsche Demokratie und die deutsche Aristokratie, die sich vor den Revoluzionszeiten, als jene noch nichts hoffte und diese noch nichts befürchtete, so unbefangen jugendlich verbrüdert hatten, diese standen sich jetzt als Greise gegenüber und kämpften den Todeskampf. (DHA VIII, 146 f.)

Obwohl Heine die Auseinandersetzung zwischen Voß und Stolberg Anfang der 1820er Jahre aus Zeitschriften und Journalen gekannt haben dürfte, legen »die teilweise wörtlichen Anklänge« nahe, dass er die Schrift bei der Abfassung der »Romantischen Schule« nochmals eingehend gelesen hat.[20] Die Auseinandersetzung der beiden Dichter ist deshalb bemerkenswert, da sie eines der wenigen Dokumente der »alten Schule« ist, dessen Entstehung in Heines Lebenszeit fällt und dessen Rezeption er unmittelbar miterlebte. (DHA VIII, 146) Heine konnte, was im Falle Lessings oder Nicolais nur als historisch-theoretisches Konstrukt möglich war, in Voß realisiert sehen: Den Schulterschluss zwischen den ›alten‹ Aufklärern und den Progressiven der eigenen Gegenwart.

VI.

Für die »Vorrede« des ersten »Salon«-Bandes macht Heine, bevor er gegen Ende August 1833 Paris in Richtung Boulogne-sur-Mer verlässt, einige Exzerpte.[21] Darunter findet sich eine Teilabschrift des »Capliedes« von Schubart. In der »Vorrede« behauptet Heine, das Lied aus seiner Kindheit zu kennen, und schreibt über den Verfasser:

> Von dem Verfasser weiß ich auch nur wenig, außer daß er ein armer deutscher Dichter war, und den größten Theil seines Lebens auf der Festung saß und die Freyheit liebte. Er ist nun todt und längst vermodert, aber sein Lied lebt noch; denn das Wort kann man nicht auf die Festung setzen und vermodern lassen. (DHA V, 374)

Im zweiten Jahr seines Frankreichaufenthaltes, drei Jahre vor dem Verbot seiner Schriften in Deutschland und elf Jahre vor dem preußischen Haftbefehl, spricht Heine in der »Vorrede« zum ersten Band des »Salon« über Exilerfahrungen. Er spricht von der inneren Notwendigkeit Deutschland zu verlassen, sich seiner Dichtung zu widmen und die ihm zukommende Rolle in der literarischen und politischen Öffentlichkeit der Jahre nach der Julirevolution zu spielen. Zunächst schreibt er nur vom eigenen Erleben in der Fremde, die zur Heimat wird und werden muss, dann beleuchtet er die Exilthematik aus unterschiedlichen Perspektiven. Er berichtet von deutschen Algerien-Auswanderern, die er bei Havre-de-Grâce ziehen sieht, spricht über die Heimat Deutschland und die Bedeutung des Schriftstellers als öffentlicher Sprecher, als Tribun innerhalb eines politisch und weltanschaulich rückständigen Systems. Er erinnert sich an das »alte Entsagungslied« (DHA IV, 91) – wie es dann im »Wintermährchen« heißt –, das ihm immer in den Sinn kommt, wenn er an »Deutschlands Grenze kam« (DHA V, 374) und zitiert aus der ersten und siebten Strophe des »Capliedes« von Schubart, das erzwungene, gewaltsame Rekrutierung thematisiert. Die nun folgende, nur kurz umrissene Biographie Schubarts spiegelt erneut die Dualismen von Gefangenschaft und Freiheit, Vaterlandsliebe und Exil, die Heine mehrfach in der »Vorrede« zur Sprache bringt. Er schreibt über die eigene, die »deutsche Vaterlandsliebe«: »Die Freyheitsliebe ist eine Kerkerblume und erst im Gefängnisse fühlt man den Werth der Freyheit.« (DHA V, 373)

Der Druck politischer oder wirtschaftlicher Verhältnisse, die Bilder der Fremde, die Erfahrung des eigenen ›Exils‹ werden mit der Erwähnung Schubarts exemplifiziert. Dabei alterniert Heines Ton zwischen Revolte und Resignation, zwischen Heimweh und Ideenkampf. Er stellt die eigene dichterische

Existenz im Exil in einen größeren literarhistorischen Zusammenhang und zeigt auf, dass trotz unterschiedlicher historischer Umstände die Situation eines Dichters innerhalb einer Gesellschaft vergleichbar sein kann. Ähnlich wie bei den Aufklärern Lessing, Nicolai oder Voß sieht Heine in Schubart einen Vorgänger und Vorkämpfer eigener Überzeugungen und auch im 1846, dreizehn Jahre nach Heines Vorwort zum »Salon« erschienenen Drama »Die Karlsschüler« von Heinrich Laube, zeigt sich, dass Schubart in der ersten Hälfte des 19. Jahrhunderts wegen seiner patriotisch gefärbten und gegen absolutistische Fürstenwillkür und soziale Ungerechtigkeit opponierenden Dichtungen zu einer programmatischen Figur werden kann.[22]

VII.

Ganz zu Recht spricht Friedrich Sengle von einer »untergründig verlaufenden Linie Heine-Wieland«, denn in Heines Werken finden sich nur wenige direkte Hinweise auf den Weimarer Prinzenerzieher. Christoph Martin Wielands zunächst in Fortsetzungen von 1774 bis 1780 erschienene, dann 1781 in Buchform veröffentlichte »Geschichte der Abderiten« ist der einzige Roman, auf den Heine unmittelbar Bezug nimmt.[23] Sowohl in den »Französischen Zuständen« wie in »Lutezia« parallelisiert Heine die Lage Deutschlands mit der Abderas, das zu einem Bild für Provinzialismus und begrenzten Bürgersinn wird und so der ironischen Charakteristik vornehmlich preußischer Zustände dient.[24]

Auch die epischen Dichtungen Wielands zeigen einen deutlichen Einfluss auf Heine. Mehrfach bezeichnet er »Atta Troll. Ein Sommernachtstraum« als Epos, so in Briefen an Cotta, Laube und Campe, aber auch im Werk selbst fällt diese Gattungsbestimmung.[25] Heine vollzieht jedoch einen hochkomplexen Prozess, in dessen Verlauf unterschiedlichste Traditionen kontaminiert werden. Auf den Umfang bezogen ist »Atta Troll« ein Kleinepos. Damit steht Heine in der Tradition Wielands, der mit seinen Epen der Unzeitgemäßheit stofflich großangelegter Völkerepen auswich. Herder knüpft im »Cid« daran an und wird damit zum Vorbild der Kleinepen in Romantik und Biedermeier. Bei der Abfassung des »Atta Troll« zu Beginn der 1840er Jahre konnte Heine bereits auf eine Vielzahl komischer Kleinepen in der Nachfolge Wielands zurückblicken. Hier ist Karl Leberecht Immermanns »Tulifäntchen« zu nennen, an dessen Entstehung Heine redaktionell mitwirkte, aber auch Anastasius Grüns »Nibelungen im Frack«, das, wie Heines Epen, auch nicht frei ist von freiheitlich-nationalen Implikationen.

Allein eine Gattung als Medium für Zeit- und Gesellschaftskritik zu wählen, die den Erwartungshorizont auf andere Inhalte fixiert – erinnert sei nur an die Diskussionen des 18. Jahrhunderts um ein deutsches Nationalepos – zeigt die grundlegend satirische Absicht, die Form selbst wird zur Parodie, persifliert die Gattung, derer sie sich bedient. Damit wird die Kritik umfassender und verdeutlicht Heines Intention, die Bemühungen um das Epos, wie sie sich in der Biedermeierzeit zeigen, als antiquiert und restaurativ zu entlarven.

Doch nicht nur die Form des Kleinepos verweist auf Wieland. Auch der Musenanruf im III. Caput des »Atta Troll« ist, wenn auch »der üblichen Musenanrufung zu Beginn traditioneller Epen nachgebildet«, Wieland verpflichtet.[26] Interessanterweise zeigt das 5. Bruchstück zum »Atta Troll«, das im ersten Laube-Manuskript anstelle des schließlich veröffentlichten Caput III stand, dass Heine für diese Passage zunächst an eine Anlehnung an die ersten Zeilen des »Messias« von Klopstock gedacht hatte – ein Beleg für Heines Intention, einen Anklang an ein deutsches Epos des 18. Jahrhunderts einzuarbeiten.[27]

Auch Heines Verwendung von Reimwörtern deutet wiederum auf Wieland. Im »Oberon«, auf den Heine mehrfach in »De l'Allemagne«, »Lutezia« und in den »Memoiren« anspielt, reimt Wieland beipielsweise: »unsere Frau zu Acqs« mit »bleich wie Wachs« oder »Büchsenschuss« auf »Antonius«.[28] Der Reim stiftet Verbindungen zwischen Worten, die zunächst nichts miteinander zu tun haben, stellt sie in einen entfremdenden Kontext und ermöglicht dadurch ihre ironische Brechung – wenn es nicht sogar oftmals gelingt, mit dieser Technik die Aussagen ganzer Strophen zu konterkarieren. Sengle spricht in diesem Zusammenhang von dem »zersetzenden Humor« Wielands und Meier von der »ironischen Gegenläufigkeit von inhaltlicher Information und formaler Einfassung im Vers- und Reimschema«, einer Technik, die bei Heinrich Heine nicht nur in den Epen zu beobachten ist.[29]

Bereits Mme. de Staël bemerkt in »De l'Allemagne« über Wieland, dass er dort »mit Rührung auf[hört], wo er mit Ironie« begonnen hat.[30] Sie charakterisiert damit die den Werken Wielands eigene Spannung zwischen Witz und Empfindung, Rokoko und Empfindsamkeit, die auch Heinrich Heine in »Shakspeares Mädchen und Frauen« hervorhebt.[31] Dieses breite Spektrum dichterischen Ausdrucks, das durch die Kontamination von Illusion und Desillusion, von empfindsam-sentimentalen Elementen und ihrer ironischen Aufhebung durch Überhöhung entsteht, bezeichnet Otto F. Best als den »Weitsprung« des Heineschen Witzes, der auch bei Wieland zu beobachten ist.[32] Die Komik ist bei Wieland kein Selbstzweck, vielmehr wird sie pädagogisch zur Aufdeckung der Wahrheit eingesetzt. Wahrheit wird nicht explizit gesagt, sondern dadurch, dass dem Leser die Unwahrheit durch das eigene Lachen demonstriert wird, umso deutlicher herausgestellt. Steht nicht das »eklektisch-kombinatorische, oft ironisch-spielerische Gedankenexperiment« des Heineschen Witzes in dieser Tradition?[33]

Heines Beziehung zu Wieland manifestiert sich weniger in einer am Text nachweisbaren Verbindung, vielmehr ist es der Gestus des Dichters, wie er sich in der Wahl der Gattung, der Auswahl seiner Methoden und Motive und in ihrer Darstellung zeigt. Zu einem vergleichbaren Ergebnis kommt auch Michael Hofmann, der in seinem Beitrag zum Internationalen Heine-Kongress 1997 Bilder des Tanzes bei Heine und Wieland untersucht hat.[34] Heine spielt mit kaum im Detail nachweisbaren Bezügen, dennoch erinnert er an sie, verwandelt sie und macht sie so für die eigene Dichtung produktiv.

VIII.

Ich habe jetzt Heinses Ardinghello gelesen [...]. Ich bitte Sie, wenn Sie etwa den ganzen Heinse gelesen haben schreiben Sie mir Ihre ganze Meinung über diesen Schriftsteller. Er ist einer jener Dämonen, die ich vielleicht jetzt repräsentire, zu denen auch Sie gehören, und die einst den Olymp stürmen werden. Freylich die Zeit dieses Sieges ist noch lange nicht da; ich und Sie und die andren Gleichzeitigen wir werden mit verdrießlich abgemühten Herzen ins Grab steigen, doch mit der festeren Ueberzeugung daß die Stärkeren unser Bestreben fortsetzen werden. (HSA XX, 319)

Wie der Brief an Johann Hermann Detmold belegt, hat Heinrich Heine Wilhelm Heinses »Ardinghello und die glückseligen Inseln« im Februar 1828 im München gelesen. Wenige Monate vor Heines Italienreise ist hier die vitalistische Emphase Heinses, den Heine als wahlverwandt begreift, herauszuhören.[35]

Doch bereits für die Hamburger Zeit berichtet Johann Baptist Rousseau in seiner Biographie über Heines Ardinghello-Plan:

Während seines Aufenthaltes zu Hamburg in der genannten Epoche faßte Heine, ein Zwanzigjähriger, den Plan, eine glückselige Insel à la Ardinghello in irgend einem Meere aufzusuchen und zu kolonisieren. Er verband sich zu diesem Zwecke mit verschiedenen jungen Leuten aus Hamburg, hatte bereits ein Schiff gemietet und dasselbe mit allen möglichen Kolonisationsgegenständen zu befrachten angefangen, indem er, ein Neffe des reichsten Bankiers, sich Kredit zu schaffen wußte, als die Polizei der Sache auf die Spur kam und die Glückseligkeitsinsulaner in spe arretierte, namentlich Heine'n, dessen Oheim viele Auslagen machen mußte, um das Angekaufte mit Verlust wieder zurückzuschaffen, der bei dieser Gelegenheit aber doch an dem romantischen und abenteuerlichen Geiste seines jungen Verwandten Behagen fand und zu seiner weiteren Ausbildung auf die Universität Bonn sandte.[36]

Folgt man den Angaben Rousseaus, stammt das Gedicht »Warte, warte wilder Schiffsmann« aus dem »Buch der Lieder« aus dieser Zeit und ist auf die geplante Flucht zu beziehen.

Aber auch zahlreiche belegbare Lektürespuren des »Ardinghello« sind in Heines Werk zu finden, vornehmlich in den nach der Lektüre des Romans entstandenen italienischen Reisebildern. Bei den meisten Anlehnungen, wie der Beschreibung der abendlichen Ankunft in Genua oder der Liebesszene mit Franscheska in den »Bädern von Lukka«, klingen lediglich Szenen aus Heinses Roman an, während in der späteren »Einleitung zu Kahldorf über den Adel« aus dem »Ardinghello« zitiert wird.[37] Im Kontext der Italien-Reisebilder zitiert Heine auch aus »Fiormona oder Briefe aus Italien«.[38] In dem bereits zitierten Brief an Johann Hermann Detmold vom 15. Februar 1828 berichtet er von der Lektüre des 1794 erschienenen und von Gottlieb Heinrich Heinse stammenden Werkes und schreibt es irrtümlich Wilhelm Heinse zu. Die falsche Zuschreibung findet sich jedoch häufig, ein Fehler, der sich nicht nur aus der Namensgleichheit der Verfasser, sondern auch auf inhaltlicher Ebene durch vergleichbare programmatische Aspekte erklärt. Gottlieb Heinrich Heinse entwirft in »Fiormona« ebenfalls Visionen einer freien Liebe und eines von Konventionen befreiten, epikureischem Denken verpflichteten Daseins.

Heines Auseinandersetzung mit Wilhelm Heinse ist jedoch primär unter dem Aspekt der Utopie zu sehen, finden sich doch bei Heine einzelne Elemente der Utopievorstellung Heinses, übernommen und weiterentwickelt. So betont Alfred Opitz für Heines italienische Reisebilder einerseits die Bedingtheit und andererseits die in der gedanklichen Entwicklung begründete Divergenz beider Entwürfe:

> [...] Ardinghellos Ausstieg aus der Geschichte in einen utopischen Inselstaat, wo »alle Wonne dieses Lebens unter dem milden Himmelsstrich« bei einem Minimum an gesetzlicher Reglementierung genossen wird, bleibt für Heine irrelevant; er modernisiert und verbiedermeiert die Sturm und Drang-Figuren und verlegt die Vision eines neuen Geschlechts mit freien Gefühlen in eine Zukunft jenseits der eigenen Lebenszeit. Diese Hypothek konnte Heinse noch nicht übernehmen; die Expansion seiner utopischen Eudämonie wird »nach seligem Zeitraum« durch das »unerbittliche Schicksal« vereitelt, während bei Heine das »unerbittliche Grab« lediglich die Teilnahme an der notwendigen Emanzipation verhindert. Die Erfahrung der Revolution und ihrer geschichtlichen Dynamik erscheint hier als Voraussetzung der Teleologie in der Tradition der Aufklärung, die nicht zuletzt auch oppositionelle Politik im 19. Jahrhundert und ihre literarischen Reflexe bestimmt.[39]

In den »Göttern im Exil« aus dem Jahr 1853 manifestieren sich utopische Vorstellungen über den Aspekt des Dionysischen. Gerhard Höhn konstatiert, dass Heine in dem Bacchantenzug, wie er in den »Göttern im Exil« dargestellt wird, ungewöhnlich deutlich zeigt, dass »befreite Sinnlichkeit und Schönheit zu unverzichtbaren Teilen seines politischen Programms« gehören.[40] Der Gegensatz von Sensualismus und Spiritualismus wird durch die Einkleidung des sensualistischen Gedankens in das Gewand eines dionysischen Bacchanals deutlich betont. Die Bilder der antiken Götterwelt werden mit christlich-mittelalterlichen Motiven kontrastiert, wobei Heine die Antike lediglich aufgrund ihrer Opposition zum Christentum akzentuiert.[41] Zwar greift Heine den Gedanken des Dionysischen auf, bewahrt aber durch seine travestierend-parodierende Darstellung Distanz. Das Dionysische besteht nicht als Wert für sich, sondern in seiner Opposition zum Spiritualismus, zum Christentum. Während Wilhelm Heinse das Dionysische noch zu einem wesentlichen Bestandteil seiner Utopie macht, ist es bei Heine nicht mehr absolut, sondern dient der ironischen Kontrafaktur des Spiritualismus. Heinses Sensualismus ist konstitutives Element der Utopie, während Heines Zukunftsentwurf auf eine Synthese von Sensualismus und Spiritualismus deutet.

IX.

Heinrich Heines Lyrik ist im Hinblick auf ihre Traditionen unterschiedlich bewertet worden. Die Tradition des 18. Jahrhunderts wurde einerseits als von romantischen Konzeptionen überlagerte Volksliedtradition gesehen[42], während andererseits Friedrich Sengle Heine als Erneuerer der Empfindsamkeitstradition auffasst[43]; und Manfred Windfuhr sieht in Heines Dichtung gleichzeitig und gleichwertig die Entwicklung, die der Petrarkismus durch Dichter des 18. Jahrhunderts genommen hat, gespiegelt.[44]

Zu Beginn des Jahres 1835, Heine arbeitet gerade an der »Romantischen Schule«, bittet er Helmina von Chézy um ihr Exemplar der Höltyschen Gedichte, das er noch am selben Tag, dem 9. Januar nebst einem Antwortschreiben erhält.[45] Ende Januar fragt Heine in einem Brief an, ob sie ihren Hölty wiederhaben wolle. (HSA XXI, 96) Helmina von Chézy erbittet die Rückgabe des Buches jedoch erst zwei Monate später. Gemeint ist die von Friedrich von Stolberg und Johann Heinrich Voß posthum besorgte Ausgabe der Gedichte Höltys, die von 1783 bis 1795 in Hamburg erschienen ist. Heine benötigt die von Voß stammende Vorrede mit dem Lebenslauf Höltys und der Geschichte des Göttinger Hains bei der Abfassung der »Romantischen Schule«. Dort wird das Werk im Ersten Buch erwähnt.[46] In die »Citations« der Renduel-Ausgabe nimmt Heine sogar die Übersetzung dieser Vorrede auf.[47] Neben dieser biographischen Reminiszenz in der »Romantischen Schule« und

»De l'Allemagne« finden sich zahlreiche Anklänge an Gedichte Höltys in Heines Werken. In den »Französischen Malern« arbeitet Heine mit einer zum Kli-
schee neigenden Darstellung Höltys. Über Ary Scheffers Gemälde »Gret-
chen«, das im Salon von 1831 ausgestellt wurde, notiert er:

> Mit einem Wort, sie ist ein deutsches Mädchen, und wenn man ihr tief hineinschaut in die me-
> lancholischen Veilchen, so denkt man an Deutschland, an duftige Lindenbäume, an Höltys
> Gedichte, an den steinernen Roland vor dem Rathhaus, an den alten Conrektor, an seine ro-
> sige Nichte, an das Forsthaus mit den Hirschgeweihen, an schlechten Tabak und gute Gesel-
> len, an Großmutters Kirchhofgeschichten, an treuherzige Nachtwächter, an Freundschaft, an
> erste Liebe, und allerley andere süße Schnurrpfeifereyen. – Wahrlich Scheffers Gretchen kann
> nicht beschrieben werden. Sie hat mehr Gemüth als Gesicht. Sie ist eine gemalte Seele. Wenn
> ich bey ihr vorüberging, sagte ich immer unwillkührlich: Liebes Kind! (DHA XII, 13 f.)

Neben deutschen Interieurs, die brav-bürgerlich und unpolitisch-biedermeier-
lich das Lebensgefühl der »alten Zeit« (DHA I, 251) evozieren, stellt Heine
den Dichter Hölty, der in dieser, das Gemälde beschreibenden und zugleich
interpretierenden Bilderfolge nur eine paradigmatische Funktion hat.

Anders als in der Prosa Heinrich Heines zeigt sich der Einfluss Höltys in
der Liebeslyrik eher implizit: Hier finden sich einerseits die bereits von Friedrich Sengle beschriebenen Dualismen wie Sehnsucht – Erfüllung, Illusion –
Desillusion oder Traum – Erwachen, andererseits die Betonung erotischer Momente in eher mit konventionellen Motiven arbeitenden Liebesliedern sowie
deren Brechung, eine die Unmöglichkeit des Liebessehnens entlarvende Ironie, und nicht zuletzt dem Petrarkismus verpflichtete Motive, wie die Erinnerung an die nie erreichte oder verlorene Geliebte, die durch den Tod entrückt
worden ist.[48] Hieran angelagert sind Sehnsuchtsmotive, die die Vereinigung
mit der Geliebten im Tod oder im Traum schildern und durchwoben wird diese Motivik mit Bildern der Todessehnsucht. Die Kontinuität einer Stimmung,
eines Gefühls bleibt in den Gedichten selten bis zum Ende bestehen. Damit ist
nicht das Aus-dem-Traum-Erwachen gemeint, das die Liebeserfüllung zu einer schönen Fiktion werden lässt – dieses Motiv findet sich bereits bei Petrarca. Hölty neigt zu behutsam selbstironischer Distanzierung, die oftmals das
Moment der Desillusionierung verstärkt oder zumindest andeutet. Er tendiert
bereits zur vorsichtigen, immanenten Hinterfragung des petrarkischen Konzeptes.

Manfred Windfuhr schreibt in seiner Studie über Heines Petrarkismus: »Die
Ironisierung klischeehaft gewordener Petrarkismen darf aber nicht darüber
hinwegtäuschen, daß Heine seine Liebesklage trotz allem ernst meint«.[49] Diese Ambivalenz, das Spiel mit der wahren Lüge, mit der vermeintlich lügenden

Wahrheit, die das Gefühl, Initiator des Gedichts, verbergen und zugleich offenbaren sollen, ist auch bei Hölty auszumachen. Dessen oftmals in den Wortschatz sentimentaler Trivialliteratur abgleitende Wortwahl, die das Gefühl überbetont, ist vielleicht nicht in sich ironisch wie bei Heine, aber ironische und parodistische Wendungen ermöglichen auch ihm die Distanz, die die Grenzen zwischen der Wahrhaftigkeit des Gefühls und dessen Brechung verschwimmen lassen. Auch bei Hölty ist die Verletzbarkeit der Liebe verborgen hinter einer petrarkisch-formelhaften Symbolik, die die Liebesgeschichte ins Archetypische erhöht, sie entindividualisiert, gleichsam als Katharsis des liebend-leidenden lyrischen Ichs, das sich hinter dem Archetypus verbirgt und durch ihn, wenn nicht Heilung, so doch Linderung sucht. Diese Elemente des Petrarkismus werden sowohl bei Hölty als auch bei Heine ironisiert. Manfred Windfuhr hat darauf verwiesen, dass das »illusionsaufhebende Erwachen am Schluß« nicht originär für Heines Dichtungen ist, und das ist es sicherlich auch nicht für Hölty.[50] Solche Motive finden sich bei Petrarca selbst, aber auch bei Johann Christian Günther oder dem Anakreontiker Gleim.

Heinrich Heines Petrarkismus basiert nicht allein auf dem Rückgriff auf Francesco Petrarca selbst und ist auch nicht nur Fortsetzung »romantischer Petrarca-Interpretation« – wie sie sich bei dem in Heines Werken in diesem Kontext oft anklingenden Novalis zeigt – die Manfred Windfuhr in seiner Studie sicherlich zurecht als primär einstuft.[51] Heines Beschäftigung mit den Dichtungen Höltys zeigt, dass ebenso Konzepte des Petrarkismus, wie sie im 18. Jahrhundert gewirkt haben, auf Heine Einfluss genommen haben.

X.

In den Almanachen und Taschenkalendern, in den Journalen und Gazetten, auf den Theaterbühnen, in der hohen wie der niederen Literatur, in den Leihbibliotheken und Lesekabinetten – zu Beginn des 19. ist das 18. Jahrhundert stets präsent. Und Heinrich Heine, der als Kind in Düsseldorf erlebte, wie die französischen Revolutionsarmeen die »schönen Blumengärten und grünen Wiesen« der Kurfürstenzeit zertraten (DHA VI, 184), platziert sich selbst auf die Grenzscheide, den ideen- und weltgeschichtlichen Wendepunkt zweier Jahrhunderte, wenn er in einer Prosanotiz schreibt: »Um meine Wiege spielten die letzten Mondlichter des 18ten und das erste Morgenroth des 19ten Jahrhunderts.« (DHA X, 339)

Heinrich Heines Werk spiegelt neben der Auseinandersetzung mit Dichtern, die für das eigene Selbstverständnis und die eigene literarische Programmatik von Bedeutung sind, zahlreiche Einflüsse und Anklänge der Literatur des 18.Jahrhunderts wieder. Er betreibt in seinen Werken ein regelloses Spiel mit Anklängen, Motiven und Formulierungen. Dichter werden als Repräsentanten unterschiedlicher literarischer Strömungen zitiert und im eigenen dichterischen Schaffen nimmt Heine tradierte Formen und Gattungskonventionen auf, die er verwandelt, neu zusammenstellt und manchmal auch parodiert. Er zitiert wörtlich oder im Anklang und evoziert beim Leser Erinnerungen, die weniger der Gelehrsamkeit dienen, als vielmehr der Bereicherung des eigenen Werkes um eine weitere Facette. Zitate dienen der Diversifizierung und Differenzierung eigener Ausdrucksmöglichkeiten. Literarische Bewertungen dienen einerseits dem programmatischen Selbstentwurf, andererseits skizziert Heine negative Dichterbilder, die er zum Vergleichsmaßstab zeitgenössischer Dichter macht. Hierbei ist die bewusste Stilisierung, die auch Ralf Schnell in seiner Studie beobachtet, nicht zu übersehen.

> In den literarhistorischen Scharfblick nämlich, von dem Heines Einschätzung der eigenen literaturgeschichtlichen Stellung zeugt, mischt sich ein inszenatorischer Gestus, der Heines Selbstrevisionen als Selbstentwürfe ausweist, als kunstvolle Formen der Camouflage jener ›Selbstcharakteristik‹, die weniger in der rein inhaltlichen Positionsbestimmung als in der gewählten Rhetorik hervortritt. Und deren innerstes Leitmotiv heißt gerade nicht „Übergang", sondern, im Gegenteil, „Kontinuität".[52]

Heinrich Heine erscheint nicht zuletzt durch die Opposition zum romantischen, restaurativen und vormärzlichen Deutschland so vielschichtig und widersprüchlich. Denn die Kritik entspringt nicht unbedingt einem positiven Gegenentwurf, sondern vielmehr dem Bewusstsein, dass es so wie es ist, nicht sein soll. Dem steht die aufklärerische und in der Gewissheit um den Fortschritt vergleichsweise homogene Geisteswelt des 18.Jahrhunderts trotz oder gerade wegen ihrer zeitgeschichtlichen Nähe entgegen.

Heine sieht das Verdienst der Literatur im Zeitalter der Aufklärung in der Hinterfragung und Destruktion des Bestehenden, die den Fortschritt ermöglicht, ohne ihn selbst vollziehen zu können. Poetologisch kontaminiert Heine zwar Elemente des Rokoko und der Empfindsamkeit, metrische Muster und rhetorische Konventionen des 18.Jahrhunderts sowohl mit eigenen wie mit romantischen Entwürfen; programmatisch für die eigene Literatur ist jedoch die kritische Leistung, weshalb er das 18.Jahrhundert vornehmlich als Zeitalter der Aufklärung begreift.

Auch wenn die Aufklärung ideen- wie philosophiegeschichtlich, kunsttheoretisch wie personell im 19.Jahrhundert weiterhin präsent bleibt und zur Auseinandersetzung auffordert, scheint Heines Beschäftigung mit ihr primär deshalb so intensiv zu sein, weil die historische Situation zu Beginn des 19. Jahrhunderts mit der in der Mitte und am Ende des 18. Jahrhunderts zwar nicht parallel, aber vergleichbar ist. In Deutschland, und phasenverschoben auch in Frankreich, haben sich nach den Befreiungskriegen nicht nur die politisch-vorrevolutionären, feudal-absolutistischen Strukturen wieder restauriert, auch die alten theologisch-philosophischen Ideen haben wieder an Schlagkraft gewonnen. In diesem Sinne ist das aufgeklärte 18. Jahrhundert für Heinrich Heine nicht nur eine Zeit, auf deren Ideen und Methoden er in der Auseinandersetzung mit einer vergleichbaren politisch wie theologisch rückständigen Gegenwart zurückgreifen kann; es ist zugleich ein Ideal, an dem der zeitgenössische Emanzipationskampf gemessen werden kann. Was Helmut Koopmann in diesem Zusammenhang für das Junge Deutschland gezeigt hat, trifft auch auf Heinrich Heine zu.

> Es waren die Ideale des 18. Jahrhunderts, die dem an sich programmlosen Jungen Deutschland gelegentlich jedenfalls ein Ziel gaben, auf das die »Bewegung« lossteuern konnte, einen Entwurf, der der auf die Vereinigung alles Getrennten abzielenden Tendenz des Jungen Deutschland zeigte, daß dergleichen schon einmal möglich gewesen war.[53]

Die Ideen der Aufklärung konnten deshalb so stark wirken, weil sie bei Heinrich Heine, aber auch beim Jungen Deutschland insgesamt auf eine geistesgeschichtliche Disposition trafen, die in ihren Strukturen ähnlich war. Heines sowohl von Hegelschen wie Saint-Simonistischen Ideen geprägter Glaube an den historischen Fortschritt spiegelt zugleich die aufklärerische Vorstellung vom Fortschritt menschlicher Entwicklung. Heines synkretistische Zusammenstellung von Ideen und Vorstellungen ist jedoch stets auf die Gegenwart gerichtet. Die Vergangenheit wird im Blick auf die Gegenwart zur Veränderung der Zukunft zitiert. Er entwirft kein Bild für die Zukunft, sondern ein Bild der Zukunft für die Gegenwart. In der Ablehnung des Erlösungsglaubens des jüdisch-christlichen Spiritualismus wie in der Ablehnung des Vergangenheitsglaubens der Romantik zeigt sich die Vorstellung, dass Zukünftiges wie Vergangenes – wie These und Antithese – nur in der Synthese des Gegenwärtigen bestehen, auf sie zulaufen und sich in ihr vollenden.

Die Literatur des 18. Jahrhunderts ist trotz oder gerade wegen der vielfältigen Problematik, die sie für Heinrich Heine in den zeit- und geistesgeschichtlichen Verwerfungen des frühen 19. Jahrhunderts hat, eine Projektionsfläche für die positiven wie die negativen Möglichkeiten der eigenen Zeit. Zumeist klingt sie nur paradigmatisch an und wird selten unmittelbar zitiert. Vielmehr erscheint sie in Gedankenporträts und Ideenbildern einzelner Schriftsteller, wie die Züge einer Familienähnlichkeit, die die Generation der Väter überspringt, um erst bei den Enkeln, vage und unbestimmt, aber dennoch erkennbar wieder hervorzutreten.

> Trotz dem, daß mich meine politischen Meinungen von ihnen schieden im Reiche des Gedankens, würde ich mich doch jederzeit denselben angeschlossen haben auf den Schlachtfeldern der That ... Wir hatten ja gemeinschaftliche Feinde und gemeinschaftliche Gefahren! (DHA XI, 85 f.)

Anmerkungen

[1] Der Gesellschafter oder Blätter für Geist und Herz. Nr. 70. 28. April 1845, S. 407.

[2] Vgl. Eberhard Galley: Heine als Benutzer der Landesbibliothek Düsseldorf. – In: HJb 10 (1971), S. 39 f.

[3] Vgl. Peter Uwe Hohendahl: Der revolutionäre Geist: Lessing und das Junge Deutschland. – In: Das Junge Deutschland. Kolloquium zum 150. Jahrestag des Verbots vom 10. Dezember 1835. Hrsg. v. Joseph A. Kruse u. Bernd Kortländer. Hamburg 1987, S. 90.

[4] Vgl. Manfred Windfuhr: Heine als Polemiker. – In: Aufklärung und Skepsis. Internationaler Heine-Kongreß 1997. Hrsg. v. Joseph A. Kruse [u. a.]. Stuttgart u. Weimar 1999, S. 59 f.

[5] Ulrich Pongs: Heinrich Heine: Sein Bild der Aufklärung und dessen romantische Quellen. Frankfurt a. M. [u. a.] 1985, S. 84.

[6] Hohendahl [Anm. 3], S. 90.

[7] Karl Gutzkow: Werke. Hrsg. v. Peter Müller. Leipzig. o. J., Bd. III, S. 461.

[8] Galley [Anm. 2], S. 38 f.

[9] Pongs [Anm. 5], S. 82.

[10] Vgl. Bernhard Becker: Die Herder Rezeption in Deutschland. St. Ingbert 1987, S. 73.

[11] Helmut Koopmann: Das junge Deutschland. Analyse eines Selbstverständnisses. Stuttgart 1970, S. 171.

[12] Frederick M. Barnard: Nationality, Humanity and the Hebraic Spirit: Heine and Herder. – In: Heinrich Heine. Dimensionen seines Wirkens. Ein internationales Heine-Symposium. Hrsg. v. Raymond Immerwahr u. Hanna Spencer. Bonn 1979, S. 56.

[13] Walter Kanowsky: Heine als Benutzer der Bibliotheken in Bonn und Göttingen. – In: HJb 12 (1973), S. 133.

[14] Vgl. die Gedichte »Ich wandelte unter den Bäumen« (DHA I, 57 f.), »Die Grenadiere« (DHA I, 77 f.), »Die Botschaft« (DHA I, 79), »Die Jungfrau schläft in der Kammer« (DHA I, 233), sowie Heines Drama »William Ratcliff (DHA V, 71 f.) und das Reisebild »Die Harzreise« (DHA VI, 124).

[15] Pongs [Anm. 5], S. 93.

[16] Christoph Schmid: Die Mittelalterrezeption des 18. Jahrhunderts zwischen Aufklärung und Romantik. Frankfurt a. M. 1979, S. 5.

[17] Im dritten Buch der »Romantischen Schule« (DHA VIII, 207) spielt Heine auf Johann Jacob Bodmers und Johann Jacob Breitingers Vergleich des »Nibelungenlieds« mit der »Ilias« an.

[18] Athenäum. Hrsg. v. August Wilhelm u. Friedrich Schlegel. Berlin 1798, S. 204.

[19] Vgl. Anneliese Claus-Schulze: Johann Heinrich Voß – ein Vorgänger Heines im Kampf gegen politische Reaktion und Dunkelmännertum. – In: Johann Heinrich Voß: 1751 – 1826. Hrsg. v. Literaturzentrum beim Rat des Bezirkes Neubrandenburg. Neubrandenburg 1976, S. 26–43.

[20] DHA VIII, 1317.

[21] Vgl. DHA V, 1062.

[22] Vgl. Heinrich Laube: Gesammelte Werke. Hrsg. v. H. H. Houben u. A. Hänel. Leipzig 1908/1909, Bd. XXV, S. 224 ff. In der 4. Szene des 2. Aktes überrascht Herzog Carl von Württemberg Friedrich Schiller, der Anführer eines Verrats sein soll, dabei, wie er Schubarts Gedicht »Die Fürstengruft« rezitiert. Schubarts Gedicht wird paradigmatisch als Beispiel antiabsolutistischer Dichtung genannt.

[23] Friedrich Sengle: Biedermeierzeit. Deutsche Literatur im Spannungsfeld zwischen Restauration und Revolution 1815 – 1848. Stuttgart 1971 – 1980, Bd. III, S. 522.

[24] DHA XII, 452 und XIV, 99 sowie 131.

[25] Vgl. HSA XXII, 33, 37 und 146 sowie DHA IV, 35.

[26] DHA IV, 744 f. Vgl. hierzu auch Kenneth C. Hayens: Heine and Wieland. – In: Modern Language Notes. Bd. 44. 1929, S. 452.

[27] Vgl. DHA IV, 820 f.

[28] Christoph Martin Wieland: Sämtliche Werke. Leipzig 1796, Bd. XXII, S. 62 und 73. Vgl. hierzu auch Hayens [Anm. 26], S. 453.

[29] Sengle [Anm. 23], S. 330 und Ernst-August Meier: Die Ironie in Wielands Verserzählungen. Ein Beitrag zur Selbstbestimmung deutscher Rokokoliteratur. Diss. Hamburg 1970, S. 137.

[30] Anne Germaine de Staël-Holstein: Über Deutschland. Frankfurt a. M. 1985, S. 149.

[31] Vgl. DHA X, 18 f.

[32] Otto F. Best: Der Witz als Erkenntniskraft und Formprinzip. Darmstadt 1989, S. 99.

[33] Ebd., S. 97.

[34] Vgl. Michael Hofmann: Veranschaulichung von Ambivalenz in Bildern des Tanzes. Dichotomien der Aufklärung und ihre poetische Bearbeitung bei Heine und Wieland. – In: Aufklärung und Skepsis [Anm. 4], S. 115 f.

[35] Alfred Opitz: »Zerstörte Paradiese«. Heines »Reisebilder« im Kontext der deutschen Italien-Allegorien von Goethe bis Schack. – In: »Stets wird die Wahrheit hadern mit dem Schönen«. Festschrift für Manfred Windfuhr. Hrsg. v. Gertrude Cepl-Kaufmann [u. a.]. Köln u. Wien 1990, S. 207.

[36] J. Nassen: Neue Heine Funde. Leipzig 1898, S. 19. Vgl. Joseph A. Kruse: Heines Hamburger Zeit. Hamburg 1972, S. 80 f.

[37] DHA VII, 75 f., 110 und XI, 139.

[38] DHA VII, 58.

[39] Opitz [Anm. 35], S. 209.

[40] Gerhard Höhn: Heine-Handbuch. Zeit-Person-Werk. Stuttgart u. Weimar ²1997, S. 464.

[41] Vgl. Robert C. Holub: Heine als Mythologe. – In: Heinrich Heine. Ästhetisch-politische Profile. Hrsg. v. Gerhard Höhn. Frankfurt a. M. 1991, S. 319.

[42] Vornehmlich die ältere Forschung betrachtet Heines Dichtung vor dem Hintergrund des Volksliedes: Rudolf Heinrich Greinz: Heinrich Heine und das deutsche Volkslied. Neuwied u. Leipzig 1894, sowie Robert H. Goetze: Heines »Buch der Lieder« und sein Verhältnis zum deutschen Volkslied. Halle a. S. 1895 und August Walter Fischer: Über die volkstümlichen Elemente in den Gedichten Heines. Berlin 1905. Vgl. auch Michael Perraudin: Heinrich Heine. Poetry in Context. A Study of »Buch der Lieder«. Oxford [u. a.] 1988.

[43] Sengle [Anm. 23], S. 503–508.

[44] Manfred Windfuhr: Heine und der Petrarkismus. Zur Konzeption seiner Liebeslyrik. – In: Heinrich Heine. Hrsg. v. Helmut Koopmann. Darmstadt 1975, S. 207–212.

[45] Vgl. HSA XXI, 93 und XXIV, 287.

[46] Vgl. DHA VIII, 146.

[47] »La vie de Hœlty, par Voss« (HSA XVII, 216–225)

[48] Vgl. Sengle [Anm. 23], S. 524.

[49] Windfuhr [Anm. 44], S. 225.

[50] Ebd., S. 221.

[51] Ebd., S. 217.

[52] Ralf Schnell: Heines poetische Theodizee. – In: Metamorphosen des Dichters. Das Selbstverständnis deutscher Schriftsteller von der Aufklärung bis zur Gegenwart. Hrsg. v. Gunter E. Grimm. Frankfurt a. M. 1992, S. 153.

[53] Koopmann [Anm. 11], S. 105.

»Glaube, wer es geprüft«

Hölderlin – Heine: Beobachtungen. Feststellungen. Fragen

Von Arnold Pistiak

I.

Hölderlin kommt in den Schriften Heines nicht vor.

II.

In den Schriften des Poeten, Literaturkritikers, Publizisten Heine, des Verfassers der »Romantischen Schule«, der »Geschichte zur Religion und Philosophie in Deutschland« wie der polemischen Schrift »Der Schwabenspiegel« kommt Hölderlin nicht vor – ein Autor,
    dessen Texte nach 1806 mehrfach aufgelegt wurden;
    mit dem Heines Berliner Lehrer Hegel einst befreundet war;
    für dessen Gedichte – ihre Sammlung und Herausgabe – sich Achim von Arnim 1818 eingesetzt hatte – und zwar in der Berliner Zeitschrift »Der Gesellschafter oder Blätter für Geist und Herz«, die 1821 Heines »Poetische Ausstellungen« veröffentlichte;
    den Brentano bereits 1814 Rahel Varnhagen empfohlen hatte;
    den Heines »Waffenbruder« Karl August Varnhagen von Ense 1808 im Turm besuchte und über den Varnhagen 1846 rückblickend notierte:

> Dieser Autor faßt mich von allen Seiten mit gewaltsamen, lebenvollen Erinnerungen. [...] und so erstreckt sich mir die Wirkung dieses Namens über mehr als vierzig Jahre!

über den Wolfgang Menzel in seiner Literaturgeschichte von 1828, die Heine weitgehend zustimmend rezensierte, geschrieben hatte:

Der göttliche Wahnsinn dieses Dichters ist in seiner Art das Herrlichste, was die Poesie kennt;

über den Bettina von Arnim in ihrem »Günderode«-Buch sich ausführlich äußerte;

den Heines Freund Heinrich Laube 1840 in seiner »Geschichte der deutschen Literatur«, die er auch Heine sandte, kritisch besprach;

von dem Arnold Ruge, allerdings ohne auf den Roman oder auf Hölderlin hinzuweisen, Sätze aus dem Deutschlandkapitel des »Hyperion« zitierte – und zwar in einem Brief an Marx, der unter dem Titel »Ein Briefwechsel von 1843« abgedruckt wurde in jenem einzigen, im März 1844 erschienenen und sogleich verbotenen Heft des Projekts »Deutsch-französische Jahrbücher«, in dem Heine seine »Lobgesänge auf König Ludwig« veröffentlichte;

auf den Jules Jean Ferdinand Duesberg (oder Duisberg) – ein Bekannter von Heine, den der Dichter immerhin als »Freund« bezeichnete und den er mit »Liebster Freund!« anredete – im Februar 1843 einen mehrseitigen, wenn auch verfrühten Nachruf schrieb;

über den Heines langjähriger Bekannter und Briefpartner August Lewald einen Gedenkartikel verfasste.

Heine erwähnt in seinen Schriften einen Dichter nicht, über den er Alfred Meißner zufolge im Januar 1849 gesagt hätte:

Denken Sie an Günther, Bürger, Kleist, an Hölderlin und den unglückseligen Lenau! – Es liegt doch ein Fluch auf den deutschen Dichtern!

Diesen Ausspruch überlieferte Meißner allerdings nur in seinen Heine-Erinnerungen von 1856; in einer früheren Fassung des gleichen Gesprächs fehlt im ersten Satz der Name Hölderlins:

Denken Sie an Günther, – Bürger, – Kleist, – Grabbe!

III.

Und doch: Vielleicht wusste Heine gleichwohl nichts / fast nichts von Hölderlin?

Hatte er nur die jeweils bereits gedruckten Texte Hölderlins lesen können?

Bezog sich seine Bemerkung über die »großen Unbekannten der schwäbischen Schule« (DHA X, 270) auch oder gerade auf Hölderlin?

Schwieg er aus pietätvoller Rücksichtnahme gegenüber dem kranken Mann in Tübingen?

Hatte er Hölderlin gekannt, aber als »Rivalen geflissentlich ignoriert« (P. Bertaux)? Überging er den großen Dichter, weil es gerade Vertreter der »schwäbischen Dichterschule« (DHA X, 267) waren, die Heine angegriffen hatten – und die zugleich Wesentliches zur Verbreitung des Werkes Hölderlins beitrugen? Weil es ausgerechnet Gustav Schwab war, der am 10. Juni 1843 Hölderlins Grabrede hielt – Schwab, der das »Buch der Lieder« heftig kritisiert hatte und der nur zwei Jahre nach den Bundestagsbeschlüssen von 1835 demonstrativ von der Mitarbeit am »Deutschen Musenalmanach« zurückgetreten war, nachdem Chamisso die Ausgabe von 1837 mit einem Frontispiz von Heine versehen hatte?

Andererseits: Sprach Heine in seinem »Schwabenspiegel« nicht über

> jenen blühenden Wald großer Männer, der dem Boden Schwabens entsprossen, [über] jene Rieseneichen, die bis in den Mittelpunkt der Erde wurzeln und deren Wipfel hinaufragt bis an die Sterne ... (DHA X, 267)?

Zählt er dazu nicht Kepler, Schiller, Schelling, Hegel, David Strauß – »David mit der tödtlichen Schleuder« (DHA X, 268)? Äußerte er sich nicht auch positiv zu Mörike und Uhland?

Warum also hätte Heine Hölderlin ausklammern, warum ihn übergehen sollen?

IV.

Auf Fragen dieser Art scheint es keine definitive Antwort zu geben. Gleichwohl gestatte ich mir, ungeachtet aller unbezweifelbaren und grundlegenden Unterschiede zwischen beiden Dichtern zu bemerken, dass ich eine Reihe von Übereinstimmungen zwischen Heine und Hölderlin sehe.

Dabei handelt es sich zunächst um Übereinstimmungen, die sich nicht allein auf Hölderlin beziehen, sondern auch auf andere Dichter der ›Kunstperiode‹ – insbesondere auf Goethe. Ich denke hier etwa an die pantheistische Weltsicht, der sich der junge und mittlere (vielleicht auch der späte) Heine in ähnlicher Weise verbunden fühlte wie der junge und mittlere Goethe, wie die Frühromantiker, wie der Hölderlin der 90er Jahre. Ich denke an die Säkularisierung biblisch-tradierter religiöser Vorstellungen, an die Hochschätzung Napoleons, an die Akzeptanz der antiken Maß-Konzeption –

> Fest bleibt Eins; es sei um Mittag oder es gehe
> Bis in die Mitternacht, immer bestehet ein Maas,
> Allen gemein, doch jeglichem auch ist eignes beschieden,
> Dahin gehet und kömmt jeder, wohin er es kann (Der Weingott, I, 315),

schreibt Hölderlin beispielsweise oder auch: »Ungebundenes aber / Hasset Gott« (»Der Einzige«, I, 459); Heine formuliert programmatisch:

> Wer nicht so weit geht als sein Herz ihn drängt und die Vernunft ihm erlaubt, ist eine Memme, wer weiter geht, als er gehen wollte, ist ein Sclave (»Französische Maler«, DHA XII/1, 62).

Und ich denke an die zentrale Stellung, die die Kategorie ›Leben‹ im philosophischen Denken dieser drei Dichter einnimmt – vom »wirklichen Leben« spricht Hölderlin um 1796 (»Fragment philosophischer Briefe« II, 53), und Diotima weiß: »Aber das Leben selber treibt uns heraus« (I, 691). Heine wiederum lässt den Erzähler in »Vitzliputzli« sagen:

> Leben kocht in meinen Adern,
> Bin des Lebens treuster Sohn (DHA III/1, 58);

er kritisiert in der »Romantischen Schule« die »Goetheaner« und deren Auffassung, dass die Kunst »das Höchste« sei, mit dem Argument, sie wendeten sich damit ab

> von den Ansprüchen jener ersten wirklichen Welt, welcher doch der Vorrang gebührt (DHA VIII/1, 153);

er spricht von der »Idee des Lebens« selbst (Brief an Heinrich Laube, 23. November 1835; HSA XXI, 125) oder erklärt, stillschweigend Goethe zitierend: »Mein Wahlspruch bleibt: Kunst ist der Zweck der Kunst, wie Liebe der Zweck der Liebe, und gar das Leben selbst der Zweck des Lebens ist« (Brief an Karl Gutzkow, 23. August 1838; HSA XXI, 292). – »Der Zweck des Lebens ist das Leben selbst« hatte Goethe am 8. Februar 1796 an Johann Heinrich Meyer geschrieben (WA, 4. Abt., XI. Bd., 22).

V.

Darüber hinaus gibt es jedoch auch Äußerungen, die auf ein ganz spezifisches Verhältnis von Heine zu Hölderlin schließen lassen – auf Affinitäten, wie sie in dieser Weise von Heine vermutlich zu keinem Dichter der »Kunstperiode«

bestanden, auch nicht zu Goethe, dem »Collegen Nr. I« (»Berichtigung« [15.4.1849], DHA XV, 112). Von Heine niemals erwähnt, wurden sie, soweit ich sehe, in der Hölderlin- wie in der Heine-Wissenschaft bislang kaum wahrgenommen, untersucht, thematisiert. – Ich deute im folgenden – fast ausschließlich in Form sich ergänzender Zitate – einige Gesichtspunkte an, die mir besonders interessant erscheinen.

1. Diotimas Auftrag an Hyperion und dessen Schlussfolgerung

> Es werde von Grund aus anders! Aus der Wurzel der Menschheit sprosse die neue Welt! Eine
> neue Gottheit walte über ihnen, eine neue Zukunft kläre vor ihnen sich auf.
> In der Werkstatt, in den Häusern, in den Versammlungen, in den Tempeln, überall werd' es
> anders! (I, 692) /

die ergänzenden wie präzisierenden Worte des Empedokles in seiner Rede an die Bürger, die ihn bitten, wieder zu ihnen zurückzukehren (im Zweiten Akt des ersten Entwurfs der Tragödie, I, 814ff.) / seine Aufforderung an sie, ererbte Traditionen nicht zu erwerben, um sie zu besitzen, sondern sie »kühn« zu vergessen – und also »kühn« zu handeln:

> So wagt's! was ihr geerbt, was ihr erworben,
> Was euch der Väter Mund erzählt, gelehrt,
> Gesez und Bräuch, der alten Götter Nahmen,
> Vergeßt es kühn (I, 821) /

die vielfachen Äußerungen Hölderlins über einen als notwendig erachteten Wandel des Verhältnisses von »Göttern« und »Menschen« – einen Wandel, der in den Bildern jener Feste greifbar wird, von denen die großen Elegien und Hymnen sprechen: all dies zielt auf radikale Veränderungen der Wirklichkeit; vergleichbare Vorstellungen konnte Heine wohl kaum bei anderen deutschen Dichtern neben und nach Hölderlin finden. Umgekehrt gab es in der deutschen Literatur bis zu Heines Tod keinen Dichter (auch nicht Büchner), der Gedanken dieser Art so konsequent weiterdachte, wie es Heine tat, indem er seine Konzeption der »socialen Revoluzion« entwickelte.

2. Im Jahre 1967 legte Paul Konrad Kurz sein Buch »Künstler. Tribun. Apostel. Heinrich Heines Auffassung vom Beruf des Dichters« vor. Dieses Buch enthält – eine Ausnahme in der Hölderlin- wie Heine-Literatur – einen mehrseitigen Abschnitt, der überschrieben ist mit: Heine und Hölderlin. Kurz konstatiert eine »erstaunliche Ähnlichkeit« beider Dichter (S. 241): Beide stünden im Dienst, beide hätten einen »Auftrag«: Hölderlin von den »Göttern«, Heine von der »Idee«; beide wollten »aufwecken«, wollten »Mittler« sein:

»beide verfolgen eine neue Versöhnung und Ganzheit in der Zukunft als letztes dichterisches Ziel«. Dieser seltene Vergleich zwischen Hölderlin und Heine ist wichtig und anregend, und doch ist es notwendig und möglich, den Gedanken weiter zu führen. Denn fragt man, wer hinter den Aufträgen der »Götter« Hölderlins, wer hinter der »Idee« Heines stehe, so ergibt sich: Beide, Hölderlin wie Heine, orientieren sich letztlich an den Bedürfnissen, an den Interessen eines mehr oder weniger idealisierten »Volks«:

> Wir, die Dichter des Volks (»Dichtermuth«, I, 275)

formuliert Hölderlin drastisch, oder auch, in einer späteren Fassung des gleichen Gedichts:

> Wir, die Sänger des Volks (I, 284),

und dann noch einmal, erneut umgearbeitet, in den späten »Nachtgesängen«:

> Wir, die Zungen des Volks (»Blödigkeit«, I, 444).

Heine artikuliert seine Bekenntnisse anders – aber die Gemeinsamkeit mit Hölderlin ist evident: Erinnert sei an die Rede über den Ritter »von dem heil'gen Geist« in der großen bekenntnishaften Passage der »Bergidylle«:

> Dieser that die größten Wunder,
> Und viel größ're thut er noch;
> Er zerbrach die Zwingherrnburgen,
> Und zerbrach des Knechtes Joch.
>
> Alte Todeswunden heilt er,
> Und erneut das alte Recht:
> Alle Menschen, gleichgeboren,
> Sind ein adliges Geschlecht (DHA I/1, 343) -

wie an die gleichfalls bekenntnishaften Strophen in dem späten Gedicht »Jehuda ben Halevy (Fragment)«:

> Ja, er ward ein großer Dichter
> Stern und Fackel seiner Zeit,
> Seines Volkes Licht und Leuchte,
> Eine wunderbare, große

> Feuersäule des Gesanges,
> Die der Schmerzenskarawane
> Israels vorangezogen
> In der Wüste des Exils (DHA III/1, 134f.);

erinnert sei an jenes menschliche wie poetische Selbstverständnis, das in der frühen, bekannten Formulierung über die »Emanzipazion der ganzen Welt, absonderlich Europas« (»Reise von München nach Genua«, DHA VII/1, 69) ebenso zum Ausdruck kommt wie in den Worten der knapp drei Jahrzehnte später geschriebenen »Geständnisse«:

> die Emanzipazion des Volkes war die große Aufgabe unseres Lebens und wir haben dafür gerungen und namenloses Elend ertragen, in der Heimath wie im Exile (DHA XV, 30).

Eine grundsätzliche Veränderung der Wirklichkeit – das war für beide, für Hölderlin wie für Heine, primär keine abstrakt-theoretische Frage, sondern eine praktische; aus ihr ergab sich ihr poetischer ›Auftrag‹. Gewiss: auch das Weimarer Konzept der »ästhetischen Erziehung« lässt sich als ›Auftrag‹ beschreiben, und auch die kleine Fabel wirkt in Novalis' »Heinrich von Ofterdingen« gemäß einem ›Auftrag‹. Aber »ästhetische Erziehung« wie »Weg nach Innen« sind zuvörderst ›Aufträge‹, die sich das poetische Subjekt selbst erteilt. Eine andere ›Gewichtung‹ finden wir bei Hölderlin und Heine: Natürlich haben auch sie sich den ›Auftrag‹, dem sie sich verpflichtet fühlen, an dem sie festhalten, selbst erteilt – aber dahinter stehen in ihrem Verständnis jene Menschen, die sie in metaphorischer wie verallgemeinernder Weise als »Volk« bezeichnen. Und gerade in der Erfüllung dieses ›Auftrags‹ sehen sie recht eigentlich das »Heilige« ihrer Kunst (gerade darin liegt für den Dichter die Berechtigung, Platz im Heineschen »Avalun« finden zu dürfen (»Die Wahlverlobten«, DHA III/1, 212).

Dieser Umstand aber hindert sie nicht, das ›Eigene‹ – ihre Spezifik als Dichter – hervorzuheben und zu betonen. In ihrem Verständnis stehen sie durchaus im ›Dienst‹ des »Volks« – aber das heißt nicht Aufgabe, sondern im Gegenteil: Ausbildung der eigenen Identität. Gerade wegen der Orientierung auf das »Volk« wird der in der ›Kunstperiode‹ erneuerte große Anspruch, als Künstler einmalig, unverwechselbar, individuell und souverän sein zu dürfen, ja es sein zu müssen, nicht aufgegeben, sondern vielmehr geradezu demonstrativ aufrecht erhalten:

> Um meine Weisheit unbekümmert
> Rauschen die Wasser doch auch, und dennoch

> Hör' ich sie gern, und öfters bewegen sie
> Und stärken mir das Herz, die gewaltigen;
> Und meine Bahn nicht, aber richtig
> Wandeln in's Meer sie die Bahn hinunter (»Stimme des Volks« I, 227).

Und Heine:

> Nur dem Gotte steht er Rede,
> Nicht dem Volke – In der Kunst,
> Wie im Leben kann das Volk
> Tödten uns, doch niemals richten (»Jehuda ben Halevy«, DHA III/1, 135).

3. »Tödten uns« – das »Volk« trägt in Hölderlins wie in Heines Verständnis durchaus widersprüchliche Züge. Es ist weder mündig noch souverän – doch es kann mündig werden:

> Schöpferischer, o wann, Genius unsers Volks,
> Wann erscheinest du ganz, Seele des Vaterlands [...]

ruft Hölderlin in der Ode »An die Deutschen« aus (I, 266). Aber in der Praxis des »wirklichen« Lebens erschien der »Genius« allzu oft nicht. Und so artikulieren beide Dichter scharfe Kritik an Haltungen, die im Gegensatz stehen zu jenen Haltungen der Mündigkeit, die das »Volk« einnehmen müsste, wollte es an der erhofften Gesellschaftsveränderung aktiv beteiligt sein.

Dabei verwenden sie zum Ausdruck der wiederholt schmerzlich konstatierten Unreife des »Volks« poetische Bilder des Schlafens. Hölderlin fragt etwa:

> Und haben endlich wohl genug den
> Üppigen Schlummer gebüßt die Völker? (»Der Frieden«, I, 232)

Heine bedient sich parallel dazu der bekannten Nachtmützen- und Schildasymbolik mit dem dazugehörigen Bildinventar oder konstatiert bissig: »Die letzten politischen Prozesse dürften manchem die Augen öffnen, aber die Blindheit ist gar zu angenehm« (DHA XIII/1, 139). Vor allem aber verwendet er das Wort »Royalismus« auf eine besondere Weise und bietet in diesem Zusammenhang eine Formulierung an, die in der Heineliteratur merkwürdig unterbelichtet zu sein scheint. Ich meine die folgende Passage aus der Schrift »Französische Zustände«:

> Der Royalismus eines Volkes besteht, dem Wesen nach, darin: daß es Autoritäten achtet, daß es an die Personen glaubt, die jene Autoritäten repräsentiren, daß es in dieser Zuversicht auch der Person selbst anhängt (DHA XII/1, 180).

Aber nicht nur die ›royalistische‹ Haltung der Schläfrigkeit – auch die Bereitschaft zu ›maßlosem‹ Handeln verstehen Hölderlin wie Heine als einen Ausdruck von Unmündigkeit. Hölderlin führt die Problematik vor, wenn er etwa in der dritten Fassung von »Stimme des Volks« formuliert »Und alle waren außer sich selbst« (I, 333) oder wenn er Hyperion voller Verzweiflung feststellen lässt:

> [...] wie eine Seuche, tobt die Raubgier in Morea und wer nicht auch das Schwerd ergreift, wird verjagt, geschlachtet und dabei sagen die Rasenden, sie fechten für unsere Freiheit (I, 720) –

und in genauer Hölderlin-Nachfolge artikuliert Heine diese Problematik poetisch in einer Seite seines mehrdimensionalen Tanz-Motivs. Der Tanz der Sklaven in dem balladesken Gedicht »Das Sklavenschiff« (DHA III/1, 190 ff.) verweist in ähnlicher Weise auf die Gefahren der Selbstaufgabe des »Volks«, des Außer-Sich-Selbst-Seins wie das Bild des Cancan tanzenden Volks am Schluss des Ersten Teils der »Lutezia« (DHA XIII/1, 154 ff.). Dort spricht der Erzähler über »jene geheimnißvolle, rasende, mitunter menschenverderbliche Tanzlust«. Diese Töne werden im Finale des Kapitels aufgenommen und ausgebaut; sie kulminieren in dem letzten Satz des großen Revolutionsbildes, in dem von einem »gefährlichen Moment für viele unserer Landsleute« die Rede ist, »die leider keine Hexenmeister sind und nicht das Sprüchlein kennen, das man herbeten muß, um nicht von dem wüthenden Heer fortgerissen zu werden.«

4. Auch die erwähnte Szene des »Empedokles«-Fragments demonstriert Hölderlins Auffassung, dass »Rasen« nicht nur zerstörerisch wirke, sondern auch selbstzerstörerisch:

> Ha Schande! Schande! wie die Rasenden
> Frolokten wir, da du zum Tode schmähtest
> Den hochgeliebten Mann (I, 817).

Die selbstkritische Haltung des Agrigenter Bürgers weist ihn aus als einen, der nicht mehr »außer sich selbst« ist, sondern der dabei ist, zu sich selbst zu kommen. Und doch ist er noch immer von wahrer Mündigkeit entfernt:

> Sei unser Numa. Lange dachten wirs,
> Du solltest König seyn. O sei es! Seis! (I, 818)

Der dritte Bürger ist noch immer von wahrer Mündigkeit entfernt – und doch ist er dabei, zu »sich selbst« zu kommen! Hier zeigt sich, dass der Hölderlinsche Umgang mit der »Maß«-Problematik gewiss etwas zu tun hat mit der gegen Ende des 18.Jahrhunderts verbreiteten Kritik am Prometheischen, dass er jedoch eine andere, eine nicht-»goethesche« Färbung hat. Genauer artikuliert Hölderlin diese Zusammenhänge in seinem großen Gedicht »Der Rhein. An Isaak von Sinklair«. Gewiss: der prometheisch-ungebärdige »Halbgott«, an den sich das reflektierende Ich zunächst erinnert –

> Denn furchtbar war, da lichtlos er
> In den Fesseln sich wälzte,
> Das Rasen des Halbgotts (I, 342) –

dieses sich entfesselnde Subjekt findet im Ergebnis seines Läuterungsprozesses schließlich »ein wohlbeschiedenes Schiksaal« und »seeligbescheidene« Ruhe (I, 345). Aber die mit dieser Läuterung verbundene Kritik der Maßlosigkeit zielt nicht auf Bestätigung, auf Akzeptanz bestehender gesellschaftlicher Strukturen, sondern auf deren Gegenteil: In der letzten Strophe des »Rhein« wird Sinclair angesprochen – Hölderlins Freund, der seiner nicht angepassten Haltungen wegen wenige Jahre später angeklagt werden würde. Und gerade ihm sei »Des Guten Kraft« bekannt; er könne das »Lebendige« erkennen, auch, wenn es verhüllt ist – denn ihm sei »nimmer«

> Verborgen das Lächeln des Herrschers
> Bei Tage, wenn
> Es fieberhaft und angekettet das
> Lebendige scheinet oder auch
> Bei Nacht, wenn alles gemischt
> Ist ordnungslos und wiederkehrt
> Uralte Verwirrung (I, 348).

So wird hinter dem »Rasen des Halbgotts« wie hinter der Rede von der »rasenden« Tanzlust die große, die mühsam verteidigte Hoffnung sichtbar: »Mündig und hell vor euch steht der besonnene Mensch« (I, 313). Dieser Vers ist der ersten Fassung von Hölderlins »Stutgard«-Elegie entnommen; in der zweiten Fassung wird er wieder aufgenommen, aber wesentlich relativiert: »Mündig und hell vor euch steht ein gemütliches Volk« heißt es jetzt (I, 386). Und doch:

> Du seiest Gottes Stimme, so glaubt' ich sonst
> In heil'ger Jugend; ja, und ich sag' es noch! (I, 331),

schreibt Hölderlin »noch« in der dritten, 1802 veröffentlichten Fassung von »Stimme des Volks«: Weder die vielen Enttäuschungen noch die daraus sich ergebenden Differenzierungen in seinem Denken hatten ihn dazu gebracht, diese grundsätzliche Haltung in Frage zu stellen.

Analog dazu notiert Heine 1833: »Die Völker sind allwissend, alldurchschauend; das Auge des Volks ist das Auge Gottes« (»Französische Maler«, DHA XII/1, 58); er erklärt im letzten Caput des »Wintermährchens«:

> Es wächst heran ein neues Geschlecht,
> Ganz ohne Schminke und Sünden,
> Mit freyen Gedanken, mit freyer Lust –
> Dem werde ich Alles verkünden [...] (DHA IV, 155) –

und er schließt »noch« in den »Geständnissen« die bekannte Passage über das »häßliche« Volk mit folgenden Worten ab:

> So ist es in Paris, so war es in Jerusalem. [...] Der Grund dieser Verkehrtheit ist die Unwissenheit; dieses Nazionalübel müssen wir zu tilgen suchen durch öffentliche Schulen für das Volk, wo ihm der Unterricht auch mit den dazu gehörigen Butterbrödten und sonstigen Nahrungsmitteln unentgeltlich ertheilt werde (DHA XV, 31).

Dies alles korrespondiert mit der wundervoll prägnanten Formulierung »Diß ist die Zeit der Könige nicht mehr«, die in Hölderlins »Empedokles«-Fragment steht (I, 818) – eine glanzvoll formulierte Konsequenz des von Hölderlin angesprochenen weltgeschichtlichen Sachverhalts können wir in Heines Schrift »Französische Zustände« finden. Der »Republikanismus eines Volkes«, schreibt er in geistig-stilistischer Anlehnung an Kants Antwort auf die Frage »Was ist Aufklärung«,

> besteht, dem Wesen nach, darin, daß der Republikaner an keine Autorität glaubt, daß er nur die Gesetze hochachtet, daß er von den Vertretern derselben beständig Rechenschaft verlangt, sie mit Mißtrauen beobachtet, sie kontrolliert, daß er also nie den Personen anhängt und diese vielmehr, je höher sie aus dem Volke hervorragen, desto emsiger mit Widerspruch, Argwohn, Spott und Verfolgung niederzuhalten sucht (DHA XII/1, 180).

Ein Jahrzehnt später in »Deutschland. Ein Wintermährchen« formuliert Heine ein Losungswort von der Selbsterlösung des »Volks« –

> Herr Rothbart – rief ich laut – du bist
> Ein altes Fabelwesen,
> Geh', leg' dich schlafen, wir werden uns
> Auch ohne dich erlösen [...].

> Das Beste wäre, du bliebest zu Haus,
> Hier in dem alten Kiffhäuser –
> Bedenk' ich die Sache ganz genau,
> So brauchen wir gar keinen Kaiser (DHA IV, 128f.) –

und er wiederholt diese Strophen unwesentlich verändert in dem späten Gedicht »Kobes I.« (III/1, 230ff.).

5. »So rathlos lässest du uns stehn«? fragt der dritte Bürger Empedokles. Aber »rathlos« – davon kann keine Rede sein. Die Bürger von Agrient zu belehren, sie zu unterweisen, ihnen zu dienen, übergibt ihnen Empedokles sein »Heiligtum«:

> Ihr botet
> Mir eine Kron', ihr Männer! nimmt von mir
> Dafür mein Heiligtum. Ich spart' es lang […];
> Mit Tagesanbruch dacht' ich euch das Wort
> Das ernste langverhaltene, zu sagen […] (I, 820).

Und auch der Erzähler des »Wintermährchens« verweist auf seine »geheimsten Gedanken«, wenn er seine Idee von der Selbsterlösung des Volks äußert (DHA IV, 128). Später, in den »Geständnissen«, wird Heine bemerken:

> Die Geschichte des Mittelalters und selbst der modernen Zeit hat selten in ihre Tagesberichte die Namen solcher Ritter des heiligen Geistes eingezeichnet, denn sie fochten gewöhnlich mit verschlossenem Visir (DHA XV, 42).

Als »Ritter des heiligen Geistes« leisten Hölderlin wie Heine, salopp gesprochen, Hilfe zur Selbsthilfe: Sie gehen jeweils von dem Gedanken aus, dass sie dem »Volk« helfen müssten, »mündig« zu werden; dass ihm die Befreiung nicht gebracht werden könne, sondern dass sie von ihm selbst errungen werden müsse.

> […] Euch ist nicht
> Zu helfen, wenn ihr selber euch nicht helft (I, 819),

erklärt Empedokles den Bürgern von Agrient, spielerisch-verfremdet wiederholt Heine die gleiche Idee im »Wintermährchen«:

> »Ja, zählt auf mich und helft Euch selbst,
> Dann wird auch Gott Euch helfen!« (DHA IV, 118).

Dabei konkretisieren beide Dichter ihren poetischen ›Auftrag‹, ihren Versuch, die »Crisis der moralischen Heilung« (»Ludwig Marcus. Denkworte«, DHA XIV/1, 275) einzuleiten und das verblendete »Volk« sehend zu machen, durch den Rückgriff auf ein altes Heilungsmotiv: die Heilung des Sehsinns. Diotima erzählt Hyperion, wie sich in ihrem Großen Traum ihre Hoffnungen erfüllt hatten:

> Denn du, Hyperion! hattest deinen Griechen das Auge geheilt, daß sie das Lebendige sahn [...] (I, 732) –

und der reisende Erzähler in »Deutschland. Ein Wintermährchen« gibt auf die Frage, wer er sei, die hintergründige (leider häufig übergangene) Antwort:

> Ich heiße Niemand, bin Augenarzt
> Und steche den Staar den Riesen (DHA IV, 131).

Indem Heine, verkleidet als Poem-Erzähler, das altheidnisch-homerische Motiv aufnimmt und umkehrt, gibt er eine präzise Charakteristik einer wesentlichen Seite seines poetischen Programms: nicht ›den‹ Riesen zu blenden, sondern ›die‹ Riesen – die Menschen des »Volks« – von ihrer Augenkrankheit, dem »Royalismus«, zu heilen.

6. Mit all dem mag die jeweils spezifische Verwendung des Chor-Motivs bei Hölderlin und Heine zusammenhängen. Nun ist der Rückgriff auf Dichtungsmuster, die über das Volkslied hinaus zurückverweisen auf biblische wie antike Texte, auf Kirchen- wie auf Revolutionslieder, gewiss schon an und für sich interessant und wichtig. Er erhält jedoch eine besondere Dimension, wenn er im Kontext steht zu jenen Vorstellungen vom »Volk«, von denen hier die Rede ist. Jedenfalls korrespondieren das beharrlich beibehaltene »Wir« in den verschiedenen Fassungen jenes Hölderlin-Gedichts, das den dichterischen »Genius« besingt und schließlich »Blödigkeit« heißt (1, 443 f.), wie auch das Chor-Motiv bei Hölderlin (häufig ist ja dann an einen Chor zu denken, wenn Hölderlin das Wort »Gesang« verwendet) mit jenen Gedichten Heines, die ich doch wohl zu Recht als »Wir-Gedichte« charakterisiert habe. Natürlich – vordergründig betrachtet, ist alles anders: Hölderlin spricht in edler Sprache über den »Chor des Volks« (»Der Mutter Erde«, 1, 334) wie über den Gesang der Dichter:

> O Hoffnung! bald, bald singen die Haine nicht
> Der Götter Lob allein, denn es kommt die Zeit,
> Daß aus der Menschen Munde sich die
> Seele, die göttliche, neuverkündet
> (»Ermunterung«, erste Fassung, I, 277).

Dagegen bedienen sich die ausgelassen fröhlichen Sänger des Gesellschaftslieds
»Symbolik des Unsinns« (DHA II, 101 ff.) umstandslos der Alltagssprache:

> Wir heben nun zu singen an
> Das Lied von einer Nummer [...] –

und in dem nachgelassenen Gedicht »Unbequemer neuer Glauben!« (auch unter dem Titel »Stoßseufzerlied« verbreitet) rufen sie gar aus:

> Nicht zum Lieben, nein, zum Hassen,
> Sollt Ihr uns den Herrgott lassen,
> Weil man sonst nicht fluchen könnt' –
> Himmel – Herrgott – Sakrament! (DHA III/1, 400).

Und doch: Trotz extremer Gegensätzes verbindet diese Texte ein inneres Band:
Es besteht darin, dass Heine gerade denjenigen das Wort erteilt, auf die Hölderlin ›nur‹ verweist, wenn er von den Gesängen des »Volks« spricht.

VI.

Hölderlin kommt bei Heine nicht vor. – Oder doch? Kannte der Jüngere die
Texte des literarischen Avantgardisten Hölderlin sehr gut – sehr viel besser, als
wir das bislang wussten oder ahnten?

Dachte er – vielleicht – an Hölderlin, als er an seinem Gedicht »Geheimniß«
arbeitete (DHA II, 111 f.) oder als er an Varnhagen schrieb: »Unser eigentliches
Geheimniß haben wir nie ausgesprochen, und wir werden es auch nie aussprechen, und wir steigen ins Grab mit verschlossenen Lippen« (5. 2. 1840; HSA
XXI, 345); als er in diesem Zusammenhang Varnhagen »Waffenbruder« nannte – also jenes Wort benutzte, das Alabanda Hyperion zurief, der seinerseits
den Vorgang so kommentierte: »Von diesem Tag an wurden wir uns immer
heiliger und lieber« (I, 633 f.)?

Gehörte Hölderlin für Heine, mit einem Wort, zu seinem innersten, poetischen »Geheimniß«, stellte er für Heine einen künstlerischen Orientierungs-
punkt dar, über dessen Inhalt und Existenz er gegenüber jedermann strengstes
Stillschweigen übte? Dachte er nicht nur an Aristophanes, sondern auch an
den inzwischen verstorbenen Greis, als er an dem letzten Caput des »Wintermährchens« arbeitete –

> Mein Herz ist liebend wie das Licht,
> Und rein und keusch wie das Feuer;
> Die edelsten Grazien haben gestimmt
> Die Saiten meiner Leyer (DHA IV, 155) –

oder als er in sein Bekenntnisgedicht »Jehuda ben Halevy« die Verse setzte

> Rein und wahrhaft, sonder Makel
> War sein Lied wie seine Seele – (DHA III/1, 135)?

Heines Geheimnis, hatte ich in meinem Buch über die späte Lyrik des Dichters geschrieben, war vielleicht seine Liebe zur Vernunft.

Hier nun möchte ich noch einmal und ganz anders ansetzen: Heines Geheimnis, gebe ich zu bedenken, das war vielleicht der sorgsam verborgene Wunsch, gleichsam ein neuer Hyperion zu werden: ein Hyperion nicht des Buches, sondern des Lebens; ein »Ritter von dem heil'gen Geist« – ein Hyperion der Deutschen: ein Dichter, der genau das tut, was Diotima dem ›richtigen‹ Hyperion im letzten Kapitel des ersten Bandes auferlegt:

> Du mußt, wie der Lichtstral herab, wie der allerfrischende Reegen, mußt du nieder in's Land
> der Sterblichkeit, du must erleuchten, wie Apoll, erschüttern, beleben, wie Jupiter, sonst bist
> du deines Himmels nicht werth (I, 691 f.).

VII.

Kannte Heine Hölderlin? Orientierte er sich an ihm?
»Erwarte / Keine andere Antwort als die deine!« (Brecht).

Nachbemerkungen

Hölderlin-Texte zitiere ich nach: Friedrich Hölderlin. Sämtliche Werke und Briefe. Herausgegeben von Michael Knaupp. München – Wien 1993; der Titel ist dem Gedicht »Der Weingott. An Heinze« entnommen (I, 319).

Meine Auffassungen von den ästhetischen Ansichten Heines habe ich ausführlicher dargestellt in dem Aufsatz »Das Lazaruslied« (In: HJb 1994, S. 36 – 81) sowie in dem Buch, »›Ich will das rote Sefchen küssen‹. Nachdenken über Heines letzten Gedichtzyklus«. Stuttgart – Weimar 1999.

Heine und Hölderlin vergleichen unter verschiedenen Gesichtspunkten: Albrecht Betz: Komm! Ins Offene! Freund! – Zum Verhältnis von Text und Musik in Kompositionen von Gedichten Hölderlins und Heines. – Thema und Variationen. – In: revue d'allemagne 5. 1973, S. 649–669 (siehe auch: Albrecht Betz: Heinrich Heine: »Romanzero«. – In: Von Augustinus bis

Heinrich Mann. Ringvorlesung der Philosophischen Fakultät der RWTH Aachen im WS 1987/88. Hrsg. v. Helmut Siepmann u. Frank-Rutger Hausmann. Bonn 1989, S. 232–254, insbs. 238–242); Leo Kofler: Heine und Hölderlin. – In: Die andere Zeitung. 2. 1956, S. 2 und 4; Paul Konrad Kurz: Künstler. Tribun. Apostel. Heinrich Heines Auffassung vom Beruf des Dichters. München 1967, S. 240–243; Helmut Prang: Heine im Schatten Hölderlins. – In: Neue deutsche Hefte. September 1955, S. 472–475.

Einzelne Bemerkungen zum Verhältnis Heine – Hölderlin enthalten folgende Arbeiten: Pierre Bertaux: Französische Heine-Schicksale: Edgar Quinet, Challemel-Lacour. – In: Der späte Heine. 1848 – 1856. Literatur – Politik – Religion. Hrsg. v. Wilhelm Gössmann u. Joseph A. Kruse. Hamburg 1982, S. 138f.; Maria-Christina Boerner: »Die ganze Janitscharenmusik der Weltqual«. Heines Auseinandersetzung mit der romantischen Theorie. Stuttgart – Weimar 1998, S. 46f. u. 360; E. M. Butler: The tyranny of Greece over Germany. Cambridge 1935, S. 300; Adrian Del Caro: Sendung, Blendung, Nichtvollendung: Heine on Romantic Historiography. – In: HJb 1997, S. 123ff.; Jürgen Ferner: Versöhnung und Progression. Zum geschichts-philosophischen Denken Heinrich Heines. Bielefeld 1994, S. 107; Wolfgang Heise: Heinrich Heine: Wahrheit und poetische Kommunikation. – In: W. H.: Die Wirklichkeit des Möglichen. Dichtung und Ästhetik in Deutschland 1750 – 1850. Berlin – Weimar 1990, S. 572ff.; Horst Künzel: Lyrik als Herrschaftskritik. Zu drei Gedichten Heinrich Heines. – In: HJb 1973, S. 94; Mark William Roche: Dynamic Stillness. Philosophical Conceptions of »Ruhe« in Schiller, Hölderlin, Büchner, and Heine. Tübingen 1987, S. IX, X, 121, 190–193, 210, 253ff.; A. I. Sandor: The exile of Gods. The Hague – Paris 1967, S. 9ff.; Andras Sandor: Auf der Suche nach der vergehenden Zeit. Heines »Florentinische Nächte« und die Probleme der Avantgarde. – In: HJb 1980, S. 106; Gerhard Schulz: Die deutsche Literatur zwischen Französischer Revolution und Restauration. Zweiter Teil. München 1989, S. 817; Manfred Windfuhr: Heinrich Heine. Revolution und Reflexion. Stuttgart 1969, S. 244; Manfred Windfuhr: Rätsel Heine. Autorprofil – Werk – Wirkung. Heidelberg 1997, S. 22, 132, 214, 232; Markus Winkler: Mythisches Denken zwischen Romantik und Realismus. Zur Erfahrung kultureller Fremdheit im Werk Heinrich Heines. Tübingen 1995, S. 239; Stefan Bodo Würffel: Der produktive Widerspruch: Heines negative Dialektik. Bern 1986, S. 299.

Felix Mendelssohn Bartholdy und Heinrich Heine

Von Thomas Schmidt-Beste

Auf den ersten Blick sollte es scheinen, als ob Felix Mendelssohn Bartholdy und Heinrich Heine außerordentlich viele Gemeinsamkeiten verbunden hätten. Beide stammten aus dem Milieu des aufstrebenden jüdischen Bürgertums: Abraham Mendelssohn war Bankier zunächst in Hamburg, dann in Berlin, und auch in seiner Verwandtschaft befanden sich zahlreiche erfolgreiche Geschäftsleute; Samson Heine seinerseits betrieb ein zwar nur mäßig florierendes Textilgeschäft in Düsseldorf, aber sein Bruder Salomon – Heinrich Heines Onkel also – war einer der bedeutendsten Bankiers Hamburgs, und unter seiner Aufsicht fand auch die kurze Karriere Heines selbst in der Handelsbranche statt. Auch während Heines Aufenthalten in Berlin – anlässlich seines Studiums in den Jahren 1821 bis 1823 und noch einmal von Februar bis Juli 1829 – sind die Kontakte eng: Heine verkehrt in denselben intellektuellen Kreisen wie die Mendelssohns, ist sehr oft im Salon Rahel Varnhagens zu Gast und vor allem 1829 auch bei den Mendelssohns selbst.[1]

Die beiden Künstler teilen auch darüber hinaus einige Freunde und Bekannte: Der Komponist Ferdinand Hiller wird von beiden geschätzt und gefördert, und insbesondere Heines Englandreise im Jahr 1827 sorgt für die Bekanntschaft mit einem Ehepaar, mit dem auch Mendelssohn engsten und freundlichsten Kontakt pflegte: dem Komponisten und Pianisten Ignaz Moscheles und dessen Frau Charlotte. Moscheles hatte 1824 während eines Aufenthaltes in Berlin dem jungen Mendelssohn und möglicherweise auch dessen Schwester Fanny Klavierunterricht erteilt[2], und aus dieser Lehrer-Schüler-Beziehung entwickelte sich nach und nach eine lebenslange Freundschaft. Bei Mendelssohns erster Englandreise 1829 verschaffte Moscheles ihm Quartier und versprach ihm, »ihn in die fremde Welt einzuführen«.[3] Vor allem während seines langen Englandaufenthaltes im Sommer 1832 war Mendelssohn ständiger Gast im Hause Moscheles, Charlotte Moscheles spricht von der »grossen Intimität der Beziehungen«.[4] Mendelssohns Briefe aus dieser Zeit sind voll von Berichten über den Freund und Helfer, der seinem jungen Schützling auch Einlass in das Londoner Konzert- und Gesellschaftsleben verschaffte. Ein umfangreicher Briefwechsel dokumentiert diese Freundschaft[5], die bei allen weiteren Englandaufenthalten immer wieder bekräftigt wurde, und es war schließlich Mendelssohn, der Moscheles im Jahr 1846 als Dozent für Klavierspiel am wenige Jahre zuvor gegründeten Leipziger Konservatorium gewinnen konnte.

Heine seinerseits kannte Charlotte Moscheles schon aus seiner Jugend; sie war Hamburgerin und eine geborene Embden; die Embdens waren über den Hamburger Zweig der Heines mit der Familie verbunden, und Heines Schwester Charlotte hatte darüber hinaus 1823 Moritz Embden geheiratet. Für Heine übernahmen die Moscheles' 1827 eine ganz ähnliche Rolle wie zwei Jahre später für Mendelssohn: Sie führten ihn in das gesellschaftliche und vor allem das künstlerische Leben Londons ein, öffneten ihm die Türen zu Salons, Museen und Konzertsälen.[6] Der Dichter wurde wärmstens aufgenommen und genoss vor allem Charlotte Moscheles' uneingeschränkte Bewunderung: »natürlich wird uns der berühmte, interessante Mann stets eine höchst angenehme Erscheinung sein.«[7] Gleichwohl wussten auch die Moscheles' um Heines gefürchtete spitze Feder – die »genialisch satirische Ader« – als Autor und Kritiker; Charlotte nahm ihm von vornherein das Versprechen ab, in seinen englischen »Reisebildern« nichts über Moscheles und seine Musik zu schreiben:

> Moscheles' Specialität ist die Musik, die interessirt Sie vielleicht, aber Sie haben doch kein besonderes Verständnis dafür, können also nicht eingehend darüber schreiben. Dahingegen könnten Sie leicht irgend einen Anhalt für Ihre genialisch satirische Ader an ihm finden und den bearbeiten, das möchte ich nicht.[8]

Heines Verhältnis zur Musik ist wohl selten so scharfsinnig und treffend charakterisiert worden – aber immerhin gab er das Versprechen und hielt sich auch daran. Zu einem direkten Kontakt zwischen Heine und Mendelssohn über die Familie Moscheles kam es allerdings nicht. Heines Aufenthalt 1827 und Mendelssohns Reise von 1829 lagen dafür zu weit auseinander, und das Verhältnis der Moscheles' zu Heine war offenbar auch kein so enges, dass eine briefliche oder persönliche Beziehung über längere Zeit aufrecht erhalten worden wäre. Auch pflegte Mendelssohn während seiner Londoner Aufenthalte abgesehen von den Moscheles' und den allgemeinen gesellschaftlichen Kontakten des Ehepaares, die beide weidlich ausnutzten und genossen, weitgehend andere Bekanntschaften: Den engsten Mendelssohnschen Freund in London etwa, den fast gleichaltrigen Karl Klingemann (geb. 1798), erwähnt Heine nie auch nur mit einem Wort, obwohl dieser seit dem Sommer des Jahres 1827 ebenfalls regelmäßig im Hause Moscheles verkehrte. Seine Position als Beamter in der Königlich-Hannoverschen Kanzlei (nach der Trennung der Königshäuser England und Hannover im Jahr 1837 die Hannoversche Gesandtschaft) ließ ihn dem Republikaner Heine vermutlich zu suspekt erscheinen; im Gegenzug hören wir auch von Klingemann nichts über Heine. Vielleicht haben sich die beiden auch schlicht verpasst und nie kennen gelernt; auf jeden Fall wissen wir abgesehen von den Moscheles' nichts über gemeinsame Freunde oder Bekannte Heines und Mendelssohns in London.

Trotz der zumindest ähnlichen familiären und gesellschaftlichen Situation sowie der vielfältigen direkten und indirekten Kontakte ist das Verhältnis der beiden Künstler ohnehin von tiefer gegenseitiger Abneigung, ja fast von Feindschaft geprägt – kaum je findet sich ein positives oder auch nur neutrales Wort des einen über den anderen. Mendelssohn und Heine waren in Temperament, politischen und philosophischen Ansichten und vor allem in ihrer Einstellung zu der Gesellschaft, in der sie sich beide bewegten, grundverschieden.[9] Sie wuchsen zwar im selben oder zumindest in einem ähnlichen Milieu auf, aber sie nahmen dieses Milieu ausgesprochen unterschiedlich wahr. Nicht zuletzt mag dies daran gelegen haben, dass die Berufswünsche der beiden in ihrer jeweiligen Familie sehr unterschiedlich aufgenommen wurden. Im sozial aufwärts orientierten und nach Assimilation strebenden jüdischen Bürgertum war der Wunsch der Eltern, aus ihren Kindern solle »etwas werden«, noch wesentlich stärker als im Bürgertum schon ohnehin, und Heine litt zeitlebens darunter, dass sein Journalisten- und Autorenberuf innerhalb seiner Familie nicht die Anerkennung fand, die er sich gewünscht hatte: Die Eltern ließen ihn Jura studieren, hatten eine Karriere in der Handelsbranche für ihn vorgesehen, ihn zunächst ja auch bei Onkel Salomon in die Lehre geschickt. Der Schriftstellerberuf war ebenso wie der Musikerberuf verhältnismäßig gering angesehen und schien den Heines wohl nicht standesgemäß und auch nicht angetan, die nötige finanzielle Sicherheit zu garantieren. Während seine Geschwister – gewissermaßen als positive Gegenbeispiele – die Karriereträume der Eltern erfüllten (Charlotte heiratet einen wohlhabenden Hamburger Geschäftsmann; Gustav wird Offizier, Verleger und später als Freiherr von Heine-Geldern sogar geadelt; Maximilian wird Arzt und später russischer Staatsrat), rebellierte Heine so schon durch seine Berufswahl gegen seine Eltern und die gesellschaftlichen Grundsätze, die diese repräsentierten. »Es ist nichts aus mir geworden, nichts als ein Dichter«[10], karikiert er sich selbst rückblickend.

Mendelssohn hingegen musste nie vergleichbare Widerstände in seiner Familie überwinden. In seiner Verwandtschaft regte sich zwar gelegentlich

Widerstand gegen den Musikerberuf – sein Onkel Jacob Bartholdy meinte, man solle Felix doch einen weniger dubiosen Beruf ergreifen lassen:

> Ein Musikus von Profession will mir gar nicht in den Kopf. – Das ist keine Karriere, kein Leben, kein Ziel [...]. Lasse den Buben ordentlich studieren, dann auf der Universität die Rechte absolvieren und dann in eine Staatskarriere treten. [...] Soll er aber ein Kaufmann werden, so gib ihn früh in ein Kontor.[11]

Die Eltern Mendelssohn schlossen sich dieser Ansicht, die genau mit der von Heines Eltern und seiner daraus resultierenden frühen Laufbahn übereinstimmte, aber nicht an, förderten stattdessen die Begabung ihres Sohnes von Anfang an mit allen ihnen zur Verfügung stehenden Mitteln: Der Freund der Familie, der hochangesehene Leiter der Berliner Singakademie und Musikdirektor an der Berliner Universität Carl Friedrich Zelter wurde als Kompositionslehrer engagiert, der Pianist und Komponist Ludwig Berger als Klavierlehrer; mit den »Sonntagsmusiken« im heimischen Gartenpavillon wurde ein halböffentlicher Rahmen für die Aufführung der jugendlichen Werke geschaffen; die »Bildungsreisen« des jungen Mendelssohn durch Deutschland, nach England, Italien und Frankreich waren mindestens ebenso sehr zur musikalischen wie zur allgemeinen Bildung bestimmt.

Vor allem Mendelssohns Vater Abraham legte dabei allerdings großen Wert darauf, dass sein Sohn im Bereich der Musik sehr wohl eine »standesgemäße« Karriere einschlug: Felix sollte sich möglichst schnell in der Öffentlichkeit bekannt machen und eine ehrenvolle und solide Position im Musikleben seiner Zeit einnehmen, vorzugsweise als Kapellmeister an einem prestigeträchtigen Orchester.[12] Er sollte – unabhängig vom beträchtlichen Familienvermögen – von den Erträgen seines Berufes leben können, sollte nicht untätig sein und vor allem durch öffentliches Auftreten »wirken«.[13] Die Mendelssohns versuchten also nicht wie die Heines, ihrem Sohn den Künstlerberuf als etwas nicht Standesgemäßes auszureden, sie versuchten vielmehr, ihn in etwas Standesgemäßes umzuformen. Und Mendelssohn selbst machte sich diese Ansichten weitgehend zu eigen und richtete seine Berufspläne danach, auch wenn ihm das Wirken in der Öffentlichkeit gegenüber der Kompositionstätigkeit immer zweitrangig erschien und er zeitweise unter den Querelen und Intrigen, die das Musikdirektorendasein mit sich brachte, sehr zu leiden hatte. Rebellion gegen seine Familie wäre ihm, der im Autoritätsglauben an seine Eltern erzogen war und diese Autorität nie prinzipiell in Frage stellte, in keinem Falle in den Sinn gekommen. Nur in künstlerischen Fragen war er nicht kompromissbereit: Nach dem Misserfolg der »Hochzeit des Camacho« komponierte er nie mehr eine Oper, da kein ihm angebotenes Libretto seine hohen Ansprüche erfüllte, und das, obwohl ihn sein Vater wiederholt dazu aufforderte, weil er dadurch die Stellung des Sohnes in der Öffentlichkeit zu sichern hoffte. Nach andauernden Zwistigkeiten mit dem Theaterregisseur und -autor Karl Leberecht Immermann in Düsseldorf kündigte er seine dortige Musikdirektorenstelle, sehr zum Zorn Abrahams.[14] Ein Rebell war er dabei aber sicher nicht, gehörte – anders als Heine – zweifellos zeitlebens zum kulturellen »Establishment« in Deutschland, zumal nach seiner Anstellung als Gewandhauskapellmeister in Leipzig und später als königlich-preußischer Generalmusikdirektor in Berlin. So ist es kaum verwunderlich, dass Heine dasselbe soziale Umfeld, das Mendelssohn als beschützend und als ganz selbstverständlichen Teil seiner selbst empfand, für einengend und engstirnig hielt, es auch aus politischen Gründen publizistisch heftig attackierte und sich ihm durch die Übersiedelung nach Paris schließlich endgültig entzog. Und hier liegt wohl schon eine wesentliche Ursache der Antipathie zwischen den beiden: Heine verachtete Mendelssohn als – modern ausgedrückt – »angepassten Mitläufer«, Mendelssohn Heine als einen moralisch fragwürdigen Bilderstürmer, der unnötigerweise – oder sogar gefährlicherweise – die bestehende Ordnung in Frage stellte.

Von Bedeutung ist in diesem Zusammenhang auch der religiöse Aspekt. Heine und Mendelssohn waren zwar beide getaufte Juden, aber die Taufe hatte unter sehr unterschiedlichen Vorzeichen stattgefunden. Die Eltern Mendelssohn waren von vornherein keine strenggläubigen Juden – Abraham Mendelssohn vertrat eine aufgeklärte, an die Moralität und Verantwortung des Einzelnen appellierende, aber an keine spezifische Konfession gebundene Religiosität und gab diese auch an seine Kinder weiter, wie er anlässlich der Einsegnung seiner Tochter Fanny deutlich zum Ausdruck bringt:

Ob Gott ist? Was Gott sei? Ob ein Teil unseres Selbst ewig sei und, nachdem der andere Teil vergangen, fortlebe? und wo? und wie? – Alles das weiß ich nicht. [...] Allein ich weiß, daß es in mir und in Dir und in allen Menschen einen ewigen Hang zu allem Guten, Wahren und Rechten und ein Gewissen gibt, welches uns mahnt und leitet, wenn wir uns davon entfernen. Ich weiß es, glaube daran, lebe in diesem Glauben, und er ist meine Religion.[15]

Die Kinder waren daher schon im Jahr 1816 getauft worden, damit ihnen in ihrem beruflichen und gesellschaftlichen Fortkommen keine Hindernisse im Weg stünden, zumal der preußische Staat in den Jahren nach 1815 unter König Friedrich Wilhelm III. wieder wesentlich repressiver gegen Juden vorging und in der Vergangenheit gewährte Toleranzprivilegien rückgängig machte. Vor allem im Bereich der Berufswahl standen Juden immer noch kaum überwindbare Hindernisse entgegen, da ihnen beispielsweise das Berufsbeamtentum verschlossen war.[16] Mendelssohn hatte durch die frühe Taufe und die weitgehende Assimilation der ganzen Familie in Berlin sowohl zu seiner alten als auch zu seiner neuen Religion ein vergleichsweise ungezwungenes Verhältnis und hatte bis auf einige Ausnahmen auch relativ wenig mit den Anfeindungen des Antisemitismus zu kämpfen. Die Niederlage in der Wahl um die Nachfolge der Leitung der Berliner Sing-Akademie gegen Carl Friedrich Rungenhagen im Jahr 1832, die Mendelssohn zunächst stark verbitterte und die seine Abneigung gegen Berlin in späteren Jahren wesentlich mitprägte, war zwar möglicherweise von antisemitischen Untertönen begleitet[17], aber in späterer Zeit brachte er es immerhin zum »General-Musik-Direktor für kirchliche und geistliche Musik« am preußischen Hof Friedrich Wilhelms IV. Sein sehr umfangreiches geistliches – d. h. christliches – Œuvre sowie seine diesbezüglichen Äußerungen dazu zeigen wohl keinen abgrundtief religiösen, aber doch einen tief in der christlichen Glaubenswelt beheimateten und nicht im Konflikt zwischen den Religionen zerrissenen Menschen. Mendelssohn sah weder Anlass, seine jüdische Herkunft zu verleugnen (etwa durch die ihm von seinem Vater nahegelegte Unterdrückung des Familiennamens »Mendelssohn« und den Ersatz durch »Bartholdy«), noch sie vor sich herzutragen oder bewusst in seiner Musik umzusetzen.[18]

Heine hingegen empfand seine Taufe als 27jähriger im Jahre 1825, das »Entre Billet zur Europäischen Kultur«, wie er es ironisch-abschätzig nannte, zwar als notwendiges Übel, aber doch auch als Zwang und als Erniedrigung. Wolfgang Hädecke charakterisiert die Taufe treffend als einen Akt des »aufgezwungenen Opportunismus«[19], ein Sachverhalt, der für einen Menschen wie Heine, der jede Art von Opportunismus hasste und gewöhnlich offen bekämpfte, besonders schmerzhaft sein musste. Religiöse Gründe standen freilich – genau wie bei den Mendelssohns – kaum entgegen; Heine stammte nicht aus einem orthodoxen oder der jüdischen Tradition besonders streng verhafteten Elternhaus; der Wunsch nach beruflichem Fortkommen stand dort, wie erwähnt, ebenfalls im Vordergrund.[20] Nicht nur unter diesem Gesichtspunkt erschien die Taufe als absolut wünschenswert: Schon während seines Studiums in Bonn, Berlin und Göttingen hatte Heine immer wieder mit antijüdischen Ressentiments zu kämpfen gehabt, war wohl aufgrund seiner Religionszugehörigkeit aus der Göttinger Burschenschaft ausgeschlossen worden[21]; eine Karriere als Jurist – d. h. im Staatsdienst – wäre ihm ohnehin von vornherein verwehrt gewesen. Andererseits war Heine in Berlin zeitweise Mitglied des »Vereins für Cultur und Wissenschaft der Juden« und behielt zeitlebens ein großes Interesse für die Geschichte des Judentums bei (was sich schließlich auch schriftlich in dem unvollendet gebliebenen Werk »Der Rabbi von Bacherach« niederschlug). Neben den Gewissensskrupeln und der Tatsache, dass

Heine erst relativ spät konvertierte, liegt ein entscheidender Unterschied zu Mendelssohn jedoch darin, dass Heine durch die Taufe eben nicht in den Genuss der dadurch erhofften Vorteile kam: Eine Anstellung im Staatsdienst (an der er wohl auch kein echtes Interesse hatte) ergab sich nicht, aber dafür befand er sich nun zwischen allen Stühlen – die orthodoxen Juden distanzierten sich ebenso von ihm wie er von ihnen, und juristisch war er nunmehr Christ, wurde aber nach wie vor Opfer antisemitischer Ressentiments. So fühlte sich Heine zumindest in Deutschland immer von beiden Gruppen ausgegrenzt; einer der Gründe, weswegen er sich im nachrevolutionären Paris so wohl fühlte, war sicherlich, dass dieser religiöse Aspekt dort keine so große Rolle spielte.

Wiederum lässt sich ein Teil der Anfeindungen Heines gegen Mendelssohn daraus erklären, dass er es dem Komponisten neidete, dass diesem die mit der späten Konversion einhergehenden Konflikte und Anfeindungen erspart blieben: Gerade das »Christeln« Mendelssohns, wie er es nannte[22], d. h. die zahlreichen sehr erfolgreichen geistlichen Werke des Komponisten und seine Vorliebe für die alte geistliche Musik vor allem Johann Sebastian Bachs, attackierte er als Heuchelei, als »Nachäffung im historischen Großstyl«, als »schiefmäulige Frommthuerey«, als »Berliner Glaubenslüge« (DHA XIV, 12). Mendelssohns Kirchenmusik sei insofern Kunst, der es – und hierbei handelte es sich um die vernichtendste Kritik, der sich ein Werk der Zeit überhaupt aussetzen konnte – an »Wahrheit« mangele, offenbar da ein getaufter Jude überhaupt nicht wirklich wie ein Christ empfinden könne und dürfe.[23] Das Oratorium »Paulus« zeichne sich vielmehr durch »Christenthümlichkeit«, also eine Art Pseudo-Christentum aus:

> Der Himmel bewahre mich, gegen einen so verdienstvollen Meister wie der Verfasser des Paulus hierdurch einen Tadel aussprechen zu wollen, und am allerwenigsten wird es dem Schreiber dieser Blätter in den Sinn kommen, an der Christlichkeit des erwähnten Oratoriums zu mäkeln, weil Felix Mendelssohn-Bartholdy von Geburt ein Jude ist. Aber ich kann doch nicht unterlassen darauf hinzudeuten, daß in dem Alter, wo Herr Mendelssohn in Berlin das Christenthum anfing (er wurde nemlich erst in seinem dreyzehnten Jahr getauft), Rossini es bereits verlassen und sich ganz in die Weltlichkeit der Opernmusik gestürzt hatte. Jetzt, wo er diese wieder verließ und sich zurückträumte in seine katholischen Jugenderinnerungen [...]: da brauchte er wahrlich den Geist des Christenthums nicht erst wissenschaftlich zu konstruiren, noch viel weniger Händel oder Sebastian Bach sklavisch zu kopiren [...].[24]

Schon die Wiederaufführung der Bachschen Matthäuspassion am 11. März 1829, der Heine beiwohnte, und die einer der Hauptauslöser für die einsetzende Bachrenaissance in Deutschland wurde, hatte auf den Schriftsteller den gegenteiligen Effekt gehabt: Sie hatte zu einer lebenslänglichen Abneigung gegen die Musik des alten Meisters geführt[25], und Mendelssohn wurde als der Prophet Bachs gleichermaßen persönlich hierfür haftbar gemacht.

Die politischen Ansichten schließlich divergierten ebenso stark wie die Vehemenz, mit der sie vertreten wurden. Mendelssohn neigte eher dem Liberalismus als dem restaurativen Konservatismus preußischer Prägung zu, war vor allem ein großer Anhänger und Freund des englischen Liberalismus: Klingemann berichtet Mendelssohn in seinen Briefen ständig und sehr ausführlich über die Ereignisse in der englischen Politik, mit sehr deutlichen Sympathien für die Liberalen. Die Konservativen (»Tories«) werden dabei ebenso heftig attackiert wie die »Radicals«.[26] 1837 schlug sich Mendelssohn zusammen mit seinem Schwager Gustav Dirichlet und seinem Jugendfreund Johann Gustav Droysen auf die Seite der »Göttinger Sieben«, den Professoren (darunter Friedrich Christoph Dahlmann und die Brüder Grimm), die aufgrund ihrer liberalen Stellungnahmen durch den Hannoverschen König Ernst August von ihren Lehrstühlen entfernt worden waren.[27] Er äußerte sich in privatem Kreise oft höchst kritisch über die restriktive Politik der preußischen Regierung[28], galt vor allem in jungen Jahren in seiner Familie gar als »ultraliberal«[29] und gab sich intern – halb scherzhaft – als »Radicaler«, der sich gegen allzu konservative Familienmitglieder wie seinen Vater oder seinen Schwager Wilhelm Hensel zur Wehr setzen musste.[30] Wie viele seiner Zeitgenossen setzte auch er große Hoffnungen in die Thronbesteigung des »Bürgerkönigs« Friedrich Wilhelm IV. – Hoffnungen, die sich allerdings zerschlagen sollten und zu einer generell immer pessimistischeren Einstellung des Komponisten zur Reformierbarkeit des preußischen Staates führten.[31] Dem präsozialistischen Radikalismus und den in den 1840er Jahren immer lauter werdenden Rufen nach Revolution war er dabei allerdings ebenso abgeneigt wie dem – teilweise ebenfalls radikal auftretenden und auf eine die absolutistische Kleinstaaterei abschaffende Revolution zielenden – patriotischen Nationalismus. In der Kunst galt wie in der Politik, dass Besserung allenfalls durch vorsichtige Reformen, nicht aber durch Umsturz zu erreichen sei.[32] Nach außen hin bezog er ohnehin nie Position, betrachtete sich und seine Kunst wohl letztlich als unpolitisch. Die 1840 an ihn herangetragene Bitte, das nationalistisch-patriotische »Rheinlied« (»Sie sollen ihn nicht haben, den freien deutschen Rhein«) zu vertonen, lehnte er verständnislos, fast empört ab: Einerseits behagte ihm die politische Tendenz des Textes nicht, andererseits fühlte er sich als Künstler zu politischer Betätigung nicht berufen – »das Gedicht ist ja eigentlich gar nicht zu componiren, ist ganz unmusikalisch.«[33] Dass ihm und seiner Kunst gleichwohl – in seiner Tätigkeit für den König – staatstragende und damit zumindest indirekt restaurative Funktion zukam; dass andererseits und in gewissem Gegensatz die Musikfeste, an denen er mitwirkte, und vor allem die zum Gutenbergfest 1840 entstandenen Werke, die »Lobgesang«-Symphonie op. 52 und noch mehr der »Festgesang« für Männerchor, in einem dezidiert nationalliberalen Kontext standen und dass dadurch auch er selbst als Repräsentant bestimmter politischer Richtungen gesehen werden konnte, dies mochte oder konnte er offenbar nicht wahrnehmen.

Heines politisches Engagement ist dagegen offenkundig und hinlänglich dokumentiert. Er hatte schon früh damit begonnen, sich publizistisch gegen die Zensur und den Konservatismus des vormärzlichen Deutschlands aufzulehnen, wurde geradezu zum Aushängeschild des radikalen und satirischen politischen Journalismus. Heine wandte sich gerade gegen das Konzept einer unpolitischen, klassisch-zeitlosen Literatur – »jetzt gilt es die höchsten Interessen des Lebens selbst, die *Revoluzion* tritt in die Literatur, und der Krieg wird ernster«, schreibt er am 4. Februar 1830 an Varnhagen von Ense.[34] Und zu kritisieren gab es im konservativ-vormärzlichen Deutschland und im restaurativen Preußen Friedrich Wilhelms III. ja genug, aber nicht einmal die Reformbemühungen der Liberalen und der Reformpartei in England, die er während seines Besuches dort mitverfolgte, fanden vor ihm Gnade, da auch sie halbherzig und erfolglos geblieben seien; das leuchtende Vor- und Gegenbild bleibt Frankreich, die Revolution und Napoleon.[35] Als Schriftsteller war Heine dem Misstrauen der Zensur ohnehin und von vornherein sehr viel stärker ausgesetzt als ein Komponist, und er suchte diesen Konflikt mit dem konservativen Establishment auch ganz gezielt. Zumal nach seiner Übersiedelung nach Paris im Jahr 1831, als in Deutschland in Reaktion auf die Julirevolution noch restriktiver gegen liberale und radikale Meinungen vorgegangen wurde, sah sich Heine immer stärker der staatlichen Zensur und Verfolgung ausgesetzt, wodurch seine Wahlheimat Paris nach und nach zum regelrechten Exil wurde. Vor allem nachdem die literarische Gruppierung des »Jungen Deutschland« sich auf ihn als ihr Vorbild berief und seine Werke mit denen der anderen »Mitglieder« im Jahr 1835 von der Bundesversammlung gleich mit verboten wurden, war ihm die Rückkehr nach Deutschland dauerhaft versperrt.

Die politische »Angepasstheit« eines Komponisten wie Mendelssohn (oder später eines Giacomo Meyerbeer), der in die Dienste des verhassten Preußenkönigtums trat, konnte er daher nur verachten: Mendelssohn wird in »Deutschland. Ein Wintermährchen« (1843/44) in einem Vierzeiler gleich doppelt aufs Korn genommen, einerseits wiederum im Hinblick auf seine »Christenthümlichkeit«, andererseits aber im Hinblick auf seinen politischen Opportunismus, der ihn zum Generalmusikdirektor für Kirchenmusik am preußischen Hof hatte aufsteigen lassen:

> Der Abraham hatte mit Lea erzeugt
> Ein Bübchen, Felix heißt er,
> Der brachte es weit im Christenthum,
> Ist schon Capellenmeister (DHA IV, 126)

Die entschieden politische Seite der Werke Heines und seiner Weggenossen stieß im Hause Mendelssohn dagegen zwangsläufig auf Unverständnis: »Dr. Börne, der mir mit seinen langsamen Impromptus, feinen abgequälten Einfällen, seiner Wuth auf Deutschland und seinen französischen Freiheitsphrasen ebenso zuwider ist, wie Dr. Heine mit allen ditos [...]«, schreibt Mendelssohn am 11. Dezember 1831 aus Paris an seinen Vater.[36] Und auch er sah Heine im Zusammenhang mit der literarischen Bewegung des »Jungen Deutschland«, die dem Komponisten in ihrer ganzen nationalistischen, bilderstürmerischen und revolutionären Tendenz höchst suspekt, ja zuwider war, zumal ihm auch ihre literarischen Produkte nicht zusagten; dies geht so weit, dass er sie mehrfach als »Lumpenkerls«[37] bezeichnet: »Es sind gar zu schändliche, talentlos elende Leute, das ganze junge Deutschland, sie lieben mich noch dazu, aber sehr unglücklich.«[38] Und Heine – mitgefangen, mitgehangen – war hier sicherlich mitgedacht.

Und schließlich gab es da noch eine weitere, bereits angesprochene Seite der Heineschen Schriftstellertätigkeit, die Mendelssohn von vornherein gegen Heine einnehmen musste: Heine war – vor allem seit seiner Übersiedelung nach Paris im Jahr 1831 – regelmäßig als Kritiker in der Tagespresse tätig, noch dazu als Musikkritiker. Musikkritik aber war für Mendelssohn, der ohnehin der Ansicht war, Musik sei mit Worten nicht zu erfassen, »unersprießlich und unerquicklich«, und die Kritiker »leben nur von der anderen Leute Plaisir und ihrem eigenen Ärger«.[39] Zu allem Überfluss hatte der Komponist, wie bereits zitiert, selbst unter Heines Feder zu leiden, der mehrfach äußerst bissige Rezensionen über Konzerte mit Werken des Komponisten in Paris veröffentlichte.[40] Wie auch sonst, lehnte Mendelssohn es allerdings ab, gegen die negative Presse öffentlich Stellung zu beziehen; solche Kämpfe schienen ihm nicht der Mühe wert, wie ein Brief an Alfred Julius Becher belegt, der angeboten hatte, eine Gegendarstellung zu Heines Kritik des »Paulus« zu verfassen:

> Ich weiß nicht, was das für ein Artikel von Heine ist, von dem Sie sprechen, und habe mich also erst darüber geärgert, weil Sie mir schreiben, daß Sie es gethan hatten. Sie wollen so freundlich sein, mich wieder dagegen zu vertheidigen; aber bitte thun Sie das doch nur im Falle er so gut oder böse ist, daß Sie dergleichen geradezu nothwendig finden – auch nach reiflicher Ueberlegung nothwendig finden. Eigentlich ist es doch immer am besten, gar nicht zu antworten und immer neue und bessere Musik zu bringen; das möchte ich gern nach Kräften thun, aber außerdem von allem Oeffentlichen so entfernt gehalten werden, als nur irgend möglich.[41]

Zu all den Unterschieden in Persönlichkeit und Anschauung kam schließlich noch der ganz schlichte Grund dazu, dass sich die beiden nicht mochten.
Mendelssohn war zwar nicht ohne Temperament und Humor, konnte vor allem in Fragen der Kunst und auf dem Dirigierpult sehr scharf und sehr deutlich werden; seine spitze, oft satirische Zunge und Feder setzte er aber in erster
Linie im Familien- und Freundeskreis ein, während er nach außen hin meist
freundlich und verbindlich aufzutreten wusste. Dies und der von Mendelssohn
gepflegte gutbürgerliche Lebensstil erschienen Heine offenbar als bieder-
meierliche Attitüde, nicht würdig eines wahren Künstlers, sehr wohl aber passend zu der Musik eines Komponisten, dem er »ernsthafte, ich möchte fast sagen passionirte Indifferenz« (DHA XIV, 128) nachsagte. Andererseits konnten
der spöttisch-zynische, nach Aussage der Zeitgenossen oft beißend ironische
Konversationston Heines, seine als Hypochondrie empfundene Kränklichkeit
und sein eitles, oft geradezu selbstverliebtes Auftreten, das er wie eine Maske
vor sich hertrug, im Hause Mendelssohn, wo eben Ernst, Bescheidenheit und
Zurückhaltung als Kardinaltugenden galten, nur auf Unverständnis und vehe-
mente Ablehnung stoßen. Fanny Hensel charakterisiert den Dichter wie folgt:

> Heine ist hier und gefällt mir gar nicht; er ziert sich. Wenn er sich gehen ließe, müßte er der
> liebenswürdigste ungezogene Mensch sein, der je über die Schnur hieb; wenn er sich im Ernst
> zusammennähme, würde ihm der Ernst auch wohl anstehen, denn er hat ihn, aber er ziert sich
> sentimental, er ziert sich geziert, spricht ewig von sich und sieht dabei die Menschen an, ob
> sie ihn ansehen.[42]

Auch Eduard Devrient erinnert sich, dass Heines »schläfrig blasirte Manier«
im Hause Mendelssohn »wenig gefiel«.[43] Und Abraham Mendelssohn, der ohnehin nicht dafür bekannt war, dass er ein Blatt vor den Mund nahm, wird
diesbezüglich sogar noch wesentlich deutlicher. Das dandyhafte Auftreten des
jungen Dichters reißt ihn zu einer regelrechten Schimpfkanonade hin:

> So z. B. Heine, der hat uns gestern Abend wieder beglückt, und mich so unglaublich ennuy-
> irt und angewidert, daß ich, wenn er sich [nicht] zum Glück noch früh genug [entfernt] hät-
> te, ihm aus dem Wege gegangen, oder außerordentlich grob gegen ihn geworden wäre. Er ist
> ein abgeschmaktes compositum von Eitelkeit und Selbstbelächelung, ein wahrer precieux ri-
> dicule und fade wo er nicht frech seyn kann. Werde mir nicht wie der, sonst verläugne ich
> Dich.[44]

Auch das preußisch-protestantische »Arbeitsethos«, das bei den Mendelssohns hochgehalten wurde[45] – man erinnere sich, dass Felix trotz des beträchtlichen Wohlstands der Familie nur unter der Bedingung Musiker werden durf-
te, dass er von den Einnahmen seines Berufes würde leben konnte – führte zu

noch stärkerer Verachtung eines Dichters, der in jungen Jahren von seiner Kunst eben nicht leben konnte und (zu seinem eigenen großen Leidwesen) auf die Unterstützung seines Onkels Salomon angewiesen war: Auf die spöttisch hingeworfene Bemerkung Heines im Mendelssohnschen Hause über Jean Paul »Was ist Jean Paul! Hat das Meer nicht gesehen« – soll Fanny Hensel maliziös erwidert haben: »Freilich, er hatte keinen Onkel Salomo, der ihm das Reisegeld dazu gegeben hätte«.[46]

Vor allem während Mendelssohns Aufenthalt in Paris von Dezember 1831 bis April 1832 wird auch seine eigene Abneigung gegen Heine immer deutlicher, verstärkt noch durch die Pariser Musik- und Kulturszene, die der junge Komponist für oberflächlich, affektiert und generell abstoßend hielt und die ihn der Stadt für immer den Rücken kehren ließ.[47] Heine jedoch war seit 1831 in genau dieser Kulturszene etabliert und eine feste Größe geworden, war noch dazu als Musikkritiker in Erscheinung getreten; in Mendelssohns Achtung konnte er dadurch nur noch weiter sinken. An den Vater schreibt er kurz nach seiner Ankunft in der französischen Metropole am 16. September 1831:

[…] umso mehr, als ich vorher, etwas herunter gewesen war, und Heines neue Nachträge gelesen hatte, die so viel elende Infamien und soviel leere Niederträchtigkeit enthalten, daß einem die Worte widrig werden, die so etwas ausdrücken können. Er ist so ohne Gesinnung, daß er sich sogar schrauben muß, um grundgemein zu sein. Und doch hatte er so großes Talent; es ist tief traurig.[48]

Bezeichnend für die extrem gegensätzlichen Ansichten, die die beiden Künstler über Paris hegten, ist auch die stark divergierende Reaktion auf die sozialrevolutionäre Doktrin der Saint-Simonisten: Heine hatte sich schon vor seiner Pariser Zeit für die Lehre des Comte de Saint-Simon begeistert, wurde zwar nie regelrechter Anhänger, sympathisierte aber mit vielen Aspekten der Lehre zumindest zeitweise sehr stark, vor allem in den ersten Jahren nach seiner Übersiedelung nach Paris.[49] Für Mendelssohn hingegen verkörperten die Saint-Simonisten alles, was ihm zutiefst widerstrebte: Sie waren revolutionär, autoritär, hedonistisch, traten mit großem Selbstbewusstsein und einem hochtrabenden Allgemeinheitsanspruch auf und – was am schlimmsten war – sie versuchten ihn selbst für ihre Zwecke einzuspannen: »Es ist ein schlimmes Zeichen für den Zustand der Gemüther hier, dass eine solche monströse Idee in ihrer abschreckenden Prosa entstehen konnte.«[50]

Auch die sehr unterschiedlichen Reaktionen auf den Plan ihres gemeinsamen Freundes Ferdinand Hiller, sich dauerhaft in Paris niederzulassen und dort als Komponist zu wirken, sind einigermaßen aufschlussreich. Ein Konzert, das Hiller dort am 4. Dezember 1831 gegeben hatte, war auf begeisterte

Zustimmung gestoßen, und Heine selbst schreibt in einer Rezension vom 11. Dezember (»F. Hillers Conzert«):

> Indessen Künstler von wahren und entschiedenen Fähigkeiten machen sich in Paris schneller als an andern Orten geltend; sobald sie irgend Bedeutendes zum Vorschein gebracht, kommt ihnen ungesäumt die öffentliche Meinung entgegen, unterstützt und fördert sie, und so war für F. Hiller dies eine Conzert hinreichend, ihm den Ruf eines genialen jungen Komponisten zu gewinnen, der Ausgezeichnetes schon geleistet hat und von welchem das Hervorragendste zu erwarten steht. (DHA XII, 291)

Auch die Besprechung der Stücke selbst ist äußerst positiv, und Hiller konnte sich hierdurch in seinen Überlegungen nur bestätigt fühlen. Mendelssohn hingegen war, gelinde gesagt, entsetzt über die Pläne seines Freundes; aus seinem Brief an Karl Klingemann geht hervor, dass er die musikalischen Verhältnisse in Paris ganz und gar anders einschätzte:

> [...] darum will ich auch mein Mögliches tun, den Hiller, der sich vornimmt ganz hier zu bleiben wieder nach Deutschland zu bereden. Er fühlt wohl, dass die anderen Herren hier sein Treiben und seine Gedanken nicht so recht beurteilen können, und so schreibt er dann hin, was ihm eben einfällt, fühlt, dass was Besseres darin ist, als in dem was die anderen machen, und würde ehe er sich es versähe ein Manierist werden, wenn er nicht zeitig genug wieder hinaus kommt, unter Menschen die die Musik auch kennen, die Meister auch verstehen, und die ihn tadeln und loben und weiterbringen. Denn er hat Talent und ist ein lebendiger, lustiger Kerl, um den wäre es schade, wenn er sich der Pariser Melancholie und der école allemande, die am Ende nichts bedeutet als Unsinn hingäbe [...]. Hat da eine Ouverture zu Faust geschrieben, die bei Gott so matt toll ist, wie sie nur je ein Franzose hätte machen können, der die deutsche »Schule« nachahmt, und eine Sinfonie, in der die hübschesten Sachen von der Welt vorkommen; das loben und tadeln ihm die Leute aber alles ohne Unterschied, da soll ein anderer nicht konfus werden.[51]

Heine seinerseits ließ keine Gelegenheit aus, um darauf hinzuweisen, dass Mendelssohns Musik gerade in Paris, dem Zentrum der zeitgenössischen Musikkultur, keinen Erfolg habe – »in Frankreich, im Lande der Ungläubigkeit, wo Herr Mendelssohn immer Fiasko gemacht hat« (DHA XIV, 14), wo ihm »kein Lorbeerkranz [...] hervorblühen will« (DHA XIV, 128). Mit typisch spitzer Zunge machte er – vielleicht nicht völlig zu Unrecht – auch für Mendelssohns eigene Abneigung gegen Paris die Tatsache verantwortlich, dass dessen Werke dort nicht denselben Erfolg hatten wie anderswo. Friedrich List erinnert sich: »Heine sagt mir aber, Herr Mendelssohn sei nicht gut auf Paris zu sprechen, weil er hier nicht so gut aufgenommen worden, als er erwartet habe.«[52] Das Pariser Publikum erkannte – so Heine – offenbar als einziges die wahren Schwächen der Mendelssohnschen Musik, die (ebenso wie der ganze

Mensch) gediegen, ernsthaft, talentiert, durchdacht und nicht ohne äußeren
Reiz sei, der aber die wahren Qualitäten großer Kunst fehlten: Inspiration und
Naivität. Über das Oratorium »Paulus« schreibt er folgendermaßen:

> Ich finde in talentlicher Beziehung eine große Aehnlichkeit zwischen Herrn Felix Mendels-
> sohn und der Mademoiselle Rachel Felix, der tragischen Künstlerinn. Eigenthümlich ist bei-
> den ein großer, strenger, sehr ernsthafter Ernst, ein entschiedenes, beynahe zudringliches An-
> lehnen an klassische Muster, die feinste, geistreichste Berechnung, Verstandesschärfe und end-
> lich der gänzliche Mangel an Naivetät. Giebt es aber in der Kunst eine geniale
> Ursprünglichkeit ohne Naivetät? Bis jetzt ist dieser Fall noch nicht vorgekommen. (DHA
> XIV, 15)

Und die spätere Rezension einer Aufführung der Dritten Symphonie op. 56,
der später so genannten »Schottischen«, befasst sich ebenfalls mit den prinzipiellen Qualitäten der Mendelssohnschen Musik:

> Mendelssohn bietet uns immer Gelegenheit, über die höchsten Probleme der Aesthetik nach-
> zudenken. Namentlich werden wir bey ihm immer an die große Frage erinnert: was ist der
> Unterschied zwischen Kunst und Lüge? Wir bewundern bey diesem Meister zumeist sein
> großes Talent für Form, für Stylistik, seine Begabniß sich das Außerordentlichste anzueignen,
> seine reitzend schöne Faktur, sein feines Eidechsenohr, seine zarten Fühlhörner und seine
> ernsthafte, ich möchte fast sagen passionirte Indifferenz. Suchen wir in einer Schwesterkunst
> nach einer analogen Erscheinung, so finden wir sie diesmahl in der Dichtkunst, und sie heißt
> Ludwig Tieck. Auch dieser Meister wußte immer das Vorzüglichste zu reproduziren, sey es
> schreibend oder vorlesend, er verstand sogar das Naive zu machen, und er hat doch nie etwas
> geschaffen was die Menge bezwang und lebendig blieb in ihrem Herzen. (DHA XIV, 128 f.)

Die von Heine getroffenen Bewertungen mussten Mendelssohn ins Mark treffen, da Originalität und »Wahrheit« die beiden zentralen Kategorien der Kunst
des 19. Jahrhunderts waren, die auch der Komponist für sich als gültig aner-
kannte. Infam scheint eine solche Kritik vor allem, da das Urteil über die
»Wahrheit« eines Kunstwerkes weder beweisbar noch widerlegbar ist; auf jeden Fall demonstrieren sie das absolute Unverständnis und auch die tiefe Antipathie Heines gegenüber der Mendelssohnschen Musik.

Angesichts dieser ausgeprägten persönlichen und künstlerischen Abneigung
Heines gegen Mendelssohn, die über sehr weite Strecken offensichtlich auf
Gegenseitigkeit beruhte, wirkt es mehr als verwunderlich, dass sich Mendelssohn seinerseits mit den Gedichten Heines sehr wohl auseinandersetzte, dass
er sich nicht nur hier und da eines vornahm, sondern dass er die Werke intensiv und während seines gesamten Schaffens immer wieder aufgriff und zu Liedern verarbeitete. Heine ist so im Schaffen Mendelssohns nicht nur ein Dichter unter vielen: Insgesamt zwölf Sololieder und Duette sind auf Texte von

Heine komponiert. Er ist damit von den großen Dichtern der Zeit der mit weitem Abstand am besten repräsentierte; stark vertreten sind daneben nur die beiden Liebhaberdichter und Freunde Mendelssohns, Karl Klingemann und Johann Gustav Droysen (mit zehn bzw. neun Vertonungen) und erst dann mit sieben Gedichten der väterliche Freund und Mentor Goethe. Bei den Chorliedern, die allerdings stärker auf »volkstümliche« Naturlyrik zurückgreifen, stehen zwar Eichendorff (10), Goethe (8) und Uhland (6) quantitativ vor Heine, aber insgesamt bleiben die Heine-Texte doch die meistvertonten im gesamten Œuvre. Die Gedichte desjenigen, der den Mendelssohns in politischen Ansichten, Auftreten und menschlichem Umgang so fern wie nur möglich schien, waren also gleichwohl eine außerordentlich starke Quelle der Inspiration – eine Tatsache, die auch Mendelssohn selbst nicht wenig irritierte. Diese Diskrepanz, die der Komponist zwischen dem von ihm verabscheuten Menschen und den teilweise durchaus schätzenswerten und inspirierenden Gedichten fühlte, wird am deutlichsten in einem seiner Briefe an den Düsseldorfer Theaterdirektor und guten Freund Heines, Karl Leberecht Immermann:

> Heine sehe ich selten, weil er ganz und gar in die liberalen Ideen oder in die Politik versenkt ist; er hat vor einiger Zeit 60 Frühlingslieder herausgegeben; mir scheinen nur wenige davon lebendig und wahr gefühlt zu sein, aber die wenigen sind auch prächtig. Haben Sie sie schon gesehen? Sie stehen in dem 2ten Bande der »Reisebilder«.[53]

Der ewig kritische Mendelssohn trennt natürlich sofort das, was ihm als Spreu erscheint, vom Weizen; aber selbst er muss zugeben, dass einige Gedichte Heines »prächtig« sind, ein sehr hohes Lob aus seinem Mund. Auch Fanny Hensel, die ja Heine ebenso wenig schätzte wie ihr Bruder, musste widerwillig anerkennen, dass der widerwärtige Mensch doch außerordentlich schöne Gedichte schreiben konnte:

> Sind Ihnen aber Heines Reisebilder aus Italien vorgekommen? Darin sind wieder prächtige Sachen. Wenn man ihn auch zehnmal verachten möchte, so zwingt er einen doch zum elftenmal zu bekennen, er sei ein Dichter, ein Dichter! Wie klingen ihm die Worte, wie spricht ihn die Natur an, wie sie es nur den Dichter tut.[54]

Durch beide Äußerungen klingt nicht nur der Widerwille hindurch, den wenig geschätzten Heine als Dichter anzuerkennen, sondern auch ein gutes Teil Überraschung. Die Mendelssohns hatten eine Erziehung genossen, in der strenge, konservative Erziehungsgrundsätze galten, in Sachen Kunst und Musik ebenso wie im moralisch-allgemeinmenschlichen Bereich: Es reichte nicht, ein guter Künstler zu sein, man musste auch ein guter Mensch sein. Für Abraham Mendelssohn galt demzufolge die Devise, dass ein schlechter Mensch auch kein wirklich herausragender Künstler sein konnte, und entsprechend schreibt er an seinen in London befindlichen Sohn:

> Das freut mich besonders, der ich in Dir immer mehr den Menschen, als den Künstler im Auge habe, ganz besonders, und gefällt mir auch an den Engländern. Es ist noch gar nicht lange her, daß bei uns ein Künstler, besonders ein Musiker, und ein trunkener Taugenichts gewönlich synonym waren; Gott lob', daß Du in einer Zeit lebst, wo man anfangt einzusehen, daß als Künstler der Mensch [nur] soviel taugen kann, als er als Mensch taugt. Erhalte Dich drin [...].[55]

Und bezeichnenderweise setzt Abraham diese Exposition seines Kunstprinzips fort mit seiner bereits zitierten Kritik an Heine.[56] Offenbar war dieser genau das Beispiel für einen solchen moralisch verwerflichen Künstler, und auch Mendelssohn hatte ja bei Heine die »Gesinnungslosigkeit« gegen das »Talent« gestellt. Eine solche Einheit von Mensch und Künstler zu postulieren ist zugegebenermaßen etwas naiv, und Mendelssohn musste in seinem Leben noch mehrfach feststellen, dass die Wirklichkeit nicht immer ganz diesen Vorstellungen entsprach. Dies führte bisweilen zu erheblichen Verunsicherungen, nicht nur wie im Fall von Heine, wo ein schlechter Mensch gute Kunst produzierte, sondern öfter noch im umgekehrten Fall, wenn von ihm persönlich geschätzte Menschen, gute Bekannte oder sogar Freunde, etwas komponierten, das er trotz aller Sympathie eben nicht anerkennen konnte – ein solcher Fall ist zum Beispiel Louis Spohr:

> Dann machte mich Spohr befangen; er hatte mir den Morgen sein neues Oratorium vorgesungen, ohne daß mir warm dabey geworden wäre, und da denke ich immer, es müßte ihm bey meinen Sachen noch schlimmer gehn, sie müßten ihm mißfallen denn er schreibt doch seine Ueberzeugung hin, das muß doch wahr seyn, und lügt nicht dem Publikum zu Liebe; drum bin ich ihm auch gut, obgleich ich das Wenigste von seiner Kirchenmusik und gar keine enharmonische Verwechslung leiden kann.[57]

Ein anderes Beispiel ist die Bekanntschaft mit Hector Berlioz, den Mendelssohn in Rom kennen gelernt und mit dem er dort viel Zeit verbracht hatte. Er war von Berlioz persönlich sehr angetan und schätzte seine Gesellschaft in Rom ausgesprochen; andererseits fand er seine Musik regelrecht abstoßend, minderwertig, widerwärtig: »Nun solltet Ihr aber Berlioz kennen mit seiner Musik! Der macht mich förmlich traurig, weil er ein wirklich gebildeter, angenehmer Mensch ist, und so unbegreiflich schlecht componirt.«[58] Die Diskrepanz zwischen Mensch und Kunst ist so wiederum ein Abweichen von der Norm bzw. dem Ideal, ein »komischer Contrast«. Mendelssohn musste zwar zunehmend einsehen, dass die Welt diesem Ideal, das er aus dem Elternhaus mit ins Leben genommen hatte, nicht entsprach – so recht abfinden mochte er sich damit aber nie: »Man möchte zuweilen mismuthig werden, wenn man die vielen schlechten Talente mit dem sehr edeln Streben, und die vielen guten mit dem sehr gemeinen sieht«.[59]

Es würde zu weit führen, in diesem Rahmen die musikalische Reaktion Mendelssohns auf Heine im Detail zu untersuchen; einige allgemeine Beobachtungen sollen jedoch verdeutlichen, wie stark Mendelssohn trotz allem auf die Gedichte – oder zumindest auf einige Gedichte – Heines reagierte, wie er ohne Ansehen der Person dessen Textvorlagen zu einigen der beeindruckendsten seiner Liedschöpfungen überhaupt verarbeitete. Denn die Aufmerksamkeit, die er Heine zuteil werden ließ, ist nicht nur – wie erwähnt – rein quantitativ beachtlich; sie fällt größtenteils in das reifere und fortgeschrittenere Liedschaffen des Komponisten. Es ist vielleicht auch kein Zufall, dass die Mehrzahl der Heine-Lieder auch tatsächlich Aufnahme in die von Mendelssohn selbst veröffentlichten Liedopera fand, die er immer aus Liedern verschiedenster Entstehungszeiten zusammenstellte und für die er – zumal nach den beiden frühen Opera 8 und 9 – sehr streng auswählte. Nur vier der Lieder bleiben unveröffentlicht; eines davon findet noch Aufnahme in die postume Sammlung op. 86, die 1851 erschien und an der Mendelssohn selbst nicht mehr mitgewirkt hatte. Während in den ersten beiden Liedopera op. 8 und 9 überhaupt nur ein Lied von Heine erscheint – »Verlust«, das in Wirklichkeit von seiner Schwester Fanny stammt –, stehen die Heine-Texte in den 1830er Jahren dann dezidiert im Vordergrund: Die Opera 19, 34 und 47 enthalten nicht weniger als fünf Heine-Vertonungen (unter insgesamt 18 Liedern), kein anderer Dichter erfährt in dieser Zeit auch nur annähernd dieselbe Aufmerksamkeit. Auch die drei unveröffentlicht gebliebenen Heine-Lieder und die drei Duette stammen aus dieser Schaffensperiode.

Verständlicherweise zog Mendelssohn für seine Lieder, die ja gewissermaßen für das »gutbürgerliche« Publikum bestimmt waren, unter den Gedichten Heines nicht die satirische, geschweige denn die politische Lyrik vor, die in seinen Augen auch überhaupt nicht zu einer musikalischen Vertonung taugte. Dennoch ist die Bandbreite relativ groß: Neben reiner romantischer Liebeslyrik (»Auf Flügeln des Gesanges« op. 34,2 und »Morgengruß« op. 47,2, auch das postum erschienene »Allnächtlich im Traume seh' ich dich« op. 86,4) stehen einfachste Volkslieder (»Leise zieht durch mein Gemüth« op. 19,5) und erzählend-balladenhafte Gedichte (»Neue Liebe« op. 19,4 und »Reiselied« op. 34,6). Vor allem im letztgenannten Typus geht Mendelssohn so stark auf den Text ein, dass er den sonst von ihm bevorzugten Typus des variierten Strophenliedes weitergehend durchbricht als anderswo und die Verse sehr expressiv, nahezu tonmalerisch vertont. Im »Reiselied« schließt er gar mit einer typisch Heineschen ironischen Wendung: Am Ende einer fast erlkönighaften Irrfahrt meldet sich der Wald selbst in Gestalt eines Eichenbaumes zu Wort (die Musik »raschelt« dazu), und es stellt sich heraus, dass das Ganze nur ein Traum war.[60] Andere Lieder beziehen ihren Reiz aus ihrer fast überbetonten Schlichtheit, wie »Leise zieht durch mein Gemüth«, das überhaupt nur fünfzehn Takte umfasst, oder aus ihrer wie selbstverständlich schwingenden Melodik wie »Auf Flügeln des Gesanges«. In jedem Fall demonstriert das sehr enge Verhältnis der Art der Vertonung zur Art der Vorlage, wie bewusst Mendelssohn die Texte auswählte und wie unmittelbar ihm bei diesen Gedichten die Worte zu Musik wurden.

Nicht zuletzt die Heine-Lieder waren es auch, die Mendelssohn als Liedkomponisten im In- und Ausland berühmt machten: An allererster Stelle zu nennen sind hier wiederum »Leise zieht durch mein Gemüth« und »Auf Flügeln des Gesanges«, das vor allem im angelsächsischen Raum geradezu zum Inbegriff Mendelssohnscher Liedkunst und des deutschen Kunstliedes überhaupt wurde.[61] Noch 1974 trägt eine Mendelssohn-Biographie den Titel »On Wings of Song«[62], und George Grove schreibt in der ersten Ausgabe seines »Dictionary«: »His Songs may be said to have introduced the German *Lied* to England.«[63] In der Tat erschienen gerade in England schon zu Lebzeiten des Komponisten und in den darauffolgenden Jahrzehnten unzählige Einzel- und Sammelausgaben mit Mendelssohn-Liedern; schon Königin Viktoria hatte bei Mendelssohns Besuch in England 1842 dessen Lieder gesungen[64], und eine ganze Nation machte es ihr nach. Und wieder war es vor allen anderen das Heine-Lied »Auf Flügeln des Gesanges«, das in der Beliebtheit schon rasch ganz an der Spitze stand und diese Stellung seither auch behauptet hat[65]; Günter Metzner zählt in seiner Bibliographie der Heine-Vertonungen nicht weniger als 47 Ausgaben des Liedes, einzeln und in Sammlungen, daneben 29 Bearbeitungen für Chor und 145 (!) für Klavier und andere Instrumente; fast ohne Ausnahme sind alle diese Ausgaben in Großbritannien und den USA erschienen.[66] Kein anderer Text des Dichters erreichte im englischsprachigen Raum auch nur annähernd diese Verbreitung. In absoluter Anzahl der Ausgaben und Bearbeitungen eines Heine-Gedichtes war nur Friedrich Silchers »Loreley«-Vertonung populärer; hier stammt der überwiegende Teil der Editionen aus Deutschland, wo »Auf Flügeln des Gesanges« nie im selben Maße Fuß fassen konnte. Die Heine-Begeisterung, die in England in der zweiten Hälfte des 19. Jahrhundert einsetzte, geht so möglicherweise nicht zuletzt auf die Popularität der Vertonungen durch Mendelssohn zurück. Heine selbst konnte der

Vertonung von »Auf Flügeln des Gesanges« allerdings wenig abgewinnen – Charles Halle erinnert sich, nachdem er Heine das Lied vorgesungen hatte: »Great was my astonishment [...] when at the conclusion he said in a disappointed tone: ›There is no melody in it.‹ As there is nothing but melody in it, we long puzzled over the riddle [...]«.[67]

Unter den Chorliedern fällt vor allem eine aus drei Stücken bestehende Gruppe ins Auge, die wie »Auf Flügeln des Gesanges« 1834 entstand und die als op. 41,2–4 eine Art Miniaturzyklus bildet, ein bei Mendelssohn eher seltenes Phänomen. Passend zur populären Gattung der Chorlieder (»im Freien zu singen«, wie der Komponist die Opera selbst betitelte) wählte er drei volksliedartig-naturhafte Gedichte aus: Die drei schon von Heine so genannten »Volkslieder« werden von Mendelssohn im Autograph als »Liebesgeschichte« bezeichnet und beschreiben das unglückliche Schicksal eines Liebespaars, das gemeinsam flieht (»Entflieh mit mir und sey mein Weib«), allein in der Welt umherirrt (»Es fiel ein Reif in der Frühlingsnacht«) und deren Grab am Schluss von einem neuem Liebespaar besungen wird (»Auf ihrem Grab da steht eine Linde«).[68] Auch hier gehört eines der Lieder – »Es fiel ein Reif« – zu den absolut bekanntesten und bedeutendsten Chorliedern des Komponisten. Sowohl der Text als auch die Vertonung scheinen perfekte Verkörperungen der romantischen Natur- und Liebeslyrik auf engstem Raum, der Text in seiner Verwendung einer großen Anzahl der gängigen romantischen Symbole und Chiffren (die »Frühlingsnacht«, das »Blaublümelein«, die Flucht des unglücklichen Liebespaares und der am Ende stehende Tod), die Musik durch extreme Einfachheit, vor deren Hintergrund die sparsamen, aber sehr gezielt eingesetzten dynamischen und expressiven Mittel um so wirkungsvoller erscheinen.

Man kann abschließend nur konstatieren, dass die persönlichen und künstlerischen Reaktionen Mendelssohns und Heines aufeinander nicht im selben Verhältnis stehen. Im persönlichen Bereich blieb die Beziehung angesichts der ausgeprägten gegenseitigen Abneigung marginal: Keiner der beiden zeigte am anderen irgendein größeres Interesse, die Begegnungen in Berlin und Paris sind selten, man ging sich aus dem Weg, so weit es eben möglich war. Auch die wechselseitigen Kommentare sind einerseits scharf oder spöttisch, andererseits aber auch wenig zahlreich. Das künstlerische Verhältnis ist dagegen ungleichgewichtig: Die Kritiken Heines am Werk Mendelssohns und an dem, wofür dieser als Künstler seiner Meinung nach stand, lassen zwar an Schärfe nichts zu wünschen übrig, aber es handelt sich doch nur um zwei längere Rezensionen und einige gelegentliche Seitenhiebe. Gemessen am sehr umfangreichen kritischen – auch musikkritischen – Gesamtwerk bleibt Mendelssohn eine Randfigur; Personen wie Berlioz, Chopin, Meyerbeer, Rossini erhalten ungleich mehr Aufmerksamkeit. Mendelssohn war für Heine letztlich nur ein zwar begabter, aber nicht wirklich bedeutender preußischer Kapellmeister, den es aus persönlichen oder politischen Gründen ein wenig zurechtzustutzen galt. Aus dem Schaffen Mendelssohns dagegen ist Heine nicht wegzudenken: Obgleich ihm nicht nur die Person des Dichters, sondern auch alles, wofür dieser stand und der weitaus überwiegende Teil seines Œuvres zutiefst zuwider waren, reichte doch die Inspirationskraft einiger weniger Gedichte aus, um Heine als Dichter in das Zentrum des Mendelssohnschen Liedschaffens und dadurch auch in das Zentrum der Mendelssohn-Rezeption zu rücken.

Anmerkungen

[1] Die gelegentlich in der Literatur zu findende Behauptung, die Ehefrau von Mendelssohns Bruder Paul, Albertine Heine, sei eine Kusine Heinrich Heines, ist dagegen unzutreffend.

[2] Vgl. Moscheles' Leben. Nach Briefen und Tagebüchern herausgegeben von [Charlotte Moscheles]. Leipzig 1872, Bd. I, S. 93 ff.

[3] Vgl. ebd., S. 206.

[4] Vgl. ebd., S. 246.

[5] Felix Mendelssohn Bartholdy: Briefe an Ignaz und Charlotte Moscheles. Hrsg. von Felix Moscheles. Leipzig 1888.

[6] Vgl. Moscheles' Leben [Anm. 2], S. 179–182; Gerhard Weiß: Heines Englandaufenthalt (1827). – In: HJb 1963, S. 6–9.

[7] Moscheles' Leben [Anm. 2], S. 181.

[8] Ebd., S. 181 f.

[9] Siehe hierzu auch die bisher einzige etwas eingehendere Untersuchung zum Verhältnis Heine-Mendelssohn, Joseph A. Kruse: Mendelssohn und Düsseldorf – nebenbei eine Frage der Literatur. – In: Felix Mendelssohn Bartholdy – Repräsentant und/oder Außenseiter? Fünf Vorträge zu den »Kasseler Musiktagen 1991«. Hrsg. von Leo Karl Gerhartz. Kassel 1993, S. 41–54, hier bes. S. 47–54.

[10] DHA XV, 55.

[11] Sebastian Hensel: Die Familie Mendelssohn. Berlin 1879, Neudruck Frankfurt/Leipzig 1995, S. 127 f.

[12] Vgl. Thomas Christian Schmidt: Die ästhetischen Grundlagen der Instrumentalmusik Felix Mendelssohn Bartholdys. Stuttgart 1996, S. 23–25.

[13] Vgl. ebd., S. 209–212.

[14] Vgl. Eric Werner: Mendelssohn. Leben und Werk in neuer Sicht. Zürich/Freiburg 1980, S. 266–268.

[15] Einsegnungsbrief von Abraham Mendelssohn an seine Tochter Fanny, 1820 (Hensel [Anm. 11], S. 120 f.).

[16] Vgl. z. B. Thomas Nipperdey: Deutsche Geschichte 1800–1866. Bürgerwelt und starker Staat. München ⁶1993, S. 248 ff.

[17] Vgl. William A. Little: Mendelssohn and the Berlin Singakademie. The Composer at the Crossroads. In: Mendelssohn and his World. Hrsg. von R. Larry Todd. Princeton 1991, S. 65–85,

bes. S. 78 f. Little argumentiert allerdings überzeugend, dass die Hauptgründe für die Wahl Rungenhagens wohl dessen Alter, seine Erfahrung als langjähriger Assistent Zelters und der allgemeine Konservatismus der Akademiemitglieder waren.

[18] Zu Mendelssohns Judentum vgl. vor allem Werner: Mendelssohn [Anm. 14], S. 54–67, der allerdings die inneren religiösen Konflikte Mendelssohns und den Einfluss des Judentums auf seine Musik wohl überschätzt. Vgl. daneben auch Leo Botstein: The Aesthetics of Assimilation and Affirmation. Reconstructing the Carreer of Felix Mendelssohn. – In: Mendelssohn and his World [Anm. 17], S. 16–25.

[19] Vgl. Wolfgang Hädecke: Heinrich Heine. Eine Biographie. München/Wien 1985, S. 187.

[20] Vgl. ebd., S. 186 f.

[21] Vgl. ebd., S. 124–126.

[22] So in einem Brief an Ferdinand Lassalle vom 11. Februar 1846; HSA XXII, 194.

[23] Vgl. Kruse [Anm. 9], S. 52 f., der darauf hinweist, dass Heine selbst aufgrund seiner jüdischen Herkunft vergleichbaren Anfeindungen ausgesetzt war.

[24] DHA XIV,13. Heine gibt Mendelssohns Alter bei dessen Taufe – absichtlich? – allerdings falsch an; in Wirklichkeit war Mendelssohn bei seiner Konversion im Jahr 1816 erst sieben Jahre alt. Möglicherweise verwechselt Heine aber auch nur das Taufdatum Mendelssohns mit dem von dessen Eltern, die erst 1822 (als Felix tatsächlich dreizehn Jahre alt war) zum Christentum übertraten.

[25] »Die Verächter italienischer Musik, die auch dieser Gattung den Stab brechen, werden einst in der Hölle ihrer wohlverdienten Strafe nicht entgehen, und sind vielleicht verdammt, die lange Ewigkeit hindurch nichts anderes zu hören, als Fugen von Sebastian Bach.« Aus: »Reise von München nach Genua« (1828), DHA VII/1, 48; vgl auch Gerhard Müller (Hrsg.): Heinrich Heine und die Musik. Leipzig und Köln 1987, S. 17.

[26] Vgl. Karl Klingemann (Hrsg.): Felix Mendelssohn-Bartholdys Briefwechsel mit Legationsrat Karl Klingemann. Essen 1909, passim.

[27] Vgl. Werner: Mendelssohn [Anm. 14], S. 105 f., 360.

[28] So schrieb Mendelssohn z. B. nach der Veröffentlichung der »Vier Fragen, beantwortet von einem Ostpreußen« des radikalliberalen Königsberger Arztes Johann Jacoby, die sofort verboten und deren Verfasser des Hochverrats angeklagt worden war, an seinen Bruder Paul: »Ich habe sie nun zweimal mit der größten Aufmerksamkeit durchgelesen und stimme mit Dir überein, daß es ein höchst merkwürdiges Zeichen der jetzigen Zeit in Preußen ist, daß man nichts wahreres aufrichtigeres und ruhigeres in Haltung und Fassung wünschen kann, und daß dergleichen noch vor einem Jahre nicht hätte vorkommen können. Indeß ist die Schrift verboten [...].« Brief vom 3. März 1841. – In: Paul und Carl Mendelssohn (Hrsg.): Briefe aus den Jahren 1830 bis 1847 von Felix Mendelssohn Bartholdy. Leipzig ⁵1882, Bd. II, S. 184.

[29] Vgl. Werner: Mendelssohn [Anm. 14], S. 105.

[30] Mendelssohns Jugendfreund Eduard Devrient erinnert sich aus die Zeit vor der Pariser Julirevolution im Jahr 1830 an Diskussionen im Mendelssohnschen Familienkreis: »Die politische Gährung, welche im Juli des nächsten Sommers in Paris explodieren sollte, beschäftigte vielfach das Gespräch. Hensel [d. h. der preußische Hofmaler Wilhelm Hensel, der Mann von Mendelssohns Schwester Fanny] machte durch seine hyperloyalen Aeußerungen Felix oft ungeduldig, einmal hörte ich ihn mit ungewohnter Heftigkeit ausrufen: ›Aber Hensel, nimm doch auf Deinen radicalen Schwager etwas mehr Rücksicht!‹ Ja selbst mit seines Vaters weitschauenden Ansichten über die politische Entwicklung Europas war er damals unzufrieden. ›Es ist zum Erschrecken, was der Vater für ein Justemiliist ist!‹ war die einzige mäkelnde Aeußerung, die ich jemals von seinen Lip-

pen über den Vater gehört.« Eduard Devrient: Meine Erinnerungen an Felix Mendelssohn-Bartholdy und Seine Briefe an mich. Leipzig 1869, S 99 f. Noch 1842 schrieb Mendelssohn – wieder halb scherzhaft entschuldigend – nach einem langen Bericht über seinen Empfang bei Königin Victoria in London an seine Mutter: »[...] aber wenn mich nun Dirichlet [sein dezidiert liberaler Schwager] für ein Aristokrätchen hält, wegen der langen Beschreibung, so schwöre ich, ich sei mehr radikal als je [...].« (Brief an Lea Mendelssohn vom 19. Juli 1842; Hensel [Anm. 11], S. 652).

³¹ »Dabei bleibt aber alles beim Alten, und darum ist es eben trostlos und unverbesserlich, und darum ist die ganze Stadt [Berlin] nichts als ein Auswuchs und ein Hemmschuh für alles übrige Deutsche.« Aus einem Brief an den Historiker Johann Gustav Droysen, 2. März 1844. – In: Carl Wehmer (Hrsg.): Ein tief gegründet Herz. Der Briefwechsel Felix Mendelssohn-Bartholdys mit Johann Gustav Droysen. Heidelberg 1959, S. 90. Vgl. auch einen Brief an Lea Mendelssohn vom 27. Oktober 1840 (Mendelssohn, Briefe aus den Jahren 1830 bis 1847 [Anm. 28], Bd. II, S. 158 f.).

³² Eduard Devrient erinnert sich an Mendelssohns zunehmend skeptische Sicht der wachsenden politischen Unruhen im Verlauf der 1840er Jahre: »Die politische Gährung jener Zeit war ihm besonders verdrießlich; er hing sich an jeden ihrer, freilich zahlreichen Auswüchse, um Unheil davon zu verkünden. Er, der als Jüngling sich einen Radicalen nannte, der noch vor fünf Jahren über Jacoby's ›Vier Fragen‹ gejauchzt und sich in patriotischer Ekstase geäußert, war nun tief innerlich verletzt und gestört durch das, was jene ersten Befreiungssignale hervorgerufen hatten. Weil ihm die Stimmführer mißfielen, mißfiel ihm die Bewegung, er wollte, die Dinge sollten sich durch berufsmäßige Autoritäten umgestalten.« (Devrient [Anm. 30], S. 276 f.). Im Zusammenhang mit der Kunst drückt Mendelssohn seine ganz ähnliche Einstellung zu Reformen in einem Brief an seine Schwester Rebecka so aus: »Sieh, ich meine zwischen Reform, Reformiren und Revolution u. s. w. sei ein großer Unterschied. Reformen sind das, was ich in allen Dingen, im Leben und in der Kunst und in Politik, und in Straßenpflaster und Gott weiß wo nicht, wünsche und liebe; denn eine Reform ist lediglich gegen Mißbräuche negativ und schafft nur das weg, was im Wege steht; ein Umschwung aber, durch welchen das was früher gut war (wirklich gut war) nun nicht mehr so ist oder sein soll, ist mir das Allerunausstehlichste und ist eigentlich nur die Mode.« Brief an Rebecka Mendelssohn-Dirichlet, 23. Dezember 1834; Mendelssohn, Briefe aus den Jahren 1830 bis 1847 [Anm. 28], Bd. II, S. 45 f. Vgl. hierzu auch Georg Knepler: Musikgeschichte des 19. Jahrhunderts. Berlin 1961, Bd. II, S. 759 f.

³³ Brief an Julius Schubring, 27. Februar 1841; Mendelssohn, Briefe aus den Jahren 1830 bis 1847 [Anm. 28], Bd. II, S. 182.

³⁴ HSA XX, 385.

³⁵ Vgl. zu Heines Rezeption der englischen Politik Weiß [Anm. 6], S. 10–14; auch Terence James Reed: Unerwiderte Abneigung: Heine und England. – In: »Ich Narr des Glücks«. Heinrich Heine 1797–1856. Bilder einer Ausstellung. Hrsg. von Joseph A. Kruse, Stuttgart/Weimar 1997, S. 230–234.

³⁶ Unveröffentlichter Brief, New York Public Library. Börne und Heine hatten sich zwar zu diesem Zeitpunkt bereits voneinander distanziert, polemisierten sogar heftig gegeneinander, aber die politische und literarische Haltung der beiden stellte sich aus Mendelssohns Sicht nach wie vor sehr ähnlich dar.

³⁷ Vgl. die Briefe an Abraham Mendelssohn vom 30. Oktober 1835 und an Rebecka Mendelssohn-Dirichlet vom 13. November 1835 (beide unveröffentlicht, New York Public Library).

³⁸ Brief an Rebecka Mendelssohn-Dirichlet, 13. November 1835 (unveröffentlicht, New York Public Library).

[39] Brief an Ignaz Moscheles, 7. Februar 1835, Briefe an Ignaz und Charlotte Moscheles [Anm. 5], S. 111f.; vgl. auch Schmidt [Anm. 12], S. 200–205.

[40] Vgl. vor allem die Rezensionen des »Paulus« im Vergleich mit Rossinis »Stabat Mater« in »Lutezia« XLIII [1842] (DHA XIV, 11–15) und der Dritten Symphonie a-moll op. 56 (später die »Schottische« genannt) in »Musikalische Saison von 1844. Erster Bericht« (DHA XIV, 127–129).

[41] Renate Federhofer-Königs: Der unveröffentlichte Briefwechsel Alfred Julius Becher (1803–1848) und Felix Mendelssohn Bartholdy (1809–1847). – In: Studien zur Musikwissenschaft. Beihefte der Denkmäler der Tonkunst in Österreich 41. 1992, S. 72.

[42] Brief von Fanny Hensel an Karl Klingemann, 22. März 1829; Hensel [Anm. 11], S. 240.

[43] Devrient [Anm. 30], S. 40.

[44] Unveröffentlichter Brief von Abraham Mendelssohn an seinen Sohn Felix, 23./24. Juni 1829 (Oxford, Bodleian Library, Sammlung M. Deneke Mendelssohn, »Green Books« I, 62). Das Original ist streckenweise kaum entzifferbar – einige Worte sind daher sinngemäß erschlossen.

[45] Vgl. Schmidt [Anm. 12], S. 24–28.

[46] Devrient [Anm. 30], S. 40f.

[47] »Ich hoffe hier die Vaterstadt der Musik, der Musiker, und des musikalischen Geschmacks zu finden, und meiner Treu, so ist's nicht. Die Salons [...] sind ennujant, lieben nichts, als frivole Musik, und Coquetterien, und nichts Ernstes und Solides. Die Orchester [...] sind recht gut, aber keineswegs vortrefflich, und endlich die Musiker selbst sind theils vertrocknet, theils schimpfen sie wie Rohrsperlinge auf Paris und Pariser«. So berichtet Mendelssohn bereits von seinem ersten Besuch 1825 aus der französischen Metropole in einem Brief an seine Mutter Lea vom 6. April 1825. – In: Rudolf Elvers (Hrsg.): Felix Mendelssohn Bartholdy, Briefe. Frankfurt 1984, S. 42.

[48] Unveröffentlichter Brief an Abraham Mendelssohn und die Familie, 16. September 1831 (New York Public Library).

[49] Vgl. Hädecke [Anm. 19], S. 289–294; auch den Kommentar in DHA XII, 511–519.

[50] Vgl. Ralph P. Locke: Mendelssohn's Collision with the Saint-Simonians. – In: Mendelssohn and Schumann. Essays on Their Music and Its Context. Hrsg. von Jon W. Finson und R. Larry Todd. Durham 1984, S. 109–122; Zitat auf S. 120.

[51] Brief an Karl Klingemann, 20. Dezember 1831; Klingemann [Anm. 26], S. 88.

[52] Friedrich List an Karoline List, 4. Dezember 1837; Werner I, S. 358.

[53] Brief vom 11. Januar 1832; Mendelssohn: Briefe aus den Jahren 1830 bis 1847 [Anm. 28], Bd. I, S. 230f.

[54] Brief an Karl Klingemann, 22. März 1829; Hensel [Anm. 11], S. 240.

[55] Unveröffentlichter Brief vom 23./24. Juni 1829 (Oxford, Bodleian Library, Sammlung M. Deneke Mendelssohn, »Green Books«, I, 62).

[56] S. o. Anm. 46.

[57] Brief an Franz Hauser, 1. November 1834 (D-B2, MA Nachlass 7,10).

[58] Brief an Lea Mendelssohn, 1./15. März 1831. – In: Peter Sutermeister (Hrsg.): Felix Mendelssohn Bartholdy, Briefe einer Reise und Lebensbild. Zürich 1958, S. 119f. – Auch in anderen Briefen an seine Familie macht Mendelssohn seiner Verwunderung über das Phänomen Berlioz Luft: »Wir spielten dann seine Symphonie [...] ›episode de la vie d'un artiste‹ [die »Symphonie Phantastique«] und zu der ein gedrucktes Programm ausgetheilt wird, wie der arme Künstler im letzten Satz zum Teufel fährt, wahrend die Zuhoerer schon längst desselben werden möchten – nun da haben alle Instrumente den Katzenjammer und vomiren Musik und man wird sehr unglücklich dabey, und doch ist er ein sehr angenehmer Mensch und spricht gut und hat feine Ideen, und man muß ihn liebgewinnen.« (An Abraham Mendelssohn, 12. März 1831, New York Public

Library). Und etwas später: »Wenn man die zwei Leute nebeneinander sieht, so ist es wie ein Lust- oder Trauerspiel, wie man will: Berlioz verzerrt, ohne einen Funken Talent, im Finstern herum- tappend, [...] und Montfort, der seit drei Monaten an einem kleinen Rondo auf ein portugiesisches Thema arbeitet, alles recht nett und brillant und nach der Regel zusammensetzt, [...] dazwischen dann mich, der ich Berlioz todtbeißen möchte, bis er auf einmal wieder über Glück schwärmt, wo ich dann einstimmen muß, und der ich doch mit beiden gern spazieren gehe, weil es die einzigen Musiker hier und sehr angenehme, liebenswürdige Leute sind – das macht alles den komischsten Contrast.« (An Abraham Mendelssohn, 29. März 1831; Sutermeister, S. 124).

⁵⁹ Brief an Ferdinand David, 30. Juli 1838. – In: Hans-Joachim Rothe und Reinhard Szeskus (Hrsg.): Felix Mendelssohn Bartholdy, Briefe aus Leipziger Archiven. Leipzig 1972, S. 143.

⁶⁰ Eine ausführliche Interpretation des »Reiseliedes« findet sich bei Douglass Seaton: The Pro- blem of the Lyric Persona in Mendelssohn's Songs. – In: Felix Mendelssohn Bartholdy. Kongreß- Bericht Berlin 1994. Hrsg. von Christian Martin Schmidt. Wiesbaden u.a. 1997, S. 167–186, hier S. 173 f.

⁶¹ Werner: Mendelssohn [Anm. 14], S. 413.

⁶² Wilfrid Blunt: On Wings of Song. A Biography of Felix Mendelssohn. London/New York 1974.

⁶³ George Grove: Mendelssohn. – In: Ders.: A Dictionary of Music and Musicians. London 1880, Bd. II, S. 253–310, hier S. 303.

⁶⁴ Mendelssohn berichtet hierüber in Briefen an seine Familie; vgl. Hensel [Anm. 11], S. 649–651.

⁶⁵ Vgl. auch den Kommentar in DHA XIV, 620 f.; genannt werden als außerordentlich verbrei- tete Heine-Vertonungen auch »Leise zieht durch mein Gemüth«, Silchers »Loreley« und Schu- manns »Du bist wie eine Blume«.

⁶⁶ Günter Metzner: Heine in der Musik. Tutzing 1990, Bd. V, S. 456–462.

⁶⁷ Werner I, S. 413.

⁶⁸ Vgl. Douglass Seaton: The Cycles of Mendelssohn's Songs. Vortrag gehalten auf dem Kon- gress »The Mendelssohns at the Millennium«, Bloomington /Illinois (USA), März 1997, Kon- gressbericht Oxford in Vorbereitung.

III.

»Un monument manqué« –
Der Elefant auf der Place de la Bastille

Von Achim Hölter[1]

Und da war es aus Gips[2]

> Il y a vingt ans, on voyait encore dans l'angle sud-est de la place de la Bastille près de la gare du canal creusée dans l'ancien fossé de la prison-citadelle, un monument bizarre qui s'est effacé déjà de la mémoire des parisiens, et qui méritait d'y laisser quelque trace, car c'était une pensée du »membre de l'Institut, général en chef de l'armée d'Egypte«.

So beginnt ein Kapitel in Victor Hugos monumentalem, 1862 erschienenem Roman »Les misérables« (4. Teil, 6. Buch, 2. Kapitel), in dem, wie die Überschrift ankündigt, »le petit Gavroche tire parti de Napoléon le Grand«.[3] Das »monument bizarre« ist ein gigantischer Elefant, in dem das gewitzte Straßenkind sein heimliches Quartier hat und die beiden umherirrenden Thénardier-Knaben übernachten lässt. – Gegenstand dieser Betrachtungen ist nicht die von Hugo erfundene Handlung, sondern allein das literarische Schicksal des nur noch Pariser Stadthistorikern bekannten verschwundenen Objekts samt einigen Überlegungen zur politischen Symbolik in dessen poetischen Reflexen. Die Einleitung von Hugos Kapitel setzt sich so fort:

> Nous disons monument, quoique ce ne fût qu'une maquette. Mais cette maquette elle-même, ébauche prodigieuse, cadavre grandiose d'une idée de Napoléon que deux ou trois coups de vent successifs avaient emportée et jetée à chaque fois plus loin de nous, était devenue historique, et avait pris je ne sais quoi de définitif qui contrastait avec son aspect provisoire. C'était un éléphant de quarante pieds de haut, construit en charpente et en maçonnerie, portant sur son dos sa tour qui ressemblait à une maison, jadis peint en vert par un badigeonneur quelconque, maintenant peint en noir par le ciel, la pluie et le temps. Dans cet angle désert et découvert de la place, le large front du colosse, sa trompe, ses défenses, sa tour, sa croupe énorme, ses quatre pieds pareils à des colonnes faisaient, la nuit, sur le ciel étoilé, une silhouette surprenante et terrible. On ne savait ce que cela voulait dire. C'était une sorte de symbole de la force populaire. C'était sombre, énigmatique et immense. C'était on ne sait quel fantôme puissant, visible et debout à côté du spectre invisible de la Bastille. (S. 755)

Christo und Jeanne-Claude versuchen in unserem Jahrhundert, Zeitlichkeit und Vergänglichkeit als Existenzbedingung von Kunst deutlich zu machen. Der Bastille-Elefant ist solch eine Plastik, die nur mehr in der Erinnerung ›lebt‹, und, mehr noch, die man kaum wahrnahm, solange sie existierte. Schon seine vordergründige Bestimmung war eine Ersatzleistung: Nachdem er das Vorhaben aufgegeben hatte, den Triumphbogen am ehemaligen Standort der Bastille zu errichten, wollte Bonaparte den Platz mit einer riesenhaften Fontäne in Form eben eines Elefanten schmücken; doch dazu kam es nicht.

Im Vorwort zur Anthologie »Avez-vous lu Victor Hugo?« heißt es 1952 bei Louis Aragon: »Le provisoire de Paris se survit par le fait de Victor Hugo. Jamais, sur la place de la Bastille, l'avenir, grâce à lui, n'oubliera qu'entre la prison abattue et la colonne de Juillet, il y eut un éléphant«.[4] Das Verdienst Hugos am Überleben wenigstens der Idee ist vermutlich nicht übertrieben, die Bemerkungen zu ihrer Berühmtheit sind indes widersprüchlich, wohl je nach Erwartung. Gemessen an seiner Bestimmung und gemessen an der Prominenz seines Standorts war der Elefant vergessen, eine von einstmals vielen Pariser Lokalberühmtheiten. Auswärtigen hingegen wurde er als Kuriosität empfohlen[5], die immerhin, wollten sie das Monument betreten, Eintrittskarten lösen mussten. Zuweilen hieß es gar, der Elefant »attire beaucoup d'étrangers«[6], doch relativiert sich seine Popularität schon durch den Mangel renommierter Karikaturen, wie man sie von Daumier, mindestens aber von Grandville erwartet hätte; oder das Fehlen von Daguerrotypien aus seinen Jahren. – Aus den zeitgenössischen Reiseführern können natürlich nur Beispiele zitiert werden, die sich wiederholen: Das »Manuel du voyageur à Paris«[7] kündigt 1813 nüchtern zum »schön gelegenen« Bastilleplatz an: »On y élève une fontaine sous la forme d'un éléphant.« 1814 notiert Louis Prudhomme in seinem »Voyage descriptif«[8]:

> Cette fontaine qui s'élève sur l'emplacement où posait la Bastille, d'après le décret de Buonaparte, doit être construite en pierre du Château-Landon, placée sur le canal au milieu de la place. Une voûte ou développement de cercle, construite en pierre dure de roche, doit porter l'éléphant, qui sera en bronze placé sur un socle; il aura plus de vingt-quatre mètres de hauteur, y compris la tour ou le trône qui sera supporté par cet animal. L'eau sortira par sa trompe. La figure de l'éléphant sera colossale: l'une de ses pates aura deux mètres de diamètre, dans laquelle sera pratiqué un escalier à vis pour monter à la tour. [...] Le plan de cette fontaine est de M. Célérier, M. Savoine [!] en est l'inspecteur.

Die »Zuverlässigkeit« der Angaben ist nicht selten an den variierenden Namensformen – richtig: Cellerier und Alavoine – der Beteiligten abzulesen. 1821 heißt es im »Nouveau conducteur« über die »fontaine colossale dite de l'éléphant«:

Le plan de cette fontaine n'est pas nouveau; un membre de l'académie de Béziers en proposa un plan en 1760 pour la barrière Chaillot. Un éléphant de trente-huit toises de haut, portant une tour de soixante-quinze pieds, surmonté de la statue du roi, de trente-deux pieds, la tête du roi couverte d'un chapeau à trois cornes, en habit à basques, boutonné, et ayant un couteau de chasse à son côté. L'intérieur était distribué ainsi: un vaste escalier dans une des jambes de l'éléphant, et dans son corps un appartement, tel que salle de bal, de festin, d'assemblée, du trône, ainsi que différentes pièces: de la trompe de l'éléphant devait découler un fleuve.

In diesem Bericht über einen älteren Plan, den »Célérier« sicher gekannt habe[9], ist das royalistische Wohlgefallen an dem einst königlichen Projekt deutlich spürbar. Ferner hieß es im »Guide de Paris« von 1822: »Les stupéfiantes dimensions de l'animal peuvent s'imaginer, quand on aura dit que la loge de l'escalier est contenue dans une des jambes«.[10] 1826 berichtet ein Honoré de Balzac zugeschriebenes »Dictionnaire des enseignes« von einem Weinhändler und Wirt Ecke Rue Saint-Antoine und Rue du Petit-Musc, dessen Lokal »A la Fontaine de l'Eléphant« hieß und dessen Ladenschild ironischerweise als Ersatz für den echten Elefanten gewertet wird: »En attendant que l'interminable éléphant de la Bastille soit éxécuté, le peintre de cette enseigne a cru pouvoir nous en donner l'idée.«[11] Im März 1833 berichtet der »Conducteur général de l'étranger à Paris«[12], inmitten des Platzes

devait jaillir une abondante fontaine ornée de la figure d'un éléphant colossal en bronze. Le quadrupède avec le trône qu'il devait porter, aurait eu 40 pieds de haut; on serait monté sur le monument par un escalier pratiqué dans une des jambes de l'éléphant. Ce projet, dont on voit encore le modèle en plâtre sur les lieux, est abandonné, et les connaisseurs applaudissent; il est hors de doute, en effet, qu'un éléphant, quelque bien imité qu'il fût, ne serait toujours qu' une grosse masse sans vie, sans grâce et sans proportions agréables.

Es scheint also, die Argumente gegen das Projekt, das über das sarkastische »interminable« den finalen Status »abandonné« erreicht hatte, waren weitgehend ästhetischer Art.

Eine der frühesten *nostalgischen* Erwähnungen ist die in einem großen toponomastischen Nachschlagewerk Mitte des 19. Jahrhunderts: »Au sud-est de la place de la Bastille, on voyait encore il y a quelques années un éléphant colossal, auquel se rattachaient quelques souvenirs de gloire.«[13] Präzise stand der Elefant dort, wo heute die Metrostation Bastille liegt, und damit wurde er auch zum Opfer eines typischen Pariser Problems: der seit dem 1. Januar 1860 gültigen Demarkationslinie zwischen dem IV. und dem XI. Arrondissement, aufgrund der von den späteren Stadthistorikern niemand so recht für den Dickhäuter zuständig war und ist. Bei berühmteren Monumenten wäre dies natürlich kein Hindernis, bezeichnen doch aus Prinzip die größten Plätze und Verkehrsknotenpunkte auch Stadtbezirksgrenzen, doch der Elefant wurde eben gerade nicht berühmt genug.

Die primären Details der Konstruktion klangen schon in den Reiseführern an. Ihre *Geschichte* ist rasch skizziert: Napoleon ließ zwischen Ende 1808 und Sommer 1813 zunächst ein Provisorium aufstellen, einen gigantischen Elefanten aus Holz, mit Gips verkleidet. Am 2. Dezember 1808, dem vierten Jahrestag von Bonapartes Kaiserkrönung, legte der Innenminister Cretet inmitten des Bastilleplatzes den Grundstein für den Brunnen, der das Wasser des Canal de l'Ourcq aufnehmen sollte.[14] Napoleon befahl dazu aus Madrid am 21. Dezember desselben Jahres: »Je suppose que l'éléphant sera au milieu d'un vaste bassin rempli d'eau; qu'il sera très-beau et dans de telles dimensions qu'on puisse entrer dans la tour qu'il portera. Qu'on voie comme les anciens les plaçaient et de quelle manière ils se servaient des éléphants.«[15] Auch Anfang 1810 noch[16] bestimmte ein leicht modifiziertes kaiserliches Dekret, dass der Elefant mit einem Turm versehen werden und damit den Kriegselefanten der »Alten« gleichen solle. Am 24. Februar 1811 verfügte Napoleon, dass der Elefant in Bronze gegossen werden solle, und zwar ohne Kosten für den Staat, denn der Rohstoff werde aus Geschützen geschmolzen, die in der »campagne de Friedland«, also beim Sieg Napoleons über die Russen in der Nähe von Königsberg am 14. Juni 1807, erbeutet worden waren.[17] Auch das Metall der Kanonen der »Espagnols insurgés« sollte verwendet werden, damit der Brunnen am 2. Dezember 1811, dem sechsten Jahrestag des Sieges von Austerlitz bzw. dem siebten Krönungstag, eingeweiht werden könnte.[18] Schließlich wollte man noch die in Deutschland 1813 erwartete Beute hinzuziehen.[19] Von Beginn an wurde also das Motiv der Kostendämpfung von dem der Materialsymbolik begleitet.

Doch dem Projekt – und eben nicht nur ihm – war kein dauerhaftes Glück beschieden. Es war noch das Geringste, dass der zunächst ausersehene Architekt Jacques Cellerier (1742–1814) starb – stattdessen erhielt (der zitierte Reiseführer verkürzt die Fakten) Jean Alavoine (1778–1834) den Zuschlag. Ein späterer lobender Artikel des Architekten und Publizisten César-Denis Daly (1811–1894)[20] bietet eine schöne Illustration des Projekts auf der Grundlage des definitiven Entwurfs von Alavoine[21], der seinerseits den Tierbildhauer Pierre-Charles Bridan (1766–1836) mit dem Modell beauftragte. Zunächst schuf dieser nach einem afrikanischen Elefanten im Jardin des Plantes einen Entwurf im Maßstab 1:12 (heute: Musée Carnavalet). Alavoine legte also das Fundament inmitten des Platzes, während an dessen Rand für 24.000 Francs[22] ein Modell des Elefanten aus Holz und Gips errichtet wurde, 15 Meter (45

Der Elefant auf der Place de la Bastille
Illustration in Victor Hugos »Les Miserables« (1866)

Fuß) hoch ohne Turm, mit Aufbau gar 24 Meter, und 16 Meter (50 Fuß) lang. Die Dimensionen wechselten naturgemäß im Lauf der Planungen. Doch ob nun Ellen, Fuß, Zoll, Meter, das ästhetische Vergnügen an der Benennung der Ausmaße, wie es die Fremdenführer zelebrieren, hat sich bis heute in Frankreich nicht verloren. Umso erstaunlicher, dass der Großmeister dieser Schreibart, Jules Verne, in seinem Roman »La Maison à vapeur« (1880), der einen mechanischen Riesenelefanten aus Stahl vorstellt, 20 Fuß hoch und 30 lang, nicht auf das Pariser Projekt rekurriert.[23]

Doch zurück zu den Hindernissen, die auch einen Elefanten aufhielten. Sie sind bekannt: Am 3. Mai 1814 zog Ludwig XVIII. erstmals in Paris ein, ließ am 4. Juni 1814 die »Charte constitutionelle« verkünden, und musste noch einmal vor dem am 20. März 1815 nach Paris zurückkehrenden Napoleon weichen. Als Relikt des endgültig zerstobenen Empire fiel der Elefant dann fast automatisch in Ungnade. Am 4. Juli 1815 ordnete der Innenminister an[24], die Arbeiten einzustellen und den Platz mit mythologischen Motiven zu schmücken, die in der Planung sämtlich nicht überzeugten, so dass Alavoine schließlich wieder auf den Elefanten zurückkam, den er nun in getriebenem Kupfer herstellen wollte, nach dem Muster der Quadriga auf dem Brandenburger Tor. Der Innenminister schenkte dem Plan kein Gehör und überließ zuletzt, am 7. Dezember 1825, das Projekt der Stadt Paris zur Fertigstellung. Doch 1830 wurden die Bourbonen gestürzt und die Bonapartisten verbesserten ihre Stellung wieder. Ein Monsieur A. (Marie Antoine?) Hervier, selbst Künstler, machte sich 1833 anheischig, für einen Mindestbeitrag von 50 Centimes auf Subskription die Vollendung des Werkes zu garantieren[25], und zwar zum Lob der »Charte constitutionelle«. Auch daraus wurde nichts. Herviers gedruckter Prospekt aber spricht eine bezeichnende Sprache. Ein solches Denkmal trage zum Glück aller bei: »Que l'aspect de la place mémorable, sur laquelle il repose encore inachevé, s'anime d'un noble et pur enthousiasme. A ce tableau éclairé par le pur flambeau de la concorde, Français! votre cœur palpitera d'un noble orgueil.« Nunmehr waren technische Neuerungen vorgesehen: Auf der Stirne sollte ein Stern im Umfang von 15 Fuß mit Gas beleuchtet werden und nachts symbolisch über die »conservation de nos institutions constitutionelles« wachen[26], und der Koloss sollte »la noble et puissante union des Français« repräsentieren. Doch zur Frage der Symbolik später … Hervier kam nicht zum Zuge, Alavoine war 1834 tot, aber ein Modell steht, solange es nicht offiziell fallengelassen und dann auch gefällt wird. Man muss daher das Geschick des *Projekts*, das eher starb, von dem des Gipselefanten trennen. Dieser ›überlebte‹ 1824 den Tod Ludwigs XVIII., die Julirevolution samt Abdankung Karls X. am 2. August 1830, die Pariser Unruhen vom 5.-6. Juni 1832, den neuerlichen

Aufstand vom 13. April 1834, schließlich 1836 und 1840 die beiden ersten Putschversuche Louis Napoléon Bonapartes.

Ludwig Börne erläuterte seinen deutschen Lesern ein prinzipielles Problem der jüngeren Pariser Stadtarchitektur:

> Man muß sehr lachen, wenn man der drolligen Verlegenheit einiger französischer Schriftsteller begegnet, welche Beschreibungen von Paris zum Gebrauche der Fremden verfaßt haben. Viele Bauwerke, in neuerer Zeit entstanden, erregen und verdienen die Bewunderung aller; aber wie davon sprechen? Napoleon hat sie geschaffen.[27]

Börne veranschaulicht das Dilemma an der Vendômesäule.[28] Begreiflicherweise ging es den Gegnern des Elefanten eben weniger um ästhetische Bedenken als darum, einen Plan Napoleons zu Fall zu bringen[29], während sich andererseits am 23. Januar 1828 ein Kunstschmied namens Poëte erbot, den Koloss in gehämmertem Kupfer herzustellen.[30] – Die Gesamtkosten des Vorhabens wurden auf über 200.000 Francs geschätzt.[31] Zum Zeitpunkt der Julirevolution hatte man für die verschiedenen Versuche samt Bassin inmitten des Platzes über eine Million Francs ausgegeben.[32] Im Juli des nächsten Jahres erfolgte ein Erlass, wonach auf der Place de la Bastille eine Säule errichtet werden sollte, deren endgültige Gestalt am 9. März 1833 per Gesetz festgelegt wurde. Am 28. Juli 1831 legte Louis-Philippe den Grundstein, und neun Jahre später war die Säule vollendet.[33] Damit begannen die letzten Jahre des Elefanten, die nunmehr Jahre der Kohabitation mit der Säule waren. 1836 ließ man ihn, wie von Hugo optisch korrekt erinnert, in bronziertem Grün anstreichen.[34] Wie bei Debatten um städtebauliche Maßnahmen üblich, wurden auch Vorschläge laut, das Denkmal selbst endlich zu verwirklichen, aber an einem anderen Standort. Doch gerade dass Alavoine nicht weniger als 17 verschiedene Monumentalbrunnen entwarf, zeigte eine gewisse Beliebigkeit, die den einzelnen Vorhaben schaden musste.[35] Viele Zeitgenossen trauerten dem Elefanten dennoch nach. Daly fragte sich 1840, »si dans les conditions où se trouve la place de la Bastille, un monument de formes massives n'aurait pas produit, avec la même quantité de matières un effet de grandeur double de celui d'un monument mince et élevé?«[36] Der Plan schlief also nur langfristig ein, und die Realisierung der Julisäule erledigte ihn zwar, doch sah es trügerischerweise noch 1842 einmal aus, als habe der Stadtrat auch für den Elefanten genug Sympathie und Geld übrig. Es wäre also falsch zu glauben, die Säulenlösung habe sogleich eine eindeutige Lage geschaffen. Erstens war auch sie umstritten, wie nicht nur Daly und Hugo zeigen, zweitens aber war der Bastilleplatz an sich ein problematisches Pflaster. Dies wird auch dadurch illustriert, dass die Julisäule in Balzacs »Comédie humaine« keinerlei Rolle spielt, »sans qu'on puisse en inférer un parti-pris politique«[37] – vielmehr war die architektonische Lösung für die Bastille-Lücke wohl noch nicht hinreichend in das von Balzac imitierte kollektive Bewusstsein eingedrungen. Karl Gutzkow empfand 1842, dass der Ort keine Attraktion darstelle und vom Zentrum des prächtigen Paris zu weit abgelegen sei:

> Es ist ein schauerlicher Anblick, diesen Platz zu sehen, der jetzt so kahl und einst so dunkel beschattet war, einst so grauenhaft wirklich! Die Julisäule verschwindet in der Vorstellung Dessen, was *einst* hier war. Noch immer hat der Platz keine Abrundung, noch immer sieht man, daß diese kleinen Hütten und Barracken sich einst unter den schwarzen Wällen, Thürmen und Brücken dieses Staatsverließes duckten.[38]

Säule und Platz betrachtet Gutzkow ohne Enthusiasmus, den Elefanten nimmt er·offenbar gar nicht wahr. Doch am 9. August 1845 zeigt eine Lithographie von Champin in »L'illustration«[39] vom Canal Saint-Martin aus die Julisäule, und den Elefanten noch an seinem Platz, freilich aus der Ferne und in Proportion zur Colonne de Juillet etwas verloren, regelrecht marginalisiert. Das Bild begleitet den entsprechenden Abschnitt einer Artikelserie »Les Promenades de Paris« (2e partie, 1ère série),[40] wo es heißt:

> On vit ce pauvre éléphant de plâtre qui achève de mourir sous la pluie, sous la grêle et sous les pierres des gamins du quartier. [...] Qu'on achève ou qu'on n'achève pas cette fontaine qui serait à coup sûr très-utile aux habitants du faubourg Saint-Antoine, cela ne nous regarde pas. Mais ce que nous demandons en grâce, c'est qu'on en finisse avec l'éléphant de plâtre. Il faut qu'on le coule en bronze comme le voulait Napoléon, ou qu'on le mène à l'abattoir. C'est un spectacle vraiment trop désagréable que celui de ce monstrueux animal réduit à la plus hideuse décrépitude avant d'avoir vécu. Les plaisants du voisinage avaient imaginé l'autre jour un conte qui peint à grands traits l'état où se trouve l'éléphant: ils assuraient que son ventre offrait un refuge à une bande de voleurs. Cela n'était pas vrai, mais cela aurait pu être. En agrandissant certaines brèches, l'éléphant de la Bastille deviendrait un véritable cheval de Troie tout à fait capable de recéler les plus vaillants grecs de Paris.

Schon hier begegnen die auf Mitleid abzielende Verlebendigung, die gerade durch die Rede vom Schlachthof und dem »gelebt haben« sinnfällig wird, dann das Verschmelzen mit einem anderen Tiermythos, dem des Trojanischen Pferdes, und schließlich das Quasi-Zitat einer Art mündlichen literarischen Zeugnisses, des Gerüchtes von der Diebesbande im Bauch des Dickhäuters, das der Verfasser ausdrücklich als »conte« bezeichnet.

Eine Entscheidung wurde allmählich unumgänglich. Schon 1827 hatten Anlieger – zunächst ohne Folgen – die sofortige Beseitigung des Elefanten gefordert.[41] Doch erst durch einen Bericht vom 19. Juni 1846, der ihn als Verkehrshindernis bezeichnete[42], erhielt der Präfekt Rambuteau einen Grund zum Handeln.[43] Die »maquette« fiel also 1846.[44] Erinnern wir daran, dass Victor

Hugo 1832 ganz in der Nähe sein Domizil an der Place Royale (heute Place des Vosges)[45] bezog, wo er bis 1848 wohnte. Am Samstag, dem 25. Juli berichtet Charles Monselet in einem Brief an Robert Lesclide von der Zerstörung: »J'ai bien fait de rendre visite à l'Eléphant de la Bastille. On le démolit à l'heure qu'il est. C'est pourtant une des choses qui m'ont le plus charmé dans Paris. Tas de melons!«[46] Ein Haufen Dummköpfe. Warum? Monselet mag in dem Wrack die Chance eines ›Kults‹ *avant la lettre* gesehen haben, der aber erst im Gefolge einer Huldigung wie der von Hugo hätte entstehen können. – Der Verkauf des Materials, das nach dem Abriss übrigblieb, erbrachte 3883 Francs 50 Centimes. Außer dieser abstrakten Summe, von der noch die Abrisskosten in Höhe von 1574 Francs 40 Centimes abzuziehen waren[47], und einer Menge Akten[48] blieb von dem Elefanten selbst keine Spur.[49] Er war über dreißig Jahre alt geworden, hatte von 1813 bis 1846 ›gelebt‹ und einen »certain succès de curiosité« gehabt.[50] Allerdings *über*lebte der Koloss in Abbildungen. Und in der Literatur.

Schon 1822 hatte Pierre-François Palloy (1755–1835) in einer »Ode à Louis XVIII« höhnisch gefragt: »Français, qu'a donc produit la Bastille en tombant?/ Est-ce la Liberté? Non, c'est un éléphant!«[51] Es wird wohl nicht ganz abwegig sein, hier eine Horaz-Allusion (»Ars poetica«, V.139) *à ricochet* zu vermuten: Der Berg der Weltgeschichte kreißt und gebiert – keine Maus, sondern deren Gegenteil, das aber, wie die zahlreichen Maus und Elefant-Witze[52] dokumentieren, in der hier gemeinten Hinsicht eher ein Pendant ist, also: nichts weiter als einen Elefanten. Nun muss man wissen, dass es der Baumeister Palloy war, den man nach der Revolution mit dem Abriss der Bastillefestung betraut hatte und der selbst ein Monument auf dem Platz hatte errichten wollen.[53] Der einst als »patriote Palloy« und »démolisseur de la Bastille« bekannt gewordene Gelegenheitsautor trat immer wieder mit politischen Gedichten an die Öffentlichkeit, freilich ganz opportunistisch unter den verschiedenen Regimes.[54]

Von einem in dieser Schreibung nicht weiter nachgewiesenen J. A. Guillemé, der sich auch als Vaudeville-Autor betätigt haben soll[55], existieren handschriftlich erhaltene Strophen, entstanden vor dem Juni 1832. Auf die Melodie »Gai! Gai! Marions-nous« beginnt das Lied mit dem Titel »L'Eléphant de la Bastille« so:

> Gai! Gai! Courons encor
> En famille,
> A la Bastille,
> Gai! Gai! Courons encor
> J'lons vu c'pauvre animal
> L'jour qu'on lui r'tirait sa ch'mise,

> Soit de pudeur ou d'bêtise,
> Il a failli s'trouver mal!
> usw.

Nach Paul d'Estrée[56] erinnert eine der folgenden Strophen (»J'crois bien que l'Gouvernement/ Va l'forcer, si je n'me trompe,/ A faire usag'de sa trompe/ Sur l'premier rassemblement.«) an die Auflösung eines Auflaufs auf der Place Vendôme im Jahr 1830 mit Hilfe von Feuerwehrspritzen, also der demonstrationssprengenden Funktion eines Wasserwerfers. – Ein Couplet gilt dem allgemeinen Argwohn gegenüber geheimen Gesellschaften, Carbonari usw. nach dem Sturz der Bourbonen:

> On assure que des malins
> De la ville et d'la banlieue
> Ont découvert sous sa queue
> Un Club de républicains.

Die weiteren Verse »je pense, / Que si l'Préfet fait un'défense, / C'est pour plaire à l'Eléphant«[57] sind bemerkenswert, weil der Elefant anthropomorph mit Interesse an politischen Vorgängen ausgestattet wird und quasi in die Rolle Louis-Philippes schlüpft, womit sich schon eine Umwertung, ja Instrumentalisierung ankündigt.[58]

Denn auch in der deutschen Literatur ist der Bastille-Elefant nicht völlig unbekannt: dank Heinrich Heine. Dieser pries 1833 im Nachtrag zu »Französische Maler« die Bauleidenschaft des neuen Monarchen: »Dabey erheben sich wunderbar kolossale Monumente auf den öffentlichen Plätzen. Auf dem Bastillenplatz erhebt sich der große Elephant, der nicht übel die bewußte Kraft und die gewaltige Vernunft des Volks repräsentiert.«[59] Wäre bei Heine nicht ohnehin zu erwarten, dass diese Bemerkung und damit auch der gesamte Komplex von Architekturschilderungen ironisch zu verstehen ist, so zeigt sich dies klar im Verlauf, heißt es doch nach einigen Sätzen über den Obelisken auf der Place de la Concorde: »Das Bauwesen ist die Hauptleidenschaft des Königs und diese kann vielleicht die Ursache seines Sturzes werden.« – »Durch das Medium der Architektur gelangen wir« also, wie Heine kurz darauf überlegt, »vielleicht in die größten Bewegungen der Politik«. Genau das ist hier sein Verfahren. Halten wir zunächst fest, dass das Bild des Elefanten zwar ironisch gebrochen erscheint. Aber in dieser Dialektik der Metapher ist die naive Bedeutung, die Assoziation erster allegorischer Ordnung, nicht gänzlich aufgehoben. Der Elefant ist von allen Landtieren das kräftigste; entsprechend absolut ist diese Facette des Bildes aufzufassen. Dabei fällt nun auf, dass die Doppelformel »bewußte Kraft« und »gewaltige Vernunft« chiastisch gebaut ist. Die unbestreitbare Kraft des Dickhäuters paart sich mit ebenso unzweifelhafter Gewalt. Dies also sind die Eigenschaften, die dem Volk schlechthin nicht zu nehmen sind. Ob sie und wie sie sich ausmünzen, das hängt ab von dessen Bewusstsein und Vernunft. Die beiden Qualitäten aber, die eine Voraussetzung für das Innewerden des eigenen politischen Standorts, die andere für rational daraus abgeleitetes, vielleicht gar gezügeltes, selbstkontrolliertes Handeln, diese beiden Qualitäten werden dem Volkselefanten zwar nur ironisch zugebilligt, aber vielleicht eben doch. Immerhin ergibt die Analyse der allegorischen Signifikationen, wie sie Bernini vorfand, als er 1667 für Papst Alexander VII. seinen Karytiden-Elefanten vor Santa Maria sopra Minerva in Rom schuf, dass das Tier nicht so sehr »strength alone« bedeutete als vielmehr »strength guided by wisdom«.[60]

Als Fabelperson gehört der Elefant natürlich primär in die orientalische Tradition, gerade auch im Kontrast zu den Mäusen.[61] Heines eigene Verwendung des Motivs geht – wie gesagt – in eine andere Richtung. Sinnvollerweise hat ja Klaus Briegleb für Heine ein Chiffrenregister erstellt, in dem die Tierarten keinen geringen Stellenwert besitzen. Was den Elefanten betrifft – eine Bezeichnung, mit der Heine u. a. A. W. Schlegel als Indologen attackierte –, so ist er natürlich prominentes Mitglied der Fabeltiergemeinschaft, wie sie auch im »Atta Troll« als Bild einer republikanischen Gesellschaft aktiviert wurde: »der Elephant / Schlänge brüderlich den Rüssel / Um das Horn des wackern Ochsen« (DHA IV, 26). Doch normalerweise lädt der Elefant bei Heine zu orientalischen Assoziationen ein (vgl. im »Romanzero«: »Der weiße Elephant«). Darüber hinaus nutzt er das Bild – unter Bezug auf eine Bemerkung Gutzkows, der »Elefant sei der Doktrinär unter den Tieren« –, um allseits akklamierte Autoritäten lächerlich zu machen: den Autor-Politiker Guizot oder den Musiker Spontini, der einen Elefanten auf die Opernbühne bringt.[62] Dass sich aber bei seinem Faible für das Tier keine klare semantische Linie abzeichnet, kündigt bereits die Inkongruenz an, mit der Heine fast zehn Jahre später, in »Lutezia«, auf den Elefanten zurückkommt. Den Bericht, den er am 29. Juli 1842, auf den Tag zwölf Jahre nach der Revolution von 1830, seinen deutschen Lesern liefert, beginnt er mit dieser Nachricht:

> Der Gemeinderath von Paris hat beschlossen, das Elephantenmodell, das auf dem Bastillenplatz steht, nicht zu zerstören, wie man anfangs beabsichtigte, sondern zu einem Gusse in Erz zu benützen und das hervorgehende Monument am Eingange der Barrière du Trône aufzustellen. Ueber diesen Municipalbeschluß spricht das Volk der Faubourgs Saint-Antoine und Saint-Marceau fast eben so viel wie die höhern Classen über die Regentschaftsfrage. Jener kolossale Elephant von Gyps, welcher schon zur Kaiserzeit aufgestellt ward, sollte später als

Fontaine de l'Éléphant

Modell des Denkmals dienen, das man der Juliusrevoluzion auf dem Bastillenplatz zu widmen gedachte. Seitdem ward man anderen Sinnes, und man errichtete zur Verherrlichung jenes glorreichen Ereignisses die große Juliussäule. Aber die Forträumung des Elephanten erregte große Besorgnisse. Es ging nemlich unter dem Volk das unheimliche Gerücht von einer ungeheuren Anzahl Ratten, die sich im Innern des Elephanten eingenistet hätten, und es sey zu befürchten, daß wenn man die große Gypsbestie niederreiße, eine Legion von kleinen aber sehr gefährlichen Scheusalen zum Vorschein käme, die sich über die Faubourgs Saint-Antoine und Saint-Marceau verbreiten würden. Alle Unterröcke zitterten bey dem Gedanken an solche Gefahr, und sogar die Männer ergriff eine heimliche Furcht vor der Invasion jener langgeschwänzten Gäste. Es wurden dem Magistrate die unterthänigsten Vorstellungen gemacht, und in Folge derselben vertagte man das Niederreißen des großen Gyps-Elephanten, der seitdem jahrelang auf dem Bastillenplatze ruhig stehen blieb. Sonderbares Land! wo trotz der allgemeinen Zerstörungssucht sich dennoch manche Dinge erhalten, da man allgemein die schlimmeren Dinge fürchtet, die an ihre Stelle treten könnten! Wie gern würden sie den Ludwig Philipp niederreißen, diesen großen klugen Elephanten, aber sie fürchten Se. Majestät den souverainen Rattenkönig[63], das tausendköpfige Ungethüm, das alsdann zur Regierung käme, und selbst die adeligen und geistlichen Feinde der Bourgeoisie, die nicht eben mit Blindheit geschlagen sind, suchen aus diesem Grunde den Juliusthron zu erhalten; nur die ganz beschränkten, die Spieler und Falschspieler unter den Aristokraten und Clerikalen, sind Pessimisten und spekuliren auf die Republik oder vielmehr auf das Chaos, das unmittelbar nach der Republik eintreten dürfte. (DHA XIV, 26)

Der »Moniteur Universel«[64] hatte über den Beschluss des Stadtrats berichtet:
»Le conseil municipal de Paris a alloué 30000 fr pour les travaux préparatoires
relatifs à l'érection du monument de la barrière du Trône.[65] L'éléphant, placé
encore actuellement près de la colonne de juillet, sera modelé en bronze ou en
cuivre repoussé.« Heines Artikel erschien in Deutschland in der Augsburger
»Allgemeinen Zeitung«, in der »Barmer Zeitung« und der »Freiburger Zeitung«. Erstere fügte die Frage hinzu: »Rührt das Elephantenmodell nicht aus
der Napoleonischen Zeit?«, und reagierte damit auf Heines im Artikel, besonders in der Behauptung »steht jetzt dort seit zwölf Jahren« zutage tretende
evidente Unkenntnis der Vorgeschichte. Heine änderte die Formulierung denn
auch für die Buchfassung[66]; sein Artikel ist aber auch deshalb von Belang, weil
er ebenso in einer französischen Version rezipierbar war.[67] Heines Rhetorik arbeitet u.a. mit syntaktischer Ironie: Das Aufeinanderprallen eines Satzendes
mit einem Satzbeginn schafft einen grammatisch nicht nachweisbaren Bezug
zwischen Louis-Philippe und dem Tier: »[...] Regentschaftsfrage. Jener kolossale Elephant von Gyps [...]«. Eine willkürliche allegorische Setzung also, deren systematische Durchführung sein andeutendes Vorgehen beinahe beein-
trächtigt, doch mag dies der Diskursrahmen journalistischer Prosa im Gegensatz zu dem politischer Lyrik leichter erklären.

Die Ratten also. Der Parnasse-Dichter François Coppée (1842–1908), der, in
Paris geboren, beim Abbruch des Elefanten gerade vier Jahre alt war, soll sich
der aussichtslosen Kämpfe erinnert haben, die sich die beiden Hunde des
Wächters mit den Ratten lieferten.[68] Auch die Stadthistoriker Hartmann[69], Lemoine[70] und Hillairet[71] kolportieren, das Tier habe Tausenden von Ratten als
Nest gedient. Und selbst ein deutscher Reiseführer glaubt zu wissen: 1846
»verloren Tausende von Ratten ihre Unterkunft«.[72] Was Heine betrifft, so verweist Volkmar Hansen für das Motiv der Ratten im Bauch eines Tieres – Hugo wird das Elefanteninnere mit dem Heidelberger Fass vergleichen und mit
dem Wal, der Jonas verschluckt hatte (S. 758) – auf Heines »Götter im Exil«.[73]
Strukturalistisch gesehen, ist hier etwas Interessantes zu beobachten: Einerseits die Kollision des herkömmlichen komischen Paares Elefant-Maus und
der bedrohlicheren Variante Elefant-Ratte, andererseits die Kollision zweier
einander widersprechender Modelle: der Symbiose Elefant-Ratten mit der Ersetzung des Elefanten durch die Ratten. Tatsache ist nämlich, dass herkömmlich vom Koexistenzmodell ausgegangen wurde, im Klartext: der Elefant wurde für die vielen Ratten im Viertel verantwortlich gemacht. Dass beim Niederreißen des Elefanten die Ratten nicht auch verschwinden, sondern im
Gegenteil freigesetzt würden, diesen Schluss zieht Heine, weil er mit dem Bild
den Sturz des Königs belegt. – Wer sind die Ratten?

Die Polemik der Zeit assoziierte die Ratten – metaphorisch oder als tatsächlich eingeschleppte Tierrasse – mit den Besatzern nach der Niederlage Napoleons, vor allem mit den Preußen.[74] Primär denkt man aber wohl an Heines skandalös-unexplizites Gedicht »Die Wanderratten«, das zugleich »Zeitgedicht und Fabel« ist.[75] – Dass mit (sprachlichen) Bildern und nicht zuletzt mit Tiermetaphern Politik gemacht werden kann, ist an zahlreichen Querschnitten untersucht worden.[76] Das Entfalten und Umorganisieren interpretierender Bildlichkeit in der Anbahnung und Verarbeitung der Revolution von 1848 hat mit den Zentren Baudelaire, Flaubert und Heine am profundesten Dolf Oehler dargestellt.[77] Alfred Opitz geht der Rattenmetaphorik bei Heine nach, wobei er für das Gesamtwerk »eindeutig« eine negative Wertigkeit festhält aufgrund der Konnotationen Tod und Verwesung, Reaktion und Verlogenheit, Proletariat und Volksherrschaft, Aspekte, die bereits alle »im Volksglauben überliefert« seien. Indes sei die »Übertragung auf die frühkommunistischen Bewegungen« einer »gerechten Beurteilung alles andere als förderlich« gewesen.[78] Obwohl in den »Wanderratten« die »anfangs nur spärlichen Ironiesignale sich häufen und schriller werden«[79], wurde der Text oft genug missverstanden, weil die Wertigkeit des Symbols die Perspektive überlagerte, aus der diese aktiviert wird. Die Problematik von Heines Dichtung liegt eben nicht selten darin, dass er ein allzu offensichtliches Lese-, d.h. Distanzierungs- oder Solidarisierungsrezept nicht mitliefert, das die – wie Oehler sagt – »Bestialisierung« und »Dämonisierung«[80] der Fremden, der Fordernden, der Kommunisten, beruhigend aufschlüsseln würde.

Der nicht ganz unbekannte Arbeiterdichter Pierre Dupont (1821–1870)[81] schrieb *nach* dem Sturz des Elefanten ein Poem »L'Eléphant de la Bastille«[82], in dem er pathetisch die Antithese zwischen dem Tier und der Julisäule entwickelt[83]:

> Ici jadis dominait la Bastille,
> Avec ses fossés, ses créneaux,
> Gardant des secrets de famille
> Dans ses souterrains infernaux.
> Le peuple un jour (bénissons la mémoire
> De ce jour à jamais sacré)
> Effondra cette tombe noire
> Dont le nom survit exécré.

Der Refrain lautet:

> Pleins de respect pour les choses antiques,
> Principes saints en nos cœurs érigés,

Ne prenons pas pour des reliques
Les abus et les préjugés.

Im weiteren Verlauf geht Dupont dann konkret auf den Elefanten ein:

Pour remplacer la sombre citadelle,
Comme après un enterrement,
Un ironique Praxitèle
Fit un risible monument:

Un éléphant à l'air stupide, en plâtre,
Peint en noir, mais d'un noir faux teint,
Où venaient nuitamment s'ébattre
Les rats du canal Saint-Martin.

Cet éléphant, il faut bien vous le dire,
Type grotesque du passé
Et des abus, prêtait à rire,
Mais le peuple s'en est lassé;
Car parmi nous le rire même s'use;
Un cagot ressusciterait
Voltaire! On dirait: Il abuse
Le faubourg ... et l'on s'en irait.

Donc l'éléphant, cette vieille masure[84]
Où tant de rats avaient niché,
N'existe plus, même en peinture,
Et le canal est desséché.
Sur cette place où la foule se rue,
Quand le moment est solennel,
Quand l'idée en son flanc remue,
Une colonne monte au ciel.

Bronze gardien de souvenirs funèbres,
Colonne, héroïque tombeau,
Tu portes, chassant les ténèbres,
Le génie avec son flambeau;

Et sur ton socle un lion se promène,
Un lion en bronze sculpté,
Puissant, majestueux, sans haine,
Qui veille sur la liberté.

Dupont stellt also dem dummen Elefanten den Löwen auf der Basis der Säule als unparteiisch entgegen. Die Bildlichkeit von Ratten, Sumpf, trockengelegtem Kanal usw. ist klar. Die Rede von einem »risible monument« »à l'air stupide« lässt an der Polemik gegen den Elefanten keinen Zweifel, ohne indes die politische Intention zu klären. Zwischen 1848 und 1851 wird Dupont nach Heinz Thoma »zum republikanischen, später demokratisch-sozialistischen Chronisten der Revolution, die er in all ihren Höhen und Tiefen begleitet.«[85] Baudelaire würdigt 1851 den Erfolg Duponts vor allem »à cause des sentiments publics dont cette poésie est le symptôme, et dont Pierre Dupont s'est fait l'écho«.[86] Dieser verdankte seinen Erfolg dem Februar 1848, änderte jedoch später seinen Standpunkt zugunsten Napoleons III., so dass nicht recht deutlich ist, was er wann unter »liberté« versteht, zumal die Gedichte in den 1860er Jahren in neuen Auflagen weiter gedruckt wurden. Wenngleich aber der genaue Entstehungszeitpunkt des Liedes ungewiss ist, funktioniert doch die Gegenüberstellung zulasten des Elefanten um so klarer. Das eine Symbol hat das andere verdrängt. Deshalb haben wir den Begriff, den Hugo unbedingt polemisch der Säule anheften wollte und der deshalb von »la colonne de Juillet, ce monument manqué d'une révolution avortée« (S. 756) sprach, auf den Elefanten übertragen. Die Ersetzung des Elefanten durch eine Säule baute eine Antithese auf, wie nicht Heine, wohl aber Hugo sie auch wirklich nutzt: die (gute) alte gegen die (böse) neue Symbolik, und kein anderer als Hugo, der in seinen Antithesen-Kaskaden barocker formuliert als jeder erklärte Barockdichter, war prädestiniert, diesen Gegensatz zu entfalten.

Der Elefanten-Komplex ist auch in den besten Hugo-Ausgaben nur spärlichst kommentiert. Dalys Artikel war ihm offenbar bekannt.[87] Von dem Holzstück des Elefantenmodells, das Hugo am 27. Juli 1846 aufhob und in einem Umschlag aufbewahrte, fehlt zumindest heute jede Spur.[88] – Hugos Romankapitel spielt an einem bitterkalten Frühjahrstag 1832 (S. 747). Gavroche greift zwei umherirrende Kinder von fünf und sieben Jahren auf, die mit ihm im Innern des Elefanten übernachten, wo er seine Schlafstatt eingerichtet hat. Er klettert hinauf und nutzt eine Lücke am Rumpf zwischen den Beinen als Eingang. Der Satz »Il n'y a pas de portier« (S. 754) hat nur ironische Funktion, ist aber historisch falsch. In Wirklichkeit wohnte ab 1816 im Innern des Tieres ein vom Präfekten bestallter Wächter namens Levasseur.[89] Dieser Concierge wurde beim Präfekten beschuldigt, sich als glühender Bonapartist zu gebärden. Es scheint überhaupt, als habe es sich um einen Invaliden gehandelt, der sich nun wie ein typischer »vieux grognard«[90] verhielt: »On assure que ce concierge«, heißt es in einer anonymen Anzeige, »en faisant voir aux étrangers le monument dont la garde lui est confiée, ne cesse de citer Napoléon et d'en parler avec éloge, et que ces discours produisent le plus mauvais effet.«[91] Doch zurück zu Hugos Phantasien:

Peu d'étrangers visitaient cet édifice, aucun passant ne le regardait. Il tombait en ruine; à chaque saison, des plâtras qui se détachaient de ses flancs lui faisaient des plaies hideuses. Les ›édiles‹, comme on dit en patois élégant, l'avaient oublié depuis 1814. Il était là dans son coin, morne, malade, croulant, entouré d'une palissade pourrie, souillée à chaque instant par des co- chers ivres; des crevasses lui lézardaient le ventre, une latte lui sortait de la queue, les hautes herbes lui poussaient entre les jambes; et comme le niveau de la place s'élevait depuis trente ans tout autour par ce mouvement lent et continu qui exhausse insensiblement le sol des gran- des villes, il était dans un creux et il semblait que la terre s'enfonçât sous lui. Il était immon- de, méprisé, repoussant et superbe, laid aux yeux du bourgeois, mélancolique aux yeux du penseur. Il avait quelque chose d'une ordure qu'on va balayer et quelque chose d'une majesté qu'on va décapiter. (S. 755)

Hugo mag im Negativen überzeichnen, ein koloriertes Bild des Modells[92] übertreibt sicher in seinem phantastischen Detailreichtum zur anderen Seite.

Comme nous l'avons dit, la nuit, l'aspect changeait. La nuit est le véritable milieu de tout ce qui est ombre. Dès que tombait le crépuscule, le vieil éléphant se transfigurait; il prenait une figure tranquille et redoutable dans la formidable sérénité des ténèbres. Etant du passé, il était de la nuit; et cette obscurité allait à sa grandeur. (S. 755 f.)

Um das Risiko zu veranschaulichen und die Spannung zu erhöhen, flicht der Erzähler ein, dass zwanzig Jahre zuvor ein Kind wegen »vagabondage« verur- teilt wurde, weil es im Innern des Elefanten übernachtet hatte (S. 756). Nun richtet sich die Perspektive immer mehr auf abstrakte Werte, ausgehend aller- dings von der Wahrnehmung des Knaben: »En arrivant près du colosse, Gav- roche comprit l'effet que l'infiniment grand peut produire sur l'infiniment pe- tit« (S. 756). Gemeint ist die Furcht der Kleinen. Beschrieben ist das Sublime. Und dieses wird noch erhabener, ganz nach Schillerschem Vorbild, nämlich gleitend vom Mathematischen zum Moralischen:

O utilité inattendue de l'inutile! charité des grandes choses! bonté des géants! Ce monument démesuré qui avait contenu une pensée de l'empereur était devenu la boîte d'un gamin. Le môme avait été accepté et abrité par le colosse. Les bourgeois endimanchés qui passaient de- vant l'éléphant de la Bastille, disaient volontiers en le toisant d'un air de mépris avec leurs yeux à fleur de tête: – A quoi cela sert-il? (S. 757)

Noch hat der Erzähler den Weg zum moralisch-Erhabenen des Tieres (aber kann dies auch heißen: des von dem Tier symbolisierten einstigen Staatsmo- dells?) nicht ganz zurückgelegt:

Il semblait que le vieux mastodonte misérable, envahi par la vermine et par l'oubli, couvert de verrues, de moisissures et d'ulcères, chancelant, vermoulu, abandonné, condamné, espèce de mendiant colossal demandant en vain l'aumône d'un regard bienveillant au milieu du carrefour, avait eu pitié, lui, de cet autre mendiant, du pauvre pygmée qui s'en allait sans souliers aux pieds, sans plafond sur la tête, soufflant dans ses doigts, vêtu de chiffons, nourri de ce qu'on jette. Voilà à quoi servait l'éléphant de la Bastille. Cette idée de Napoléon, dédaignée par les hommes, avait été reprise par Dieu. Ce qui n'eût été qu'illustre était devenu auguste. Il eût fallu à l'empereur, pour réaliser ce qu'il méditait, le porphyre, l'airain, le fer, l'or, le marbre; à Dieu le vieil assemblage de planches, de solives et de plâtras suffisait. L'empereur avait eu un rêve de génie; dans cet éléphant titanique, armé, prodigieux, dressant sa trompe, portant sa tour, et faisant jaillir de toute part autour de lui des eaux joyeuses et vivifiantes, il voulait incarner le peuple; Dieu en avait fait une chose plus grande, il y logeait un enfant. (S. 758)

In der Fiktion ist das eine erhabene Wendung. In der Realität kontrastiert damit um so bitterer die Orientierungslosigkeit des Elefanten. Bleibt man aber beim Literalsinn des Textes, so kollidiert der symbolische Wert des Tieres mit dessen praktischem Nutzen: Gerade wenn der Gipselefant die Kinder vor der Außenwelt schützt, erklärt dies eigentlich den Bankrott seiner Symbolik. Dass die konstitutionelle Monarchie, in der die Handlung spielt, dass mehr noch das Second Empire keinen Platz für Existenzen wie Waisen- und Straßenkinder hatte, mag stimmen. Doch die regressive Zuflucht in die mütterliche Höhle des Napoleonischen Wundertieres funktioniert wohl kaum sozialhistorisch, sondern nur in der Märchensymbolik von Hugos Roman. Diese Geborgenheit, wenn denn nicht im Anblick des Tieres, so doch in seinem Innern, veranschaulicht ganz nach Art der Märchenbebilderung die Illustration in der Hetzel-Ausgabe: »à l'intérieur de l'éléphant«. Gerade die urbane Semiotik von Paris[93] liefert freilich einen Hebel zur Dekonstruktion von Hugos Strategie, denn so wie der Eiffelturm der einzige Ort ist, von dem aus man dieses Wahrzeichen nicht sieht, so ist das Innere des Tieres die einzige Stelle im Umkreis der Bastille, an der das Elefantensymbol ausgelöscht wird. Es schützt den am besten, der es nicht sieht, weil er keinen Respekt vor ihm hat.

Julien Gracq wird sich von Hugos Szene nachhaltig beeindruckt zeigen. In seiner Kritik an Zola behauptet er 1980, dieser habe sich dort, wo er am erfolgreichsten war, nur gut bei »Les misérables« bedient. Fast alles verdankten seine berühmten Texte »eaux égouts de Jean Valjean, au jardin de la rue Plumet, à l'éléphant de la Bastille.«[94] Wie vermutlich bei vielen Lesern konvergierte bei Gracq erkennbar die Erinnerung an Hugos Roman mit der Pseudomnesie an das nie mit eigenen Augen gesehene Monument. Noch 1992 schreibt er: »Depuis [...] la démolition de l'éléphant de la Bastille, Paris manque grièvement de ces folies architecturales qui nous séduisent tant.« Nostalgie also, aber mehr noch: ein utopisches Bild der Stadt, wie sie nicht ist. Und Gracq fährt fort:

Un moment viendra où le vrai luxe des grandes villes se réduira à ceux de ces aegri somnia matérialisés qu'elles auront respectés, et à l'espace qu'ils éventent et rafraîchissent autour d'eux. Baudelaire avait compris combien ces clairières du rêve sont liées organiquement à la respiration même des grandes cités. Et Hugo, sans trop le savoir peut-être, l'avait montré dans Les Misérables admirablement.[95]

Und die Ratten? Auch bei Hugo spielen sie ihre große Rolle (S. 760): »C'était une multitude de frottements sourds qui rendaient un son métallique, comme si des griffes et des dents grinçaient sur le fil de cuivre. Cela était accompagné de toutes sortes de petits cris aigus.« (S. 762) Hier sind die Tiere aber in Schach gehalten, und das darf nicht verwundern: Gavroche ist gewissermaßen eines von ihnen. Der Elefant ist demgegenüber »le monstre, debout, immobile, les yeux ouverts dans les ténèbres, avait l'air de rêver comme satisfait de sa bonne action, et abritait du ciel et des hommes les trois pauvres enfants endormis.« (S. 763) – er bleibt belebt, ja vermenschlicht, und wird so als Symbol noch vieldeutiger. Zugleich entspricht er damit dem Konzept des Abstoßenden, Mitleiderregenden, wie schon der Titel »Les Misérables«, genauso polyvalent wie die Gruppe der Titelfiguren. In der Elefantenepisode erkennt man Hugos ganze hemmungslose Sentimentalität wieder, seinen Wortreichtum, sein Antithesendenken, seine Schwarzweißmalerei, seine Parteilichkeit, nicht zuletzt seinen Variationsstil, seine Kataloge, seine anaphorischen Definitionsversuche: Stellen wir eine alphabetische Liste der Adjektive auf[96], die Hugos Erzähler (aber die stilistische Homogeneität ist auch hier so groß, dass wir versucht sind, zu sagen: Hugo selbst) direkt oder indirekt auf den Elefanten anwendet: abandonné, âpre, armé, auguste, austère, bizarre, chancelant, colossal, condamné, croulant, dédaigné, difforme, énigmatique, grand, grandiose, historique, immense, immobile, immonde, laid, magnifique, majestueux, malade, mélancolique, méprisé, misérable, morne, pesant, prodigieux, puissant, redoutable, repoussant, rude, sauvage, sombre, souillé, superbe, surprenant, terrible, titanique, tranquille, trapu, vermoulu, vieux.

Wie so oft spielt Hugo das Assoziationsspiel. Woran denkt man bei einem Todeskandidaten (»Le dernier jour d'un condamné«), einem Kriegsversehrten (»Le vrai dans le vin«), oder hier: einem todgeweihten verstümmelten Tierdenkmal?

Hugo, tief geprägt von seiner frühen Kindheit unter Bonaparte, stellt sein politisch-moralisches Denken immer wieder unter die These des Verfalls: Nach dem Größeren kommt das Geringere, nach dem dicken Elefanten die schlanke Säule, nach dem großen Korsen Napoléon le petit. Drei Sätze Hugos seien aber wiederholt, weil sie nun ein schärferes Licht auf das Elefantenproblem werfen: »Il avait quelque chose d'une ordure qu'on va balayer et quelque chose d'une majesté qu'on va décapiter.« – »On ne savait ce que cela voulait dire. C'était une sorte de symbole de la force populaire. C'était sombre, énigmatique et immense.« – »A quoi cela sert-il?« Das Monument ist also zutiefst zweideutig, und es veranlasst den Bürger im Sonntagsstaat zu den typischen Fragen an jedwede Skulptur: Was soll diese bedeuten und wozu mag sie, wenn schon unverständlich, »gut« sein?

Die indisch-afrikanische Symbolik ist vielfältig, kommt aber hier nicht in Betracht.[97] Die emblematische Tradition des Abendlands zeigt, dass der Elefant mit einer großen Zahl symbolischer Signifikationen befrachtet wird, die weitgehend – aber nicht immer – positiv sind: Schon seit der antiken Zoologie (Aristoteles, Plinius, Älian, »Physiologus«) werden ihm Frömmigkeit und Keuschheit nachgesagt[98], hinzu kamen maturitas, clementia, benignitas, auxilium, sanctitas, nicht zu vergessen christologische Funktionen.[99] Gerade diese Vielfalt unterstreicht die Gefahr der arbiträren Zuordnung von Sinn, und solche Willkür politischer Symbolik zeigt sich gerade am Elefanten, der von der Republikanischen Partei der USA seit 1872 als Karikatur akzeptiert (die Demokraten erhielten den Esel!) und deshalb seitdem zur Identifikation sowie »für publizistische Zwecke«, »aber nicht zur Repräsentation« verwendet wird.[100]

Jules Michelet registriert am Sonntag, dem 4. Mai 1834, in seinem Tagebuch das Gerüst für die Julisäule, »a côté de l'éléphant de plâtre qui fond à la pluie: caducité précoce du grand empire!«[101] Diese private Notiz wertet nicht den Elefanten, sondern dessen Verfall als Symbol. Es scheint, als habe sich hier die eigentliche semiotische Potenz des Tieres erschlossen, die in seiner Wehrlosigkeit, seiner mit den riesigen Dimensionen nicht zusammenstimmenden Schwäche, in seinem Verfall, seinem Abriss und schließlich seinem Verschwundensein liegt.

David Jordan zeigt sich in seinem Buch über die Haussmannschen Veränderungen zwar mehrfach falsch unterrichtet, wenn er erklärt: »Seinen kaiserlichen Stempel versuchte Napoléon der Stadt durch ein auf der verwaisten Place de la Bastille errichtetes, geradezu absurdes Monument aufdrücken [!]: einen Brunnen in Elefantengestalt, der – schlampig und aus schlechtem Material gebaut – um 1840 einstürzte und dann durch die heutige Julisäule ersetzt wurde.«[102] Doch die Rede von dem »geradezu absurden Monument« weist in die Richtung des Problems. Hugos sentimentale Einschätzung des Vorgangs wurde durch den Haussmannschen Umbau von Paris ins Minimale relativiert. Er konnte die wahre Gestaltveränderung der Hauptstadt vom Exil aus nicht wirklich mitverfolgen. Ihm bedeutete der Tod des Elefanten unendlich viel mehr als seinen Landsleuten. Und ihm – nur ihm? – stand dessen Symbolik offenbar nicht nur quantitativ, sondern auch qualitativ klar vor Augen: Sein Untergang musste Sinnbild der bevorstehenden Machtergreifung des Prince-Président sein. Die Julisäule markierte – wenigstens ex post – den Weg dorthin. Daher die scharfe Antithese in Hugos Reden über den Elefanten:

> Ce monument, rude, trapu, pesant, âpre, austère, presque difforme, mais à coup sûr majestueux et empreint d'une sorte de gravité magnifique et sauvage, a disparu pour laisser régner en paix l'espèce de poêle gigantesque, orné de son tuyau, qui a remplacé la sombre forteresse à neuf tours, à peu près comme la bourgeoisie remplace la féodalité. (S. 756)

Und weil eine Kette von Antithesen Hugo nie genug ist, resümiert er so chiastisch, wie er den gesamten Verlauf einschätzt: »Quoi qu'il en soit, pour revenir à la place de la Bastille, l'architecte de l'éléphant avec du plâtre était parvenu à faire du grand; l'architecte du tuyau de poêle a réussi à faire du petit avec du bronze.« (S. 756) Fatalerweise bemerkte Hugo nicht, dass beide Architekten, der des Elefanten und der der Julisäule, ein und dieselbe Person waren: Jean Alavoine.[103]

Mit jener Absicht einer literarischen Bestandsaufnahme von Paris gerade auch nach ihrer (alltags)symbolischen Potenz wertete Walter Benjamin für sein »Passagen-Werk« intensiv Hugos Roman aus[104], allerdings nicht die Elefanten-Episode. Dennoch ist der Benjaminsche Ansatz natürlich zu verwenden, und eben Hugo ist sein Kronzeuge. Denn im öffentlichen Raum nur die politisch angebotenen Symbole und diese nur in der intendierten Bedeutung wahrzunehmen, entspricht nicht der freien, warenhaften Verfügbarkeit der Dinge. Diese Verfügbarkeit konnte dem Elefanten gerade in dem Maße stärker zufallen, in dem seine originäre Rolle ausgespielt war. Kultursemiotisch gesehen, hätten ihm alle Chancen offenstehen müssen. Über den Eiffelturm schrieb Roland Barthes, er ziehe »Bedeutung an wie der Blitzableiter den Blitz«; er übernehme die »Rolle eines rein Bedeutenden, d.h. einer Form, die die Menschen unablässig mit Bedeutung erfüllen [...], ohne daß doch diese Bedeutung jemals endgültig festgelegt wäre.«[105] Genau hieran zeigt sich aber leicht die Differenz, denn der Eiffelturm ist an sich einzig, und dieses Unikat besitzt zweitens eine einzigartige Form, die drittens nicht a priori bereits eine eng umrissene Bedeutung evoziert.

Nachdem Paris erstmals 1254, dann wieder 1626 einen lebenden Elefanten gesehen hatte, nachdem dieser angeblich »l'animal presque mythique des Parisiens« geworden war, hatte das Tier die Vorstellungskraft so beeindruckt, dass schon vor dem Projekt von 1808 ein monumentaler Elefant ersonnen wurde[106], und zwar nicht 1760, wie es in dem eingangs zitierten Reiseführer hieß, sondern schon 1758 von einem Herrn Ribart, der zum Ruhme Ludwigs XV. auf

der Place de l'Etoile einen »éléphant triomphal« errichten wollte.[107] Doch
nichts deutet darauf, dass Napoleons Elefant an eine solche Tradition anknüp-
fen sollte. Vielmehr wollte man die Idee Vivant Denon zuschreiben und als Reminiszenz an die Ägypten-Expedition werten[108], was durch die Wahl eines
afrikanischen Elefanten als Modell erhärtet würde.[109] Als weniger wahrscheinlich schätzt Daly die nach antikem Muster das blinde Schicksal inszenierende
Legende ein, Napoleon habe die Erinnerung an den siegreichen Preußen-Feld-
zug mit dem ersten Objekt feiern wollen, das ihm im Berliner Schloß aufgefal-
len sei: einem Bronzeelefanten auf einem Kamin.[110] Andere sehen darin einfach
ein »souvenir de l'Antiquité et de l'Orient«[111], wobei regelrecht erstaunt, dass
niemand von dem freundlichen Obelisk-Elefanten Berninis spricht. Daly resümiert, dass die Idee unter dem Empire »assez précise« gewesen sei, habe man
doch die »victoires de l'armée« feiern wollen, auch wenn »un élément vague
dans le programme« verblieben sei, insofern die Figur *nur* an das ägyptische
Abenteuer erinnerte, während das Material aus Spanien stammte.[112]

Bei Hugo erhält das Monument z. T. kontroverse Qualitäten; sie sollen den
Widerspruch darin zeigen, dass verschiedene Augen – bürgerliche und die der
»penseurs« – den Elefanten sehen, dann aber wohl auch Widersprüche in dem
Tier selbst. Denn die Ambiguität steckt schon in dem Elefanten, weil die Stif-
tungsgeschichte der Skulptur nicht öffentlich wurde. Der Wille Bonapartes
hatte gewaltet. Man hatte – bis heute ist diese Struktur in Frankreich nicht un-
üblich – auf den nachgeordneten Ebenen den Wunsch des obersten Staatsre-
präsentanten interpretieren müssen[113], weshalb der Bezug von ›signifiant‹ und
›signifié‹ eben alles andere als offensichtlich wurde. Will man den Elefanten
nicht für gänzlich »absurd« erklären, so gibt es, um mit Karl Voss zu sprechen,
für »die Bedeutung dieses Denkmals« wenigstens »keine befriedigende Erklärung, es sei denn, es war als Symbol für die Kraft des freien Volks gedacht.«[114]
Diese Ausflucht mag Resultat loyaler Hugo-Lektüre sein, wie ja auch Hugo
von Hofmannsthal 1901 in seiner Habilitationsstudie hellsichtig, wenn auch
nicht auf den Elefanten bezogen, erklärte, das »dumpfgewaltige Tier, das größer gesinnt ist als der Mensch, und das schuldlose Kind« seien »nur wie Symbole für die größte der dumpfen Mächte, für das Volk. Ja es würden sich, das
ganze Werk Victor Hugos hindurch, Hunderte von Symbolen finden lassen,
die das Volk verherrlichen.«[115]

Der Architekt Daly verteidigt die Wahl des Vorwurfs, nicht nur, weil die
»formes lourdes et massives de l'éléphant« der Weite des leeren Platzes angemessen gewesen seien; er charakterisiert das Tier auch als »intelligent, n'inspi-
rant aucune idée repoussante, mais rappelant, par une liaison d'idées fort natu-
relle, ce pays réveillé, après tant de siècles de torpeur, par le bruit de nos armes

et de notre révolution«.[116] Spätestens seit Flaubert 1862 in »Salammbô« (14. Kapitel)[117] die grausame Vernichtungsgewalt der Kriegselefanten textuell konkretisierte, ist ein rein harmloses Image wohl nicht mehr zu unterstellen. Doch die positiven, mindestens nicht negativen Konnotationen eingeräumt – die Crux bleibt bestehen: Welcher Art war die Ideenverbindung zwischen dem Elefant und dem revolutionären französischen Volk und wieso soll sie überdies besonders natürlich gewesen sein? Daly hebt geradezu hervor, dass das Vorhaben an keine jener revolutionären Ideen erinnert habe, die der Kaiser so sorgfältig zu verdrängen suchte.[118] Unter der Restauration war es dann kein »monument national et commémoratif« mehr, sondern nur noch ein »monument de fantaisie«.[119] Die konzeptionelle Schwäche ist evident: Man wollte das Denkmal um des Denkmals willen, den Elefanten als literalen Elefanten. So unklar wie das, was genau der Elefant symbolisieren sollte, blieb der Bezug zum Aufstellungsort. Zuviel Unklarheit für einen Akt – das Errichten einer Skulptur im öffentlichen Raum –, dem bis heute am wenigsten die Autonomie eines ästhetischen Diskurses zugebilligt wird. Durch ihre schiere Verzögerung wurde die Plastik multifunktional, ihre Symbolik beinahe leer. Was bei Bauwerken gelingt, das Umdeklarieren von Tempeln zu Kirchen, ja sogar der »RF«-Signierung von Pariser Palästen, das scheitert daran, dass es für ein solches architektonisches Palimpsest, für das Umfunktionieren also, schlicht einer Funktion bedarf.

In seiner semantischen Blässe ist der Elefant die Schwundstufe eines Kollektivsymbols, von dem Michael Fleischer folgende Definition versucht hat: Kollektivsymbole seien

> Zeichen, die einen derart und dermaßen ausgeprägten Interpretanten besitzen, daß sie eine [...] kulturelle Bedeutung und eine stark ausgeprägte positive oder negative Färbung (Wertung) aufweisen, die für die gesamte Einzelkultur gelten, und bei denen der Interpret auf besondere Kenntnisse bezüglich des Bedeutungs- und hauptsächlich des Zeichen-Interpretanten angewiesen ist.

Die Symbole bestünden aus einem Kern-, einem Aktualitäts- und einem Konnotationsbereich.[120] Schon das Faktum, dass wir es mit einem historisch entfernten Objekt zu tun haben, vereitelt eine Empirisierung der äußeren, individuelleren und kurzlebigeren Bedeutungen. Man kann nur vorsichtig rekonstruieren. – Hinzu kommt die Tatsache, dass ein Symbol – gerade, wenn es sich um ein Element eines schon systemisch konnotierten Bildbezirks wie des Tierreichs handelt – innerhalb eines synchronen Symbolsystems funktioniert, d.h. in Interaktion mit anderen Symbolen, in Abgrenzung von und in Bezug auf deren Semantik.[121] Im Kontrast zum Elefanten wurden die Bastille und ihre

Erstürmung zum universell einsetzbaren revolutionären Kollektivsymbol[122], in dem eine graphische, eine theatralische, eine narrative, eine plastische, eine argumentative Komponente konvergieren, das zudem für das böse Alte und seine Überwindung stehen kann[123], das Schlagwortcharakter besitzt, also die Qualitäten einer Abkürzung, Anschließbarkeit, und nicht zuletzt die Konnotation eines bestimmten glorreichen Datums.

Eine Konstante von Kollektivsymbolik ist gerade ihre Ambiguität. Sie verbindet spezialisierte Rede- bzw. Denksysteme zum Interdiskurs, der, so gesehen, nicht unbedingt kommunikationsförderndes Scharnier, sondern auch organisiertes Missverständnis sein kann. Der Akzent liegt heute auf der »synchronen Systematik der Gesamtheit der Symbole und ihrer strikten Interdependenz zu einer historisch spezifischen Diskurskonstellation.«[124] Dies zeigt sich (nur) dann, wenn an das Elefantensymbol Maus, Ratte oder Säule angeschlossen werden. Der in unserem Fall nicht antithetisch, sondern eher prädikativ anzuschließende Bildhintergrund (exotisches Ambiente, Einsatzfelder des Arbeits- oder Kriegselefanten) bleibt implizit. Die Ambiguität des Bildes ist übrigens typisch für *politische* Bildlichkeit. Einerseits verfügt der Elefant über eine hinreichende Popularität, um, wie angedeutet, verschiedene, gegebenenfalls auch spezialisierte, Diskurse zu integrieren, also (scheinbar) in Dialog zu bringen. Auch ist er typischerweise ambivalent: kräftig, aber schwerfällig, groß, aber bedrohlich, friedlich nutzbar, aber seit Hannibal auch als Kriegstier bekannt. Andererseits ist die Zweideutigkeit des Elefanten als Kollektivsymbol – und hier zeichnet sich das eigentliche Problem ab – eine Uneindeutigkeit zweiter Ordnung: Die Größe selbst, die Kraft selbst, die animalische Verfügbarkeit selbst sind zweideutig, nicht erst das Zeichen, das sie verkörpert. Dieses Symbol wird dadurch zwar nicht beliebig, aber doch austauschbar (nicht unbedingt gegen ein Tier, aber etwa gegen eine Maschine), und somit überflüssig. Eine ironische Illustration für die schiefe Mehrdeutigkeit solcher Symbolik lieferte Ludwig Börne in seinen »Briefen aus Paris« (62. Brief), als er, die daraus resultierenden Missverständnisse gleich antizipierend, das deutsche Volk ausführlich mit einem Krokodil verglich.[125] – Hatte Heine zu Beginn der Juli-Monarchie mit dem Elefanten noch das Volk parallelisiert, so steht dasselbe Tier, dasselbe Gipsmodell 1842 für den König.

Unsere Dekonstruktion eines gebauten Symbols ergibt folgendes Resümee: Aus der simplen Frucht eines militärischen Sieges wurde ein vages Symbol, dessen Eindeutigkeit sich mit dem Konnotat »Kraft« erschöpfte. Schon ob es Napoleon bzw. einen König oder im Gegenteil das Volk verkörperte, war nicht ausgemacht (die 1758er Idee mit dem Monarchen als Reiter war in dieser Hinsicht glasklar), ebensowenig, ob der Sieg nur einen äußeren oder auch einen inneren Feind implizieren konnte. Krieg oder Revolution gegenüber war der Elefant an sich indifferent, während seine traditionellen Qualitäten offenbar nicht gemeint waren, mehr noch: Die Texte sind nicht einmal einig darüber, ob das Tier »repoussant« sei oder nicht, und eindeutig positiv hätte ein nationales Symbol wenigstens sein müssen. Eine weitere semiotische Komplikation kam durch das Rattenmotiv hinzu: Wäre das Auftreten der Rattenplage der Anwesenheit oder gerade dem Fehlen des Elefanten zuzuschreiben? Heines widersprüchlicher Umgang mit dem Tier ähnelt dem Hugos nur darin, dass auch dieser mit Setzungen arbeitet (der Relation Elefant – Louis-Philippe bei Heine entspricht die Elefant – Napoleon I. bei Hugo), im übrigen geht Hugo insofern weiter, als er die Widersprüchlichkeit des Holz-Gips-Konstrukts selbst zum Thema macht, freilich, um sie durch die hinzugetragene Antithese der negativ besetzten Säule ins Eindeutige zu überführen.

Berninis Skulptur war erfolgreich, weil sie verwirklicht wurde und populär ist. Ob sie verstanden wird, ist für ihre Beliebtheit, für die Auratisierung als Kultobjekt heute nicht einmal sekundär. Bernini war erfolgreich, gerade weil er – ein letztes Mal, wie William S. Heckscher betont – die 1800 Jahre alte Idee des Elefanten formal als Karyatide und semantisch als moralische Allegorie formulierte, bevor die von der Antike bis ins Barock wesentlich intakt gebliebene Einstellung zum Tier (wie zu anderen Elementen der Natur) als Träger eines systematisch erschließbaren Bedeutungsfeldes in der Aufklärung aufgegeben wurde. Diese Entwicklung setzte, wie wir wissen, der heraldischen oder sonstwie plakativen politischen Symbolik keineswegs ein Ende – wie ja für den Erfolg eines solchen Kunstwerks neben ikonographischer Kompetenz immer auch ein großes Potential *naiver* Begeisterung vorausgesetzt werden muss –, wohl aber wurde mit ihr ein bis heute nicht verlassener Weg beschritten, auf dem die Sprache der Dinge immer unverständlicher, die für ein Verstehen nötige Anstrengung immer größer zu werden scheint. Ein Elefant ist im 19.Jahrhundert nicht a priori unverständlich, doch um die Mühe seiner Dechiffrierung auf sich zu nehmen, bedürfte der Betrachter / Leser eines Beweises, dass er in die Sinnstiftungspotenz der Denkmalschöpfer Vertrauen haben kann. Dies ist schon wegen der Machtverschiebungen zwischen 1808 und 1846, vor allem aber wegen der autoritären *und* intransparenten Fundierung der Skulptur ausgeschlossen. Nur als ›Gnadenstoß‹ der Geschichte wirkte obendrein die ironische Dialektik, dass sich in dem Elefanten ein Staat feiern wollte, der erst durch eine Phase symbolskeptischen Denkens, vielleicht auch nur durch einen säkularen Bildersturm, seine Machtbasis geschaffen hatte. Die Skulptur ist verschwunden. Die Literatur zeugt zeitweise von dem Optimismus, sagen zu können, was jene nicht zeigte.

Anmerkungen

[1] Ich danke dem Personal der Bibliothèque de la Sorbonne, der Bibliothèque Nationale de France, des Musée Carnavalet sowie der Bibliothèque Historique de la Ville de Paris (BHVP).

[2] Joachim Ringelnatz: und auf einmal steht es neben dir. Gesammelte Gedichte. Berlin 1950, S. 132.

[3] Victor Hugo: Œuvres complètes. Roman II. Présentation de Annette Rosa. Paris 1985, bes. S. 747–762, hier: S. 755. Zitate nach dieser Edition.

[4] Avez-vous lu Victor Hugo? Anthologie poétique commentée par Aragon. Avertissement par Michel Apel-Muller. Paris 1985, S. 25.

[5] Paul Hartmann: L'éléphant de la Bastille. – In: La Cité. Bulletin de la Société Historique et Archéologique du IVe arrondissement de Paris, Bd. 1 (1902/3), S. 490–495, hier: S. 494.

[6] Paul d'Estrée: Le Concierge de l'Éléphant. – In: La Cité. Bulletin trimestriel de la Société Historique et Archéologique du IVe arrondissement de Paris, Bd. 17 (1918), S. 42–52, hier: S. 44.

[7] Manuel du voyageur à Paris [...]. Nouvelle éd. par P. Villiers. Paris 1813, S. 268.

[8] Voyage descriptif et philosophique de l'ancien et du nouveau Paris. Par L. P. Tome II. Paris 1814, S. 198.

[9] Le nouveau conducteur de l'étranger à Paris. Tome II. Paris 1821, S. 226f.

[10] d'Estrée [Anm. 6], S. 46.

[11] Honoré de Balzac: Œuvres diverses. Texte révisé et annoté par Marcel Bouteron et Henri Longnon. I. Paris 1956, S. 165. Vgl. George B. Raser: Guide to Balzac's Paris. Choisy-le-Roi 1964, S. 86.

[12] Conducteur de l'étranger à Paris [...] par Teyssèdre. Paris 1833, S. 105.

[13] Félix et Louis Lazare: Dictionnaire administratif et historique des rues et des monuments de Paris (1855). Reprint Paris 1993, S. 194.

[14] César Daly: Monument de Juillet élevé sur la Place de la Bastille. – In: Revue Générale de l'Architecture et des Travaux Publics 1840, Sp. 406–419, hier: Sp. 411f. Vgl. Jacques Hillairet: Dictionnaire historique des rues de Paris. 8e éd. Paris 1985, S. 155.

[15] An den Innenminister Cretet, Madrid, 21.12.1808. – In: Correspondance de Napoléon Ier. Tome 18e. Paris 1865, S. 140.

[16] Dekret vom 9.2.1810. – In: Correspondance de Napoléon Ier. Tome 20e. Paris 1866, S. 197. Vgl. Hartmann [Anm. 5], S. 490.

[17] Lazare [Anm. 13], S. 194.

[18] Daly [Anm. 14], Sp. 412.

[19] Julien Stirling: Histoire et déscription de la Colonne de Juillet. – In: La Cité. Bulletin trimestriel de la Société Historique et Archéologique du IVe arrondissement de Paris, Januar 1914, S. 19–50; zum Elefanten S. 44–48, hier: S. 45.

[20] G. Vapereau: Dictionnaire universel des contemporains. 6e éd. Paris 1893, S. 407.

[21] Daly [Anm. 14], Sp. 413f.

[22] Henri Lemoine: Le Démolisseur de la Bastille. La Place de la Bastille. Son Histoire de 1789 à nos Jours. Paris 1930, S. 188.

[23] Jules Verne: La maison à vapeur. Voyage à travers l'Inde septentrionale. Roman. Nantes 1995, bes. Kap. I 5: »Le géant d'acier«, S. 53–62.

[24] Lemoine [Anm. 22], S. 189, nennt den 3.4.1816, Graf Vincent de Vaublanc (1756–1845), Innenminister vom 26.9.1815 bis zum 9.5.1816.

[25] Projet d'achèvement en bronze de l'éléphant de la place de la Bastille pour une souscription nationale volontaire de 50 centimes [...]. Paris 1833. BHVP: 1392.

[26] Alle Zitate Hartmann [Anm. 5], S. 493.

[27] Ludwig Börne: Schilderungen aus Paris. XX. – In: L.B.: Sämtliche Schriften. Neu bearb. u. hrsg. v. Inge u. Peter Rippmann. Dreieich 1977, Bd. II, S. 100.

[28] Zu Heines Umgang mit diesem Problem vgl. Klaus Briegleb: Opfer Heine? Versuche über Schriftzüge der Revolution. Frankfurt/M. 1986, S. 364–367.

[29] Lemoine [Anm. 22], S. 189.

[30] Stirling [Anm. 19], S. 47.

[31] Lemoine [Anm. 22], S. 194.

[32] Ebd.

[33] Denis Michel/Dominique Renou: Le Guide du Promeneur. 11e arrondissement. Paris 1993, S. 33 f.

[34] Lemoine [Anm. 22], S. 213. Nach Stirling [Anm. 19], S. 47: 1842.

[35] Daly [Anm. 14], Sp. 415.

[36] Zit. nach Lemoine [Anm. 22], S. 212.

[37] Jeannine Guichardet: Balzac »archéologue« de Paris. Paris 1986, S. 154.

[38] Karl Gutzkow: Briefe aus Paris. Erster Theil. Leipzig 1842 [18. Brief, 6.4.1842], S. 229.

[39] Vgl. Philippe Vigier: Nouvelle Histoire de Paris. [Bd. 16.] Paris pendant la Monarchie de Juillet (1830–1848). Paris 1991, S. 204.

[40] L'illustration Nr. 128, 9.8.1845, S. 375, Ill. S. 376.

[41] Lemoine [Anm. 22], S. 196.

[42] Stirling [Anm. 19], S. 47.

[43] Hartmann [Anm. 5], S. 494 f.

[44] Mancherorts wird als Jahr des Abrisses fälschlich 1847 angegeben.

[45] In dieser Maison de Victor Hugo wird übrigens bis heute eine kleine Elefantenskulptur als »maquette« des Elefanten des Bastilleplatzes gezeigt, die weder durch Aufschrift noch durch den Aufbau noch durch sonst etwas einen echten Zusammenhang mit dem Denkmalsentwurf aufweist.

[46] Paul Desfeuilles (Hrsg.): Lettres de Monselet à Lesclide (juin – octobre 1846). Ed. annotée du manuscrit original [...]. Paris 1927, S. 56 (4. Brief).

[47] Lemoine [Anm. 22], S. 215 f.

[48] Archives de la Seine. V O1, 2e partie, nos. 195–204 (Lemoine [Anm. 22], S. 216).

[49] Hartmann [Anm. 5], S. 495.

[50] Hillairet [Anm. 14], S. 155.

[51] Lemoine [Anm. 22], S. 213.

[52] Lutz Röhrich: Der Witz. Seine Formen und Funktionen. Mit tausend Beispielen in Wort und Bild. München 1980, S. 131 f. u. weitere Literatur S. 312 f.

[53] Sein Vorschlag stammt vom 11. März des Jahres IV und ist in der BHVP unter der Signatur 104142 (No. 6) erhalten.

[54] Vgl. Hans-Jürgen Lüsebrink/ Rolf Reichardt: Die Bastille. Zur Symbolgeschichte von Herrschaft und Freiheit. Frankfurt/M. 1990, S. 135–150, bes. S. 149.

[55] Vgl. Helen u. Barry Dwyer (Hrsg.): Index Biographique Français. 2. London u. a. 1993, S. 1029.

[56] d'Estrée [Anm. 6], S. 47.

[57] Ebd., S. 48.

[58] Die Identifikation wird begreiflich durch die Analogie, dass 150 Jahre später ein deutscher Bundeskanzler Elefanten sammelte und dies in der Öffentlichkeit als passend empfunden wurde.

[59] Vgl. DHA XII, 56 und 608 f.

[60] William S. Heckscher: Bernini's Elephant and Obelisk. – In: The Art Bulletin 29 (1947), S. 155–182, hier: S. 176.

[61] Vgl. die dem »Pantschatantra« entnommene Fabel in: Reinhard Dithmar (Hrsg.): Fabeln, Parabeln und Gleichnisse. Beispiele didaktischer Literatur. 6. Aufl. München 1981, S. 68 f.

[62] »Shakspeares Mädchen und Frauen« bzw. »Briefe aus Berlin«, 2. Brief, 16.3.1822. DHA X, 185 und VI, 25 f.

[63] Abergläubische Vorstellung auf der Basis eines Naturphänomens (unentwirrbar verschlungene Rattenschwänze); davon ausgehend, weiterhin die Idee eines Gemeinwesens der Ratten, das ein Oberhaupt hat: Vgl. Hanns Bächtold-Stäubli: Handwörterbuch des deutschen Aberglaubens. Bd. VII. Berlin/ New York 1987, Sp. 520 f.; ebd.: »Luther benützt den Ausdruck als Schimpfwort gegen den Papst.« Vgl. DHA XIV, 401 f.

[64] Nr. 228/229, 16./17.8.1841, zit. nach DHA XIV, 400.

[65] Die heutige Place de la Nation.

[66] DHA XIV, 26 u. bes. 397–402.

[67] DHA XIV, 164 f.; vgl. HSA XIX, 158–160.

[68] d'Estrée [Anm. 6], S. 50 f.

[69] Hartmann [Anm. 5], S. 495.

[70] Lemoine [Anm. 22], S. 195.

[71] Hillairet [Anm. 14], S. 155.

[72] Karl Voss: Reiseführer für Literaturfreunde: Paris. Frankfurt a.M./ Berlin/ Wien 1975, S. 383.

[73] DHA XIV, 401.

[74] d'Estrée [Anm. 6], S. 51. Dass der Verfasser (S. 52) im Jahr 1918 zum Stichwort importierter Ratten gleichermaßen fremdenfeindliche wie rassistische Hoffnungen äußert, die Bildlichkeit also seinerseits fortsetzt und fortpflanzt in eine allseits bekannte Richtung, sei nicht verschwiegen.

[75] Dolf Oehler: Der vergnügte Kommunistenfresser oder Jargon der Leidenschaft und List der gereimten Vernunft in der gar schröcklichen Endzeitfabel von den Wanderratten. – In: Bernd Kortländer (Hrsg.): Gedichte von Heinrich Heine. Stuttgart 1995, S. 239–256, hier: S. 241 f. Vgl. ebd.: »seine Verstellungskunst ist integraler Bestandteil seiner Politik, die nur Verbreitung finden kann, wenn sie nicht restlos verstanden wird.«

[76] Vgl. etwa die Fallbeispiele in: Herfried Münkler: Politische Bilder, Politik der Metaphern. Frankfurt/M. 1994, dort S. 165–173 weitere Literatur.

[77] Dolf Oehler: Pariser Bilder I (1830–1848). Antibourgeoise Ästhetik bei Baudelaire, Daumier und Heine. Frankfurt/M. 1979. – Ders.: Ein Höllensturz der Alten Welt. Zur Selbsterforschung der Moderne nach dem Juni 1848. Frankfurt/M. 1988.

[78] Vgl. Alfred Opitz: »Adler« und »Ratte«. Schriftstellerisches Selbstverständnis und politisches Bewußtsein in der Tiermetaphorik Heines. In: HJb 20 (1981), S. 22–54, hier: S. 37 u. 39. Die Selbstidentifikation war erreicht, als sich 1926 eine sozialistische Kabarettgruppe in Dresden »Rote Ratten« nannte.

[79] Oehler 1995 [Anm. 75], S. 242.

[80] Ebd., S. 240.

[81] G. Gengembre: Art. »Dupont Pierre«. – In: Jean-Pierre de Beaumarchais/ Daniel Couty/ Alain Rey: Dictionnaire des littératures de langue française. A-D. Paris 1994, S. 756 f.

[82] Die Erstauflage der »Muse populaire. Chants et poésies«, Paris 1851, enthält das Gedicht noch nicht, auch die 6. (ab der 5. Aufl. 1858 vermehrt) unter demselben Titel beim selben Verlag von 1861 noch nicht. Die 7. Auflage ist posthum von 1875. Hier zitiert nach der 9. erweiterten Auflage »Chants et poésies«, Paris 1875, S. 452–454.

[83] Zit. nach: d'Estrée [Anm. 6], S. 48–50.

[84] Baracke, Bruchbude.

[85] Heinz Thoma: Pierre Dupont und das politische Lied 1848–1851. – In: Lendemains Heft 28 (1982), S. 23–32. Vgl. auch als gründlichste Studie dess.: Die öffentliche Muse. Studien zur Versdichtung und zum Lied in Frankreich (1815–1851). München 1986, S. 202–241.

[86] Charles Baudelaire: Œuvres complètes. Préface de Claude Roy. Notice et notes de Michel Jamet. Paris 1980, S. 448.

[87] Claudette Combes: Paris dans les Misérables. Nantes 1981, S. 300.

[88] Laut Combes [Anm. 87], S. 48. Handschriftenabteilung der Bibliothèque Nationale de France, Paris, Nouvelles acquisitions françaises 24744, f. 608 und 608bis.

[89] d'Estrée [Anm. 6]; vgl. Hartmann [Anm. 5], S. 494.

[90] Zur literarischen Typologie der Figur vgl. Achim Hölter: Die Invaliden. Die vergessene Geschichte der Kriegskrüppel in der europäischen Literatur bis zum 19. Jahrhundert. Stuttgart/ Weimar 1995.

[91] d'Estrée [Anm. 6], S. 44.

[92] Almanach de Paris. Paris 1990, 2nd vol., S. 34.

[93] Vgl. Karlheinz Stierle: Der Mythos von Paris. Zeichen und Bewußtsein der Stadt. München/ Wien: Hanser 1993; dort nichts zum Elefanten, aber S. 982–985 Bibliographie zur Paris-Literatur.

[94] Julien Gracq: En lisant en écrivant. 13 réimpr. Paris 1993, S. 84.

[95] Julien Gracq: Carnets du grand chemin. Paris 1992, S. 115 f.

[96] Vgl. Etienne Brunet: Le vocabulaire de Victor Hugo. 3 Bde. Paris/ Genf 1988.

[97] Manfred Lurker: Wörterbuch der Symbolik. 3. Aufl. Stuttgart 1985, S. 155.

[98] Jean Chevalier / Alain Gheerbrant: Dictionnaire des symboles. Mythes, rêves, coutumes, gestes, formes, figures, couleurs, nombres. Ed. revue et augmentee Paris 1982, S. 397 f.; Lexikon der christlichen Ikonographie. Bd. I. Freiburg/Br.1968, Sp. 598–600; Hannelore Sachs / Ernst Badstübner / Helga Neumann: Erklärendes Wörterbuch zur christlichen Kunst. Hanau o.J., S. 111.

[99] Filippo Picinelli: Mundus Symbolicus. Mit e. Einl. u. e. bibliographischen Beitrag v. Dietrich Donat. Hildesheim/ New York 1979, S. 370–377. Vgl. Heckscher [Anm. 60], S. 171–177.

[100] Lurker [Anm. 97], S. 539, ebd. S. 540 weitere Literatur zur politischen Symbolik.

[101] Jules Michelet: Journal. Tome I. Hrsg. v. Paul Viallaneix. Paris 1959, S. 116.

[102] David Jordan: Die Neuerschaffung von Paris. Baron Haussmann und seine Stadt. Aus d. Amerikan. v. Hans Günter Holl. Frankfurt/M. 1996, S. 59.

[103] Vgl. Lemoine [Anm. 22], S. 212.

[104] Walter Benjamin: Das Passagen-Werk. Hrsg.v. Rolf Tiedemann. Bd. II. Frankfurt/M. 1983, S. 903–938.

[105] Roland Barthes / André Martin: Der Eiffelturm. Dt. v. Helmut Scheffel. München 1970, S. 28. Vgl. Vera Kowitz: La tour Eiffel: ein Bauwerk als Symbol und als Motiv in Literatur und Kunst. Essen 1989, S. 40–47.

[106] Alfred Fierro: Histoire et dictionnaire de Paris. Paris 1996, S. 673 f.

[107] Architecture singulière. L'éléphant triomphal, grand kiosque [...]. So der Titel eines Foliodrucks mit den entsprechenden Plänen. BHVP: Réserve 10344. Vgl. Hartmann [Anm. 5], S. 490; Lemoine [Anm. 22], S. 187.

[108] Fernand Bournon: La Bastille. Paris 1893, S. 234. Vgl. Lemoine [Anm. 22], S. 187.

[109] Daly [Anm. 14], Sp. 412.

[110] Ebd.

[111] Dominique Leborgne/Danièle Chadych: Vie et histoire. XIe arrondissement. Paris 1987, S. 49.

[112] Daly [Anm. 14], Sp. 415.

[113] Vgl. exemplarisch die hierarchisch gestaffelten Texte des Staatspräsidenten, des Ministerpräsidenten, des Kulturministers, des Staatssekretärs für die »Grand Travaux« und der beauftragten Bibliotheksdirektoren in: Patrice Cahart / Michel Melot: Propositions pour une grande bibliothèque. Paris 1989. Der Klappentext (»La volonté exprimée par le président de la République de voir s'édifier [...] ouvrait une multitude de questions difficiles«) verdeutlicht, dass es systemkonform nicht vorstellbar war, von François Mitterrand selbst Präzisierungen zu erwarten.

[114] Voss [Anm. 72], S. 383.

[115] Hugo von Hofmannsthal: Studie über die Entwickelung des Dichters Victor Hugo. – In: H.v.H.: Reden und Aufsätze I. 1891–1913. Frankfurt/M. 1979, S. 247–320, hier: S. 281.

[116] Daly [Anm. 14], Sp. 413.

[117] Gustave Flaubert: Œuvres. I. Éd. Établie et annotée par A. Thibaudet et R. Dumesnil. Paris 1951, S. 966.

[118] Daly [Anm. 14], Sp. 412.

[119] Ebd., Sp. 415.

[120] Michael Fleischer: Das System der deutschen Kollektivsymbolik. Eine empirische Untersuchung. Bochum 1996, S. 205.

[121] Jürgen Link: Über ein Modell synchroner Systeme von Kollektivsymbolen sowie seine Rolle bei der Diskurs-Konstitution. In: Jürgen Link/ Wulf Wülfing (Hrsg.): Bewegung und Stillstand in Metaphern und Mythen. Fallstudien zum Verhältnis von elementarem Wissen und Literatur im 19. Jahrhundert. Stuttgart 1984, S. 63–92.

[122] Lüsebrink/ Reichardt [Anm. 54], S. 93.

[123] Ebd., S. 259–261.

[124] Ansgar Nünning (Hrsg.): Metzler Lexikon Literatur- und Kulturtheorie. Ansätze – Personen – Grundbegriffe. Stuttgart/ Weimar 1998, S. 268.

[125] Börne [Anm. 27], Bd. III, S. 392f.

Alexander Weills »Sittengemälde aus dem elsässischen Volksleben« (1847): volkskundliche Zeugnisse, literarische Kunstwerke und emanzipatorische Botschaften

Von Gerhard Weiß

I.

Am Samstag vor Ostern 1847 saß der deutsche Dichter Heinrich Heine in seiner Wohnung 41, Faubourg Poissonnière in Paris am Schreibtisch und blätterte nachdenklich und ein wenig lustlos in zwei deutschen Zeitungen. Eine war die »Dresdner Abendzeitung« vom April, die andere die »Kölnische Zeitung« vom Dezember 1844. Sie enthielten zwei längere Texte, »Der Bettler und sein Kind. Elsässische Dorfnovelle« sowie »Mathisel und Bäbele. Elsässer Dorfnovelle«. Als Verfasser figurierte Alexander Weill.

Daneben lag ein gedruckter Band von 448 Seiten vom gleichen Autor. Er hieß »Sittengemälde aus dem elsässischen Volksleben. Novellen« und war 1843 bei Franckh in Stuttgart verlegt worden. Er enthielt vier Geschichten: »Stasi«, »Udilie und Gertrude«, »Selmel, die Wahnsinnige« und »Frohni«. Sie trugen jeweils die Beifügung »Ein Sittengemälde aus dem Elsaß«.

Der »kleine Weill« wie ihn die Heines immer nannten, bereitete also tatsächlich die zweite, vermehrte Auflage vor. Das alles sollte jetzt zusammen neu gedruckt werden. Weill hatte Heine gebeten, ein kurzes Vorwort dazu zu schreiben, dann würde Franckh ihm 300 Francs überweisen und eine neue Edition riskieren. Das Geld brauche er, denn er wolle heiraten.

Wer war dieser Alexander Weill, den wir hier in der etwas fiktiv ausgestalteten Szene in den Kulissen warten ließen?

Er war Schriftsteller und Journalist und schon seit acht Jahren Heines Pariser Intimus. Bereits mehrfach hatte er dem Dichter publizistische Dienste geleistet. Heine war ihm verpflichtet und musste ihm diesen Gefallen tun, obwohl ihn Dorfgeschichten herzlich wenig interessierten. Überlesen hatte er sie ja, was sollte er aber jetzt thematisieren? Langsam fing schließlich seine Feder an, über ein Stück Papier hinweg zu gleiten und zu schreiben. Dabei wollen wir Heine zunächst verlassen und einen weiteren Blick auf Weills schriftstellerische Leistung und seine literarische Position werfen. In keiner deutschen Literaturgeschichte ist er festgehalten, vielleicht, weil er gebürtiger Franzose war. Zu einer kurzen Nennung hat es anscheinend nur im englischen »Oxford Companion to German Literature« (1976) gereicht.

Dafür hat sich die französische Forschung mit ihm beschäftigt. Die umfangreichste Arbeit dürfte die von Joé Friedemann aus dem Jahre 1980 sein mit dem Titel »Alexandre Weill. Ecrivain contestataire et historien engagé (1811–1899)«.[1] Sie ist im französischen Bereich gut recherchiert und verarbeitet achtzehn Einzeldarstellungen. darunter sind allerdings keine unser Thema berührende Titel zu erkennen. Ebenso wenig setzt sich Friedemann selbst mit unseren thematischen Schwerpunkten auseinander. Überhaupt spielt das deutschsprachige Werk Weills hier kaum eine Rolle – schade um einen Schriftsteller, der am 16. März 1839 an Heine schrieb:

> Ich bin ein Elsäßer, danke Gott daß ich deutsch schreibe ohne zum deutschen Bunde zu gehören, aber ich bin doch deutsch von Kopf bis Fuß und könnte ohne deutsche Literatur und ohne deutsches Denken nicht leben. (HSA XXV, 199)

Zu Weills Leben sollen hier nur Umrisse gegeben werden. Er wurde am 11. Mai 1811 in Schirrhofen, in der Nähe Hagenaus gelegen, geboren und erhielt den Namen Abraham. Sein Vater war der jüdische Viehhändler Leopold Weill. Schon beim Kind zeichnete sich ab, dass er von etwas unterdurchschnittlicher Größe war und bleiben würde. So nannten ihn alle das »Abrahämle«. Er wuchs in einer großen Familie auf, in der deutsch mit elsässischem, d.h. niederalemannischem Akzent und mit hebräischen Einschlägen gesprochen wurde. Schon mit acht Jahren konnte er angeblich Hebräisch lesen, und Französisch lernte er jetzt auch. Die beiden jüngeren Sprachen beherrschte er später völlig flüssig, wenn auch sein gesprochenes Französisch immer einen leichten elsässischen Klang behielt.

Sein Vater hielt ihn schon in früher Kindheit zu Anspruchslosigkeit und Arbeit an, war allerdings besonders zu dem unruhigen, kecken Abrahämle auch von einfallsloser Härte. Immer wieder wurde der Kleine körperlich gezüchtigt. Sein Vater hatte es wohl nicht anders gelernt. Wenn wir Alexander Weills Aussagen in der Erzählung »Mathisel und Bäbele« (1844) in den »Sittengemälden« biografisch verstehen dürfen, hatte der Vater, geboren 1775 oder 1776, in Augsburg als Stallbursche bei einem österreichischen Armeelieferanten angefangen, war dann französischer Soldat geworden, dann erster Knecht bei einem Rastatter Pferdehändler, ehe er sich selbständig machte und heiratete. In Weills Selbstdarstellung »Ma Jeunesse« (3 Bde., Paris 1870) heißt es, Vater Weill habe 1792 bis 1802 in Malsch in Lohn gestanden. Da dieser Ort nur zehn Kilometer von Rastatt entfernt liegt, dürften sich beide Aussagen decken.

»Wo es Kinder und Soldaten gab«, erinnert sich der 1786 geborene Karl Friedrich von Klöden, »da gab es damals auch Prügel, und meistens ganz barbarische«[2] – von diesem schlechten erzieherischen Vorbild konnte sich Leopold Weill nicht lösen.

Mit zwölf Jahren legte Abraham eine Talmud-Prüfung ab. (Von seinem Zeitgenossen Moritz Gottlieb Saphir (1795–1858) wissen wir, dass er mit neun oder zehn Jahren ein wohl ähnliches Großes Talmud-Examen machte.) Dreizehnjährig ging er nach Metz und Nancy, um für die Laufbahn eines Rabbi zu studieren. Ohne rechten Erfolg kehrte er 1826 für ein halbes Jahr nach Hause zurück, wo ihn der herrische Vater in seinem Geschäft anlernen wollte. Wie ein Pferdehändler sein Geld verdiente, kann man in Berthold Auerbachs Erzählung »Die feindlichen Brüder« (1842) nachlesen, wie die Pferde zu Hause von Kindern auf die Nachtweide getrieben wurden, bei Weill selbst in »Mathisel und Bäbele«.

1826 machte sich der Junge auf den Weg nach Frankfurt. Er wanderte über Lauterburg und Ingenheim nach Bad Dürkheim. »Il y avait dans ce village une école talmudique et nous passâmes le sabbath à disputer«, erinnert sich Abraham.[3] Worms lernte er kennen als »ville célèbre par le séjour de Raschi, savant français de Troyes, dont le commentaire hébraique est un chef-d'œuvre sans pareil d'érudition et de style«.[4] Über Mainz schlug er sich schließlich nach Frankfurt durch. Dort setzte er seine Studien bis 1837 fort. Nach kurzem Aufenthalt in der Heimat kehrte er für weitere fünf Jahre dorthin zurück.

Alexander Weill war mit einem erstaunlichen Gedächtnis, großer Intelligenz und Sprachbegabung ausgestattet. Mit seiner schönen Sopranstimme hielt er später bei Opernaufführungen seines Freundes Mainzer in der Pariser Académie Royale die Chöre zusammen. Sein kräftiges Organ half ihm auch, Vorleser und Vorsänger in der Frankfurter Hospitalsynagoge zu werden. Er erhielt tatsächlich am Ende das Diplom eines Rabbi, beschloss aber nach tiefen religiösen Zweifeln, diesen Beruf nicht auszuüben, sondern Journalist und Schriftsteller zu werden. Wir nehmen an, dass er sich damals den Namen des mazedonischen Welteroberers zulegte.

Die ersten Jahre arbeitete er in Frankfurt, von 1837 an meist in Paris. Religiös blieb er ein Skeptiker, Kritiker des Talmud und erst recht des Christentums. Politisch wurde er Sozialist, ja Kommunist, der aber im Laufe seines langen Lebens auch seine Wandlungen durchmachte. So wandte er sich 1848 enttäuscht von der Februar-Revolution ab und sympathisierte vorübergehend mit einer konstitutionellen Monarchie.

In den fünfziger Jahren versuchte er mehrmals, wieder in Deutschland Fuß zu fassen, was ihm aber nicht gelang. 1871 kehrte er sich endgültig vom preußisch dominierten Deutschland ab, kämpfte aber weiter gegen Chauvinismus, Kapitalismus und Antisemitismus.

Alexander Weill produzierte außer den erwähnten achtzehn deutschen Titeln 120 französische Broschüren und Bücher und mindestens 500 Zeitungs- und Zeitschriftenartikel, vor allem in der fourieristischen »Democracie pacifique«. Er nahm zu unzähligen Tagesthemen Stellung, schrieb religiöse Polemiken, geschichtliche Spekulationen, Besprechungen, mittelmäßige Gedichte, Unterhaltungsnovellen und autobiografische Schriften – meist intelligent, originell und mutig.

Weill starb am 18. April 1899 in Paris. Wo er begraben liegt, wissen wir nicht.

II.

Wir kennen nur einen kleinen Teil von Weills Werk, müssen aber sagen, dass das noch lesbar ist, wenn auch weitgehend nur aus historischem Interesse. Im Mittelpunkt unserer Ausführungen stehen hier, wie schon anfangs erkennbar, seine »Sittengemälde aus dem elsässischen Volksleben. Novellen« (1. Auflage Stuttgart 1843, 2. vermehrte Auflage Stuttgart 1847). Für diese Arbeit benützen wir die neue Ausgabe von Ruth Glatzer mit Nachwort und Anmerkungen.[5]

Wenn wir uns fragen, was den heutigen Leser in der Pfalz an den »Sittengemälden« noch interessieren kann, so ist zunächst festzuhalten, dass alle diese Geschichten im nordöstlichen Elsass in einem kleinen Gebiet etwa zwischen Hagenau und dem Rhein spielen, also nicht weit von unserer Heimat entfernt. Gut zwanzig Dörfer sind Schauplätze der Handlungen oder werden mehr beiläufig genannt. Zwei von mehreren ursprünglichen Druckfehlern bei den Ortsnamen sind in der Neuausgabe stehen geblieben: Teinheim statt richtig Beinheim und Roggenheim statt Roppenheim. Vieles spielt sich in oder zwischen Sessenheim, Rohrweiler, Bischweiler, Schirrhein/Schirrhofen und Sufflenheim ab. Etwas weiter draußen liegen schon Hagenau, Niederbronn, Zabern und Straßburg.

Im folgenden Ausschnitt grenzt Alexander Weill einmal diese Region des Niederelsass gegen Frankreich ab und schafft ein fast beglückendes Gefühl von Geborgenheit und Zusammengehörigkeit.

Ich setze voraus, daß meine Zuhörer schon etwas von der Zaberer Steige gehört haben, dieser Grenze des Elsasses, allwo auf der Höhe der Steig, oder besser des zwei Stunden hohen Berges, das Dorf Quatrevents liegt, wo eigentlich das wahre Frankreich und die französische Sprache anfangen. [...] Wenn man auf dem Berge steht, übersieht man das ganze Elsaß, die Häuser der verschiedenen Dörfer speien wolkenartig ihren Rauch aus, als wären sie nur der Aufenthalt e i n e r großen Gemeinde, das Straßburger Münster guckt neugierig über sie hervor, und hinter ihm schwimmen die Gebirge von Baden im Nebel in dem weiten Horizonte. Ein scharfes, geübtes Auge kann sogar die Dörfer, die nicht gerade in tiefen Tälern liegen, genau bezeichnen, und der Elsässer verläßt diese Stelle nicht, ohne wenigstens das letzte tränende Lebewohl seinem lieben Vaterlande zugeschickt zu haben (S. 73 f.).

Eine seelisch und geistig belebte Landschaft, erfasst in einer positiven Grundstimmung – wer fühlt sich hier nicht an ähnliche Eindrücke erinnert, die Goethe 1770 und 1771 in und um Straßburg, Zabern und Phalsbourg gewann?

Eine Lebensfülle, in der Mensch und Natur ein sympathisches, auch ästhetisches Ganzes bilden, beschreibt Weill in der folgenden Passage über die Heumahd. Sie war die erste Ernte nach der Aussaat und hatte beim Bauern immer etwas Volksfestartiges. Frauen und Kinder konnten mitwirken, wenn der Kreislauf von Säen und Ernten sich wieder zu schließen begann.

Man kann sich keinen schönern Anblick denken, als wenn man sich auf die Spitze des Kühberges [bei Schirrhofen] [...] in der Heujahrszeit stellt, um Menschen und Land zu beschauen. Tausend und tausend Hände regen sich in den verschiedenen Richtungen auf dem Wiesenfeld im Ried. Das Kostüm der verschiedenen Eigentümer und Mädchen der Wiesen, die oft zwei bis drei Stunden davon entfernt wohnen, ist ebenso bunt als reinlich und Wohlhaben verkündend, nur der breitrandrige Strohhut und die gleiche Behendigkeit und Fröhlichkeit bringt sie unter das Szepter der Bauerngleichheit. Links erstreckt sich behaglich der Schwarzwald mit seinen immer frischen Wald- und Wiesenfarben aus, rechts östlich sieht man die Vogesen, geradeaus zeichnet die Münsterspitze, wie ein Bleistift von geschickter Hand geführt, in die bläulichen Wolken hinein (S. 146 f.).

III.

Weills Geburtsregion, das Elsass, hatte natürlich zu jener Zeit schon seine deutsch-französische Mischkultur. Die Annexion durch Ludwig IV. hatte keiner mehr ungeschehen machen können. Französische Sprache und Lebensweise drangen über die Städte langsam weiter ein. Das oben erwähnte materielle »Wohlhaben« auf dem Lande ging auf die Befreiung der Bauern von der Feudalherrschaft zurück. Die Ideen der Französischen Revolution hatten die Menschen auch geistig freier gemacht.

Dafür hatte die Vätergeneration der in den »Sittengemälden« auftretenden

Elsässer und Elsässerin

Jungen gekämpft. Eck war Soldat gewesen, Dollinger hatte als Husar die Welt gesehen. Stasis Vater und der Jude Gumper hatten in Oberitalien, bei Weißenburg und in der »Mainzer Armee« gedient. Abgetragene Uniformröcke, Blessuren und französische Flüche erinnerten noch bei denen daran, die heimgekehrt waren. Aber auch jetzt wurden die jungen Männer ausgehoben, zu jahrelangem Militärdienst gezwungen, entweder in der Reserve gedrillt oder wie Ambrosi im algerischen Kolonialkrieg (1830–1847) geschunden. (Alexander Weill hatte allerdings Glück: Als er sich 1829 zur Konskription stellen musste, zog der Bürgermeister für ihn ein Freilos!) Abenteurern zu Hause blieb der Schmuggel mit Baden oder Rheinbayern.

Als Weill seine »Sittengemälde« schrieb, griff er auf seine Jugendzeit zurück, die in die Restauration und die Anfänge des Bürgerkönigtums fiel. Eben kündigte sich fern das Eisenbahnzeitalter an, aber bei ihm auf dem Lande gab es noch keine Dampfmaschinen für landwirtschaftliche Aufgaben.

Die althergebrachte Arbeit in Hof, Feld und Wald füllte das Leben seiner elsässischen Landsleute, der Bauern mit ihren Knechten, Mägden und Tagelöhnern. Es gab Viehhirten, Hufschmiede, Schindel- und Strohschneider, Schlosser, Spengler und Schuster. Etwas tiefer, aber noch gelitten, rangierten Scherenschleifer, Kesselflicker, Löffelgießer und Korbmacher, die oft Zigeuner waren. Sozial höher angesiedelt waren Krämer und Dorfwächter, Soldat und Zöllner, Müller und Landbesitzer und schließlich Maire, Schulmeister und Pfarrer.

Nur jeder zweite Mann außerhalb der höheren Berufe konnte schreiben oder gar Französisch. Unter hundert Dorfmädchen konnte angeblich keines lesen.[6] Zum Singen aus dem Gesangbuch wird es jedoch gereicht haben. An Gedrucktem erscheinen außer Gesang- oder Gebetbuch »Ritterbücher« (S. 108), welche die reiche Selmel sich hatte besorgen lassen, und der »Hinkende Bote von Straßburg« (Bd. I, 1807), den man abends beim Licht des Kienholzes am Ofen betrachtete und las. Er war übrigens 1832 für 10 Kreuzer auch in Pirmasens zu haben.

IV.

Diese allgemeinen politischen und sozialen Hintergründe verband Weill mit dem spezifisch Elsässischen von Land und Leuten, den ländlichen Traditionen und dem Lokalkolorit zu einem Ganzen. Wird unser Erzähler doch nicht müde, Sitten, Kleidung und Sprache immer wieder in Einzelheiten liebevoll zu beschreiben und zu verwenden. Darin muss schon damals, wie Weill mutmaßte, der Reiz für den verstädterten deutschen Leser gelegen haben, der hier etwas Anderes, Frischeres fand als historische Romane oder Werke im »hohlen Salonstil« der »modernsten Novellisten«[7], »Seufzer- und Ächzromane«[8], später auch »Eisenbahnnovellen«.[9] Das alles ist für uns heute eine reiche Quelle geschichtlicher und volkskundlicher Information, ja Dokumentation zu einer Welt, die es so nicht mehr gibt, wenn gleich manches bei Sitten und Gebräuchen und die Mundart im ländlichen Elsass, ja in der Pfalz noch am Leben ist.

Seiten um Seiten wären nötig, wollte man die Volksbräuche aufführen, die Weill in seine Erzählungen einbettet und liebevoll schildert. Dazu gehören kleine Beobachtungen: Pistolen- und Flintengeknall nicht nur an Silvester, sondern auch zum Ausdruck allgemeiner Lebensfreude, Dorfschelle und Sturmglocke, der Strauß an der Mütze des Ausgehobenen und der Rosmarinkranz der Braut, der große Strohmann, das für den Burschen gefertigte Tragband der Flinte und das Liebesband am Spinnrad. Man erlebt mit, wie Selmel ihren Bauerngarten anlegt und wie Alt und Jung einen elsässischen Walzer improvisieren.

Besonders einlässlich sind die Schilderungen der elsässischen – und schwäbischen – Kunkelstube, der Kirchweih und ihres Begräbnisses sowie von Brautschau und Verlobung, Hochzeit und Beerdigung als wichtigen Teilen bäuerlichen Brauchtums.

Für Weill gehört dazu auch das Laubhüttenfest der jüdischen Gemeinde, an dem alle teilnehmen (S. 273–275), ist doch, so meint unser Autor treuherzig, ein Christ »weiter nichts als ein getaufter Jude« (S. 274).

Recht einlässlich sind auch die Hinweise auf die elsässischen Volkstrachten. Weill versichert, sie seien fast von Dorf zu Dorf verschieden. Dennoch nennt er mehrmals gleiche oder ähnliche Teile der männlichen und weiblichen Kleidung, die sich so einigermaßen zusammenfügen lassen.

Jungen trugen im Sommer Halstücher und rote Mützen mit und ohne Schirm, Männer zogen Überröcke, wohl dreiviertellang und (leinene) Bauernwämser an, darunter kleine Westen mit großen Metallknöpfen. Die Kniehosen wurden von »Hosenstruppen«[10] gehalten, an denen zur Zierde große, rote Schnupftücher, in Schleifen geknotet, herunterhingen. Die Männer trugen schwere genagelte Schuhe mit Metallschnallen, aber zu Hause zog jeder Holzschuhe an.

Die Frauen kleideten sich in schmucklose Kattunkleider oder zogen in dicke Falten gelegte Bauernröcke an. Für bessere Gelegenheiten schlüpften sie in ein weißes Leinenhemd, da über den Kopf geworfen und am Halse zugeschnürt wurde. Darüber kam ein Schnürleibchen oder ein buntscheckiges, auch rotes oder gar goldbesticktes Mieder. Das Haar wurde lang getragen, entweder zu Knoten geschlungen und mit einem kupfernen Kamm hochgesteckt oder zu Zöpfen geflochten, in die bunte Bänder eingelegt waren. Berthold Auerbach nennt ähnlich für den südlichen Schwarzwald bei den Jungfrauen »handbreite ziegelrote Seidenbänder«[11], die beinahe bis zum Boden reichten. Ein schwarzseidenes Halsband mit daran hängendem Kreuz oder Amulett und Schuhe mit roten Schleifchen vervollständigten die farbenfrohe Tracht. An Sonn- und Feiertagen kleideten sich viele Mädchen auch schon mehr städtisch, wie Weill missbilligend beobachtet, in Feder- oder feine Florentinerhüte, seidene Kleider mit »geschnitzelten Ärmeln« und »spinnewebene« Röcke.

Ähnliches hatte schon Goethe 1770/71 vermerkt. Er schreibt in seinen Elsässer Erinnerungen im zehnten und elften Buch von »Dichtung und Wahrheit«, Kleidung und Betragen besonders der Frauen und Mädchen« zeige den »Bezug auf Paris [...] dem alles Überrheinische seit geraumer Zeit«[12] sich nicht entziehen könne. Die in Sessenheim »fast verdrängte Nationaltracht« bestand nach ihm aus einem weißen, runden Röckchen mit einer »Falbel« (d.i. ein Besatz von gefälteltem Stoff), das bis zu den Knöcheln reichte, einem knappen weißen Mieder und einer schwarzen »Taffetschürze«.[13] An Friederike Brion gefielen ihm auch die blonden Zöpfe.

An entlegener Stelle fanden wir noch für 1843 verstreute Einzelzüge der elsässischen Frauentracht, die wir hier ergänzend beifügen wollen. Bei dem französischen Romancier Eugène Sue (1804–1875) erregt die Figur der jungen Cäcilie in Paris dadurch Aufsehen, dass sie elsässische Bauerntracht trägt – »reizend«, »kokett«, ja »bizarr«.[14] Einige Einzelteile sind hier: weißer, weit ausgeschnittener Schnürleib von doppelter Leinwand, Mieder mit kurzen Ärmeln, ein Jäckchen mit engen Ärmeln und vorne einer Reihe kleiner, getriebener Silberknöpfe sowie ein knielanger Rock von orangefarbenem »Merino«. Das nackenlange Haar war an der Stirn gescheitelt und nach hinten gekämmt. Dazu kam ein Halsband.

VI.

Beim geselligen Zusammensein singen Weills Landsleute ihre Lieder. Dem Korbmacher in »Frohni« mit seiner Harmonika verdanken wir allein neun Lieder mit ihren Anfängen und jeweils einigen weiteren Zeilen, wenn auch ohne Noten. Es sind: das »elsaßsche Knöpfellied« »Mutter, was koche mer z'-Nacht?« (S. 150); das »elsaßsche Liedel« »Tanz, Bubele, tanz« (S. 187); »Z' Nacht, wenn der Mond schient« (S. 155); »Die Sternle am Himmel« (S. 188); »Luschtig, wil mer ledig sin« (S. 189); »Heisa, hopsasa« (S. 191 f.); nach »Elsässer Walzermelodie« »Die Ziebel, die Ziebel hat eins geschlage« (S. 192) und das »Elsasser Frag- und Antwortlied« »Maidele, wo bisch gestern gesinn?« (S. 192). Dazu kommen das »elsässische Kuckucksliedchen« »Marie, Marie / komm mit mir in Gras« (S. 107) und »das alte Lied« »Aus ist das Liedl [...]« (S. 301). Neuzeitlicher, auch fast ohne mundartliche Elemente sind oder muten wenigstens an: »Du, du liegst mir am Herzen« (S. 107); »Was frag ich nach Geld und Gut?« (S. 273); »Und nimm das Gläsel in die Hand« (S. 275) und »Bruder, herzallerliebster mein« (S. 276).[15]

VII.

Mehrfach klang eben schon die vorwiegend oberdeutsche Mundart des »Elsässer Ditsch«, genauer gesagt, des südlich der Seltz gesprochenen Niederschwäbischen oder Niederalemannischen, das mit Teilen des nordöstlich davon gesprochenen Südrheinfränkischen und Rheinfränkischen der Pfalz – beide Mitteldeutsch – dialektale Übereinstimmungen aufweist, z.B. die Verkleinerungssilbe /le/ bzw. /el/ sowie »isch« für »ist«.

Bei Weill finden sich verstreut aus dem lautlichen Bereich des Niederalemannischen: die unterbliebene Diphtongierung von langem /i/ zu /ei/ (mym, mien, wil, bi, zittig, schient, pfiffen, Rhin); die unterbliebene Diphtongierung von medialem langen /u/ zu /au/ (brucht, druß) – so auch in einem kleinen Zipfel des Pfälzischen südöstlich von Saarbrücken; die Verschiebung /eu/ zu /i/ (ditsch, Litt, Mies, Drievel, Kriz); das noch etwas weiter südlich gebrauchte »gesi(n)« statt des aus einer anderen Wurzel gebildeten mdt. »gewen«, »gewest« o.ä.; das im obdt. An- und Inlaut schon aus /p/ verschobene /pf/ (Knöpfle, pfiffen, gestupfelt, Schopf) – so auch schon in einem kleinen pfälzischen Landstrich südöstlich von Bergzabern.

Hinzu kommen in unseren Dorfgeschichten 43 Dialektwörter, die z.T. Weill und die Herausgeberin in unserer Ausgabe erklären. Einen Rest von 23 Wörtern mussten wir in zwei elsässischen Mundartwörterbüchern oder wenigstens dem pfälzischen suchen.[16]

All das – Brauchtum, Volkstrachten, Lieder und Mundart – hilft, das Lokalkolorit der »Sittengemälde« auf eine nie störende Weise zu verstärken. Wenn Weills Lesepublikum vielleicht zum guten Teil aus dem Verlagsort Stuttgart und aus Schwaben stammte, kamen ihm diese sprachlichen Elemente noch vertrauter vor als etwa dem Pfälzer oder erst recht »Stammesfremden« wie z.B. dem Niederdeutschen Heine.

VIII.

Aber das reicht natürlich nicht hin, um literarischen Ansprüchen zu genügen. Weill leistete mehr, und man wird ihm selbst aus heutiger Sicht und nach Maßstäben einer modernen Textbetrachtung nach rund 150 Jahren ordentliches Können bescheinigen müssen. Formal handelt es sich bei seinen »Sittengemälden« nicht vorwiegend um Beschreibungen, wie dieses Wort nahe legen könnte, sondern um Texte vom Typ Narration, realisiert als Erzählungen mit klaren zeitlichen Abläufen, die sich über Monate, ja Jahre hinziehen können. Es geht also um Abfolgen von Handlungen und Geschehnissen. Der Blickpunkt (Point-of-view) des Erzählers ist persönlich. Er steht als Beobachter außerhalb der Geschichte und kann so subjektiv auswählen. Die zwar nur mittelbare, aber anscheinend wahrheitsgetreue Schilderung des Autors erhöht die Bereitschaft des Lesers, der literarischen Fiktion zu folgen. Gewöhnlich verengt sich der Fokus der Erzählung und schafft eine auf einen Höhepunkt angelegte Erzählordnung.

Der panoramische Darstellungsmodus wechselt ausgewogen mit eingestreuten Zwiegesprächen, d. h. der szenischen Präsentation, wozu auch die traditionellen Mittel wie Briefe oder Briefauszüge (S. 97 f.) und, recht modern, einige Ansätze erlebter Rede zählen.

Auf größeren Strecken drückt sich die versöhnlich-wohlwollende Haltung des Schreibers gegenüber Charakteren und Lesern in Witz und einem humorvollen Ton aus. Gemäldeartig sind mehrfach sogenannte technische und impressionistische Beschreibungen von Dingen, Vorgängen und Personen.

Bei der äußeren Strukturierung der je mit etwa 60 Seiten im Oktavformat der Neuausgabe recht langen Erzählungen helfen gelegentlich erweiterte typografische Leerräume, römische Zahlen und Einteilungen in »Abschnitte« und »Abteilungen«.

Solche Randmotive wie Dollingers zweites Gesicht, das wiederholte Auftreten der Zigeuner und die in Autorenkommentare gekleideten häufigen Vorwegnahmen der weiteren Handlung geben den Geschichten inneren, strukturellen Zusammenhalt.

Auffälliger, fast muss man sagen auch störender wirken auf den modernen Leser die vielfachen belehrenden Eingriffe des auktorialen Ich-Erzählers. Gewöhnlich an Einschnitten und Ruhepunkten der Narration mischt der Verfasser der Textform Erzählung expositorische Kommentare bei, in denen er die Geschehnisse zu seinem privaten Gedanken-, Wert- und Glaubenssystem in Beziehung setzt, sie kommentiert und bewertet. Formal charakteristisch sind hier der persönliche Blickpunkt, das zeitlose Präsens und das den Leser einschließende »Du«. So formuliert Weill Wissen, Erkenntnisse, verallgemeinerte Lebenserfahrungen, auch in der Form von Sprichwörtern und nicht ohne gemäßigte Sentimentalität oder Pathos. Seine Kommentare verlieren sich aber auch nicht selten in bloßer Kannegießerei (S. 141). Und gerade auf solche »Selbstbeobachtungen«, »philosophischen und ethnographischen Bemerkungen«, »Herzensergießungen« und »Seelentränen«[17] legte Alexander Weill großen Wert!

IX.

Ein letztes formales Problem stellen die Gattungsbezeichnungen dar. Weill klagte, der Titel »Sittengemälde« sei ihm schon bei den Separatdrucken der ersten Erzählungen von den Redakteuren untergeschoben worden. Er habe »Dorfgeschichten« geschrieben. Aber auch die Buchausgaben von 1843 und 1847 setzten auf die Titelblätter »Sittengemälde« und zusätzlich den Begriff »Novelle«, was Weill offenbar dann doch hinnahm. Schließlich nannte er selbst die beiden in der zweiten Auflage neu abgedruckten Erzählungen in den Untertiteln »Elsässische« bzw. »Elsässer Dorfnovelle«. Mit »Dorfnovelle« oder »Novelle« musste und konnte Weill leben, denn wenigstens einigen der Eigenschaften dieser anspruchsvolleren literarischen Kunstform werden seine Geschichten gerecht.

So schwer Bestimmungsversuche der Novelle des 19. Jahrhunderts sind, kann man Weill und seinem Verleger insoweit recht geben, als seine Geschichten durchaus Einzelschicksale in psychologischer Vertiefung, das Austragen von Konflikten bis zur Entscheidung, besonders das pointierte Hervortreten eines Höhe- oder Wendepunktes, mit anderen Worten Schicksalsballung erkennen lassen. Von einer novellentypischen gerafften Exposition, strengem Aufbau möglichst ohne verweilende Schilderungen und relativer Kürze kann bei unserem Erzähler allerdings nicht die Rede sein. (»Frohni« ist in ihren Anfängen geradezu verwirrend.)

In seinem »Vorwort« gebrauchte Heine für Weills »Sittengemälde« den etwas altertümlichen, im 18. Jahrhundert gebräuchlichen Gattungsnamen »Idylle«, der soviel bedeutete wie Dorfgeschichte, insbesondere wenn sie beschaulich und versöhnlich war. Man denke an die allerdings in Versen gehaltenen Stücke wie Friedrich Müllers »Pfälzische Idyllen« »Die Schafschur« (1775) und »Das Nußkernen« (1811), Voßens »Luise. Ein ländliches Gedicht« (1795) und Goethes »Hermann und Dorothea« (1797). Wir wagen, diesen von Heine gebrauchten Begriff hier als verfehlt zu betrachten. Der von uns benutzte Neudruck setzt noch den freien Untertitel »Erzählungen« dazu, und das sind Weills Geschichten: streckenweise verhältnismäßig einfach, volkstümlich und wirklichkeitsverhaftet.

X.

Schließlich – oder zuvörderst – braucht der erzählende Schriftsteller neben einer dominanten Textform Charaktere und Handlungen, Gegensätze und Spannungen, um den Leser an seine nur fiktionale Welt zu fesseln. So schwärmt Alexander Weill geradezu aufklärerisch-rousseauhaft, auch mit Übertreibungen und Vereinfachungen, aber doch aus eigener Erfahrung vom natürlichen Leben auf dem Dorfe, wo besonders die jungen Menschen unverbildet, zuwendungsoffen und lebensfroh sind. Der »Landmann ist ein Kind der Natur und aus lauter Superlativen zusammengesetzt« (S. 59), heißt es gar.

Dahinter wirkt das Stadtleben mit seiner Ferne, Entfremdung und Vereinsamung als Gegensatzfolie. Straßburg ist der Sitz des Präfekten und des Strafgerichtes – die »Strenge des Gesetzes« ist natürlich »nur für die Armen« (S. 291) da. Weißenburg hat eine Unterpräfektur, in Bischweiler reicht es noch für ein Friedensgericht, die Aushebungsbehörde und die Gendarmerie. Hagenau ist Garnison. Die Städte sind – wenigstens seit Rousseau – der »Abgrund des menschlichen Geschlechts«.[18] Städter haben im »Gewühle einer faulen Zivilisation« das »Einfachgroße der Urnatur (S. 233) vergessen. Die Mädchen können sich zwar in den auf dem Lande als Luxusgegenstand noch unbekannten Schrankspiegeln in voller Figur bewundern, aber von der Haushaltung verstehen sie nichts (S. 34).

Wer nichts Anderes als das Landleben kennt und will, kann in der dörflichen Umwelt zufrieden sein. Wenn der Mensch sich vom Aberglauben befreit, wenn kein Fanatiker, etwa Lehrer, Pfarrer oder Jesuit[19] Misstrauen und Hass schürt, kommen nicht nur Protestanten und Katholiken, sondern auch die jetzt mit vollem Bürgerrecht ausgestatteten Juden und die Zigeuner in gegenseitiger Duldung aus.

Besonders die Jugend ist hier vorurteilsfrei. Alle teilen Alltag und Glück, Fest und Not, denn »von Natur ist kein Mensch böse«, nur »Verhältnisse und äußere soziale Einflüsse« (S. 277) machen ihn selbstsüchtig.

Allerdings bleiben in den Dörfern die Nachwachsenden noch weitgehend ohne nennenswerte schulische Erziehung und bessere Ausbildung, gebunden an ein Leben von Mühe und körperlicher Arbeit. Sozialer Aufstieg ist hier eine praktisch unbekannte Idee. Normalität bedeutet eben auch Konformität,

Anpassung, Ein- und Unterordnung. Das »Mißgeschick« der »sozialen Verhältnisse« bedeutet also im schlimmsten Falle »Elend und Zwang« und kann Existenzen gar »hinmorden« (S. 252). Und dagegen lehnen sich Weills Titelcharaktere auf.

XI.

Die Zentralfiguren, Heldinnen in mehr als dem literarischen Sinne, sind überwiegend junge Frauen. Weill schreibt Geschichten der frühen Liebe, in denen die Mädchen sich natürlich geben, ja hingeben, aber auch darum ringen, sich selbst zu behaupten und sich zu befreien. »Vom Laster wissen sie nichts. Gott und die Natur sagen ja, warum soll das arme Mädel nein sagen?« (S. 270) Es sind Erzählungen von den Kämpfen eines Mädchens oder zweier Freundinnen um den geliebten Burschen oder des jungen Mannes um sein Mädchen, oft zwischen verfeindeten Familien. Die einen werden von den Eltern, meistens den Vätern, nach völlig materiellen Überlegungen ungeliebten Männern versprochen, sie wehren sich, der »Stolz frißt sie alle auf« (S. 140f.), so resigniert Gressian. Sie lösen sich aber oder versuchen es zumindest spätestens, wenn sie volljährig sind. »[...] besser tot wie [an den den Eltern Unwillkommenen] verheiratet« (S. 158), poltert Frohnis Vater.

Andere schenken unehelichen Kindern das Leben und nehmen dafür, wenn sie nicht mehr heiraten können, den Makel der ledigen Mutter, Alleinsein, Enterbung oder mit wechselndem Glück ein Leben in der Fremde auf sich. »Die Mädchen sind alle passabel«, so sinniert der Autor, »aber die Männer verderben sie und die Not und die Arbeit« (S. 265).

Erschwert werden die Kämpfe der jungen Generation durch die gedankenlose und immer wieder fast unbeschränkt gebrauchte elterliche Autorität und das elterliche Züchtigungsrecht, das vor Stock und Peitsche auch nicht bei Mädchen zurückschreckt. »Eltern verstehen Kinder nie!« (S. 251), verallgemeinert Weill, und Gertrudes Vater droht: »Wenn sie den Bengel liebt, so schlage ich sie tot, ja, tot, denn ein Kind, das nicht seinem Vater gehorcht, verdient den Tod, weiter nichts« (S. 64). Dabei war es gerade Frohnis Fehler, dass sie immer ihrem Vater demütig gehorchte, und sie endet kläglich mit ihrer Unselbständigkeit als Auswanderin in den USA.

Die Neubesinnung Einzelner – Gertrude »fürchtete keinen Herrn im Dorfe, so gewandt und stark war sie« (S. 62) –; Selbstbestimmung, Emanzipation, ja Rebellion besonders der jungen Frau; die Solidarität der Unterdrückten – »alle Waisen sind Schwestern« (S. 85) –: all das in der ländlichen Welt der patriarchalischen Gesellschaft mit ihrem Materialismus, ihren erstarrten Überlieferungen, den falschen männlichen Ehrbegriffen, ihrer Unduldsamkeit gegen die Ausbrecherinnen; die Mechanismen sozialer Unterdrückung: das sind Alexander Weills Themen, die allerdings nicht immer in einem befreienden Sinne auch zu Ende geführt werden. In der dramatischen Behandlung dieser Konflikte ist Weill seinem früheren Freund und späteren Mitbewerber Auerbach weit überlegen.

Aber unser Autor weist wenigstens eine Richtung, er gibt, wie er selbst sagt, »Stoff zum Nachdenken und Anleitung für die heiligsten Interessen der Menschheit« (S. 282), und wenn es nur die Erkenntnis ist, dass »Tanz, Eintracht und Fröhlichkeit« besser sind als »Haß, Verfolgung und Totschlägerei« (S. 338).

XII.

Den Dichter Heinrich Heine, dem wir jetzt noch einmal über die Schulter schauen, wie er seinen »Vorwort«[20] betitelten Text mehrfach zusammenfaltet und für Weill zum Versand an den Verleger Franckh bereitlegt, interessierte wenig die Gattungsgeschichte der neuen deutschen Dorfnovelle, da war er auch nach sechzehn Jahren in Frankreich schlecht im Bilde. Ebenso wenig konnte er sich für die elsässische Volkskunde erwärmen.

Was er zu sehen meint, ist ein wirklichkeitsgetreues Abbild des Lebens, in dem sich »Ursprünglichkeit des Fühlens und Denkens« und ein »leicht erregbares, enthusiastisches Gemüth«[21] dokumentieren – enthusiastisch wofür? Für die »große Sache unserer Gegenwart«, den Kampf gegen »knechtische Demuth« und »knirschende Selbstverachtung«, die es zulassen, dass »Mädchenblüthen und Jünglingsstolz« »abgeschlachtet« werden.

Da sind wir mitten in den »Sittengemälden«, die keiner der Heine-Kommentatoren gelesen zu haben scheint, auch nicht Fritz Mende und Gerhard Höhn.[22] Alle gehen ausschließlich der Lebensbeschreibung, der Werkgeschichte und der Entwicklung von Heines ästhetischen, politischen und philosophischen Anschauungen nach. Sie stellen mit keinem Wort einen Bezug zur Thematik Weills her – der natürlich weniger bedeutend als Heine ist –, sie erhellen nicht Heines spezifisches Verständnis für ihn, erkennt doch der Dichter, 1836 von der Polizei zum Kopf des Jungen Deutschlands stilisiert, in Alexander Weill, wenn nicht einen Dichter, so sehr wohl einen Dolmetsch, Wortführer, ja Agitator für die moralische und soziale Emanzipation der jungen Generation in der Zeit des restaurativen deutschen Vormärzes und der reaktionären Politik des zu Ende gehenden französischen Bürgerkönigtums.

Horace Vernet
Mazeppa

Die 1847 noch sehr wache deutsche Zensur zwingt Heine wieder einmal, vorsichtig, verschleiernd, poetisch zu formulieren. Begriffe wie Pazifismus, Sozialismus oder gar Revolution, Thron und Kirche als Feindbilder galt es bei der Verbalisierung seiner eigenen Zukunftsvision und der von Weill zu vermeiden. Um Alexander Weills damalige Stellung und Leistung oder wenigstens Marschrichtung zu umschreiben, greift Heine zu fast verlegenen, farblosen Abstrakta, vieldeutigen und verkürzenden Schlagworten, besonders auffällig im zweiten Teil des »Vorwortes«, in welchem er die Vergöttlichung des Menschen in einem märchenhaft-utopischen Land der Zukunft vorhersagt.

Der Verfasser der »Sittengemälde«, des »Bauernkrieges«, der »sehr interessanten, sehr pikanten und sehr tumultuarischen Aufsätze«, der Tagesschriftsteller Alexander Weill, der leidenschaftlich, aber getreu die Welt aufnimmt und bewahrt, ist selbst, so urteilt Heine, ein »passionirtes Daguerrotyp«, mehr noch, der »zerrissene, europamüde Sohn der Bewegung, der die Unbehagnisse und Eckelthümer unserer heutigen Weltordnung nicht mehr zu ertragen weiß, und hinausgaloppirt in die Zukunft auf dem Rücken einer Idee.«

Er ist für ihn bald Wortführer und Rufer, bald nur Opfer des sich verselbständigen liberalen Zeitgeistes, dessen Materialisierung eben noch in ungewisser Zukunft liegt, ein »gezwungener Reiter ohne Sattel und Zügel«, mit »nacktem Leibe festgebunden an die Idee, wie Mazeppa an seinem wilden Rosse« auf dem Ölgemälde Horace Vernets.

Mazeppa, gestorben 1709, war ein polnischer Edelmann, der, wegen einer Liebesintrige auf diese Weise vom russischen Hof weggejagt, von seinem Pferde willenlos nach Ungarn (!) getragen wurde und so schließlich überlebte. Trotz dieses weit hergeholten Vergleiches – Weill wohnte in Paris, 11, Faubourg St. Honoré, und stand vor der Eheschließung – und trotz der für den biografischen Kenner geradezu komödienhaften Vorstellung, der »liebe«, »kleine«, »unansehnliche«[23] Weill mit Ansatz zum Bauch, Brille und Silberblick könne mit dem Jüngling Vernets, dem Modellathleten mit dem schlanken Leib auf dem weißen russischen Steppenhengst verglichen werden – trotz all dem ein hinreißender Vergleich, ein Schulterschluss, ein »Gruß nach vorn« (Tucholsky) an den mutigen Mitstreiter Alexander Weill, den Sohn des jüdischen Pferdehändlers aus Schirrhofen im Elsass und den Verfasser der »Sittengemälde aus dem elsässischen Volksleben«.

Anmerkungen

[1] In: Société Savante d'Alsace des Regions de l'Est. Bd. XXXIX. Strasbourg/Paris 1980.

[2] G. Friz (Hrsg.): Karl Friedrich von Klöden. Jugenderinnerungen. Wiesbaden o.J. (etwa 1907), S. 61.

[3] Alexandre Weill: Ma Jeunesse. 3 Bde. Paris 1870, Bd. I, S. 7

[4] Ebd., S. 6f.

[5] Alexander Weill: Sittengemälde aus dem elsässischen Volksleben. Novellen. Hrsg. von Ruth Glatzer. Berlin 1991. Die Seitenzahlen nach den Zitaten beziehen sich auf diese Ausgabe. – Weiter kennen wir: »Ein Winter in Berlin«. – In: Alexander Weill/ Edgar Bauer: Berliner Novellen. Berlin 1843 (sehr selten!); »Des Flüchtlings Braut. Ein Zeitbild«. – In: Novellenkränze. Bd. II. Leipzig 1844, S. 113–216; »Der Bauernkrieg«. Darmstadt 1847; »Souvenirs intimes de Henri Heine«. Paris 1883 (5 Auflagen); »Knittelverse eines Elsäßer Propheten«. Paris o.J. (Selbstverlag, etwa 1885); »Skizzenreime meiner Jugendliebe. Alte Jugendgedichte mit einem erlebten Roman ›Meine letzte deutsche Liebe‹«. Zürich 1887; »Briefe hervorragender Männer Deutschlands an Alexander Weill«. Zürich 1889.

[6] Glatzer [Anm. 5], S. 156.

[7] Briefe hervorragender Männer [Anm. 5], S. 170.

[8] Ebd., S. 327.

[9] Ebd., S. 204.

[10] Berliner Novellen [Anm. 5], S. 5.

[11] Thomas Schäfer (Hrsg.): Berthold Auerbach. Ausgewählte Werke. Berlin 1912, S. 49.

[12] Helmut Holtzhauser (Hrsg.): Goethes Werke in zwölf Bänden. Bd. VIII. Berlin/Weimar 1966, S. 449.

[13] Ebd., S. 458.

[14] Eugène Sue: Pariser Mysterien. Ein Sittengemälde aus der neuesten Zeit. Deutsch von Erwin von Moosthal. Stuttgart 1843, 19.–21. Teil, S. 117, 133f., 151. – Noch ein »Sittengemälde« im gleichen Verlag und gleichen Jahr wie Weills Erstauflage!

[15] Zwei davon bei Anni Becker/ Rudolph Post (Hrsg.): Die Krott. Lieder in Pfälzer Mundart. Institut für pfälzische Geschichte und Volkskunde. Kaiserslautern 1994.

[16] E. Martin/ H. Lienhart: Wörterbuch der Elsässischen Mundarten. Bd. I. Straßburg 1899, Bd. II ebd. 1907. – Charles Schmidt: Historisches Wörterbuch der Elsässischen Mundarten. Straßburg 1901. – Christmann/ Krämer/ Post/ Bingenheim/Schwing (Hrsg.): Pfälzisches Wörterbuch. Stuttgart 1965f.

[17] Briefe [Anm. 5], S. 9, 5.

[18] Jean-Jacques Rousseau: Emile oder über die Erziehung [1762]. Deutsch von H. Denhardt. Leipzig 1920. Buch 1, Bd. I, S. 64.

[19] Wie Weill es darstellt und in einer Fußnote verstärkt, erkannte er, dass der Ultramontanismus unter der Regierung Louis-Philippes sehr an Einfluss gewann. Man ließ, wie wir in einer Anmerkung in Ernst Elsters Heine-Ausgabe lesen (Bd. VI, S. 152), die Jesuiten in aller Stille wieder zurückkehren; 1843 gab es in Frankreich bereits wieder 47 jesuitische Unterrichtsanstalten.

[20] Weshalb Franckh Heines »Vorwort« nicht dem ganzen Band vorsetzte, wie es jetzt Ruth Glatzer tun konnte, sondern hinter den ersten Band einschob, kann nur vermutet werden. Es war wohl drucktechnisch billiger, den ersten Band stereotyp abzudrucken und nur den zweiten mit einer neuen Seitenzählung beginnen zu lassen. Oder war es Heines Gebrauch der Wörter »Dorfnovelle« und »Dorfnovellistik«, die Weill nur den beiden letzten Erzählungen beifügte? Bezog sich

Heine nur auf die beiden letzten Stücke und hat er am Ende nur sie gelesen? Um Heines Text an der versteckten Stelle doch noch etwas hervorzuheben, wählte Franckh die Drucktypen ›Petit‹ – der Haupttext ist in ›Korpus‹ –, ließ etwa das obere Drittel der Seiten frei und setzte sie unten bündig in den Seitenspiegel. Ob Heine an dieser Lösung Gefallen fand, darf bezweifelt werden. – In Heines Nachlass-Bibliothek im Heinrich-Heine-Institut befindet sich neben einer Ausgabe von Weills »Bauernkrieg« eine ungebundene Ausgabe der zweiten Auflage der »Sittengemälde«. Der zweite Band mit Heines Vorwort ist, anders als der erste, sogar aufgeschnitten.

[21] Wir zitieren aus dem »Vorwort« nach DHA X, 283–285.

[22] Fritz Mende: Resumé 1847. – In: Zeitschrift für Germanistik. Leipzig 1986, Bd. VII, H. 2, S. 26–32. – Gerhard Höhn: Heine-Handbuch. Zeit – Person – Werk. Stuttgart 1987, S. 375 f.

[23] Briefe [Anm. 5], S. 30, 181 u. ö. – Jeunesse [Anm. 3], Bd. I., S. 10, 106, 139, 165 f. – Bd. II, S. 14, 15. 101.

Kleinere Beiträge

Die Stellung der Juden in der ersten Hälfte des XIX. Jahrhunderts und Heines Übertritt zum Christentum

Von Alfredo Bauer

»Sedulo curavi humanas actiones non ridere, non lugere neque detestari, sed intelligere.«
(Ich habe mich eifrig bemüht, die menschlichen Taten nicht zu verlachen, nicht zu betrauern
noch zu verachten, sondern zu verstehen.)

Baruch Spinoza

Sehr selten ist ein kompliziertes gesellschaftliches Problem in so wenig kritischer Weise angegangen worden wie das der Emanzipation der Juden im Zuge der bürgerlichen Umwandlung. Das ist in letzter Zeit durchaus nicht besser geworden, wenn freilich der Standpunkt, von dem man an die Frage herangeht, sich insofern geändert hat, als man den Juden jetzt Sympathie zeigt anstatt wie früher mehr oder minder verhohlene Abneigung. Im moralischen Sinne ist das wohl ein Fortschritt, auch wenn es sich von einem Schuldkomplex herschreibt: Man will sich von dem furchtbaren Unrecht, das in diesem Jahrhundert den Juden angetan wurde, dadurch distanzieren, dass man ihnen besonderen Respekt erweist.

Man übersieht dabei jedoch, dass man auf solche Weise die Juden ebenfalls marginalisiert; indem man unterstellt, dass sie »etwas Besonderes«, also ein – wenn auch geachteter – Fremdkörper sind und bleiben. Oft genug wird, mehr oder minder implizit, sogar die von national-jüdischer Seite geäußerte Meinung akzeptiert, dass es schon einen »antisemitischen Affront« bedeute, ein spontanes, ungezwungenes Hineinwachsen der Juden in die Völker, unter denen sie leben, auch nur für möglich zu halten.

Vor allem aber dürfen Historiker und Soziologen die Frage niemals in sentimentaler, sondern nur in wissenschaftlicher Weise stellen. Und wenn Zustände der Vergangenheit beurteilt werden, dann jedenfalls nur mit Kriterien, die der damaligen, nicht der heutigen Lage entsprechen. Selbst der Antisemi-

tismus, das »verblödende Gift«, wie Emile Zola ihn nennt[1], muss als historisches Phänomen in objektiv-wissenschaftlicher Weise analysiert werden.

Da kann uns also das meiste, was in letzter Zeit »zur Judenfrage« geäußert
wurde, nicht besonders nützlich sein. Daniel Goldhagens Buch etwa[2], dessen
Autor es gar nicht für notwendig hält, den historischen Ursachen für die real
bestehende Judenfeindschaft, die er aufzeigt, überhaupt nachzugehen. Eher
können wir aus älteren Quellen schöpfen, deren Autoren, zum Teil vielleicht
weil sie das Furchtbare, das später geschah, nicht kannten, unbefangener urteilen können.

Da haben wir also zunächst die Schrift des jungen Marx über die Judenfrage[3], in der er feststellt, dass eine Emanzipation bzw. Integration der Juden ja
die Existenz einer bürgerlich emanzipierten Gesellschaft voraussetzt, in die
sie sich integrieren können. Das Fortbestehen einer faulen Feudalgesellschaft
schließe einen solchen Prozess von vornherein aus.

In diesem Sinne und in dem späterer Schriften Otto Hellers[4] und Abraham
Leóns[5] hat der Autor dieses Aufsatzes in seiner »Kritischen Geschichte der Juden«[6] nachzuweisen versucht, dass die europäischen Juden ein Produkt nicht
des Altertums, sondern des Mittelalters, des Feudalismus sind. In der Feudalgesellschaft waren sie als Händler und Kreditgeber ein notwendiger und also
geachteter »Stand«; und erst die Fäulnis der Feudalordnung stieß sie »in die
Poren der Gesellschaft« und in eine »ökonomisch parasitäre Stellung«, die den
Judenhass der Volksmassen zur Folge hatte.

In den Ländern, wo die bürgerliche Umwandlung kraftvoll vonstatten ging:
in Holland, in Italien und teilweise in England[7], da war sie von einer relativ
schnellen Integration der Juden begleitet. In Frankreich blieb es der Revolution und dem Kaiserreich vorbehalten, die Juden als Bürger politisch zu integrieren; wobei gleichzeitig, – ein scheinbarer Widerspruch! –, gerade die Bau-
ernrevolten, die dem revolutionären Prozess seinen Elan gaben, von Juden-Po-
gromen begleitet waren. (Das geschah im Elsass, da ja in Zentral-Frankreich
seit der Austreibung im Jahre 1393 ebenfalls keine Juden lebten.)

Im Deutschland des 18. Jahrhunderts befanden sich die Juden, sozial und
geistig, absolut außerhalb der Gesellschaft. Aufgrund Jahrhunderte lang aus-
geübter Handelsfunktion im abstrakten Denken geübt, blieb ihr Lerneifer aber
auf den sogenannten »Pilpul«, das Zerpflücken überkommener Zeremonialge-
setze und Kommentare, zumal des Talmuds, beschränkt. Es dürfte, da sich die
Gesellschaft ja doch einigermaßen im Aufbruch befand, schon der Wunsch bestanden haben, sich aus diesen geistigen Fesseln zu befreien; doch war das ohne Zweifel eine ungeheuer schwere Aufgabe. Moses Mendelssohn, dem es
weitgehend gelang, müssen wir, auch wenn Franz Mehring ihn, an der geisti-

gen Bewegung Deutschlands gemessen, »ein bescheidenes Licht« nennt[8], für
einen wahren Helden an Mut und Willenskraft halten; was uns auch durch seine von Heinz Knobloch verfasste Biographie[9] bestätigt wird. Jedenfalls konnte sich für ihn, und später für andere, die kulturelle Emanzipation nur unter
deutschem Vorzeichen vollziehen und keineswegs unter jüdischem. Was natio-
nal-jüdische Autoren wie der »Autonomist« Simon Dubnow, der von einer die
ganze Welt umfassenden »jüdischen Nation« spricht[10], logischerweise rügen.
Spätere, dem Zionismus nahestehende Autoren verfahren in der gleichen
Weise.

Doch auch in Frankreich haben Revolution und Kaiserreich das »Aufge-
hen« der Juden in der Nation propagiert, da sie ganz richtig spürten, dass die
traditionell-korporativen jüdischen Gemeinschaften Hochburgen des Feudalismus waren, die also zerschlagen werden mussten.

Anders war die Lage in den noch rückständigeren Ländern des Ostens: in
Polen, Litauen, Westrussland und der Türkei, wo die Emanzipation unter eigenem kulturellen Vorzeichen und als »jüdische Nationalität« in der Tat eine
historische Perspektive darstellt.

Was Mendelssohn betrifft, so hatte er zwar die Herausbildung und das Bestehen einer »mosaischen Konfession« in Deutschland, neben der evangelischen und der katholischen, im Auge. Doch wird die Undurchführbarkeit einer solchen Perspektive, zumindest für die damalige Zeit, schon dadurch be-
wiesen, dass die Kinder Mendelssohns und spätestens die Enkel, alle die Taufe
nahmen.

Es muss freilich darauf hingewiesen werden, dass, während der »geistige Jude« als solcher beengt war und bleiben sollte, die Hoffaktoren und Münzju-
den, die sehr schnell mit dem aufkommenden modernen Bankwesen ver-
schmolzen, von Staats wegen respektiert waren. Selbst der in mancher Beziehung trotz allem »fortschrittlich« zu nennende König Friedrich II. von
Preußen, der einen Moses Mendelssohn schurigelte und ihm nicht einmal das
permanente Wohnrecht in Berlin konzedierte, begünstigte die Itzigs und Eph-
raims in jeder Weise; freilich nur in dem Sinne, dass man einer guten Melkkuh
eben auch reichlich zu fressen gibt.

Zu Heines Zeiten war die Lage schon etwas anders; zumal im Rheinland, wo
der Sturm der Revolution und der napoleonischen Feldzüge besonders stark
auf die Gesellschaft eingewirkt hatte. Das äußerte sich eben auch darin, dass
die Forderung der »geistigen«, der kulturell emanzipierten Juden nach auch
sozialer Emanzipation erheblich in die Breite und in die Tiefe gewachsen war.
Auch in Preußen, zumal in Berlin, hatte sich im Laufe der Franzosen-Kriege
das menschliche und gesellschaftliche Bewusstsein merklich gefestigt. Insofern

ist Heines Verhalten für einen ganzen Sektor auch der jüdischen Bevölkerung typisch.

Bekanntlich hat Heine seit 1822 dem Berliner »Verein für Cultur und Wissenschaft der Juden« angehört und darin eine sehr rege Tätigkeit entfaltet. Schon der Name besagt, dass sich der Verein jedenfalls nicht in erster Linie die Aufgabe stellte, Anfeindungen von außen zu begegnen. Er strebte, so Lion Feuchtwanger[11], vielmehr eine »Regeneration der Juden von innen heraus« an, um, wie Eduard Gans es 1823 noch klarer ausdrückte, »eine Zeit herbeizuführen, wo man in Europa nicht mehr fragen würde, wer Jude und wer Christ sei«.

Heine traf in diesem Verein eine Reihe ganz hervorragender Männer, wie etwa die Historiker Isaak Marcus Jost und Leopold Zunz sowie Moses Moser, Lazarus Bendavid, den schon erwähnten Eduard Gans und etliche andere. Man las dort nicht nur eifrig die einschlägige Literatur, vor allem das bedeutende Werk: »Histoire des juifs, depuis Jésus-Christ jusqu' à présent« von Jacques Basnages de Beauval; sondern auch andere Werke, die antisemitischen und halbantisemitischen nicht ausgenommen (Johann Jacob Schudt, Johann Andreas Eisenmenger, Christian Friedrich Rühs, Jakob Friedrich Fries etc.). Man sprach auch über Möglichkeiten der praktischen Lösung des Problems; wobei die Taufe gründlich in Betracht gezogen wurde. Jedenfalls handelte es sich weder bei Heine, noch bei Gans oder sonst einem, der diesen Weg wählte, um einen überstürzten, sondern um einen wohlüberlegten Entschluss. Wenn es uns auch ein wenig wundern kann, wie barsch Heine Gans wegen seiner Taufe angriff, obwohl er selbst sich schon vier Monate vor Gans hatte taufen lassen.[12]

Wir wissen über all das ziemlich genau Bescheid. Auch über die inneren Kämpfe, die Heine das Judentum betreffend damals zu bestehen hatte. Wir wissen es nicht nur aus seiner Dichtung: etwa aus dem »Almansor«-Drama und der ebenso betitelten Ballade (‚In dem Dome zu Corduva«), wo die dargestellten Moslems und ihre Konversion auch das Schicksal der Juden spiegeln, sondern auch aus seinem Briefwechsel mit Moser und Zunz. Denn Heine war damals intensiv mit der Planung des Romans »Der Rabbi von Bacherach«, der ein wahres Monumentalwerk werden sollte, beschäftigt.

Es ist viel darüber nachgedacht und geschrieben worden, warum dieses ursprünglich so groß angelegte Werk ein Fragment blieb, und auch das Vorliegende keineswegs als in sich geschlossen bezeichnet werden kann. Vielleicht ist es wahr, dass ein Teil des Manuskripts beim Hamburger Brand im Jahre 1833 im Hause von Heines Mutter verbrannte. Und auch, dass er aus Geldnot das unfertige Manuskript zur Publikation an Campe schickte. Doch kann kein

Zweifel bestehen, dass diese Umstände nicht entscheidend gewesen wären, wenn ein innerer Auftrag den Dichter wirklich weiter dazu gedrängt hätte, das Werk zu vollenden. Es ist aber nicht zu übersehen, dass seine ganze Konzeption, das Judenproblem betreffend, sich verändert hatte und zu dem ursprünglich ausgearbeiteten Plan, nach dem nur der Hass der Umwelt gegen die Juden dargestellt werden sollte, nicht mehr passte.

Die drei Kapitel des »Rabbi«, die überliefert sind, sind zweifellos Prosa ersten Ranges. Und das dritte, dessen Handlung in der kosmopolitischen Stadt Frankfurt spielt, dazu noch ein großartiges Sittenbild und ein humorvolles Stück, wie es selbst einem Heine nicht allzu oft gelungen ist. Etwas aber sind sie nicht: nämlich eine kritische und ursächliche Schilderung typischen Juden-Schicksals, die herzustellen dem Dichter ursprünglich vorgeschwebt haben muss. Dazu kommt der offenbare Widerspruch zwischen der Tragödie brutaler Verfolgung, die in den ersten beiden Kapiteln dargestellt ist, und dem dritten, das nur ein Bild allgemeiner deutscher Zustände gibt, und wo eben auch Juden vorkommen. Spanisches Judenschicksal hineinzunehmen, wie es durch die hier auftauchende Figur des Isaak Abarbanel geschieht, ist und wirkt erst recht forciert, entsprach aber eben Heines ursprünglichem Plan, das »Gesamtproblem« der Juden zu behandeln.

Heine befand sich eben, was er selbst wohl erst nach geraumer Zeit merkte, bereits mitten im Prozess der inneren Abkehr vom realen Zustand der Juden in Deutschland. Natürlich war seine Taufe nicht die Ursache dieses Prozesses und dessen Ausdruck nur in einem sehr beschränkten Sinne. Jüdisches Kulturgut in sich auszumerzen, wäre nicht nur unmöglich gewesen, sondern es entsprach auch durchaus nicht seiner Absicht. Hätte er auf ein so reiches, farbiges Erbe verzichten sollen? Dass er es nicht tat, und dass er es in seiner Dichtung zum Ausdruck brachte, soll ihm gedankt sein.

Aber es stand auch zu Heines Zeit die Abkehr größerer Teile der jüdischen Bevölkerung vom Schacher, d. h. von einer parasitären Funktion, erst an ihrem Anfang. Das Fortschreiten dieses Prozesses aber konnte und musste schließlich die Grundlage einer wirklichen Integration sein. Wir müssen darauf hinweisen, dass eben dadurch auch das Verschwinden des Hasses gegen die Juden hätte einsetzen müssen. In der Tat, wenn Juden und Christen die gleichen Funktionen in der Gesellschaft ausüben, wenn sie Handwerker und Kleinhändler, Lehrer, Ärzte, Juristen, Künstler sind, warum sollte von Gruppe zu Gruppe der Hass bestehen bleiben?

Wir wissen auf diese Frage leider! eine Antwort. Wenn auch dem »klassischen«, dem mittelalterlichen Judenhass gewissermaßen der Boden entzogen war, so kam nun auf einer neuen Grundlage ein neuer auf. Wobei freilich uralte Vorurteile mit herübergenommen wurden, gleichzeitig aber neue aufkamen, die mit jenen sehr wenig zu tun hatten.

Die Ursache liegt in der Konkurrenz. Darum blieb der Antisemitismus auch nur in denjenigen Ländern ein Massenphänomen, wo der Kapitalismus zwar mit Macht einsetzte und stark genug war, um die alten patriarchalisch-feudalen Wirtschafts- und Gesellschaftsformen zu zerstören; aber nicht, um neue Strukturen aufzubauen, die allen Existenzmöglichkeiten geboten hätten. Denn der Fäulnisprozess der bürgerlichen Gesellschaft hatte eingesetzt, bevor noch ihr Wachstum vollendet war.

Darum war jetzt, zumal in Deutschland und in Österreich, der typische Antisemit der Kleinbürger und der kleinbürgerlich empfindende Intellektuelle. Im Kleinbürgertum war der moderne Antisemitismus zu Hause, wie übrigens auch der Zionismus, der Hass zwischen Tschechen und Deutschen in Böhmen und Mähren und überhaupt jeder Nationalhass in ethnisch gemischten Gebieten. Es war der Kampf um den Kunden auf einem begrenzten Markt.

»Wenn der Jude«, schreibt Abraham León, »kein Kleinbürger wäre, der Kleinbürger empfände keinen solchen Hass gegen ihn. Mochte der christliche Schuster auch noch so sehr wettern gegen den jüdischen Bankier, er meinte ja doch nur den jüdischen Schuster an der nächsten Ecke.«

Zu Heines Zeiten war es, wie gesagt, noch anders. Dass die Juden sozial und kulturell isoliert blieben und geistig in Enge und Rückschritt verharrten, daran waren nur die allerrückständigsten politischen Kräfte interessiert. Das zeigte sich sowohl im Vormärz wie auch in der Revolution von 1848 ganz deutlich.

Dass die orthodoxen Rabbiner sich allen Reformen, nicht nur in der Interpretation der Lehre und der Liturgie, sondern auch in Sitten und Lebensweisen erbittert widersetzten, versteht sich von selbst. Doch die deutschen Fürsten, die absoluten Regimes machten, was wenig bekannt ist, gerade mit den reaktionärsten Kräften innerhalb der jüdischen Gemeinschaften gemeinsame Sache. Es war beispielsweise vor 1848 in nahezu allen deutschen Teilstaaten sogar verboten, die Predigt beim sabbatlichen Gottesdienst in deutscher Sprache vorzutragen; zu einer Zeit, als außer den Rabbinern kaum ein Jude mehr Hebräisch verstand. Welches Interesse konnte der Absolutismus am Fortbestand der geistigen Isolierung der Juden haben, wenn nicht das, den gemeinsamen Kampf aller zur Erneuerung einer obsoleten Gesellschaftsordnung zu verhindern?

Hier muss übrigens einer auch heute noch weit verbreiteten Irrmeinung widersprochen werden: Dass es nämlich im Laufe der Jahrhunderte den Hassern der Juden im wesentlichen darum gegangen sei, diese zum Abschwören ihres Glaubens zu bewegen. Solche Versuche, die bis zur Zwangstaufe gingen, gab es allerdings; doch stellten sie durchaus Ausnahmen dar. Bei den Pogromen der Kreuzfahrer, der Bauernrebellen in Frankreich und Italien, in Deutschland, Polen und der Ukraine wurde gemordet, geplündert und vergewaltigt. Aber »Glaubensstreiter« waren diejenigen, die jene Gewalttaten verübten, ebenso wenig wie die Juden Märtyrer waren in dem Sinne, dass sie den Tod der Abtrünnigkeit vorzogen. Nicht einmal die Inquisition »zwang« Juden zur Taufe; da sie ja nur für »die Reinheit der Religion« der Christen zuständig war. Und verbrannt wurden im Prinzip nicht Juden, sondern »als Ketzer« rückfällige Konvertiten. Dass es dabei »Missbräuche« gab und geben musste, liegt auf der Hand. Aber so viel steht fest, dass es im Laufe der Geschichte und zumal im 18. Jahrhundert den Judenhassern nicht darum ging, sie zu Christen zu machen, d. h. sie aus der Isolierung zu reißen, sondern vielmehr darum, ihnen deren Überwindung unmöglich zu machen. Es ging ja, wie man weiß, beim Holocaust unseres glorreichen 20. Jahrhunderts auch nicht darum, die Juden dem Judentum zu entreißen. Nach der Überzeugung wurde mitnichten gefragt, und nur die »Rasse« zählte.

Vor diesem Hintergrunde ist es ganz eindeutig, wie Heine im nationalen, im national-kulturellen Sinne einzuordnen ist. Er war nicht nur kein jüdischer, sondern auch kein »deutsch-jüdischer« Dichter. Er war ein deutscher Dichter schlechthin. Immer hat er sich selbst als solchen bezeichnet. Nicht nur in dem bekannten Gedicht, wo eben dieser Satz den ersten Vers bildet, sondern unzählige Male auch an anderer Stelle. Zumal wenn er über andere Länder, über Frankreich oder Polen etwa, schreibt, da sagt er: »Wir Deutschen«. Oder: »Bei uns in Deutschland«.

Heutzutage ist es modern, von allen Menschen zu verlangen, dass sie sich »auf ihre Wurzel besinnen«. Was in der Praxis so viel bedeutet wie, dass sie aus jener ungeheuer reichen Vielfalt, die ihre Persönlichkeit bildet, einen Faktor herauslösen und alles andere von sich weisen. Nichts wäre weniger im Sinne Heines und seines großartigen Universalismus. Er wusste es besser als alle, dass ein Mensch nicht eine, sondern viele Wurzeln hat und dass er sich ihrer bewusst sein sollte. Bei ihm war es, neben der deutschen und der jüdischen, vor allem die französische Kultur, die ihn prägte; und das lange bevor er in Paris seinen Wohnsitz nahm.

Wir glauben, dass wir, wenn wir bei Heine jegliche Ausgrenzung, auch die respektvolle und lobende, zurückweisen, ganz in seinem Sinn verfahren. Das jüdische Kultur-Element an sich aber, das er einbringt, sollte der deutschen Nationalkultur hochwillkommen sein. Wobei nie genug darauf hingewiesen werden kann, dass es keinen Fremdkörper bildet, sondern einen wertvollen Beitrag zur Herausbildung und zum Leben der Nation.

Anmerkungen

[1] Emile Zola: »J' accuse« und »Rede an die Jugend«.

[2] Daniel J. Goldhagen: Hitler's willing Executioners. Ordinary Germans and the Holocaust. New York 1997.

[3] Karl Marx: Zur Judenfrage. Hrsg. v. S. Grossmann. Berlin 1920.

[4] Otto Heller: Der Untergang des Judentums. Die Judenfrage, ihre Kritik, ihre Lösung durch den Sozialismus. 2. Aufl. Wien/ Berlin 1933.

[5] Abraham León: Concepción marxista de la cuestión judía. Buenos Aires. 1965.

[6] Alfredo Bauer: Historia Crítica de los judíos. 2. Aufl. Buenos Aires. 1993–1996.

[7] »Teilweise« deshalb, weil es in England seit der Austreibung am Ende des 13. Jahrhunderts keine Juden gab und erst im 16. Jahrhundert wieder einige spaniolische Familien (z. B. die Disraelis) einwanderten.

[8] Franz Mehring: Karl Marx. Geschichte seines Lebens. Zürich 1946.

[9] Heinz Knobloch: Herr Moses in Berlin. Auf den Spuren eines Menschenfreundes. Berlin 1979.

[10] Simon Dubnow: Weltgeschichte des jüdischen Volkes. Von seinen Uranfängen bis zur Gegenwart. Berlin 1925.

[11] Lion Feuchtwanger: Heinrich Heines »Rabbi von Bacherach«. Eine kritische Studie. Frankfurt/Main 1985.

[12] »Und du bist zu Kreuz gekrochen / Zu dem Kreuz das du verachtest / Das du noch vor wenig Wochen / In den Staub zu treten dachtest! / [...] Gestern noch ein Held gewesen / Ist man heute schon ein Schurke.« (DHA I, 529).

Anmerkung des Herausgebers

Zu Alfredo Bauer ist soeben ein würdigender Artikel von Stefanie Oswalt erschienen im Metzler Lexikon der deutsch-jüdischen Literatur. Jüdische Autorinnen und Autoren deutscher Sprache von der Aufklärung bis zur Gegenwart. Hrsg. von Andreas B. Kilcher. Stuttgart/Weimar 2000, der folgendermaßen endet: »B[auer], der sich ungern auf sein Judentum zurückgeworfen sieht (im Sinne eines Definiertwerdens durch die jüdische Herkunft), will sich doch das Recht nicht nehmen lassen, in seinem eigenen Schicksal und dem seiner Vorfahren die Widerspiegelung des ganzen Weltzustandes aufzuspüren.«

Karen Blixen und Heinrich Heine

Von Marianne Wirenfeldt Asmussen
Übersetzt aus dem Dänischen von Sigrid Daub

Karen Blixen war eine Meisterin im Auffinden von vierblättrigen Kleeblättern, fast so als könnte sie das Glück aufspüren, wenn sie es nur herbeiwünschte. Oft fand sie im Wald bei Rungstedlund, dem Wohnsitz ihrer Eltern nördlich von Kopenhagen, auch Klee mit fünf Kronblättern.

Sie wurde 1885 auf Rungstedlund geboren, und dort ist sie 1962 gestorben. Die siebzehn Jahre, die sie zwischen 1914 und 1931 in Afrika verbrachte, wurden zum Fundament ihrer später auf Rungstedlund verfassten Werke. Als erstes erschien 1934 »Seven Gothic Tales«, das sie auf Englisch geschrieben hat.

Als Karen Blixen 1937 ihren ersten Vertrag über »Die Sintflut von Norderney und andere seltsame Geschichten« mit der Deutschen Verlags-Anstalt in Stuttgart unterschrieb, nannte sie sich Tania Blixen. Seither wird sie in Deutschland unter diesem Verfassernamen geführt. Ihr erstes Buch erschien dann später in Deutschland unter den Titeln »Phantastische Erzählungen« (Rowohlt 1962) und »Sieben phantastische Geschichten« (Deutsche Verlags-Anstalt 1979).

In der Bibliothek auf Rungstedlund stehen noch immer neben allen von ihr selbst geschriebenen Werken die vieler anderer Autoren; sie repräsentieren ein breites Spektrum der Weltliteratur. Die Bibliothek enthält außer ihrer eigenen Sammlung auch Bücher, die ihrem Mann, Bror von Blixen Finecke, gehört haben, solche aus dem Besitz ihres Freundes Denys Finch Hatton und aus der Bibliothek ihrer Eltern.[1] Heinrich Heine ist mit fünf Büchern vertreten, und zwischen die Seiten dieser Heine-Ausgaben sind etliche vierblättrige Kleeblätter gelegt worden; sie liegen sicher nicht von ungefähr an bestimmten Stellen als Merkzeichen. Von Heine besaß sie u.a. »Atta Troll« in einer dänischen Übersetzung von Sophus Claussen aus dem Jahre 1901.[2] Auf das Vorsatzpapier hat sie »Tanne Dinesen, Februar 1906« geschrieben, zu der Zeit war sie 21 Jahre alt. In diesem Exemplar liegen besonders viele vierblättrige Kleeblätter, und man sieht Spuren einiger weiterer, die inzwischen herausgefallen sein müssen. Der Umschlag fehlt. Man sieht dem Buch an, dass es viel benutzt worden ist. Vom »Buch der Lieder« gibt es zwei Ausgaben, eine aus dem S. Fischer Verlag Berlin und eine aus dem Insel Verlag Leipzig, beide ohne Jahr.³ In den erstgenannten Band hat Karen Blixen neben den Gedichten die Namen der Komponisten notiert, von denen sie vertont worden sind: Schumann, Schubert, Mendelssohn und Lange-Müller. In der Insel-Ausgabe hat Karen Blixen ganz hinten eine Reihe englischer Titel ihrer eigenen Erzählungen aufgelistet, vorwiegend aus der 1942 erschienenen Ausgabe »Winter's Tales«.⁴ Als Eigentümersignatur hat sie in diesen Band »Karen von Blixen« geschrieben. »Heinrich Heine i et lille Udvalg« ist eine von H. Weitemeyer 1917 herausgegebene dänische Übersetzung mit folgenden Titeln: »Ved Badestedet Lucca«, »I Holland«, »Mademoiselle Laurence« und »Nogle Digte«. Das fünfte der Heine Bücher ist »Lyrisk Intermezzo« in einer dänischen Übersetzung von 1918.⁵

1958 veranlasste Karen Blixen die Gründung des Rungstedlundfonds, dem sie ihr Haus, den Park und die Rechte an ihren Werken schenkte. Das hatte zur Folge, dass ihr Heim so erhalten blieb, wie sie es bei ihrem Tode im Jahre 1962 hinterlassen hatte, und die Bibliothek im vorgefundenen Zustand registriert wurde.⁶ Sie hat selbstverständlich wesentlich mehr Bücher gelesen als sich heute im Museum auf Rungstedlund befinden. Die Bestände dieser Bibliothek vermitteln aber ein deutliches Bild ihres Geschmacks und ihrer Belesenheit.

In einem Brief aus Afrika an ihre Mutter vom 15. Oktober 1922 schrieb Karen Blixen:

> Ich habe unter meinen Büchern Ordnung gemacht und ein altes Exemplar vom *Buch der Lieder* gefunden. Darin sind ja alle die schönen Lieder enthalten, die Ea als junges Mädchen auf Rungsted gesungen hat. Wenn ich nun hier sitze und sie durchlese, kommt es mir vor, als könne ich ihre Stimme hören, den Fliederduft spüren und das frische Buchenlaub an einem hellen Abend sehen – »im wunderschönen Monat Mai [...]«.⁷

Heines »Buch der Lieder« hat Karen Blixen also nach Afrika begleitet. Möglicherweise sind die Komponistennamen bei solchen Rückerinnerungen eingetragen worden. Ihre zwei Jahre ältere Schwester Ea (Inger de Neergaard) war am 17. Juni des gleichen Jahres im Alter von nur 39 Jahren gestorben.

Karen Blixens jüngere Schwester Elle (Ellen Dahl) war selbst Schriftstellerin. Sie fungierte als erste kritische Leserin von Karen Blixens Manuskripten. Aus der Zeit vor dem Erscheinen der »Seven Gothic Tales« liegt eine Reihe von Briefen vor, in denen Elle ihre Kommentare zu den Erzählungen abgibt.

Am 10. Oktober 1932 schickt Karen den ersten Entwurf zu »The Deluge at Norderney« an Elle. Es ist die erste Erzählung in der englischen Ausgabe der »Seven Gothic Tales«, die zunächst in den Vereinigten Staaten erschienen und erst später von Karen Blixen überarbeitet und in ihre Muttersprache übertragen worden sind. In dem Brief an Elle vom 10. Oktober schreibt Karen, sie habe selbst das Gefühl, ihr Stil sei etwas uneben, die Figuren seien aber mit Absicht etwas banal, und sie fügt hinzu, sie wisse sehr wohl, dass sie »weder ein Ariosto noch ein Heine« sei.[8] Karen Blixen bezieht sich in ihrer Einleitung zu der Erzählung auf Heinrich Heine, indem sie seinen Besuch des Seebades erwähnt: »Heinrich Heine, der das Bad aufsuchte, hielt den durchdringenden Fischgeruch, der den Inselbewohnerinnen anhaftete, allein schon für genug, um ihre Tugend zu schützen«.[9] Die Rahmenerzählung in dieser Geschichte liefert eine realistische Szenerie; sie beschreibt das Seebad, und nach dieser wirklichkeitsnahen Einführung beginnt die Erzählung. Genau genommen sind es vier Erzählungen, denn vier Menschen sind bei der Überflutung auf einem Dachboden gefangen. Im Laufe der Nacht erzählt jeder von ihnen seine Lebensgeschichte, ehe sie vermutlich alle am nächsten Morgen Opfer der Sturmflut werden. Siegfried Lenz hat diese Methode in »Große Scheherezade des Nordens. Über Tania Blixen« beschrieben und gezeigt, wie Karen Blixen uns mit dieser Technik zu fesseln vermag.[10]

Nachdem Ellen Dahl die Erzählung ihrer Schwester gelesen hat, antwortet sie: »[...] ich lese fast nie mehr etwas, was mich freut; seit meiner Lektüre in Gstaad hat kein Buch mich so sehr fasziniert wie Deines.« Und sie fährt fort: »Damit Du verstehst, was ich meine, komme ich noch einmal auf Heine zurück, der in ›Die Bäder von Lucca‹ sich über den Liebhaber lustig macht, der ausgerechnet in der Nacht, in der ihn die Geliebte endlich erhören will, ein stark abführendes Mittel eingenommen hat.«[11] Nach gründlicher Lektüre der »Roads round Pisa«, ebenfalls in »Seven Gothic Tales«, schreibt die Schwester folgendes:

> Zunächst muss ich feststellen, dass ich nicht weiß, ob nicht der Fehler eines Künstlers, oder jedenfalls eines Schriftstellers, gerade sein Vorteil ist – oder wäre Heine etwa ein größerer Dichter, wenn er weniger sentimental oder weniger zynisch wäre?[12]

Heine wird in den »Seven Gothic Tales« noch des öfteren direkt oder indirekt zitiert. In »The Deluge at Norderney« heißt es: »Der unglückliche junge Mann [...] las Gustav Pfizers Gedichte [...] die ganze traurige Geschichte«, eine Anspielung auf das ›Schwaben‹-Caput von »Atta Troll«. Über Gustav Pfizers Gedichte goss Heine in seinem »Schwabenspiegel« seinen bitteren Spott aus. Er

Karen Blixen in Rungstedlund (1958), bekleidet mit einem »Atta Troll«

wollte ihn »[...] mehr als reflektirende Fledermaus, denn als gemüthlichen Maykäfer« gelten lassen. In »Supper at Elsinore« gibt es ein Zitat aus dem »Buch der Lieder«: »Anfangs wollt ich fast verzagen«, und eines aus dem Band »Reisebilder«, »Die Nordsee«. Auch in »The Dreamers« lassen sich Inspirationen aus dem »Buch der Lieder« erkennen. Bernhard Glienke hat in seinem Buch »Fatale Präzedenz. Karen Blixens Mythologie« nachgewiesen, wie häufig Karen Blixen Zitate aus der Weltliteratur anführt.[13] Demnach tauchen in ihren Werken 29 mal Hinweise auf Heine auf. In den »Winter's Tales« kommen keinerlei Zitate aus Heines Werken vor, obwohl Karen Blixen offensichtlich während der Arbeit an dieser Erzählungssammlung das »Buch der Lieder« in der Hand gehabt und auf dem hinteren Vorsatzpapier des Bandes die Titel gerade dieser Erzählungen aufgeschrieben hat. Karen Blixen scheint häufig ihre Bücher als Merkzettel benutzt zu haben, und die Platzierung ihrer Notate hat oft etwas Zufälliges. Besonders häufig hat Karen Blixen Eigennamen aus Heines Personengalerie in ihren Erzählungen verwendet: Abunde, Gustav Pfizer, Uraka und Laskaro, die schwäbische Dichterschule – und Meister Greuze.[14]

Der Briefwechsel der beiden Schwestern während des zweiten Weltkrieges und in den Jahren danach berührt auch ihre Haltung gegenüber Deutschen und der deutschen Kultur. In einem Brief vom 30. Mai 1946 schreibt Elle an Karen:

> ein entscheidender Grund dafür, dass die Begegnung mit Deutschland, das ich vorher nicht gekannt habe, einen so unauslöschlichen Eindruck auf mich gemacht hat – Goethe, Chamisso, Heine und die ganz modernen – ist gerade die Tatsache, dass die Deutschen in hohem Maße Sinn für die Tragödie haben [...].[15]

Ihren eigenen Sinn für das Tragische hatte Karen Blixen zu der Zeit längst in ihren Werken manifestiert. Wahrscheinlich verdankt sie ihn dem Einfluss des dänischen Literaturhistorikers und Kritikers Georg Brandes, der auch in Deutschland viel gelesen wurde.[16] Schon die junge Karen Dinesen hatte den Kontakt zu Brandes gesucht. In einem Brief aus Afrika an ihre Tante Mary Bess Westenholz schreibt sie am 19. April 1924:

> Das war damals, als ich als ganz junges Mädchen ein paar Blumen an Georg Brandes schickte, der damals krank war und im Communehospital lag. Ich kann sagen, es geschah aus der echten Begeisterung eines jungen Herzens für das, was ich für die höchste Offenbarung von Geist und Genie hielt; ich hatte lange mit Brandes' Büchern gelebt, und er war es, der mir den Zugang zur Literatur eröffnet hat. Meine *erste persönliche* Begeisterung für Bücher – für Shakespeare, Shelley, Heine – verdanke ich ihm.[17]

Karen Blixen war in erster Linie an englischer und französischer Literatur interessiert. Einem ihrer Freunde, dem Literaturprofessor und Schriftsteller Aage Henriksen, gesteht sie am 29. Juli 1953: »[...] Ich könnte Shakespeare um den Hals fallen und Heine küssen [...].«[18]

Auch in den Diskussionen mit dem Schriftsteller und Lyriker Thorkild Bjørnvig ist oft von deutscher Literatur die Rede. Bjørnvig hatte zu der Zeit bereits mit einer Abhandlung über Rainer Maria Rilke die Goldmedaille der Kopenhagener Universität erhalten. Am 28. Juli 1955 schreibt er nach der Lektüre ihrer Erzählung »Das unbeschriebene Blatt« an Karen Blixen:

> Aber ich gebe zu, dass das unbeschriebene Blatt kaum ein Thema für einen Lyricus sein kann – Und doch, für einen: Heine! Denn in ihm war, wie Nietzsche in »Ecce Homo« sagt, der Satyr und das Göttliche eins. Ich bin aber der Ansicht, die Sie kaum verwundern wird, dass das nicht Sache des Lyrikers ist – und vielleicht ist es genau das, was Sie an Heine lieben – was ich gerade nicht leiden mag.[19]

Später hat Bjørnvig unter dem Titel »Der Pakt« ein Buch über ihre Freundschaft geschrieben:

> [...] sie konnte verschiedenes auf deutsch zitieren, zum Beispiel ganze Passagen aus Heine, den sie schätzte und weit über Goethe stellte, während es mir umgekehrt ging. Sie zog mich damit auf, ihn »Ihr Goethe, dieser petit maître« zu nennen.[20]

Karen Blixen bezeichnete sich selbst gern als »storyteller«, und sie war eine glänzende Erzählerin von Geschichten, ihr eigentliches Gebiet aber war das Schreiben. Ihre Erzählungen sind wie Stickereien; die kostbaren Details, in Verbindung mit den vielen Überraschungsmomenten, machen ihre starke Wirkung aus. Wie Bernhard Glienke nachgewiesen hat, sind ihre Erzählungen mit literarischen Anspielungen gespickt. Karen Blixen versteht es aber, ihnen ihren ganz eigenen Ton zu verleihen. Die Doppelbödigkeit oder der Satyr und das Göttliche, worauf Bjørnvig mit dem Hinweis auf Nietzsches Urteil über Heine hingewiesen hat, haben ihren Widerhall bei Karen Blixen gefunden, die so oft ihre Figuren mit einer solchen doppelten Persönlichkeit ausstattet.

Wenn sie mit dem Suchen und Finden der vierblättrigen Kleeblätter auf Rungstedlund das Glück zu greifen meinte, so lag die Erfüllung ihres Lebens wahrscheinlich doch darin, dass sie das Glück in ihrer Dichtkunst zu finden vermochte. Sie war eine literarische Erzählerin, der es gegeben war, die pragmatische Wirklichkeit ihres gelebten Lebens in Afrika und Dänemark zu einem allgemeingültigen Werk von universellem Charakter umzuformen.

Nachtrag

»Heinrich Heine's little sister«, so wurde Karen Blixen in einer Kritik der »Seven Gothic Tales« genannt. Daran erinnert sich Clara Selborn. Sie selbst hat im Jahre 1944 ihre akademische Laufbahn aufgegeben, um nach Rungstedlund zu gehen, wurde Karen Blixens Sekretärin und verwaltet seit dem Tod der Dichterin deren literarischen Nachlass. In »Die Herrin von Rungstedlund. Erinnerungen an meine Zeit mit Tania Blixen« (DVA Stuttgart 1993) erzählt Clara Selborn von ihrer Zusammenarbeit, dem Alltag auf Rungstedlund und den gemeinsamen Reisen. Sie hat auch Karen Blixens Interesse für Kleider geschildert und in diesem Zusammenhang auf eine Passage in »Eine Festrede am Lagerfeuer« hingewiesen. Dort schreibt Karen Blixen:

> Man sagt, die Frauen schmückten sich für die Männer oder sie schmückten sich für einander, aber ich glaube, keines von beiden stimmt ganz. Die Kleider einer Frau sind für sie eine Erweiterung ihres eigenen Wesens.

Oft hätten Karen Blixens Kleidungsstücke Namen gehabt: ein leuchtend kirschroter Turban hieß zum Beispiel »Prince Calendar« nach einer Gestalt aus »1001 Nacht«. Ein kleines schwarzes Kleid »Claudine«, weil es an die Uniformen französischer Schulmädchen erinnerte, ein anderes »Eminence grise«, was sicher etwas anderes signalisieren sollte als das Kleid mit dem Namen »Petit Diable«.

Bisher ist aber noch nicht schriftlich festgehalten worden, dass Karen Blixen nicht weniger als drei Jacken besaß, die »Atta Troll« hießen. Alle drei waren aus flauschigem Mohair. Clara Selborn hat diese Jacken in einem Brief geschildert, der zufällig am 13. Dezember 1999 – an Heines Geburtstag – geschrieben worden ist.

»Atta Troll« Nr. 1 und Nr. 2 waren beide kamelhaarfarben, unterschieden sich nur durch den Schnitt des Kragens. »Atta Troll« Nr. 3 hatte den gleichen Schnitt wie Nr. 2, war aber rotbraun. Clara Selborn hat seinerzeit »Atta Troll« Nr. 2 geerbt. Als sie aber feststellte, dass das Tussaud Wax Museum in Kopenhagen seine Karen Blixen etwas inkorrekt angezogen hatte, schenkte sie dem Institut diese Jacke. So haben die Gäste des Tussaud Wax Museum »Heinrich Heine's little sister« bewundert ohne zu ahnen, dass sie in »Atta Troll« Nr. 2 gehüllt war.

Wie weit Karen Blixen das Gefühl gehabt hat, ihr eigenes Wesen werde durch das Bärenfell um ihre Schultern erweitert, vermeldet die Geschichte allerdings nicht.

Anmerkungen

[1] Pia Bondesson: Karen Blixens bogsamling på Rungstedlund. En katalog. Viborg 1982.

[2] Ebd., S. 481.

[3] Ebd., S. 482 f.

[4] Die notierten Titel lauten: Sailor Boy's Tale / Pearls / The young Man with the Rose / The Heroine / The last Day / Mad. D. / The Siege of Cop. / Sorrow Acres / An Adventure in the V. I. / The Inconquerable Slw. / Cornelia / Klampenborg / Discourse on Life and Death / Another Sailor Boy's Tale.

[5] Bondesson [Anm. 1], S. 484 f.: »Die Bäder von Lukka«; »I Holland« ist ein Teil der »Memoiren des Herren von Schnabelewopski«; »Mademoiselle Laurence« ist ein Teil aus »Florentinische Nächte«; »Nogle Digte« sind eine Auswahl aus dem »Buch der Lieder«; »Lyrisk Intermezzo« entspricht dem »Lyrischen Intermezzo« aus dem »Buch der Lieder«.

[6] Vgl. Anm. 1.

[7] Tania Blixen: Briefe aus Afrika. Stuttgart 1988, S. 167.

[8] Grethe Rostbøll: »Syv fantastiske Fortællinger«. Tilblivelsen, udgivelsen og modtagelsen af Karen Blixens første bog. En dokumentation. Blixeniana 1980, S. 27–268, hier S. 58.

[9] Tania Blixen: Sieben phantastische Geschichten. Stuttgart 1979, S. 10.

[10] Siegfried Lenz: Elfenbeinturm und Barrikade. Erfahrungen am Schreibtisch. Hamburg 1983.

[11] Blixeniana 1980, S. 48.

[12] Frans Lasson og Tom Engelbrecht (Red.): Karen Blixen i Danmark. Breve 1931–62. København 1996, Bd. I, S. 120.

[13] Bernhard Glienke: Fatale Präzedenz. Karen Blixens Mythologie. Skandinavistische Studien 18 (1986).

[14] Ebd., S. 186.

[15] Breve 1931–62 [Anm. 12], Bd. I, S. 451.

[16] Sven Møller Kristensen: Karen Blixen og Georg Brandes. Blixeniana 1981, S. 177–185.

[17] Briefe aus Afrika [Anm. 7], S. 235.

[18] Breve 1931–62 [Anm. 12], Bd. II, S. 150.

[19] Ebd., S. 293.

[20] Thorkild Bjørnvig: Der Pakt. Meine Freundschaft mit Tania Blixen. Frankfurt a. M. – Leipzig 1993, S. 75.

Das Heine-Denkmal von Carin Kreuzberg in Berlin

Von Wolfram Zöller

Berlin hat zwei Heine-Denkmäler aufzuweisen, beide stammen aus neuerer Zeit und stehen im Ostteil der Stadt. Das ältere wurde von Waldemar Grzimek 1954/56 geschaffen und wohl zu Heines 100. Todestag 1956 im Volkspark am Weinbergsweg enthüllt, unweit der ehemaligen »Mauer« an der Bernauer Straße und Invalidenstraße.

Das neuere der beiden Heine-Denkmäler in Berlin wurde 1991 zum 135. Todestag Heines im »Heine-Viertel« enthüllt und steht an der Köpenicker Straße nahe der U-Bahnstation Heinrich-Heine-Straße, unweit des ehemaligen »Übergangs Heinrich-Heine-Straße für Bundesbürger«. Es wurde vom damaligen Verband bildender Künstler – als Vermittler für die Abteilung Kultur des Rates der Stadt Berlin-Mitte – in Auftrag gegeben, von der Berliner Bildhauerin Carin Kreuzberg 1982 entworfen, mehrmals umgestaltet und 1991 fertiggestellt. In der Phase des Entwurfs entstanden zunächst Zeichnungen der Standfigur und der beiden Stelen, ein kleines Tischmodell ca. 60 cm hoch und schon in der aufgezeichneten Dreiteilung, und eine Büste im Maßstab 1 : 1 als Kopfstudie. Später entstanden Entwürfe der Standfigur in vielen Zwischenstufen, schließlich in der endgültigen Größe in Gips, dann in Ton, aber immer wieder unterbrochen von Materialmangel, Kälte im Atelier und Arbeiten an anderen Aufträgen.

Zu diesen Aufträgen zählte z. B. ein Rosa-Luxemburg-Kopf, der im staatlichen Kunsthandel erworben werden konnte. Auch schuf die Bildhauerin das Modell für ein E.T.A.-Hoffmann-Denkmal. Es wurde von einem Kollegen in Stein übertragen und vor dem ehemaligen Palasthotel in Berlin errichtet. Wegen seiner starken Beschädigung in der letzten Zeit erfuhr es eine Neuauflage; Mitglieder des Freundeskreises und des literarischen Umfeldes E.T.A. Hoffmanns suchten Sponsoren und ließen das Denkmal neu errichten. Es wur-

de nach dem Modell der Künstlerin in Bronze gegossen und im Juni 1998 zum
176. Todestag E.T.A. Hoffmanns am Gendarmenmarkt in Berlin enthüllt.
Der Journalist Heinz Knobloch begleitete die Bildhauerin in diesen Jahren
mit Besuchen in ihrem Atelier und mit Berichten über den Fortgang der Arbeit in der Berliner »Wochenpost«.[1] So berichtete er, der einst für das Denkmal

> vorgesehene Platz im Heinrich-Heine-Viertel ist inzwischen anders besetzt […], später zö-
> gerten die Auftraggeber, dann fehlte dies und jenes; nun aber, unaufgehalten zog Heinrich
> Heine am Montag, dem 18. Februar 1991, in seine Wohnung im Freien ein, im Berliner Hein-
> rich-Heine-Viertel. Das soll vermutlich nicht umbenannt werden.

Knobloch beschreibt die fertige Plastik so: Das Modell Heines

> hat sich zu einem Körper gerundet. Zu einer sich verjüngenden Walze, 2,10 Meter. Rauhe
> Oberfläche. Eine glatte würde nicht zu ihm passen. Die linke Hand liegt auf der Brust, die an-
> dere vor dem Leib […]. Der Kopf, vorgestreckt, eingefallene Wangen, Kinnbart. Man denkt
> an die Toten-Maske, an die Matratzengruft […].

Die Plastik

> zeigt einen Gehenden. Nach vorn geneigt schreitend, gegen den Wind. Hinter ihm, beiseite-
> geschoben, zwei schmale Wände, die ihn durchlassen mußten wie Türflügel […]. Heine
> brauchte seine Zeit.

Die »BZ am Abend« vom 19. Februar 1991 berichtete: »Die 2,10 Meter hohe
Plastik aus Beton wurde schon vor zehn Jahren in Auftrag gegeben […]« und
zitiert die Bildhauerin Carin Kreuzberg: »Eigentlich hätte es eine Bronze-Plas-
tik werden sollen. Doch erst waren jahrelang keine Gusstermine frei, dann
fehlte das Geld.«[2]
Die Mitteilung der »BZ am Abend« bedarf hinsichtlich des Materials Beton
einer Modifizierung. Die Standfigur, das eigentliche Denkmal, besteht nicht
aus Beton; vielmehr wählte die Künstlerin dazu einen feinen Zementestrich,
d.h. ein Gemisch aus feinkörnigem Sand, Wasser und Zement als Bindemittel.
Im richtigen Mischungsverhältnis ergibt dies nach dem Abbinden/Trocknen
einen wetterbeständigen, steinharten Corpus, der bei einer Größe von ca. zwei
Metern als Hohlkörper um einen Drahtkern auch ohne Dehnungsfugen hitze-
und kältebeständig ist. – Beton enthält auch groben Kies in diversen Körnun-
gen. –
Lediglich die beiden Stelen, die aus Blickrichtung eines Betrachters von der
Straßenseite hier hinter der Standfigur stehen, bestehen im Kern aus Beton.
Darin sind beidseitig flache Terrakotta-Reliefs eingelassen, die auf der Vorder-

Die Bildhauerin Carin Kreuzberg in ihrem Atelier
mit dem Gips-Modell des Heine-Denkmals und dem Entwurf der Heine-Büste

seite zur Linken die Worte Heines tragen »Ich bin das Schwert, ich bin die Flamme …«, auf der Rückseite seine Worte: »Es treibt mich fort, von Ort zu Ort …« (»Buch der Lieder«); auf der Vorderseite zur Rechten sind figürliche Darstellungen enthalten, drei Aktfiguren, von denen eine kopfüber nach unten fallend, die zweite am Boden kauernd und die dritte sich aufrichtend, emporreckend dargestellt sind. Auch diese Rückseite enthält ähnlich angeordnete figürliche Darstellungen in Terrakotta.

Das Denkmal steht auf einem flachen Sockel aus Waschbetonelementen und passt sich in seinem überwiegenden Grauton der Wohngegend aus Betonfertigteilen an, ist damit Ausdruck seiner Zeit sowohl im Hinblick auf das Material wie auch auf die künstlerische Gestaltung. Es hat trotz seiner Schlichtheit monumentalen Charakter. Die künstlerische Konzeption lässt aber auch eine weitere Auslegung zu.

Die beiden Stelen hinter der Standfigur – Knobloch nennt sie 1983 »zwei schmale Wände, die Heine durchlassen mußten« – könnte man auch als »Mauer«-Teile deuten. Sie erinnern in Form und Größe an Teile der »Mauer«, die bis 1989 Ost und West trennte, die Heine symbolisch überwindet und hinter sich lässt, so wie er in seinem Exil in Paris für die Überwindung des Trennenden zwischen Frankreich und Deutschland unermüdlich geworben hatte und Deutschland hinter sich lassen musste.

Als das Denkmal 1991 enthüllt wurde, hatten die Ereignisse – der Fall der »Mauer« – die künstlerische Konzeption zeitlich eingeholt; aus der Mahnung wurde nun Erinnerung. Vielleicht erklärt diese Deutung die Tatsache, dass jahrelang keine Gusstermine frei waren für einen Guss der Plastik in Bronze.

In seiner umfassenden Darstellung der Geschichte der Heine-Denkmäler skizziert Dietrich Schubert die Pole der heutigen Kunstszene:

> Das eine Extrem bilden die abstrakten Materialkünstler […]. Das andere bilden heute die fotografistischen Naturalisten […]. Zwischen beiden Extremen […] aber stehen die Gestalter der menschlichen Figur, die den Menschen in expressiven Weisen zum Ausdrucksträger heutiger Existenzfragen erheben […]. Es ist die Tradition des Realismus bzw. Expressionismus, die die Unterscheidung in Form-Künste und Existenz-Künste ermöglicht. – In dieser Tradition des expressiven Realismus stehen die figürlichen Bildhauer in Ost und West, auch diejenigen aus der ehemaligen DDR.[3]

Als Beispiel dafür führt er auch Waldemar Grzimek und Sonja Eschefeld mit ihrem Projekt eines Heine-Denkmals in Eisenhüttenstadt (Büste und Standfigur, Entwurf 1989, Ausführung der Bildnisbüste 1990/91) an, deren Denkmäler »figürlichen Stils im Kontext der ehemaligen DDR entstanden. Der Stil entspricht der Vereinfachung des Realismus […].«[4] Das Heine-Denkmal von Ca-

Heine-Denkmal von Carin Kreuzberg in Berlin, Köpenicker Straße

rin Kreuzberg erwähnt er nicht. Im Epilog seines Buches summiert er unter dem Titel »Künste und Politik«, »daß die herrschende Kunst meist die Kunst der Herrschenden ist.« Daraus folgert er: »Erfüllt der Bildhauer nicht die Ideen und die Stilmodi der herrschenden Politiker [...], so scheitert sein Werk daran«.[5]

In gewisser Weise ist auch Carin Kreuzberg mit ihrem figürlichen Heine-Denkmal dorthin gelangt, weil jahrelang keine Termine frei waren für einen Guss der Plastik in Bronze, aber nach dem Rücktritt der »Herrschenden« verwirklichte sie 1991 ihr Denkmal – unangepasst – in Form und Material, wie sie es geplant hatte.

Anmerkungen

[1] Heinz Knobloch: Zuschauer bei Heine. – In: Wochenpost, Berlin, Nrn. 15 und 24 / 1983, Nr. 34 / 1986 und Nr. 27 / 1991.

[2] Vgl. Pressenotiz in BZ am Abend, Berlin, 19.2.1991. – In: HJb 31 (1992), S. 323.

[3] Dietrich Schubert: »Jetzt Wohin?« Heinrich Heine in seinen verhinderten und errichteten Denkmälern. Köln u. a. 1999 (Beiträge zur Geschichtskultur Bd. 17, hrsg. von Jörn Rüsen), S. 349.

[4] Ebd., S. 351.

[5] Ebd., S. 352f.

Die neue Heine-Stele in Seoul (Hankuk-Universität)

Zur Heine-Rezeption in Korea

Von Oh Han-sin

In Korea begann die Heine-Rezeption mit der anonymen Übersetzung der Gedichte »Sie liebten sich beide, doch keiner«, »Du bist wie eine Blume« und »O, mein genädiges Fräulein«, die in der Januarausgabe 1920 der Zeitschrift »Hyundai« abgedruckt wurden. In den 20er und 30er Jahren wurden dann zahlreiche Übersetzungen von Heine-Gedichten veröffentlicht und kamen zahlenmäßig gleich nach Goethe. Insgesamt betrug die Zahl der übersetzten Gedichte 126.

Im März 1920 erschienen in der Zeitschrift »Changcho« die Zyklen »Katharina« und »In der Fremde« und die Gedichte »Wo wird einst des Wandermüden / Letzte Ruhestätte sein?«, »Ein Weib« und »Kluge Sterne« in der Übertragung von Chon Yong-Tae. Im April des gleichen Jahres folgten die von Oh Chon-Won übersetzten Gedichte »Erklärung« und »Nachts in der Kajüte«. Am 3. November 1924 druckte die Tageszeitung »Dong-A Ilbo« die anonym übersetzten Gedichte »Im wunderschönen Monat Mai« und »Aus meinen Tränen sprießen« ab. In den Ausgaben von Juni, Juli und August des Jahres 1920 erschienen Gedichtübertragungen von Hyon Chol, u.a. »Loreley«, in der Zeitschrift »Kaebyck«.

Im April 1926 erschienen dann gleich zwei Bände mit jeweils 100 Heine-Gedichten, der eine mit Übersetzungen von Kang Song-Ju, der andere von Kim Si-Hong. Die meisten ins Koreanische übertragenen Gedichte stammen aus dem »Buch der Lieder« und aus den »Neuen Gedichten«. Speziell aus den Zyklen »Die Heimkehr« und »Lyrisches Intermezzo« wurden immer wieder Gedichte ausgewählt. Es handelt sich im allgemeinen um Gedichte mit lyrischen oder sentimentalischen, traurigen, tränenreichen, melancholischen Stimmungen.

Die Heine-Stele auf dem Yongin-Campus der Hankuk-Universität in Seoul

Anlässlich der Jahrtausendwende wurde in diesem Jahr auf dem Yongin-Campus der Hankuk-Universität für Fremdsprachen in Seoul ein Denkmalstein mit zwei Heine-Gedichten im Original und in meiner Übersetzung errichtet. Ich wählte dafür die Gedichte »Die Heimkehr« XLVI – »Herz, mein Herz sei nicht beklommen« und »Seraphine« X – »Das Fräulein stand am Meere«, weil ihnen ein hoffnungsvoller Grundton zu eigen ist. »Herz, mein Herz« ist eine Erstübersetzung ins Koreanische. Besonders die zweite Strophe mit ihrem so lebensbejahenden Appell erschien mir als Ermutigung der Jugend in dieser schwierigen Zeit besonders geeignet. Auch die für Heine so typische

Ironie, mit der er persönliche Erfahrungen relativiert, schien mir für unsere jungen Studenten eine belebende Anregung zu sein.

Der Denkmalpark mit den Gedichtsteinen wurde aus Anlass von Goethes 250. Geburtstag geschaffen. Goethe ist mit »Ginko Biloba« vertreten. Inzwischen sind Stelen mit Gedichten oder Sinnsprüchen von sieben bekannten Dichtern der Weltliteratur aufgestellt worden. Der Park soll noch erweitert werden.

Die Errichtung von Stelen mit Texten großer Dichter und Denker hat eine alte Tradition, wenn sie auch heute kaum noch gepflegt wird. Der Campus einer Universität ist aber sicherlich ein guter Ort, um diese Tradition wieder aufleben zu lassen.

Berichte

Der Papst im Poetenkittel

Anmerkungen zu Heinrich Heines ›blasphemischer‹ Religiosität

Von Christoph Bartscherer

Heinrich Heine in der Soutane eines Priesters – das scheint so abwegig, als wollte man einen listigen Fuchs in das Federkleid einer behäbigen Gans stecken, als verwechsele man Feuer mit Eis. Doch wer weiß, was aus Heine tatsächlich geworden wäre, hätte seine Mutter sich seinerzeit nicht dem Rat des wohlwollenden Rektors Schallmayer widersetzt, den jungen Harry in Rom katholische Theologie studieren und die Laufbahn eines Geistlichen einschlagen zu lassen. So jedenfalls spöttelt Heine rückblickend in seinen »Geständnissen« über das frühzeitige Scheitern seiner vermeintlich aussichtsreichen geistlichen Karriere. Bedeutende kirchliche Ämter hätten sich damals vielleicht, dank der guten Verbindungen des freundschaftlich gesinnten Schallmayer, für ihn als hoffnungsvollen candidatus theologicus aufgetan. Denn, wie er nicht ohne einen Anflug von Süffisance anmerkt, er hätte aufgrund seiner Veranlagung nicht nur das Zeug zum römischen Abate, sondern sogar zum Papst in sich gehabt. Und hätte er auch von sich aus das Papstamt niemals angestrebt, so hätte er es andererseits, im Falle seiner Nominierung, auch nicht »ausgeschlagen«, zumal er sich um »ein sehr anständiges und auch mit gutem Einkommen versehenes Amt« (DHA XV, 54) handele. Selbst die anspruchsvollen Pflichten des katholischen Oberhirten hätte er gewiss mit hinlänglichem Geschick versehen, hätte sich also nicht geziert, vom Lateran herab der ganzen Christenheit den Segen zu erteilen oder vom Stuhl Petri aus allen frommen Christen das Bein zum Fußkuss hinzustrecken (ebd.). – Soweit Heines ironische Bekundungen.

Dass sich dieser angebliche Wunschtraum vom kometenhaften Aufstieg in die Spitze der katholischen Hierarchie schon frühzeitig zerschlug und Heine wie in seiner weltlichen so auch in seiner geistlichen Laufbahn weder Amt noch Würden errang, ist hinlänglich bekannt. Aus ihm sei nichts geworden,

»nichts als ein Dichter« (DHA XV, 55), kokettiert er selbstgefällig mit der vor-
getäuschten Bescheidenheit eines erfolgverwöhnten Autors über den Stellenwert seiner Dichterexistenz. Aber natürlich ist sie nicht ganz ernst gemeint,
sondern ein Produkt von Heines unerschöpflicher Spottsucht, jene Fiktion
vom beruflichen Höhenflug eines ›Pater Heine‹ und von seiner möglichen Er-
nennung zum Papst. Tatsächlich nämlich war Heine alles andere als ein lamm-
frommer Abate; eher schon war er dessen Gegenteil, ein heißblütiger Ikono-
klast und unerbittlicher Widersacher des dogmatisch festgefahrenen, mit den
politischen Kräften der Restauration koalierenden ›Altars‹. Wenn man ihn
denn schon in Sachen Religion richtig einordnen will, dann bitte als Religions-
kritiker und Blasphemiker – so der allgemeine Grundtenor des vielerorts gängigen Heine-Bildes.

Gleichwohl lässt es sich nicht leugnen, dass dieser Autor, bei all seiner anti-
klerikalen Aggressivität, eine Affinität zu religiösen Themen an den Tag legt,
wie sie sonst in der deutschen Literatur kaum zu finden ist. Das freilich ist kein
Zufall und lässt sich auch nicht leichthin als bedeutungslose Marginalie einer
ansonsten irreligiösen Denkbewegung bagatellisieren. Vielmehr offenbart diese auffällige Dichte der Religionsthematik, dass der Grundimpuls von Heines
Autorschaft ein tief religiöser ist – auch wenn dieser sich über seine unterschiedlichen Werkphasen hinweg nicht auf einen einzigen Gottesbegriff fest-
schreiben oder eine bestimmte Glaubensgemeinschaft eingrenzen lässt. So ist
es denn als ein wichtiger Beitrag zur besseren Erschließung von Heines dich-
terischem Selbstverständnis anzusehen, dass der Theologe Ferdinand Schlingensiepen und der Literaturwissenschaftler Manfred Windfuhr in einem gut
überschaubaren Aufsatzband elf Beiträge jenes Symposiums versammelt haben, das 1997 unter dem Thema »Heinrich Heine und die Religion, ein kritischer Rückblick« von der Evangelischen Kirche im Rheinland veranstaltet
worden war.[1]

Was der Symposiumsband vor allem zu veranschaulichen vermag, ist die
außergewöhnliche Perspektivenvielfalt und von existentiellen Brüchen begleitete Wandelbarkeit von Heines Religionsverständnis. Hinter Heines werk-
übergreifender Auseinandersetzung mit dem Numinosen steht ein unbehaus-
ter, nicht zu domestizierender Selbstbehauptungs- und Freiheitsdrang, der sich
zwar, in selbst gewähltem Rollenspiel, vorübergehend auf gewisse religiöse
Identifikationsmuster einlässt, sich gleichzeitig aber wieder jedwedem Zugriff
entzieht, um sich nicht weltanschaulich vereinnahmen oder konfessionell
kurzschließen zu lassen. Ähnlich dem in Lessings Ringparabel entwickelten
Verständigungsmodell, das die Frage nach der Priorität der wahren Gotteserkenntnis durch einen Wettkampf der Weltreligionen aufzulösen sucht, geht es

Heine in seinen religiös intonierten Werkpassagen nicht um eine Verengung der individuellen Gotteserkenntnis in einer dogmengebundenen Passform, sondern um einen interreligiösen Amalgamierungsprozess, der die Vielfalt konkurrierender Gottesvorstellungen gegeneinander aufbietet, um die gemeinsame Essenz der verschiedenen Religionen, die »Religion der Religionen« (DHA VII, 1573), zutage zu fördern. In diesem Zusammenhang sei nur daran erinnert, dass Heine noch in seinem Alter, als er ›bußfertig‹ seine Rückkehr zu einem persönlichen Gottesbild jüdischer Provenienz bekannt gab, sich entschieden dagegen verwahrte, sich in irgendeiner Form dogmatisch oder kultisch festzulegen oder gar in die Obhut einer bestimmten ›Kirche‹ zu begeben.

Der Preis einer derart rigoros durchgehaltenen Offenheit besteht freilich – und das vermögen die unterschiedlichen Beiträge mit großer Eindringlichkeit zu veranschaulichen – in einem ungeheuren Spannungsverhältnis, das sich aus dem Zusammenprall und Austausch der miteinander konfligierenden religiösen Welthaltungen ergibt. Und so kommt es dem Bestehen einer inneren Zerreißprobe gleich, wenn es Heine gelingt, die Heteronomie religiöser Seinsentwürfe im Vollzug seiner Existenz auszugleichen und einen Bogen von seinen jüdischen Wurzeln zu seiner Konversion, von dort zu seiner Kirchen- und Gotteskritik, seinem pantheistischen Einheitsstreben sowie seinen Selbstvergöttlichungsphantasien und schließlich zur Rückkehr zum Gott seiner Väter zu schlagen. Durchgängig konstant bleibt in diesem abenteuerlichen Auf und Ab der weltanschaulichen Alternativen nur Heines religiöse Grunddisposition, die die diversen Schlangenhäute der Identitätssuche wieder abstreift, nachdem sie sich als menschenfern und impraktikabel erwiesen haben: seinen Schulterschluss mit dem Saint-Simonismus ebenso wie seine vorübergehende Annäherung an die Denkwelt Spinozas, seine von Hegel beeinflussten Geschichtsspekulationen nicht minder als sein von persönlicher Sympathie getragenes Zweckbündnis mit Karl Marx.

Zu Recht hat Joseph A. Kruse in einem luziden Beitrag mit dem Titel »Die letzte Reise. Heines lyrische wie versepische Paraphrasen über Lebenssinn und Tod« darauf hingewiesen, dass Heine sich von den Anfängen seines dichterischen Engagements bis zu seinem Lebensende die Beweglichkeit und Souveränität seiner skeptisch ausgerichteten Denkbewegung bewahrt hat.[2] Seine spätere Rückkehr zu Gott war also keineswegs, wie gerne angenommen wird, eine Kapitulation seines Intellekts angesichts des Zusammenbruchs seiner politischen Hoffnungen und des Ausbruchs seiner schweren Krankheit. Auffällig ist vielmehr die durchweg biblische Prägung von Heines Denken, die sich lange schon vor dem Martyrium seiner »Matratzengruft« in seinen real oder imaginär akzentuierten Reisebeschreibungen sedimentiert hat. So bestätigt gerade die Fülle seiner Aussagen über Leben und Sterben, Tod und Grab, Auferstehung und Ewigkeit, auf welch biblisch gesättigtem Untergrund sich Heines religiöse Selbstsuche vollzieht. Bis in die Tiefenschichten seiner Sprache hinein, der Wahl bestimmter Metaphern und Motive, lässt Heine erkennen, welch virtuoser Kenner und Verwerter der biblischen Bücher er ist. Nicht von ungefähr verweist Peter Guttenhöfers Untersuchung diesbezüglich darauf hin, dass Heines unbefangener Umgang mit der Bibel nicht im leeren Raum stehe, sondern eine interessante Verwandtschaft zu den dichtungstheoretischen Experimenten Friedrich Schlegels und Novalis' aufzeige, die ja gerade den Plan eines visionären Bibelprojekts verfolgten und als Verfasser einer neuen Bibel – als Buch aller Bücher – hervortreten wollten.[3]

Besondere Aufmerksamkeit innerhalb des Bandes verdient auf alle Fälle der Beitrag des Mitherausgebers Ferdinand Schlingensiepen, der im Anschluss an seinen Artikel »Heines Taufe in Heiligenstadt« die Aktenfunde zugänglich macht, die nähere Auskunft über den bislang noch immer im Dunklen liegenden Vorgang von Heines 1825 vollzogenem Übertritt zum Protestantismus geben.[4] Im Quervergleich von Heines Selbstaussagen zu seiner Konversion, den Taufdokumenten aus dem Besitz des Heine-Instituts und den Heiligenstädter Akten aus dem Archiv der St. Martinsgemeinde, die von dem mit Heines Taufe betrauten evangelischen Pfarrer und königlichen Superintendenten Gottlob Christian Grimm angelegt worden sind, kommt Schlingensiepen zu dem Schluss, dass die bisherigen Deutungen von Heines Taufe entweder falsch oder zu einseitig akzentuiert sind. Heines Konversion war weder ein reiner Akt des Opportunismus, der ihm bessere Berufschancen innerhalb einer von antijüdischer Ignoranz imprägnierten Gesellschaft garantiert hätte, obwohl Überlegungen zur Verbesserung seiner sozialen Situation bei seiner Entscheidung erwiesenermaßen eine Rolle gespielt haben. Noch war die nachträgliche Reue über diesen Schritt so groß, dass er die Taufe ein Leben lang als einen Fehltritt oder Verrat am Judentum begriffen hätte. Fakt ist vielmehr nach Schlingensiepens Erkenntnissen, dass Heine dem Vorgang seiner Taufe mit ambivalenten Gefühlen gegenüberstand. Einerseits fühlte er sich nicht zuletzt aufgrund seines Engagements für den »Verein für Cultur und Wissenschaft der Juden« innerlich nach wie vor seinen jüdischen Freunden gegenüber verpflichtet, andererseits gehörte er jedoch seit 1823 im Umfeld der St. Johanniskirche in Lüneburg zu einem Kreis von Menschen, die alle der evangelischen Kirche angehörten und unter denen er der ›Star‹ war. So kam es nicht von ungefähr und entsprach durchaus seiner persönlichen Überzeugung, dass sein Votum zugunsten der evangelischen Kirche ausfiel, zumal auch solch bedeutende und von ihm bewunderte Denker wie Lessing, Goethe, Leibniz, Kant, Hegel,

Schleiermacher und Herder nominell Protestanten waren. Dass diese vorübergehende Sympathie für den protestantischen Glauben mit der Zeit dann merklich abkühlte, und Heine gegen Lebensende sich wieder dem biblischen Gottesbild des Judentums anschloss, steht für Schlingensiepen außer Frage.

Es wäre ein müßiges Unterfangen, hier im einzelnen den wissenschaftlichen Ertrag jedes der Beiträge auflisten zu wollen. Entscheidend erscheint uns, dass dieser begrüßenswerte Versuch einer flächendeckenden Darstellung von Heines Religiosität um die beiden Pole von Judentum und Christentum ausgespannt ist. Auf diese Weise ergibt sich eine ziselierende Vielfalt an religiösen Erscheinungsformen, eine prismenartige Auffaltung des Numinosen in unterschiedliche Farbstufen, die aus der dialogischen Verschränkung der verschiedenen Gottesbilder erwächst.

Andererseits wäre es aber auch falsch, hinter diesem Facettenreichtum den Teufel der Beliebigkeit am Werk zu sehen. Aufgabe einer themenübergreifenden Untersuchung zu Heines Religiosität wird es von daher sein, den Anschein eines ziellosen Willkürprinzips zugunsten einer methodischen Vorgehensweise aufzulösen. Denn zumindest für die Werkphase, die sich zwischen den »Reisebildern« und dem »Atta Troll« erstreckt, muss man Heine konzedieren, mit seinen religiös inspirierten Aussagen ein bestimmtes Ziel verfolgt zu haben. Wenn Heine nämlich beispielsweise in »Zur Geschichte der Religion und Philosophie in Deutschland« oder in der »Romantischen Schule« zu einer seiner religionskritischen Attacken ansetzt, wenn er den traditionellen Gottesbegriff für überholt und nichtig erklärt oder wenn er dem Christenglauben die Symptome einer krankmachenden Todesreligion unterschiebt, so tut er dies nicht aus unverantwortlichem Destruktionswillen. In Wirklichkeit folgen seine oftmals häretisch-überspitzten Invektiven der Strategie, durch eine Sprache der Entlarvung und Desillusionierung jenen Urzustand vorurteilsfreier Empfänglichkeit wieder herzustellen, in dem die Gotteserfahrung noch nicht durch Lehrsätze verbildet und die Bereitschaft zur Aufnahme unkonventioneller Gottesvorstellungen noch vorhanden ist. Bevor Heine jedoch herangehen kann, in das so gewonnene Vakuum die Keime einer neuen Form von Religiosität zu inokulieren, gilt es für ihn, durch einen fundamentalen Umwertungsprozess einen geistigen Paradigmenwechsel einzuleiten, der die festgefahrenen Denkstrukturen der Vergangenheit aufweicht und revidiert. Auf der politischen Ebene soll so – im Sinne der Aufklärung – der über Jahrhunderte in einem Zustand der Unmündigkeit gehaltene Mensch auf die Stufe der Autonomie gehoben werden, die aristokratische Privilegienwirtschaft für wenige in ein bürgerliches Wohlfahrtssystem für viele umgewandelt werden. Auf der religiösen Ebene wiederum soll gegen den Spiritualismus der christlichen Nazarener der Sensualismus der heidnischen Hellenen aufgeboten werden, um die fatalen Auswirkungen einer reinen ›Geistkultur‹, insbesondere ihre Leibfeindlichkeit und Daseinsverdrossenheit, im Sinne eines holistischen Weltentwurfs zu korrigieren. Am Ende will Heines ›Programm‹ den einzelnen nicht nur aus dem Sog der christlichen Todesmystik befreien und zu einer neuen Religiosität der Daseinsfreude bekehren, sondern auch die an ein jenseitiges Gottesprinzip abgetretenen Attribute soweit für den Menschen zurückgewinnen, dass er selbst in den Rang eines Gottwesens aufrücken kann.

Lange schon vor Nietzsche, der mit seinem als ›Gegenevangelium‹ konzipierten »Zarathustra«, seiner »Genealogie der Moral« und seinem »Antichrist« dieser Strategie der Umwertung im Grunde gefolgt ist, hat sich Heine also in die Rolle des Stifters einer neuen Religion hineingespielt, die der irdischen Glückseligkeit des Menschen dienen soll. Dass dieser selbsternannte ›Gegenpapst‹ im Poetenkittel dabei gescheitert ist, sollte uns nicht daran hindern, das Grundanliegen seines ›Apostolats‹ als überdenkenswerte Neuinterpretation des jüdisch-christlichen Monotheismus ernst zu nehmen.

Anmerkungen

[1] Ferdinand Schlingensiepen / Manfred Windfuhr (Hrsg.): Heinrich Heine und die Religion, ein kritischer Rückblick. Ein Symposium der Evangelischen Kirche im Rheinland vom 27.-30. Oktober 1997. Düsseldorf 1998.

[2] Vgl. Joseph A. Kruse: Die letzte Reise. Heines lyrische wie versepische Paraphrasen über Lebenssinn und Tod. – In: Schlingensiepen / Windfuhr [Anm. 1], S. 190f.

[3] Vgl. Peter Guttenhöfer: Heinrich Heine und die Bibel. – In: Schlingensiepen / Windfuhr [Anm. 1], S. 41f.

[4] Vgl. Ferdinand Schlingensiepen: Heines Taufe in Heiligenstadt. – In: Schlingensiepen / Windfuhr [Anm. 1], S. 81ff.

Nachdenken über (m)einen Heine-Denkmal-Film

Von Rudij Bergmann

Manchmal der Zufall. An einem Samstag im August des Jahres 1997 war alles unerwartet gekommen. Feierlichkeiten zur Rettung des von Ernst Herter gestalteten Heine-Loreley-Brunnens in der Bronx, der ja eigentlich einst für Düsseldorf gedacht war. Eben noch das strahlendste Wetter, dann der plötzliche Umschwung ins klimatische Ungemach. Es regnete cats and dogs; der Sturm knickte Bäume. So beginnt der Heine-Denkmal-Film. Deutlich hört man meinen Kameramann Robert Trinkl schreien. Mit der einen Hand reißt er mich zurück, mir der anderen zwingt er ungerührt die Kamera auf die Schulter. Gefährliche Augenblicke. Phantastische Bilder. Chaos und Horror. Ein Hauch von Hollywood. Ein durchaus passender neuer Stolperstein zur Geschichte der Heine-Denkmäler. Ein wunderbarer Filmbeginn.

Die Idee ist aus dem Heine-Jahr 1981; und ein Konzept gab es auch. Die Denkmäler waren nicht das entscheidende Heine-Thema damals. Auch für mich nicht, der ich für die WDR-Serie »Bildungstribunal« einen Film über »Heinrich Heine und die Düsseldorfer Schulen« realisierte. Bei Dreharbeiten mit einer Schulklasse im Atelier des Bildhauers Bert Gerresheim, dessen soeben installiertes Heine-*Frage-Mal* am Düsseldorfer Schwanenmarkt irritierte, wurde mir klar, *was* der Welt fehlte: (m)ein Film über die Geschichte der Denkmäler Heinrich Heines.

Ein schöner Traum. Verdrängt. Vergessen. Verloren. Und immer wieder aufgetaucht. Und man glaubt(e) es kaum, realisiert zum 200. Geburtstag des Dichters. Fernab der rheinischen Heimat, die ich mir mit Heine ebenso teile wie den Tag der Geburt, im Land der Schwaben, über die der Poet so oft gespöttelt. Obzwar einer seiner Brötchengeber jener schwäbische Verleger Cotta war, für dessen Blätter Heine so viel Geistreiches verfasst hatte. Publizistik, auch filmische, benötigt Anlässe. Heines Schreibarbeit für Cotta, der 200. Geburtstag; wohl auch der Loreley-Felsen, dieses Heine-Monument der besonderen Art, das im kooptierten Sendegebiet ragt, erleichterte dem damals noch existierenden, später dann mit dem SWF zum SWR fusionierten Süddeutschen Rundfunk (SDR) in Stuttgart die Entscheidung. Am 10. Dezember 1997 war mein Heine-Denkmal-Film erstmals zu sehen. Mit überraschend guter Quote. Es hagelte Lob.

Vom einundachtziger Konzept war 1997 wenig übrig geblieben, außer den alten immer neuen Fragen, was und wie tun. Die Aufgabenstellung war dem Grunde nach simpel. Zwischen Düsseldorf, Paris, dem Grab als Denkmal, Berlin, Toulon und anderswo das abzulichten, was Denkmal ist. Und dann natürlich in der Bronx von New York, wo im Joyce Kilmer Park jener Loreley-Brunnen, der auf Initiative des New York-deutschen Gesangvereins Arion im vermutlich falschen 100. Geburtstagsjahr – 1899 – aufgestellt wurde, in jämmerlichem Zustand zu verrotten drohte.

Und natürlich war das aufzuspüren, was hätte Denkmal werden sollen. Denn ein Film über die Geschichte der Denkmäler Heines musste auch einer über deren Verhinderung und über die Verhinderer sein. Ein Beitrag jedenfalls, der das gebrochene Verhältnis der Deutschen zu ihrem Dichter nachzeichnet. Wie stets bei Heine, ein *schwieriges Gedenken*; die Tatsache als Filmtitel.

Zuerst einmal war zu klären, was Denkmal bedeutet. Nicht im kunsthistorischen, repräsentativen, ehrenden, ästhetischen Sinn allein. Für diesen Film. Aus der Definition Denkmal über das Denkmal hinaus ergaben sich Drehstationen. Düsseldorf sowieso, aber auch, weil ich im dortigen Heinrich-Heine-Institut, nächst den Schriften, Heines bedeutendstes Denkmal sehe. Und Hamburg natürlich ebenso selbstverständlich, jenseits aller familiären Beziehungen und aller Denkmalsgründe von Lederer bis hin zur Ungestalt des Waldemar Otto. Denn hier befindet sich, so hat es Heine trefflich vermutet, sein teuerstes Denkmal: die Villa von Julius Campe. Finanziert von den zahlreichen Auflagen des »Buchs der Lieder«, dessen Rechte der Poet allzu früh seinem Verleger überlassen hatte. Denkmal als Erinnern. Ironisch. Komisch. Und als Behauptung. Auch in Paris so ein Drehort. Die Kirche St. Sulpice, wo der protestantisch getaufte Heine in einer Mischehen vorbehaltenen Sakristei seine katholische Mathilde am 31. August 1841 heiratete.

Natürlich waren das auch filmdramaturgische Kunstgriffe. Wider die Addition der Denkmäler, mit der wenig gewonnen gewesen wäre. Das Weggehen vom eigentlichen Thema in die biographischen Seitenstraßen, der Blick in die verwinkelten Gassen der Anekdoten und Vermutungen, das sind die unverzichtbaren und entlastenden Angriffe, die einen vor filmisch-dramaturgischer Langeweile und Ermüdung schützen und zurückführen zum eigentlichen Thema, das man tatsächlich nie verlassen hat. Oder das Umherstreifen im Jardin du Luxembourg, wo mein Kameramann Robert Trinkl, der viele Teile des Films drehte, eine junge Frau beobachtete, die, verbunden mit einem nachfolgenden Foto von Mathilde, für einige Augenblicke sich als Heines Frau denken lässt.

Filme brauchen viele Macher. Vom Kameramann über den Ton, die Produktion, die Redaktion. Und Geld natürlich. Und die Cutterin. Auch den Heine-Film hat Ursel Schulze geschnitten, wie fast alle meine Filme in den letzten Jahren. Von Max Beckmann über die Geschichte der Gnosis bis hin zu Camille Pissarro. Wenn meine Filme etwas taugen, dann ist das nicht zuletzt ihr Verdienst. Und wenn die Musik zum Werk stimmt, dann gebührt ihr dafür der Lorbeer ungeteilt.

Filme brauchen Helfer und Helferinnen. Eine solche war in New York, und später dann auch für andere Filme, Karin Schedler. Ihr und dem Zahnarzt Hermann Klaas, diesen beiden in Heine und New York vernarrten Düsseldorfern ist es zu danken, dass der nun etwas überrestaurierte Heine-Loreley-Brunnen – dazu war im SWR-Magazin *Kultur Südwest* im Juli 1999 ein Beitrag von mir zu sehen – vor Jahren nicht in Vergessenheit geriet. Und dennoch tauchen beide als Gesprächspartner im eigentlichen Denkmalfilm 1997 nicht auf. Was ebenso ungerecht wie richtig ist, weil eine konzeptionelle Entscheidung.

Filme benötigen Gesprächspartner, Rede und Antwort. Im Heine-Film, der ja auf verschiedenen Vermittlungs- und Informationsebenen operiert, entsprechen sie diesen unterschiedlichen Ebenen. Der Kunsthistoriker Professor Dietrich Schubert, der eigentliche Dialogpartner, analysiert als Denkmal-Experte die Fragen nach der Funktion solcher Kunststücke im öffentlichen Raum; thematisiert und bewertet von (s)einer ästhetischen Sicht her die Heine-Denkmäler. Und, und das ist ausgesprochen sinnvoll und aufklärerisch, er reduziert nichts auf das Ästhetische, vielmehr schlägt er stets den Bogen zum Politischen.

Er hat im Film zwei real-imaginäre Widerparts, die jene so gänzlich verschiedenen Heine-Denkmal-Künstler vertreten, die Schubert aber in seinem Vorwurf des Unverbindlichen vereint. Ursula Berger, die Direktorin des nach Georg Kolbe benannten Museums in Berlin. Der Bildhauer war auch in seinen Heine-Denkmälern ein Meister der symbolischen Denkmalform; schöne aber nichtssagende, durchaus in der Zeit verhaftete Figurationen. Auf der anderen Seite die geometrische Abstraktion von Ulrich Rückriem. Sein »Erinnerungsmal«, 1982 in Bonn positioniert, eine mit zerteilten Dolomiten-Felsen gerahmte schwarze Granitplatte, die nichts als den Namen des Dichters trägt. Eine Kunst des Konzepts, des Gedankens, des Materials, die Rückriem-Kenner Friedrich Meschede souverän als Heine-Denkmal deutet.

Indessen blieb ein Problem. Wie ist der Dichter, wie seine verschiedenen Facetten, wie seine Leiden und Kämpfe, wie seine so vielschichtigen Positionen, wie die Wirkungsgeschichte bis hin ins geteilte Deutschland nachzuzeichnen? Und wie, wenn ich diese Fragestellungen nach der Substanz von Leben und Werk nicht filmisch im engeren Sinne lösen kann oder will, grenze ich das formal von der Rolle Dietrich Schuberts als Dialogpartner ab? Bitte nicht noch ein Gespräch, war die eigene Losung. Und die bereitete schlechte Laune. Und dabei lag die Lösung so schrecklich nahe. Zugegeben, sie war ein dramaturgisches Plagiat aus der eigenen Werkstatt. In meinem Kunstmagazin BERG-MANNsART, das kurz vor dem Status einer Kultsendung 1998 wegfusioniert wurde, hatte ich eine *Vorlesungsreihe* eingeführt, in der Kunstwissenschaftler, Publizisten, Professoren Fünf-Minuten-Vorträge hielten. Zu aktuellen wie prinzipiellen Themen und Situationen in der Kunstwelt; mit gut sichtbarem Manuskript, denn was als Vorlesung gemeint war, sollte auch eine sein. Fünf Minuten als Wortbeitrag sind in einer 45minütigen Sendung eine lange Zeit; Antifernsehen für die Zappelbilderfreunde. Dieses Modell habe ich dann, auf drei Minuten reduziert, formal gleich gestaltet, in den Heine-Film integriert. Ein Wagnis, von dem man mir im Vorfeld abriet; auf das die Zuschauer im (zweiten) Filmtitel aufmerksam gemacht wurden: »Heinrich Heine und die Geschichte seiner Denkmäler ... *nebst gelehrten Anmerkungen von berufenen Personen zu Leben und Werk*«.

Gerhard Höhn las über Heine als den politisch engagierten Intellektuellen, den es als Begriff noch nicht gab. Joseph A. Kruse über des Dichters Nachsinnen über und sein Ringen mit Gott als persönlicher Erfahrung. Bernd Kortländer definierte Heine als Erfinder des Loreley-Mythos. Heidemarie Vahl widmete sich Heines Frauenbildern in Leben und Literatur. Fritz Mende reflektierte die DDR-Sicht auf Heine. Michael Werner beschrieb den Dichter als Journalist und ersten und dazu noch sozial ambitionierten Flaneur. Und Klaus Briegleb las über Heines Judentum als Hauptquelle seines Schreibens und verschmolz ihn mit der Person des Arztes, Dichters, Religionsphilosophen aus Toledo, Jehuda Ben Halevy, über den Heine nicht dichtete, sondern sang, was Briegleb rezitierte:

> Ja, er ward ein großer Dichter
> Stern und Fackel seiner Zeit,
> Seines Volkes Licht und Leuchte,
> Eine wunderbare, große
>
> Feuersäule des Gesanges,
> Die der Schmerzenskarawane

Israels vorangezogen
In der Wüste des Exils.

Dieser riskante Kunstgriff erlaubte, in hoch konzentrierter Form, eine Gesamtsicht auf den Dichter und seine Wirkungsgeschichte. Und diese filmische
Strategie mit scheinbar antifilmischen Mitteln, mit dreiminütigen Vorlesungen
als aufklärerische Irritation, wohldosiert auf fünfundvierzig (Sende)Minuten
verteilt, ist mir auch heute noch wichtigste Voraussetzung zum Gelingen des
Films über die Geschichte der Denkmäler von Heinrich Heine. Über den ein
Kritiker schrieb, wenn man etwas von Heine erfahren wolle, müsse man diesen Streifen sehen. Und da will ich doch nicht kleinlich widersprechen.

Heinrich-Heine-Institut Sammlungen und Bestände

Neuzugänge und Erweiterungen

Nachrichten aus dem Archiv des Heine-Instituts

Von Bernd Kortländer

1993 habe ich zusammen mit Joseph A. Kruse an dieser Stelle eine Übersicht über die Gesamt-Bestände des Archivs des Heinrich-Heine-Instituts gegeben. Heute sollen hier einige Erweiterungen des Archivbestandes vor allem auf dem Sammelfeld der regionalen Literatur kurz vorgestellt werden. Neben Heine und seiner Zeit ist die Literatur der rheinisch-bergischen Region traditionell der zweite große Schwerpunkt in der Arbeit des Heine-Instituts, wo dieser Bereich unter dem Namen »Rheinisches Literaturarchiv« geführt wird. Aufgrund der kontinuierlichen Erweiterung des Bestandes hat das Institut für den rheinischen Teil des Bundeslandes Nordrhein-Westfalen heute bereits die Bedeutung eines literarischen Landesarchivs.

Nun hat sich auf dem Feld der regionalen Literaturforschung in den letzten Jahren eine Menge getan. Zum einen wurde eine rege Forschungstätigkeit gerade auch in unserer Region entwickelt, wozu der von Professor Dr. Rolf Breuer (Universität Aachen) geleitete und wesentlich von PD Dr. Gertrude Cepl-Kaufmann (Universität Düsseldorf) mitgestaltete interdisziplinäre »Arbeitskreis zur Erforschung der Moderne im Rheinland« mit seinen Kolloquien und Publikationen einen wesentlichen Beitrag geleistet hat. Frau Cepl-Kaufmann hat seit Jahren an der Uni Düsseldorf zu Themen aus diesem Bereich geforscht. Das gleiche gilt für Prof. Dr. Norbert Oellers (Universität Bonn), der seit je auch zu Themen mit regionalen Bezügen gearbeitet hat. An der Universität Duisburg hat sich inzwischen ebenfalls ein regional orientierter interdisziplinärer Forschungsschwerpunkt ausgebildet, der in eine von der Universität betreute »Niederrhein-Akademie« und eine Publikationsreihe eingemündet ist. In allen diesen Initiativen ist das Heinrich-Heine-Institut vertreten und spielt inzwischen aufgrund seiner Stellung als größtes Literaturarchiv der Region, als Veranstaltungsort von einschlägigen Ausstellungen, Tagungen und sonstigen Veranstaltungen, aber auch durch das wissenschaftliche Profil seiner Mitarbeiter eine besondere Rolle.[1] Diese Rolle soll in Zukunft noch dadurch verstärkt werden, dass das Archiv des Instituts jetzt auch offiziell und in koordinierter Form die Funktion eines »Rheinischen Literaturarchivs« übernimmt. Durch die Einrichtung eines eigenen Arbeitsbereichs im Institut mit Lesesaal und Handbibliothek, den Aufbau eines Informationszentrums in Form einer Datenbank (s. den nachstehenden Bericht von Sabine Brenner) und eine verstärkte Zusammenarbeit mit den germanistischen Instituten der Universitäten Düsseldorf und Duisburg wurde der exponierten Stellung des Instituts in diesem Feld zuletzt verstärkt Rechnung getragen.

Seit 1993 hat sich aber nicht nur die Forschungslage in einer für die an regionaler Literaturforschung Interessierten sehr erfreulichen Weise verändert; selbstverständlich ist auch in den einschlägigen Beständen des Heine-Instituts in der Zwischenzeit ein erheblicher Zuwachs zu verzeichnen. Ich muss mich hier auf einige besonders bedeutsame Zuwächse aus den vergangenen sieben Jahren beschränken.

Die wichtigste Erwerbung unter regionalliterarischen Gesichtspunkten ist ohne Zweifel die gerade erst mit Unterstützung durch die Stadt Düsseldorf, die Stiftung Kunst und Kultur des Landes Nordrhein-Westfalen und das Bundesministerium des Inneren erfolgte Übernahme des Nachlasses von Herbert Eulenberg (1876–1949). In den 10er und 20er Jahren zählte Eulenberg zu den bekanntesten Autoren in Deutschland und galt als der Prototyp des rheinischen Dichters. Während er mit seinen Dramen zwar häufig uraufgeführt wurde, aber insgesamt doch wenig erfolgreich war, wurden seine »Schattenbilder«, kleine Studien über prominente Persönlichkeiten der Kulturgeschichte, zu einem Bestseller. Sein Haus in Düsseldorf-Kaiserswerth war über Jahrzehnte ein Treffpunkt nicht nur regionaler, sondern nationaler und internationaler Größen aus allen Bereichen der Kultur. Eulenbergs aufrechte Haltung in der Zwischenkriegs- und der Nazizeit führte dazu, dass er nach dem Krieg aus allen Richtungen Auszeichnungen und Preise erhielt und Ehrenbürger der Stadt Düsseldorf ebenso wurde wie Nationalpreisträger der DDR.

Dank der Sorge der Nachfahren, die dabei seit einer Reihe von Jahren bereits vom Heine-Institut unterstützt wurden, hat sich der Nachlass Herbert Eulenbergs in großer Vollständigkeit erhalten. Er besteht aus:

1. den Manuskripten der Werke, darunter die lange Reihe seiner Dramen aus den späteren Jahren, als er, von den Nationalsozialisten geächtet und mit Publikationsverbot belegt, ebenso unverdrossen wie vergeblich für eine zukünftige freie Bühne produzierte;

2. dem Briefwechsel, den Eulenberg leider selbst bereits aussortiert hat und der deshalb größere Lücken aufweist;

3. den Sammlungen mit Zeitungsausschnitten, Fotos etc.

4. der umfangreichen Nachlassbibliothek mit äußerst seltenen Büchern gerade aus dem Anfang des 20. Jahrhunderts.

Teil des Nachlasses, wie er jetzt ins Heine-Institut gekommen ist, sind auch die Papiere und Bücher von Hedda Eulenberg, der Ehefrau Herberts, die eine bedeutende und erfolgreiche Übersetzerin war.

Ein Zeitgenosse Eulenbergs und mit diesem bekannt war der Düsseldorfer Grotesken-Schreiber Hermann Harry Schmitz (1880–1913). Das Heine-Institut verwahrt seit 1995 als Depositum der Hermann-Harry-Schmitz-Societät aus dem Besitz der Familie eine Reihe von persönlichen Erinnerungsstücken und Dokumenten und hat darüber hinaus im Antiquariatshandel eine kleinere Sammlung von Manuskripten von Schmitz erwerben können.

Ebenfalls in diese Zeit gehört der Autor Wilhelm Schäfer (1868–1952), dessen Nachlass bereits die alte Landes- und Stadtbibliothek verwahrt und geordnet hatte. Eine wesentliche Ergänzung dieses Nachlasses war der Erwerb (1997/98) zweier großer Konvolute Korrespondenz zwischen Schriftstellern und bildenden Künstlern einerseits und Schäfer und seiner Frau Lisbeth andererseits im Zusammenhang mit der Herausgabe der Zeitschrift »Die Rheinlande«. Unter den Korrespondenzpartnern sind auch Berühmtheiten wie Hasenclever, Hofmannsthal und Rilke zu finden, die Beiträger der von Schäfer herausgegebenen »Rheinlande« waren.

Eher eine Randfigur des literarischen Betriebs im Rheinland war der Theaterintendant, Schriftsteller und Journalist Walter Kordt (1899–1972)), dessen schriftlichen Nachlass das Heine-Institut 1997 übernahm. Der Nachlass, von Kordt selbst wie ein überdimensionaler Zettelkasten angelegt, enthält Korrespondenzen, Ausschnittsammlungen und Fotos zu einer Reihe heute gänzlich verschollener rheinischer Autoren und ist deshalb eine Fundgrube für Informationen, die in der »Datenbank zur rheinischen Kultur und Literatur« Verwendung finden.

Zwei weitere wichtige Neuzugänge sind die ›Nachlässe‹ zweier noch lebender Autoren, nämlich die des seit langem in Düsseldorf ansässigen Kölners Klas Ewert Everwyn und des Bochumers Ernst-Hugo Käufer, die beide damit begonnen haben, ihre Papiere, Korrespondenzen und teilweise auch Buchbestände in vorbildlich geordnetem Zustand dem Heine-Institut zu übergeben.

1994 konnte das Heine-Institut mit Unterstützung der Stiftung Kunst und Kultur des Landes NRW und des Landes NRW selbst den in mehrerer Hinsicht bedeutenden Nachlass des Schriftstellers und Literaturpolitikers Bernt Engelmann (1921–1994) erwerben. Auch hier besteht zwar ein regionaler, sogar lokaler Bezug, wuchs Engelmann doch in Düsseldorf auf und ging hier zur Schule. Der eigentliche Grund für den Wunsch Bernt Engelmanns, der zuletzt am Starnberger See lebte, seinen Nachlass im Heine-Institut aufbewahrt zu wissen, war aber die starke Identifikation dieses kritischen und streitbaren Geistes mit Heine.

Der Nachlass Bernt Engelmanns setzt sich aus drei Teilen zusammen:

1. Die Autographensammlung: Engelmann war Zeit seines Lebens ein begeisterter und begabter Autographensammler und hatte schließlich eine wirklich hochkarätige und äußerst wertvolle Sammlung zusammengetragen, zu der Autographen von Goethe, Schiller und Heine gehören. 1989 waren die Glanzstücke dieser Sammlung im Heine-Institut ausgestellt und die Sammlung als ganze in einem Katalog dokumentiert worden.[2]

2. Manuskripte und Briefwechsel von Bernt Engelmann: Der Bestand umfasst die Arbeiten an seinen verschiedenen Sachbüchern; seinen umfangreichen Briefwechsel mit praktisch allen Teilnehmern am literarischen Betrieb der Bundesrepublik, darunter verschiedene von ihm organisierte Solidaritätsaktionen, aber auch Prozessakten etc. Dieser Teil des Nachlasses ist noch nicht aufgearbeitet.

3. Nachlassbibliothek: Die umfangreiche Bibliothek Bernt Engelmanns ist bibliographisch erschlossen und in einem Zettelkatalog verzeichnet.

Ein weiterer Neuzugang aus demselben Jahr ist der dem Institut testamentarisch vermachte Nachlass des Germanistikprofessors Friedrich Sengle (1909–1993), der sich insbesondere als Erforscher der von ihm so genannten »Biedermeierzeit«, also der Zeit zwischen 1815 und 1848, der Zeit Heinrich Heines, einen Namen gemacht hat. Der Sengle-Nachlass dokumentiert das intensive und äußerst fruchtbare Schaffen dieses Gelehrten alter Schule in den Bereichen Forschung und Lehre. Aus dem Nachlass, der inzwischen sortiert und geordnet ist, wurden unveröffentlichte Manuskripte zum Druck gebracht bzw. für den Druck vorbereitet.[3]

Auf die bedeutenden Erwerbungen in den Bereichen der Heine-Sammlung, des Robert-und-Clara-Schumann-Archivs und der übrigen Sammelgebiete des Instituts, z.B. der Düsseldorfer Malerschule, soll hier nicht eingegangen werden. Es ist gerade der weite zeitliche Rahmen vom 16.Jh. bis in die Gegenwart und die große inhaltliche Breite mit Nachlässen von Schriftstellern, Musikern, Wissenschaftlern und bildenden Künstlern, die die besondere Lebendigkeit der Sammlungen des Heine-Instituts ausmachen. Durch die Erweiterungen der letzten Jahre im Bereich der regionalen Literatur konnte

die Attraktivität für Studierende und Forscher ohne Zweifel noch weiter
gesteigert werden.

Anmerkungen

[1] Vgl. die einschlägigen Veröffentlichungen von Joseph A. Kruse und meine eigenen Publikationen; z.B. Joseph A. Kruse / Norbert Oellers / Hartmut Steinecke (Hrsg.): Literatur in den Rheinlanden und in Westfalen – Literatur in Nordrhein-Westfalen. Texte aus hundert Jahren. 4 Bde. Frankfurt a.M. 1995–1997 bzw. Bernd Kortländer (Hrsg.): Literatur von nebenan 1900–1945. Bielefeld 1995.

[2] Trotz alledem – Salut et fraternité! Sammlung Bernt Engelmann. Göttingen 1989.

[3] Friedrich Sengle: Kontinuität und Wandlung. Einführung in Goethes Leben und Werk. Mit einem Nachwort von Manfred Windfuhr hrsg. von Marianne Tilch. Heidelberg 1999. – In Vorbereitung befindet sich der Druck einer Vorlesung über moderne Lyrik. Vgl. auch Manfred Windfuhr: Einführung in den Sengle-Nachlaß. – In: HJb 38 (1999), S. 242–245.

Datenbankprojekt im Heinrich-Heine-Institut zur rheinischen Literatur und Kultur (1871–1925)

Von Sabine Brenner

I.

Die heterogene rheinische Literatur- und Kulturlandschaft zwischen Reichsgründung 1871 und Jahrtausendfeier 1925 wird im Heinrich-Heine-Institut im Rahmen eines Datenbankprojektes unter der Leitung von Dr. Bernd Kortländer untersucht. Der geographische Schwerpunkt der seit August 1998 durchgeführten Auswertung wurde dabei auf die Gebiete der ehemaligen preußischen Rheinprovinz gelegt, die heute zu Nordrhein-Westfalen gehören. Ziel des vom Landschaftsverband Rheinland finanzierten und zunächst auf zwei Jahre angelegten Projektes ist die Erstellung einer umfangreichen Datenbank, die wissenschaftlichen Benutzern und interessierten Laien im Internet zur Verfügung gestellt werden soll.

Die Erstellung einer bio-bibliographischen Datenbank wurde dabei der üblichen Publikationsform, dem Buch, aus mehreren Gründen vorgezogen. Der Kulturraum Rheinland mit seinen Zeitschriften, Verlagen, Theatern, Künstlervereinigungen etc. zeichnet sich gerade in den Jahren um die Jahrhundertwende durch eine sehr dichte Künstlerszene aus, deren persönliches und institutionelles Beziehungsgeflecht nur schwerlich in einem linearen Zusammenhang geschildert werden kann. Überdies bestehen im Rheinland des Untersuchungszeitraumes multikausale Wechselwirkungen von geschichtlichen Ereignissen und literarischer Resonanz. Da aber kein Register die Verknüpfungsmöglichkeiten einer relationalen Datenbank erreicht, ist letztere zur Erschließung der Kulturlandschaft Rheinland geradezu ideal.

Zudem ist sie kein abgeschlossenes Werk, wie das bei einem Buch der Fall wäre, vielmehr besteht die Möglichkeit, sie ständig zu ergänzen. Wünschenswert wäre daher auf lange Sicht eine Erweiterung des Untersuchungszeitraumes, so dass als Fernziel ein Gesamtüberblick über rheinische Kultur und Literatur stünde. Gewiss kann die Datenbank weder einen Anspruch auf Vollständigkeit erheben noch ist sie Endpunkt aller Forschungen, die sich mit der rheinischen Region beschäftigen. Vielmehr soll die Datenbank forschungsinitiativ wirken, neugierig machen, Hilfestellungen leisten sowie personelle und institutionelle Querverbindungen innerhalb des Kulturraumes Rheinland aufzeigen.

Bereits die ehemalige Landes- und Stadtbibliothek der Stadt Düsseldorf sammelte seit Ende des 19. Jahrhunderts systematisch Nachlässe und andere handschriftliche Materialien, die einen regionalen Bezug aufwiesen. Das Heinrich-Heine-Institut, das aus der Neueren Handschriftenabteilung dieser Bibliothek entstanden ist, hat diesen Sammelschwerpunkt ausgebaut. Da in die Datenbank nicht nur schwer zugängliche und entlegene Materialien, sondern auch in hohem Maße Archivalien aufgenommen werden, sind die Nachlässe im Heinrich-Heine-Institut eine ergiebige Fundgrube. Letztlich soll die Datenbank eine Verbindung zwischen Nutzer und Archiv via Datenautobahn herstellen.

II.

Gearbeitet wird im Heinrich-Heine-Institut mit dem kommerziellen Archivierungs- und Retrieval-System LARS. Für die komplexen und speziellen Anforderungen, die der Kulturraum Rheinland an die Aufarbeitung in einer Datenbank stellt, wurden eigens Kategorien erarbeitet und Formulare entworfen.[1] Dem gewählten Aufbau liegt die Idee zugrunde, dass alle wichtigen Quellen für die Kultur des Rheinlandes verschriftlicht worden sind, sei es als Zeitschriftenaufsatz, Tagebuchnotiz, Anthologie etc. Auf der Einstiegsebene werden daher bibliographische Angaben von Materialien jeder Provenienz erfasst. Für Briefe wurde ein eigenes Formular entwickelt. Alles andere, ungedruckte Materialien und Archivalien eingeschlossen, kann hingegen mit dem Standardformular erfasst werden. Aber bereits auf dieser Ebene geht die Konzeption der Datenbank über eine übliche bibliographische Erfassung hinaus: der Bezug des Dokumentes zum Rheinland wird hergestellt, Schlagworte werden vergeben und Besonderheiten eingetragen. Überdies wird vermerkt, ob das Werk in einem der zahlreichen Nachlässe oder den Nachlassbibliotheken des Instituts vorhanden ist.

Die nach bibliographischen Aspekten angelegte Datenbank zur rheinischen

Literatur und Kultur bietet aufgrund der relationalen Strukturen der Software Verknüpfungen mit untergeordneten Datenbanken zu:
- *Biographien*
- *Nachlässen / nachlassbewahrenden Institutionen*
- *Körperschaften / Verlagen / Kulturzeitschriften / Zeitungen / Reihen*
- *Veranstaltungen / Ereignissen.*

Die mit der bibliographischen Ebene verknüpften Datensätze aus den untergeordneten Datenbanken erscheinen dem Benutzer als Listenfenster. Der Vorteil ist hierbei, dass mit einem Dokument eine beliebig große Anzahl von Datensätzen verbunden werden kann.

Die Biographien enthalten Basisinformationen und ausführliche Lebensbeschreibungen zu allen Personen, die mit dem Dokument in Verbindung stehen. Auf genaue Quellenhinweise wird dabei natürlich nicht verzichtet, so dass dem Anwender auch zur weitergehenden Recherche Möglichkeiten eröffnet werden. Eingebunden in die jeweilige Biographie ist ein Grafikfeld, in das beliebig viele Fotos des Autors, beispielsweise in verschiedenen Lebensphasen, eingescannt werden können. Da Fotos von weniger bekannten Autoren nicht leicht erschließbar sind, erweisen sich auch hierbei Nachlässe als ergiebige Fundorte. Nicht zuletzt deshalb bietet die Datenbank ihrem Benutzer einen besonderen Service. Ihm werden Informationen zu dem Nachlass und der nachlassbewahrenden Institution zur Verfügung gestellt, inklusive Ansprechpartner, Anschrift und Öffnungszeiten. Damit ist die Datenbank nicht nur ein in sich geschlossenes System, sondern fungiert auch als Schnittstelle zwischen Archiven und ihren Benutzern.

Um die rheinische Kulturlandschaft und ihre Eigenschaften näher beleuchten zu können, werden aber auch Körperschaften, Verlage, Kulturzeitschriften, Zeitungen und Reihen näher beschrieben. Dies geschieht, wie bei den Biographien, möglichst ausführlich. Besondere Beachtung finden dabei diese und ähnliche Fragen: Wo wirkte die Körperschaft im Rheinland? Inwiefern lässt sich das Programm der Reihe als ›rheinisch‹ bezeichnen? Wurde die Zeitschrift als ›rheinisch‹ rezipiert? Hat sich der Verlag selbst als ›rheinisch‹ empfunden? Aber auch bei der Aufnahme von Veranstaltungen und Ereignissen, die zumeist politischer Natur sind, wird das Augenmerk auf ihre Auswirkungen auf die kulturelle Szene im Rheinland gelegt.

Dem Benutzer der Datenbank stehen drei Recherchewege zur Verfügung: global, über Index und im Expertenmodus. Bei einer globalen Suche werden Einträge in den bibliographischen Angaben recherchiert. Hierbei handelt es sich um ein schnelles und effektives Suchverfahren. Der Nachteil jedoch besteht darin, dass die anderen Datenbanken nicht durchsucht werden. Das heißt, wird eine Person beispielsweise ausschließlich im Rahmen der Jahrtausendfeier unter *Veranstaltungen / Ereignisse* erwähnt, kann sie durch eine globale Recherche nicht ermittelt werden. Eine Indexsuche ermöglicht Treffer in einer bestimmten Kategorie, beispielsweise *Verlag, Titel* oder *Erscheinungsjahr*. Der Benutzer muss sich daher bei der Auswahl der Kategorie sicher sein. Lässt er in der Kategorie *Autor* einen Namen suchen, so entgehen ihm vielleicht interessante Angaben, die bei der Globalrecherche in den Kategorien *Herausgeber, Absender, Empfänger, Bemerkungen* oder *Schlagworte* ermittelt worden wären. Bei der Recherche im Expertenmodus werden alle Ebenen durchsucht. Sie dauert zwar länger als die anderen Recherchewege, zeigt aber alle Erwähnungen des gewünschten Suchbegriffs an.

III.

Die Datenbank beinhaltet bisher[2] rund 1700 bibliographisch erfasste Datensätze, mit denen über 450 Biographien verknüpft sind. Viele unbekanntere Autoren konnten durch die Auswertung rheinischer Anthologien, die in erster Linie aus dem alten systematischen Zettelkatalog der Universitäts- und Landesbibliothek Düsseldorf ermittelt wurden, in die Datenbank einfließen. Unter ihnen befinden sich Dramaturgen, Maler, Lehrer, Redakteure, Übersetzer, Buchhändler, Juristen, Matrosen und sogar ein Bergwerksdirektor, die allesamt auch schriftstellerisch tätig waren. Allein ihre unterschiedlichen Berufe belegen den Einfluss vielfältiger Impulse auf die rheinische Literaturszene in den Jahren um die Jahrhundertwende. Durch die Zusammenarbeit mit anderen Instituten und Archiven werden in der Datenbank insbesondere für die Biographien dort bereits vorhandene Informationsquellen genutzt und somit interdisziplinär relevante Datenpools miteinander vernetzt.

Sorgfältig ausgewertet wurden außerdem zahlreiche rheinische Zeitschriften, u.a. »Rheinische Heimatblätter«, »Die Heimat« und »Die Rheinlande«. Die Zeitschrift »Die Rheinlande«, die von der bisherigen Forschung fast gänzlich vernachlässigt wurde, propagiert eine besondere Vorstellung des Kulturraumes Rheinland. Sie definiert das Rheinland länderübergreifend von der Quelle des Flusses bis zu seiner Mündung. Zu den 32 Bänden der Zeitschrift ist jedoch kein Registerband erschienen. Aus diesem Grund bietet die Datenbank, in die die wichtigsten literarischen Beiträge der Zeitschrift aufgenommen worden sind, einen guten Einblick in die wiederzuentdeckende Zeitschrift. Außerdem konnten Archivalien des im Heinrich-Heine-Institut befindlichen Nachlasses des Herausgebers Wilhelm Schäfer als Ergänzungsmaterial zum

Umfeld der Zeitschrift und dem »Verband der Kunstfreunde in den Ländern am Rhein« (die Zeitschrift war ab 1905 sein Organ) herangezogen werden. Der Verband unter dem Protektorat des Großherzogs Ernst Ludwig zu Hessen bei Rhein war eine einflussreiche Melange aus Adeligen, Großindustriellen, Malern, Architekten und Schriftstellern. Nicht nur seine bürgerliche Fest- und Feierkultur, sondern auch seine ästhetischen Positionen spiegeln einen wichtigen Teil der rheinischen Kultur wider, zu deren Erforschung die Datenbank anregen und auch durch die Auswertung von Teilen der umfangreichen Korrespondenz Schäfers beitragen möchte.

Ein anderer bedeutender Komplex der Datenbank ist die rheinische Verlagsgeschichte: Aufgenommen und recherchiert wurden bisher unter anderem die Verlage Bagel, Schwann und Salm. Sie bietet dem Benutzer einen Einblick in die Verlagslandschaft und ihre Entwicklung.

Genutzt werden die Informationen der Datenbank, obwohl sie im Internet noch nicht abrufbar sind, bereits von Archivbenutzern des Instituts und im Rahmen von Haus- und Magisterarbeiten von Studierenden der Heinrich-Heine-Universität Düsseldorf. Die Studierenden werden im Rahmen von Seminaren über den Kulturraum Rheinland, die unter gemeinsamer Leitung von PD Dr. Gertrude Cepl-Kaufmann (Germanistisches Seminar der Heinrich-Heine-Universität Düsseldorf, Lehrstuhl II) und Dr. Bernd Kortländer stattfinden, an die Archivarbeit herangeführt. Ergänzend zu den Seminaren werden Archivpraktika angeboten, in denen die Studierenden unter anderem Recherchen durchführen, deren Ergebnisse dann in die Datenbank aufgenommen werden können.

Die Studierenden der Heinrich-Heine-Universität Düsseldorf repräsentieren zwar nur einen kleinen Teil der potentiellen Benutzer der Datenbank, die im Internet einem großen Kreis von Interessentinnen und Interessenten zur Verfügung gestellt werden soll. Dennoch mag ihr bereits gewecktes reges Interesse am rheinischen Kulturraum als Fallbeispiel für die forschungsinitiative Wirkung des Datenbankprojektes gelten und als Indiz für den Bedarf an einer solchen Informationsquelle dienen.

Anmerkungen

[1] Für die geleistete Programmierarbeit und ihre tatkräftige Unterstützung möchte ich mich an dieser Stelle ganz herzlich bei der ADV-Koordinatorin des Heinrich-Heine-Instituts, Frau Dipl.-Bibl. Gaby Köster, bedanken.

[2] Stand: Sommer 2000.

Reden

Reden zur Verleihung der Ehrengabe der Heinrich-Heine-Gesellschaft 2000

»Schlage die Trommel und fürchte dich nicht!«

Von Bernhard Schlink

I.

Als ich jung war, schieden sich an Heine noch die Geister. In der Schule, dem humanistischen Kurfürst-Friedrich-Gymnasium in Heidelberg, wurde er nicht eigentlich behandelt, kam aber angelegentlich vor: als gefälliger, sentimentaler Dichter und als leichtfertiger Kritiker, der aus Paris gut über Deutschland reden hatte, gut schlecht über Deutschland reden hatte. Seine Literatur galt als Salonliteratur, das Pendant zur Kaffeehausmusik, und er war im Vergleich mit Schiller und Goethe, was Liszt im Vergleich mit Mozart und Beethoven war. Der einzige Schulfreund, der Heine kannte und liebte, war ein Linker, gegen die Atombombe, für den Verzicht auf die Ostgebiete, für die Anerkennung der SBZ/DDR und dafür, im Kommunismus etwas genuin anderes, Besseres als im Nationalsozialismus zu sehen.

Das waren die fünfziger und frühen sechziger Jahre. Aus den späten sechziger Jahren erinnere ich mich an die Auseinandersetzung um das Ob und Wie eines Heine-Denkmals in Düsseldorf und an die um die Benennung der Düsseldorfer Universität nach Heine. In beiden Auseinandersetzungen wurde die Ablehnung Heines oft hinter einer falschen Sorge um sein richtiges Andenken versteckt: Hätte nicht Heine selbst die Ehrung durch ein Denkmal als überholt und verzopft abgelehnt, hätte nicht er selbst sich darüber lustig gemacht, als Patron einer Universität herzuhalten wie weiland der Fürst? Aber daneben gab es weiter die offene Ablehnung Heines als des Salonliteraten und vaterlandslosen Gesellen. Auch als ich die Platte »Jazz und Heine« entdeckte und meinen Freunden vorspielte, gab es den einen und anderen, der die Nase rümpfte. Heine? Jazz? Jazz und Heine? Ich selbst habe damals nicht nur die Platte, sondern durch sie sowohl Jazz als auch Heine entdeckt. Attila Zoller machte den Jazz, und Gert Westphal las Heine – so eindrucksvoll, dass ich bis heute manche Heine-Gedichte nicht lesen kann, ohne Westphals Stimme zu hören, und manche beim Zuhören, vom Zuhören, überhaupt auswendig gelernt habe.

Dass sich an Heine die Geister schieden, ist die verhaltene Formulierung eines Befunds, den Jost Hermand in seiner Arbeit über den frühen Heine so beschreibt: »Die Spießer wurden durch Heine noch philisterhafter, die Nationalisten noch chauvinistischer und antisemitischer, die Klerikalen noch frömmelnder.« Die Beschreibung gilt den Spießern, Nationalisten und Klerikalen unter Heines Zeitgenossen, trifft aber auch noch die Reaktionen in den fünfziger und sechziger Jahren. Auch in ihnen spitzten sich Spießertum, Nationalismus und Klerikalismus zu. Und sie trifft ebenso liberales, aufklärerisches und emanzipatorisches Engagement – wie die Spießer durch Heine noch philisterhafter wurden, wurden die, die freien Sinns waren, noch freiheitssehnsüchtiger und freiheitsbegeisterter und die, die jung genug waren, rebellisch.

Heines Biograph Wolfgang Hädecke ist durch diesen Befund irritiert. Heine, der sein Publikum nicht plump und grob agitieren, sondern aufrütteln und aktivieren wollte, hat so viel Abwehr, Wut und Skandal erregt? Hat die Spießer, Nationalisten und Klerikalen radikalisiert? Hat Reaktion und Restauration befördert, obwohl er die alten Mächte bekämpfen wollte? Aber schnell wischt der Biograph die Irritation weg. Das alles war, so schreibt er, »nicht Schuld des Dichters und seines großangelegten politisch-literarischen Emanzipationskampfes, sondern die Folge der deutschen Rückständigkeit«.

II.

Aber so einfach ist die Irritation nicht erledigt. Denn die deutsche Rückständigkeit ist ja nichts, was Heine unversehens dazwischen gekommen wäre. Heine wusste um sie. Von ihr ging er aus, und auf sie zielte er. Wenn er die rückständigen Deutschen emanzipatorisch aufrütteln und aktivieren wollte, sie unter seinem Einfluss aber nur noch rückständiger wurden, ist sein Emanzipationskampf doch wohl gescheitert. Dass ein Patient, den der Arzt heilen will, nicht gesünder, sondern kränker wird, muss nicht die Schuld des Arztes sein, sondern kann seine Ursache auch in der Krankheit haben. Es kommt darauf an, auf den Arzt, den Patienten und die Krankheit. Aber wenn uns nachdrücklich versichert wird, wie von Heines Biographen, der Arzt kenne die Krankheit, und wenn wir keinen Grund zur Annahme haben, die Krankheit sei von sich aus heftiger geworden, dann liegt nahe, eine Verschlechterung des Zustands des Patienten dem Arzt anzulasten. Wenn er nicht die falsche Diagnose gestellt hat, hat er eine falsche Therapie gewählt – jedenfalls ist sein Kampf um die Gesundheit des Patienten gescheitert.

Ist es ein Trost, dass Heine nicht der einzige ist, der in dieser Weise gescheitert ist? Dass es von Georg Büchner bis Kurt Tucholsky, von Karl Kraus bis Hans Magnus Enzensberger keinem rückständigen Leser bei der Lektüre plötzlich wie Schuppen von den Augen gefallen ist, so dass er von Rückstand auf Fortschritt umgeschwenkt ist? Dass von Honoré Daumier bis George Grosz und von John Heartfield bis Klaus Staeck kein Betrachter ihrer Bilder emanzipiert und aufgeklärt, sondern bestenfalls radikalisiert wurde in dem, was er ohnehin politisch glaubte? Dass auch aus Theater und Film von Sergej Eisenstein bis Costas Gavras und von Bertolt Brecht bis Claus Peymann die Zuschauer so herauskommen, wie sie hineingegangen sind, allenfalls verärgert, weil ihnen die Richtung nicht passt, oder zufrieden, weil sie in der Befürwortung der Richtung bestätigt und bestärkt wurden?

Ja, wenn das, was politische Kunst will, das Missionieren ist, steht es schlecht um sie. Dass wir, wenn wir die genannten Schriftsteller und Maler, Theater- und Filmemacher mögen, uns nach dem Genuss ihrer Kunst politisch gut fühlen, gut im Teilen der Verachtung, Empörung, Belustigung oder Begeisterung des Künstlers, darf uns nicht glauben machen, die Kunst bewirke bei allen dieses gute politische Gefühl. Bei denen, die die Künstler und deren politische Richtung ablehnen, bewirken sie Kränkung statt Verachtung, Ärger statt Empörung, Trotz statt Belustigung und Zorn statt Begeisterung. Auch diese politischen Gefühle können genossen werden. Aber die Künstler werden sie schwerlich als missionarischen Erfolg verbuchen wollen.

III.

Ich bin sicher, dass Heine sich dieser Ambivalenz der Wirkung seiner Schriften bewusst war. Er war in der Einschätzung der gesellschaftlichen und politischen Verhältnisse so nüchtern, missionarischem, revolutionärem Überschwang so abhold, so sensibel für schlechte Wirkungen guter Absichten und so empfindlich, wenn ihm Ablehnung begegnete, wirkliche oder vermeintliche, dass ich mir schlechterdings nicht vorstellen kann, er habe gemeint, seine Schriften bekehrten deren Leser vom Rückstand zum Fortschritt. Aber was hat er gemeint? Was hat er gewollt? Was waren die Strategie und die Taktik seines politisch-literarischen Emanzipationskampfs?

Als politischer Schriftsteller begegnet Heine in dreierlei Gestalt. Zum einen kämpfte er in konkreten Auseinandersetzungen mit konkreten Gegnern. Die

Auseinandersetzungen mit August Graf von Platen und Ludwig Börne sind die literarisch ergiebigsten und bekanntesten; daneben und danach gab es noch viele andere, von der mit Wolfgang Menzel bis zu der mit Georg Herwegh und von der mit Giacomo Meyerbeer bis zu der mit Franz Liszt, oft aus gescheiterten und enttäuschten Freundschaften hervorgegangen, oft mit literarischem Niederschlag in Gestalt des Gedichts. Diese Auseinandersetzungen waren stets auch Vergewisserungen über die eigene politische und literarische Position, und die Schrift gegen Börne ist auch ein Traktat über den Unterschied zwischen Dichter und Tagesschriftsteller, zwischen einerseits dem Blick auf das Ganze und in die Weite, der Verpflichtung für die Zukunft des Menschen und der Gesellschaft und andererseits dem tagespolitischen Eifer, der sich in Parteigezänk und im Erreichen und Verfehlen kurzfristiger Ziele erschöpft. So weisen die Auseinandersetzungen über sich hinaus, auch wenn sie eine Fülle tagespolitischer Bezüge enthalten, mal klug und mal platt, mal spritzig und witzig und mal von frivoler Effekt- und Pointenhascherei und pedantischer Gehässigkeit, und auch, wenn sich ihre affektive Energie aus den konkreten persönlichen Gegnerschaften speiste.

In anderen Schriften treten die tagespolitischen Bezüge und die konkreten Gegnerschaften zurück. In ihnen begegnet der politische Schriftsteller als politisch-ökonomisch-philosophischer Theoretiker, in Nähe zu Marx als Beobachter der industriellen Revolution, der internationalen Finanz, der kapitalistischen Wirtschaft und der Sprünge und Brüche, die die ökonomische Dynamik in den politischen Verhältnissen verursacht, und zugleich in Nähe zu Nietzsche als Künstler eines neuen, freien Menschen, frei von der Körperfeindlichkeit und Sündengläubigkeit des Christentums, Hellene statt Nazarener, entfaltungsstolz, lebensheiter, göttlich. Dabei muss die Theorie nicht theoretisch, sondern kann auch poetisch präsentiert werden.

> Ein neues Lied, ein besseres Lied,
> O Freunde, will ich Euch dichten!
> Wir wollen hier auf Erden schon
> Das Himmelreich errichten.
>
> Wir wollen auf Erden glücklich seyn
> Und wollen nicht mehr darben;
> Verschlemmen soll nicht der faule Bauch
> Was fleißige Hände erwarben.
>
> Es wächst hienieden Brod genug
> Für alle Menschenkinder,
> Auch Rosen und Myrten, Schönheit und Lust,
> Und Zuckererbsen nicht minder.

Schließlich begegnet der politische Schriftsteller Heine als düsterer Visionär. Zwar sah er das ausgebeutete, revolutionäre Proletariat die Zukunft und das Recht auf seiner Seite haben. Aber er sah es auch als wilde Horde von Dämonen, Ratten, Krokodilen und ihre Führer als kalte, mitleidlose, rücksichtslose, tyrannische Doktrinäre, die in gleichmacherischem Wahn Schönheit und Wahrheit, Kunst und Wissenschaft zerstören. Neben dieser Ahnung des kommunistischen Wütens steht die des nationalistischen, eines Wütens als Folge verspäteter politischer Emanzipation:

> wenn Ihr es einst krachen hört, wie es noch niemals in der Weltgeschichte gekracht hat, so wißt, der deutsche Donner hat endlich sein Ziel erreicht. Bey diesem Geräusche werden die Adler aus der Luft todt niederfallen, und die Löwen in der fernsten Wüste Afrikas werden die Schwänze einkneifen und sich in ihren königlichen Höhlen verkriechen. Es wird ein Stück aufgeführt werden in Deutschland, wogegen die französische Revoluzion nur wie eine harmlose Idylle erscheinen möchte.

Politischer Schriftsteller in dreierlei Gestalt – so begegnet uns Heine, und die drei Gestalten ragen ineinander, die tagespolitischen Auseinandersetzungen in die politisch-ökonomisch-philosophische Theorie und diese in die apokalyptische Vision. Sie fügen sich zusammen, aber nicht zur Taktik und Strategie eines politisch-literarischen Emanzipationskampfs. Für den Kampf fehlt das Ziel, fehlen die Bundesgenossen oder auch nur die Suche nach ihnen und das Werben um sie, fehlt die Planung des Einsatzes der Kräfte für den Sieg in der Schlacht und die des Einsatzes der Schlachten für den Sieg im Krieg. Es gibt nicht einmal ein durchgängiges Engagement für die Erniedrigten und Beleidigten; manchmal schlug sich Heine für sie, manchmal aber war er auch so sehr Ästhet, dass er sich ihnen nicht solidarisch fühlen konnte, und so sehr Individualist, dass er vor ihrem egalitären, revolutionären Wüten Angst hatte. Er war nicht auf politisch-literarische Gradlinigkeit aus, sondern konnte sich manchmal auf die eine und manchmal auf eine andere Weise äußern. Seine Prosa und mehr noch seine Poesie sind entschlossen subjektiv. Wenn Zielstrebigkeit und Gradlinigkeit, taktisches und strategisches Kalkül, das Bemühen um Objektivität und vielleicht auch noch Einsatz für die Erniedrigten und Beleidigten den politischen Schriftsteller machen, dann war Heine keiner. Macht nichts, mag man sagen und dem negativen Befund sogar eine positive Seite abgewinnen: Die Irritation darüber, dass Heine den Rückstand bekämpfen wollte, ihn aber befördert hat, löst sich auf; wo kein politisch-literarischer Emanzipationskampf ist, da kann es auch keine Enttäuschung über anti-emanzipatorische Radikalisierung geben.

IV.

Aber Heine *war* ein politischer Schriftsteller. Ihn lesen und das wissen ist eins. Die Irritation und die anschließenden Überlegungen laufen nicht darauf hinaus, dass Heine kein politischer Schriftsteller war. Sie laufen auch nicht darauf hinaus, dass er ein gescheiterter politischer Schriftsteller war. Sie lehren vielmehr, den Begriff des politischen Schriftstellers besser zu fassen.

»Philosophie«, so schreibt der von Heine verehrte Georg Wilhelm Friedrich Hegel, »ist ihre Zeit in Gedanken erfaßt. Es ist ebenso töricht zu wähnen, irgendeine Philosophie gehe über ihre gegenwärtige Welt hinaus, als, ein Individuum überspringe seine Zeit [...]«. Auch Literatur ist ihre Zeit in Gedanken erfasst, genauer in Geschichten, in langen und in kurzen, in Stücken, in Gedichten. Keine Literatur geht über ihre Welt hinaus, und kein Schriftsteller überspringt seine Zeit. Nicht dass dieses Verhaftetsein in Welt und Zeit und in deren politischen Verhältnissen jede Literatur zur politischen Literatur und jeden Schriftsteller zum politischen Schriftsteller machen würde. Dazu bedarf es der Wahrnehmung der politischen Verhältnisse und des Bewusstseins von ihnen; die politische Literatur und der politische Schriftsteller sind sich ihrer bewusst, zielen auf sie und machen sie bewusst. Aber das ist auch alles.

Denn »um noch über das Belehren, wie die Welt sein soll, ein Wort zu verlieren, so kommt dazu ohnehin die Literatur immer zu spät. Als der Gedanke der Welt erscheint sie erst in der Zeit, nachdem die Wirklichkeit ihren Bildungsprozeß vollendet und sie fertig gemacht hat«. Auch das ist Hegel; ich habe nur »Literatur« an die Stelle von »Philosophie« gesetzt. Es erklärt den irritierenden Befund, dass Heines Schriften die Rückständigen nicht belehrt haben, sondern nur noch rückständiger haben werden lassen und insofern, als kämpferisch-emanzipatorische Belehrung verstanden oder vielmehr missverstanden, gescheitert sind.

Zugleich haben sie die Fortschrittlichen noch fortschrittlicher werden lassen. Dass Literatur zum Belehren, wie die Welt sein soll, zu spät kommt, und dass sie erst in die Welt tritt, wenn die Wirklichkeit vollendet ist, heißt nicht, dass sie rückwärts gewandt wäre. Es heißt, dass sie nicht mehr kann, als uns der Wirklichkeit zu vergewissern, der Welt und der Zeit und unseres Ortes darin. Da unsere Orte verschieden sind, vergewissert sie uns auch verschieden, den Spießer seines Spießertums, den Nationalisten seines Nationalismus, den Frömmelnden seiner Frömmelei und den Freiheitsliebenden seiner Freiheit. Sie vergewissert und radikalisiert uns, denn wo wir gewisser sind, sind wir auch radikaler.

Statt von Radikalität lässt sich auch von Authentizität reden. Je authentischer Literatur ihre Zeit in Gedanken, Geschichten, Stücken und Gedichten fasst, desto authentischer macht sie auch den Leser in dem, was er in seiner Zeit ist. Dabei meint Authentizität der Literatur nicht Getreulichkeit des Abbildens und nicht Tauglichkeit als zuverlässige historische Quelle; darin ist die Literatur aus dem zweiten Glied allemal besser als die aus dem ersten. Sie meint das Erfassen der Zeit unter ihrer abbildbaren Oberfläche – bis hin zum Erfassen dessen, was in der Zeit erst angelegt ist und nur visionär geahnt werden kann. In seinen düsteren politischen Visionen begegnet uns Heine als politischer Schriftsteller besonders groß.

V.

Ich komme zum Schluss. Die Beschäftigung mit Heine, zu der mir die heutige Einladung und Ehrung Gelegenheit gegeben haben, habe ich zum Versuch genutzt, mehr Klarheit darüber zu gewinnen, was es mit dem Politischen bei der Literatur und beim Schriftsteller auf sich hat. Denn ich werde es gefragt: Verstehen Sie sich als politischer Schriftsteller? Warum haben Sie sich nicht wie viele andere Schriftsteller zum Kosovo-Konflikt geäußert? Warum äußern Sie sich nicht überhaupt mehr zur Politik? Was denken Sie über die politische Verantwortung des Schriftstellers? Hat Günter Grass recht, der die Schriftsteller verpflichtet sieht, die Partei der Erniedrigten und Beleidigten zu ergreifen? Hat Nadine Gordimer recht, die ihn verpflichtet sieht, in Opposition zu den Herrschenden zu stehen? Und weil ich weder zum Literaturbetrieb gehöre noch Literaturwissenschaft studiert habe und mit der Gewissheit über derartige Fragen also weder lebe noch gar aufgewachsen bin, habe ich die Gelegenheit ergriffen, mich an Heine zu wenden.

Die Zeit in Gedanken erfassen, in Geschichten, Stücken, Gedichten – es führt in die Distanz zu den Herrschenden, weil Herrschen die Welt und die Zeit in einer Weise reduziert, auf die sich Literatur nicht verstehen kann. Die Zeit in Gedanken erfassen – es schließt den Blick auf die Erniedrigten und Beleidigten, die Vernachlässigten und Vergessenen ein, die der Zeit und der Welt ebenso zugehören wie die Sichtbaren und Erfolgreichen. Es schließt die Scheu vor dem Unzeitgemäßen, Unweltgemäßen, Anstößigen aus, das doch Teil unserer Zeit und Welt ist. Es gibt ein Ethos der Distanz, der distanzierten, sorgfältigen, furchtlosen, ganzheitlichen Wahrnehmung, das für mich das eigentliche politische Ethos des Schriftstellers und des Intellektuellen überhaupt ist. Es schließt nicht aus, dass Schriftsteller sich immer wieder politisch äußern und sagen, was anders verkannt, verdrängt und vergessen wird. Aber politisch belehren, missionieren und agitieren? Sagen, was Politiker ebenso sagen? Betreiben, was politisch ohnehin betrieben wird? Auch insoweit gibt es eine politische Verantwortung, aber es ist keine besondere Verantwortung des Schriftstellers, sondern die allgemeine des Bürgers, und natürlich ist der Schriftsteller auch Bürger – wie jeder andere. Und natürlich kann der Schriftsteller literarisch-politisch zu missionieren und zu agitieren versuchen, aber für den Leser tritt es wieder in Literatur und Politik auseinander: in gute oder schlechte Literatur und in bejahte oder abgelehnte Politik.

Genug. Genug Ordnung in Gedanken gebracht, die keine Ordnung brauchen, jedenfalls keine wissenschaftliche und büchergelehrte tiefsinnige. Denn sie bleiben nicht Gedanken, sondern werden Geschichten, Stücke, Gedichte.

> Schlage die Trommel und fürchte dich nicht,
> Und küsse die Marketenderinn!
> Das ist die ganze Wissenschaft,
> Das ist der Bücher tiefster Sinn.

Laudatio auf Bernhard Schlink

Von Tilman Krause

Lassen Sie mich diese Laudatio auf Bernhard Schlink beginnen mit dem Zitat eines seiner großen Kollegen, bezogen auf einen soeben abgeschlossenen Roman:

> Die populären Elemente sind ebenso ehrlicher und instinktiver Herkunft wie die artistischen. Die Künstler, denen es nur um eine Coenakel-Wirkung zu tun ist, war ich stets geneigt, gering zu schätzen. Eine solche Wirkung würde mich nicht befriedigen. Mich verlangt auch nach den Dummen.

Wer hier so respektlos und mit so drastischen Worten am in Deutschland heilig gehaltenen Verständnis vom Dichter als Vertreter einer auf Exklusivität bedachten E-Kultur kratzt, ist, Sie ahnen es, mitnichten Heinrich Heine, obwohl er es sein könnte. Die Worte stammen von einem deutschen Schriftsteller, den man mit Fug seinen Schüler nennen darf, auch wenn er selber dieses Schülersein nur in seinem ersten essayistischen Text überhaupt einbekannt hat. Der Achtzehnjährige überschrieb ihn »Heinrich Heine, der Gute«. Die Worte stammen von Thomas Mann. »Mich verlangt auch nach den Dummen«, vertraute er, dieser Inbegriff des poeta doctus, 1910 Hermann Hesse an, nachdem dieser ihm zu »Königliche Hoheit« gratuliert hatte. Die Zeiten sind, selbst unter Schriftstellern vorüber, in denen man so hart und herrisch zwischen klug und dumm zu unterscheiden vermochte. Zumal Bernhard Schlink, der durch die amerikanische Schule der Höflichkeit gegangen ist und ihre euphemistischen Umschreibungen für mentale oder zerebrale Defizite zu schätzen weiß, zumal Bernhard Schlink würde sich niemals aufs hohe Ross der Beurteilung von Intelligenzgraden seiner Leser schwingen. Aber handelt es sich nicht um dasselbe Verlangen, den Zirkel oder Coenakel der Eingeweihten zu verlassen, wenn Bernhard Schlink, nun schon zum wiederholten Male, in Interviews äußert, er habe immer davon geträumt, seine Bücher würden auch in Bahnhofsbuchhandlungen ausliegen – man kauft sie, steigt in den Zug, liest und hat ein paar schöne Stunden.

Noch hat ja die germanistische Forschung diesen Autor nicht für die Unsterblichkeit zugerüstet, noch sind die literarischen und vor allem außerliterarischen Einflüsse des Verfassungsrichters und Juraprofessors Schlink nicht untersucht worden, der in seinem zweiten Leben Schriftsteller ist, mit dem Roman »Der Vorleser« zu Weltruhm gelangte und nun, mit »Liebesfluchten«, einem neuen Erzählungsband, wiederum auf Anhieb den Sprung in die Spiegel-Bestsellerliste schaffte. Aber man möchte doch eigentlich jetzt schon den dissertativen Anfängen wehren und den präsumptiven Doktoranden zurufen: Vergesst über allem geschuldeten Respekt vor dem intellektuellen Niveau dieses Autors, vergesst über eurem heuristischen Ehrgeiz, das intelligent Durchdachte, geschickt Gebaute, klug Erfühlte, ja selbst das juridisch Gelehrte des »Vorlesers« oder der Vorgänger-Romane über den Privatdetektiv Selb herauszupräparieren, vergesst darüber nicht, dass dieser Autor gelesen und genossen werden will, dass er es, um diesen noch einmal zu bemühen, mit Thomas Mann hält, der bekanntlich seinem kompliziert verschlungenen, zweihundert Jahre europäischer Geistesgeschichte aktualisierenden, den Antagonismus von Vernunftglauben und Irrationalismus austragenden Roman »Der Zauberberg« die Worte vorausschickte: »Kunst soll keine Schulaufgabe und Mühseligkeit sein, keine Beschäftigung contre coeur, sondern sie will und soll Freude bereiten, unterhalten und beleben, und auf wen ein Werk diese Wirkung nicht übt, der soll es liegen lassen und sich zu anderem wenden.«

Derlei Selbstauskünfte, da machen wir uns, meine Damen und Herren, glaube ich, alle nichts vor, sind keineswegs selbstverständlich unter deutschen Schriftstellern. Es ist noch nicht allzu lange her, da stand eine jüngere Generation von Lektoren, Verlegern, Kritikern auf und geißelte die deutsche Literatur der Gegenwart dafür, dass sie im In- und Ausland den Ruf weg habe, besonders schwierig, unsinnig und weltfern zu sein. Diese jüngeren Damen und Herren des Literaturbetriebs, die seinerzeit, zu Anfang der neunziger Jahre nämlich und damals noch gegen den ebenso erbitterten wie beleidigten Widerstand des sogenannten Hochfeuilletons, für eine lustvollere deutsche Gegenwartsliteratur plädierten, die daran zu erinnern wagten, dass das Interesse für Literatur keine Bringschuld der Leser sei und dass, horribile dictu, auch Verkaufszahlen etwas über den Rang eines Buches aussagen können, sie konnten nicht wissen, dass ihre Wünsche sich schon bald und dann auch noch in so überwältigendem Maße erfüllen würden, vor allem durch EIN Werk.

»Der Vorleser« – und er ist es ja vor allem, für den Bernhard Schlink die
Heinrich-Heine-Ehrengabe erhält – »Der Vorleser« also, der 1995 erschien
und in den letzten fünf Jahren seinen nicht aufzuhaltenden Siegeszug angetre-
ten hat, er ist kein schwieriges Buch. Er ist nicht schwierig, weil seine wichtigsten Themen: die Überwindung von provinzieller Enge durch erotische Emanzipation, der Konflikt zwischen liebender Hingabe auf der einen und dem Bewusstsein, mit der Hingabe auch eine Verantwortung zu übernehmen auf der
anderen Seite, schließlich die Einsicht, auch als liebender Einzelner Teil eines
Ganzen, ja eines nationalen Ganzen samt seiner Geschichte und seiner Schuld
zu sein, weil das alles von sehr, sehr vielen Menschen verstanden werden kann.
»Der Vorleser« ist auch kein unsinnliches Buch, weil er mit einer ebenso körperlichen wie emotional berührenden Offenheit vom Einbruch der großen,
nicht gesellschaftsfähigen Liebe in ein geordnetes Dasein erzählt. Und »Der
Vorleser« ist erst recht kein weltfernes Buch, weil er mit einer Genauigkeit
sondergleichen, aber auch mit seltenem Einfühlungsvermögen zwei Epochen-
erfahrungen schildert, deren Fortwirken wir auch heute noch spüren: das »Be-
schweigen« der deutschen Schuld in den fünfziger und frühen sechziger Jahren mit ihrer bedrückenden, beklemmenden Atmosphäre innerer Unfreiheit
sowie der selbstgerechte, sich selber in allem salvierende Umgang der ersten
Nachkriegsgeneration mit den »Sünden der Väter«. In diesem Sinne darf man
den »Vorleser« als DEN deutschen Roman der neunziger Jahre bezeichnen.

Mehr noch, man darf diesen brisanten, anregenden und Diskussionen geradezu provozierenden Roman auch für das nun anbrechende Jahrzehnt als
maßgeblich setzen. Denn im selben Moment, da sich die deutsche Gegenwartsliteratur von ihren Fesseln eines verstiegenen, publikumsabgewandten,
das Handwerk des Erzählens vernachlässigenden Schreibens befreit hat, droht
sie, ein hierzulande nicht unbekanntes mentales Muster, sogleich ins andere
Extrem zu fallen, und bringt nun in großer Zahl gefällig abgefasste, aber in ihrem Problemhorizont geistig oft völlig unerhebliche Bücher hervor. Deren
Verfasser kann man mit dem Hinweis auf den »Vorleser« ganz gut daran erinnern, dass Schriftsteller sein auch heißt, etwas zu sagen zu haben.

Was hat das alles, so werden Sie, meine Damen und Herren, sich möglicherweise fragen, was hat insbesondere unser geschätzter Preisträger Bernhard
Schlink nun aber mit Heinrich Heine zu tun? Nun, ich denke, eine ganze Menge. Über sein persönliches Verhältnis zu Heine wird Bernhard Schlink ausführlich selber Auskunft geben. Lassen Sie mich Ihnen an dieser Stelle nur einige wenige Umstände in Erinnerung rufen, die Bernhard Schlink, ich ahne es
nicht, in seiner Bescheidenheit möglicherweise unerwähnt lässt. Der ausgebil-
dete Jurist Heine, er hat zu seinen Lebzeiten keine Verkaufszahlen erzielen

können, wie »Der Vorleser« und andeutungsweise schon die »Liebesfluchten« sie erreichen, das ist wahr. Wahr ist allerdings auch, dass der »Romanzero« des bereits in der Matratzengruft Befindlichen 1851, im Jahr seines Erscheinens also, eine damals absolut sensationelle Verbreitung in 20.000 Exemplaren erlebte. Wahr ist auch, dass Heine sich zu Lebzeiten und danach einer für deutsche Geistesaristokraten fast schon anrüchigen Popularität erfreute. Sie alle kennen das hochmütig-präzeptorale Wort von Karl Kraus, demzufolge Heinrich Heine, vor allem mit dem »Buch der Lieder« »der deutschen Sprache so sehr das Mieder gelockert hat, daß heute alle Kommis an ihren Brüsten fingern können.« Eine Wahrheit, fast schon eine Binsenwahrheit ist natürlich vor allem, dass es Heine erklärtermaßen darum zu tun war, in Absetzung von den klassischen Gemütern und ihrer Versenkung ins Ewige als »Zeitschriftsteller« zu gelten, als wacher Geist die Zeitläufte zu beobachten, den Zeitgeist zu bestimmen und durchaus auch die Zeit zu beeinflussen durch Bekämpfung des Obsoleten, durch Beförderung fortschrittlichen, freiheitlichen Bewusstseins.

Dicht an der Zeit, an unserer Zeit und ihren Themen, ist auch Bernhard Schlink, und zwar wie nur wenige unter Deutschlands heute lebenden Schriftstellern. Vom Zeitbezug des »Vorlesers« war bereits die Rede. Aber auch das inhaltliche Spektrum der »Liebesfluchten« bestätigt die Diagnose von Schlink als einem Zeitschriftsteller. Ob er in seinen neuen Erzählungen von den gegenseitigen Missverständnissen und Instrumentalisierungen beim deutsch-deutschen Zusammenwachsen handelt, ob vom Überdruss junger Deutscher, immer noch auf NS-Stereotypen festgelegt zu werden, oder von den Grenzen der Selbstverwirklichungs-Ideologie, auf die er einen Alt-68er stoßen lässt: Wieder greift Bernhard Schlink Themen auf, die gegenwärtig in der Luft liegen, die die öffentlichen Debatten bestimmen und zu deren Klärung er beiträgt, indem er sie in Geschichten gießt. Vielleicht sollte man in diesem Zusammenhang erwähnen, auch wenn das im Rheinland als unfreundlicher Akt aufgefasst werden mag, dass Bernhard Schlink ein nicht emphatischer, aber doch wahlweiser und programmatischer Berliner ist. Als einer der allerersten westdeutschen Professoren kam er – aus Bonn! – 1990 an die Humboldt-Universität, zu deren Neuordnung er maßgeblich beigetragen hat. In Berlin spielt die Musik unserer Zeit, auch wenn sie demjenigen nicht immer angenehm in den Ohren klingt, der sich, wie Bernhard Schlink, eigentlich in den liberalen Regionen des deutschen Südwestens geistig beheimatet fühlt.

Apropos Liberalität. Sie hat in unseren Tagen einen anderen Klang als zu Zeiten von Heine, der sich gegen Polizeistaat, Dunkelmänner- und Denunziantentum zur Wehr setzen musste. Thema heutigen Nachdenkens und immer mehr auch Schreibens sind die Auswüchse der Freiheit, ist die Überforderung durch das libertäre Zeitalter. Es ist gewiss kein Zufall, dass jenes Buch, das unsere linksrheinischen Nachbarn zu DEM französischen Roman der neunziger Jahre erklärt haben, Michel Houellebecqs inzwischen auch auf deutsch vorliegender Roman »Elementarteilchen« nämlich, eine radikale Abrechnung mit den 68ern darstellt. In diesem Zusammenhang ist es nicht ohne Pikanterie, dass der einzige Text, in dem Bernhard Schlink sich bisher, soweit ich sehe, expressis verbis mit Heine auseinandergesetzt hat, in satirischer Form, allerdings weitaus milder, verständnisvoller als Houellebecq, ebenfalls von der erotischen Unverantwortlichkeit eines 68ers handelt. »Zuckererbsen« heißt, mit einer kleinen Verbeugung vor Heine, diese Erzählung. Ihr Held zitiert zustimmend aus dem »Wintermährchen«, in dessen erstem Kapitel, wie man weiß, neben Rosen und Myrten, Schönheit und Lust »Zuckererbsen für jedermann, / Sobald die Schoten platzen!« gefordert werden. Und dieser Held wird von Schlink nicht nur der Infantilität überführt. Bernhard Schlink lässt ihn als Krüppel enden, als Fürsorgeopfer seiner drei Frauen. Kein Hochzeitskarmen ist hier des Autors Lied, das bessere, das neue, das er uns singen will, sondern ein Hohngelächter.

In einem anderen Punkte wiederum, und der führt mich zum Beginn meiner Überlegungen zurück, ist Bernhard Schlink Heine sehr nahe. Es ist ein besonders wichtiger Punkt, und er hat mit beider Selbstverständnis als Schriftsteller zu tun. Bernhard Schlink hat einmal gesagt, er schreibe für demokratische Leser, vertraue auf ihr Aufgeklärtsein. Jene fatale Unterscheidung zwischen E- und U-Literatur, die sich aus der Überzeugung herleitet, der Schriftsteller sei ein moralisch höherwertiges Wesen und eo ipso befähigt, ja geradezu verpflichtet, sein Publikum zu erziehen, hält Bernhard Schlink für vormodern. Der erste nennenswert erfolgreiche deutsche Schriftsteller jedoch, der mit diesem idealistischen Aberglauben brach, war kein anderer als Heinrich Heine. Er ist der Patron all derer, die dem Publikum nichts vorleben und vorschreiben, sondern mit dem Publikum kommunizieren wollen. Er ist damit auch der Patron jener Autoren, denen wir die Erneuerung der deutschen Belletristik in den neunziger Jahren zu verdanken haben. Freuen wir uns, meine Damen und Herren, dass dieser Zusammenhang hier und heute mit der Überreichung der Heine-Ehrengabe an Bernhard Schlink besiegelt wird. Gratulieren wir Bernhard Schlink als dem herausragenden Autor dieser Erneuerung. Und wünschen wir ihm und uns, dass er die Kraft und die Zeit haben möge, noch in vielen anderen Büchern, ganz wie vor ihm schon Heinrich Heine und Thomas Mann, mit uns, seinem dankbaren Publikum, auf geistreiche und unterhaltsame Weise zu kommunizieren.

Buchbesprechungen

Csilla Erdödy-Csorba (Hrsg.): *Europäische Romantik und nationale Identität. Sándor Petöfi im Spiegel der 1848er Epoche.* Baden-Baden: Nomos Verlagsgesellschaft 1999 (Schriften des Zentrum für Europäische Integrationsforschung – Center for European Integration Studies). 174 S., DM 68,–.

Die 150-Jahrfeiern zur Revolution von 1848/49 haben eine Fülle höchst unterschiedlicher Publikationen hervorgebracht. Dabei bezog sich ein Großteil der in Deutschland erschienenen Bücher auf die Revolution als ein – unbestritten – wichtiges Ereignis der deutschen Geschichte. Der Anteil der Literatur, der die Revolution als europäisches Phänomen verstand, nahm sich demgegenüber bescheiden aus. Um so wichtiger ist das hier vorliegende Buch, das den Blick nach Osteuropa, insbesondere nach Ungarn richtet.

Hier hatte es ab den 1820er Jahren Versuche von verschiedenen Seiten gegeben, das feudale Gesellschaftssystem als Teil der Habsburger Monarchie zu reformieren, Versuche, die v.a. nach politischer Unabhängigkeit und der Schaffung einer ungarischen Nationalkultur strebten.

Eine der wesentlichen Integrationsfiguren des ungarischen Freiheitskampfes war der 1823 geborene Schauspieler und Dichter Sándor Petöfi, dem es wie kaum einem anderen gelang, große Teile der Bevölkerung im März des Jahres 1848 für die Revolution zu begeistern. Die Veröffentlichung seines Nationalliedes »Die Zeit ist gekommen, jetzt oder nie ...« sowie seiner die politischen Forderungen zusammenfassenden »Zwölf Punkte«, die vor allem Pressefreiheit, eine eigene ungarische Regierung und einen eigenen Landtag, aber auch eine nationale Armee und eine Nationalbank verlangten, bedeuteten den Beginn der ungarischen Revolution. Petöfi fiel am 30. Juli 1849 in einer der letzten Schlachten des ungarischen Unabhängigkeitskrieges, der nach zunächst wechselhaftem Kriegsverlauf von Österreich mit Hilfe der russischen Verbündeten entschieden wurde und das Ende der Revolution in Ungarn bedeutete.

Anlässlich des 175. Geburtstages Petöfis und zugleich des 150. Jahrestages der Revolution veranstaltete das Ungarische Literaturmuseum, das u.a. den Nachlass Petöfis verwahrt, eine internationale Tagung über die Werke Petöfis im Spiegel der 1848er Epoche. Die dort gehaltenen Vorträge fasst der vorliegende Band unter dem Titel »Europäische Romantik und nationale Identität« zusammen.

Sie teilen sich auf in Beiträge, die überblicksartig die gesamte Epoche charakterisieren, in solche, die die Verbreitung der Werke Petöfis und sein Bild in verschiedenen (benachbarten) Staaten untersuchen sowie schließlich Beiträge, die das literarische Werk mit dem von Zeitgenossen und jüngeren Kollegen vergleichen.

Zur ersten Gruppe der die gesamte Epoche überblickenden Referate zählen sowohl der Beitrag von Mihály Szegedy-Maszák mit dem Titel »Romanticism, Biedermeier and Realism« als auch der von Albrecht Betz, der mit den Begriffen »Avantgarde, Revolution, Restauration« das Verhältnis von Heinrich Heine und Franz Liszt darstellt. Beide trafen sich im »Laboratorium der Moderne«, wie das Paris zwischen der Julirevolution 1830 und der Februarrevolution 1848 bezeichnet wurde. Das anfänglich gute Einvernehmen erfuhr mit der Revolution seinen endgültigen Bruch. Während Heine von der engen Verbindung von Dichtung und Musik und deren Beziehung zum gesellschaftlichen Prozess sowie der sozialen Mission der Kunst überzeugt war und mit regem Interesse die Revolution nicht nur in Frankreich und Deutschland, sondern auch in Ungarn verfolgte, stand Liszt seit 1844 als Hofkapellmeister in großherzoglich weimarischen Diensten und stärkte – nicht nur in den Augen Heines – die Refeudalisierung und die Restauration.

Mit dem vorherrschenden, nämlich romantischen Bild Petöfis, das ihn nicht nur als Dichter der Romantik, sondern auch als romantischen Helden zeigt, setzt sich István Margócsy auseinander und stellt fest, dass im Werk Petöfis ein Entwicklungsprozess nachzuweisen ist, »der seine dichterische Anschauung und Sprache im Zeichen einer allmählichen Distanzierung von der klassischen Poetik gestaltet« (S. 40).

Drei Beiträge widmen sich dem Bild und der Verbreitung des Werks Petöfis in Frankreich (Francis Claudon, »La Hongrie de 1848 et son image en France«), Italien (Roberto Ruspanti, »Das romantische Petöfi-Bild in Italien«) und Bulgarien (Jonka Najdenova, »Iwan Wasows Übersetzung des Gedichtes ›Der Irre‹ von Sándor Petöfi«).

Mit dem Sinneswandel des einst für die Revolution eintretenden Charles Baudelaire (1821–1867, also nur zwei Jahre älter als Petöfi) beschäftigt sich der Beitrag von Pierre Laforgue (»Baudelaire dépolitiqué: être poète en 1850«). Mehr als zehn Jahre nach den Revolutionsereignissen schreibt der inzwischen völlig unpolitische Baudelaire nur noch verbittert vom »Rausch« (ivresse), der ihn 1848 erfasst habe.

Der ältere Gérard de Nerval (1808–1855) teilte das Interesse der (mitteleuropäischen) Romantiker am Osten Europas, insbesondere an Polen, dem Balkan und an Russland (Anna Fauré-Egerári, »Gérard de Nerval et une vision de l'est européen«). Reges Interesse zeigte Nerval etwa am Austausch zwischen polnischen Emigranten und französischer Literatur bzw. französischem Geistesleben, an dem er sich selbst mit Übersetzungen aus dem Polnischen beteiligte. Von seiner besonderen Sympathie am polnischen Aufstand 1830 zeugt Nervals Gedicht »En avant, marche«.

Über die überraschend enge Verbindung zwischen dem heute nahezu vergessenen Henri Frédéric Amiel zu Petöfi berichtet Lásló Ferenczi (»Amiel et Petöfi«). Amiel (1821–1881), schweizerischer Schriftsteller und Professor der Philosophie, veröffentlichte neben eigenen Gedichten (v.a. das als Nationallied der französischsprachigen Schweizer geltende »Roulez Tambours«) auch Übersetzungen von Gedichten Petöfis.

Unter dem Titel »Quellgebiet der Theorie der ungarischen literarischen Volkstümlichkeit« untersucht Ilona T. Erdélyi die ausländischen, v.a. deutschen Impulse der ungarischen Literatur des 19. Jahrhunderts. Sie stellt jene Schriftsteller der deutschen Romantik vor, die die Verbreitung der ungarischen literarischen Volkstümlichkeit förderten. Insbesondere Johann Gottfried Herder, die Brüder Grimm, aber auch Joseph von Eichendorff, Clemens Brentano u.a. haben gemeinsam mit in Wien lebenden Ungarn von dort, Wien, aus die Herausgabe der »Reliquien der Volksdichtung« unterstützt.

»Mythos, Nostalgie und kulturelle Erneuerung in den Literaturen Ostmitteleuropas« nannte

István Fried seinen Beitrag. Ausgehend von dem im Geist der romantischen Geschichtsbetrachtung schreibenden ungarischen Schriftsteller Mór Jókai (1825–1904), der 1869 einen Roman über Sándor Petőfi veröffentlichte, verweist der Autor auf die nationalen Sichtweisen der Ereignisse von 1848/49. »Mit leichter Übertreibung können wir auch sagen, so viele nationale Literaturen wie es gibt, so viele Darstellungen von 1848/49 gibt es« (S. 120). Dem widerspricht nur scheinbar die ebenfalls von Fried getroffene Feststellung, dass »verschiedene Darstellungen von 1848/49 [...] sehr wohl ein und dieselbe Sprache [sprechen]«. An den Beispielen von Lajos Kossuth (1802–1894) und Ban Josie Jellaèiè (1801–1859) konstatiert er, dass beide in ihren jeweiligen Heimatländern Ungarn und Kroatien noch zu Lebzeiten zu Helden von Volksliedern wurden, ihre Gestalten in der ungarischen bzw. kroatischen populären Dichtung erschienen und in beiden Nationalliteraturen zahlreiche Werke zu benennen sind, die Kossuth bzw. Jellaèiè als nationale Symbole präsentieren. Fragt man jedoch nach dem Erscheinungsbild Kossuths (und der Ungarn) oder Jellaèiès (und der Kroaten) in der schönen Literatur des jeweils anderen Landes, so trifft stattdessen das Gegenteil zu.

Mit der Rolle der Romantik und der romantischen Nachklänge innerhalb der ungarischen Literaturgeschichte beschäftigt sich der ungarische Literaturhistoriker Péter Dávidházi unter dem Titel »To vindicate the Nation: The Romantic Legacy in Hungarian Literary Histories«.

Der polnische Dichter Adam Bernhard Mickiewicz (1798–1855) steht im Mittelpunkt des Beitrags von Janusz Odrowaz-Pieniazek »Mickiewicz, le romantique et l'homme d'action«. 1824 als politisch verdächtig aus seinem Heimatland verbannt, war er ab 1840 Professor für slawische Literaturen am Collège de France in Paris. Er gilt noch heute als Begründer und zugleich Höhepunkt der polnischen Romantik.

Der deutsche Beitrag zur Literatur der 1848er Epoche ist mit Georg Weerth klug gewählt, zählte er doch – ähnlich wie Heinrich Heine – nicht zu den eigentlichen »Revolutionsdichtern« wie Ferdinand Freiligrath oder Georg Herwegh. Dennoch haben die Ereignisse in Paris und Berlin, aber auch das Revolutionsgeschehen im Rheinland, wo die Ereignisse in Köln, dem Wohnort Weerths, früher als in Berlin ihren Ausgang nahmen, eine bedeutende Rolle für das Werk Weerths gespielt. Unter dem Titel »›Die Revolution hat mich um alle Heiterkeit gebracht‹. Die 48er Revolution in den Texten Georg Weerths« kann der Düsseldorfer Literaturwissenschaftler Bernd Füllner zeigen, dass es gerade die Darstellung der Revolutionsereignisse ist, wo sich innerhalb des Werkes Weerths die »vorwiegend realistische Reportage mit zuweilen humoristischen Zügen zur erzählenden und kommentierenden Satire« wandelt (S. 144). Während Weerth in der Zeit vor seiner Redaktionstätigkeit in der von Karl Marx redigierten »Neuen Rheinischen Zeitung« ein euphorisch-utopisches Bild von der Revolution, die er bis dahin auch nur von Barrikadenresten in Paris kannte, zeichnete, ging er als Feuilletonredakteur (ab 1. Juni 1848) zu einer satirischen Darstellung über. Es ist dies die Zeit (September 1848) der ersten schweren Rückschläge der zunächst siegreich erscheinenden Revolution nicht nur in Preußen, sondern in allen deutschen Ländern.

In seinen abschließenden Betrachtungen zieht Ludger Kühnhardt eine Verbindung »Von 1848 bis 1989: Reflexionen über einen europäischen Zusammenhang«. Er weist darauf hin, dass die Romantik nicht nur als Kunstepoche erinnerlich bleiben soll, sondern auch als eine Zeit, die geprägt war vom »Ringen um harte politische Entscheidungen für eine neue europäische Identität, eine Zeit, in der nach dem demokratisch legitimierten Nationalstaat gesucht wurde« (S. 155). Jeweils eingebettet in die zeitlichen und räumlichen Umstände sieht Kühnhardt sowohl von 1848 als auch von 1989 einen »Modernisierungsschub« für Europa ausgehen.

Dabei war die literarische Verarbeitung immer nur ein Gesichtspunkt in einem größeren historischen Zusammenhang. Welchen Beitrag aber Literatur und Kultur im allgemeinen zur Entfaltung eines gesamteuropäischen Bewusstseins leisten können, das zeigt dieser schöne Band exemplarisch auf.

Ingeborg Schnelling-Reinicke

Wilhelm Gössmann: *Literatur als Lebensnerv – Vermittlung, Leselust, Schreibimpulse.* Düsseldorf: Grupello Verlag 1999. 302 S. DM 39,80.

Mit seinem Buch »Literatur als Lebensnerv – Vermittlung, Leselust, Schreibimpulse« hat der emeritierte Didaktik-Professor der Heinrich-Heine-Universität Düsseldorf Wilhelm Gössmann eine Bilanz seiner Arbeit als Forscher und Lehrer vorgelegt. Bei aller Wissenschaftlichkeit drängt sich einer der Begriffe des umfassenden Titels, nämlich die Förderung der Leselust anderer und die eigene Lust am Lesen, in den Vordergrund. An zweiter Stelle steht die Suche des Wissenschaftlers nach immer neuen Wegen der Vermittlung. Eine wichtige Aufgabe in einer Zeit, in der auch bei angehenden Akademikern die Aneignung des Stoffes über das Lesen nicht mehr im Vordergrund steht.

Noch andere Schwerpunkte sind zu finden, natürlich die Droste, literarische Grande Dame in Gössmanns westfälischer Heimat, natürlich Eichendorff, dessen Dichtung er vom Blut- und Boden-Geruch eines ›Heimat-Dichters‹ befreit. Vor allem aber Heinrich Heine. Nicht ohne innere Berufung war er in seiner Wahlheimat Düsseldorf, in der Geburtsstadt Heinrich Heines, zehn Jahre lang Vorsitzender der Heinrich-Heine-Gesellschaft.

Heines Werk findet sich daher häufiger als das anderer Schriftsteller als beispielgebend für unterschiedliche Aufgabenfelder der Didaktik zitiert. Wo es in der Betrachtung »Das Böse im Spiegel des Guten« um die Mephisto-Gestalt in der Literatur geht, darf Heines Tanzpoem »Der Doktor Faust« mit der Gestalt der Mephistophela nicht fehlen, so wenig wie Heines »Wintermärchen« bei den Überlegungen zur dichterischen Form aktueller politischer Abrechnung, in diesem Fall mit dem deutschen Nationalismus.

Von besonderem Reiz sind die Gedanken Gössmanns und seine Heine-Zitate in dem Essay über »Vorworte als didaktische Textsorte«. Gössmann beweist gerade an den unterschiedlichen Vorworten, die Heine zu zeitlich auseinanderliegenden Auflagen ein und derselben Werkgruppe geschrieben hat, wie stark die Vorworte dazu dienten, den Leser auf bestimmte Gesichtspunkte einzustimmen – oder muss man sogar sagen – zu manipulieren? Aber dazu gehören schließlich zwei, auch einer, der sich manipulieren lässt. Die Lehre über die Möglichkeit, Vorworte als Instrument der Manipulation zu benutzen, ist eine wichtige Aufgabe der Didaktik – immer noch: »Wie bei keinem anderen Dichter sind bei Heine die Vor- und Nachworte nicht zuletzt wegen ihrer Länge zu einer eigenen Textsorte ausgebildet, die ohne das zugehörige Werk Gültigkeit beansprucht. Es gibt sogar ein Aperçu von Börne, wonach die Vorworte Heines besser seien als das nachfolgende Werk, eben mit Versprechungen, die nicht eingelöst werden. Eine solche zeitgenössische Polemik spricht zumindest für die Qualität der Vorworte Heines. [...] Heine hatte in Bezug auf Vorworte keine didaktischen Bedenken. Es machte ihm Spaß, sie zu schreiben. Er faßte die Gelegenheit beim Schopf, um auf den Vermittlungsprozeß direkt einzuwirken, was mit der neuen journalistischen Einstellung der dreißiger und vierziger Jahre des vorigen Jahrhunderts zusammenhing. [...] Alle Vorworte Heines dienen der Lesersteuerung und sind in diesem Sinne per se didaktisch.« (S. 10f.)

Gössmann hat sich auch früh des Themas Regionalliteratur angenommen, ein Begriff, der seit der Nachkriegszeit die in Verruf geratene »Heimatdichtung« ersetzt. Entsprechend findet sich ein Beitrag über »Das Schreiben aus regionaler Erfahrung« auch hier. Aber Gössmann beschränkt sich nicht auf das Rheinland und Westfalen und bei der Lokalisierung des rheinischen Literaten nicht auf den Musterrheinländer Hanns Dieter Hüsch. Das Regionale, ja das Lokale ist auch aus den Werken eines Heinrich Böll (für Köln) und Dieter Forte (für Düsseldorf) nicht wegzudenken. Wie aktuell das Thema immer noch ist, zeigte ein Symposion, das drei Tage lang im Juni 2000 im Heinrich-Heine-Institut stattfand: »›Rheinisch‹. Zum Selbstverständnis einer Region«.

Gerda Kaltwasser

Dietmar Goltschnigg: *Die Fackel ins wunde Herz. Kraus über Heine. Eine »Erledigung«? Texte, Analysen, Kommentar.* Wien: Passagen-Verlag 2000 (= Passagen Literaturtheorie). 485 S., DM 128,–.

Auch was geistvoll und witzig formuliert ist, muss keine angenehme Lektüre sein. Und das gerade darum nicht, weil auch der Heine-Spezialist durchaus ungern stets und ständig die Heine-Brille aufsetzt und trotz berufsbedingter Befangenheit aus eben diesem Grunde Karl Kraus gerne hier und dort wegen seiner eleganten Schärfe bewundert und bei der sprichwörtlichen Seziermethode sympathetisch über die Schulter geblickt hätte. Denn Kraus besitzt eine Gemeinde von Geschmack und wird sie zu Recht haben, und wenn man die Fronten auch nicht wechseln möchte, so wäre doch schön gewesen, angesichts des historischen Abstands Gerechtes und Ungerechtes bei all den vielen Aussagen von Karl Kraus über Heine nebeneinander gesehen, dadurch Distanz zum Heine-Ton bekommen und ab und an in Bezug auf die Spitzfindigkeit der »Fackel« im Falle Heines seinen erlaubten Spaß gehabt zu haben. Nach Lage der Dinge war es bedauerlicherweise jedoch nicht anders zu erwarten: Die Befangenheit beim Betrachter hat sich nicht aufgelöst. Das ist mehr als begreiflich und doch womöglich nicht sachlich genug. Das Fragezeichen im Titel der anzuzeigenden Publikation steht weiterhin dort und kann nicht anders.

Die ewig wiederholten Tiraden über die verquere Zeile bei der Loreley und den unpassenden Fichtenbaum ziehen sich denn doch zu sehr in die Länge. Die hämischen Witze über die Wiener Visitenkarten auf Heines Grab in Paris sind nicht jung und frisch geblieben. Friedrich Hirth, dem Herausgeber der Heineschen Briefe, gönnt man gut und gerne diesen und jenen Hieb wegen seiner salbadernd spitzfindigen Schnüffeleien, was die Briefe an die Pariser Rothschilds angeht. Aber insgesamt denkt ein Mitglied der Heine-Gemeinde zugunsten der Kraus-Gemeinde am Ende nur, dass Heine, so sehr er sich an Platen und Börne versündigt hat, gewiss eine Retourkutsche verdient haben mag, auch dass ein begabter Schriftsteller in Wien den Vorgänger in Paris nicht unbedingt leiden muss. Zuungunsten von Kraus kann der Leser allerdings den Verdacht nicht unterdrücken, dass einer aus den eigenen jüdisch-christlichen Bedingungen der Jahrhundertwende und der Jahrzehnte danach den Strick dreht für eine frühere Aufbruchszeit, die er so wenig zu verstehen vermag wie das bevorstehende Unglück am Ende seines Lebens. Gut dreißig Jahre fortwährender Bemerkungen, ausgeschüttet über einen Dichter des 19. Jahrhunderts, der als Feuilletonist die Sprache und die Dichtung verdorben haben soll, sind am Schluss nur noch die eindrucksvollste Illustration einer Hassliebe, bei der die zweite Hälfte des Wortes schon ziemlich geschmeichelt ist, um einer Ehrenrettung des Wiener Kritikers nicht gänzlich im Wege zu stehen. Das Wort Missverständnis, wenn nicht Missgunst, und der erläuternde Zusatz tragisch fallen einem ein, erklären Aufwand und Ergebnis des Feldzugs von Karl Kraus gegen Heinrich Heine aber nur zum Teil. Über das Verhältnis von Kraus zu Heine wurde gerade wegen dieses Restes an verständlicher oder erklärbarer Differenz schon lange nachgedacht und gearbeitet. Der Rez. hat beispielsweise im HJb 1991 (S. 254 f.) die 1. Auflage der Arbeit von Paul Peters über die »Geschichte einer Schmähung« von Heine als ›Dichterjuden‹ besprochen, deren Schluss sich mit Kraus auseinandersetzt und sich auf die psychologischen Hinweise von Sander Gilman bezieht (vgl. zu Peters die 1. Anm. von

Goltschnigg, S. 91). Die Ergebnisse dieser wie anderer Studien mochten noch so einsichtig und vernünftig sein. Sie bilden nach wie vor den Beleg für einen erschütternden Literaturskandal, für den Heine gottlob nichts kann und der sich vor allem auf die Schrift von Karl Kraus »Heine und die Folgen« aus dem Jahre 1910 konzentrierte, weitläufige Interpretationen herausforderte und dennoch den Schleier des persönlichen Geheimnisses auf Seiten des »Fackel«-Herausgebers behielt.

Dietmar Goltschnigg hat nunmehr sämtliche Etappen zum Thema »Kraus über Heine« – eine Formulierung, die an den vom Verleger Campe verursachten Titel der heineschen Denkschrift über Ludwig Börne erinnert – zusammengetragen. Zuerst werden die Texte in ihren kulturgeschichtlichen Voraussetzungen und intertextuellen Zusammenhängen analysiert (S. 15–110) und dabei auf »einen unversöhnlichen Strafprozeß« aufmerksam gemacht (S. 83), der den Urteilen von Karl Kraus über Heine und sein Publikum zugrunde liegt. Die gescheite und abwägende Position Goltschniggs tut dem Debakel gut, auch wenn es als solches gerade angesichts der üblen Fülle überhaupt nicht mehr weg zu eskamotieren ist. Dann folgen nämlich die 119 Texte von Karl Kraus aus den Jahren 1899 bis 1933, die das Heine-Thema umspielen (S. 111–346) und unter denen der wirkungsvollste Haupttext »Heine und die Folgen« als Nr. 48 (S. 165–188) enthalten ist. Schließlich sind die einlässlichen Kommentare (S. 347–447) zu lesen und ein nützlicher Anhang aus Zeittafeln, Bibliographie und verschiedenen Registern angeschlossen, die von vier Bildseiten begleitet werden. Alles in allem darf man für Darbietung und Gliederung dankbar sein. Solche großen Unternehmungen besitzen selbstverständlich ihre Tücken, die man angesichts der vielen gelieferten Fakten und vorsichtigen Urteile gern übersehen wird, so S. 469 die Unterbrechung der Zählung beim Anhang oder die Benutzung der französischen Ausgabe des vom Rez. im Heine-Jahr 1997 betreuten großen Heine-Katalogs »Ich Narr des Glücks« unter dem Titel »La Loreley et la Liberté« S. 464. – Die Dokumente und ihre Einschätzung durch den Bearbeiter werden die Forschung zweifellos bereichern.

Joseph A. Kruse

Immermann-Jahrbuch. Beiträge zur Literatur- und Kulturgeschichte zwischen 1815 und 1840. Im Namen der Immermann-Gesellschaft hrsg. v. Peter Hasubek u. Gerd Vonhoff. Bd. 1. Frankfurt a. M. [u.a.]: Peter Lang. Europäischer Verlag der Wissenschaften 2000. 150 S., DM 48,–.

Karl Leberecht Immermann, der über lange Jahre in der Forschung wenig beachtete Romancier, Dramatiker und Theaterreformer, scheint im Zuge einer sich immer breiter auffächernden Vormärz- und Biedermeierforschung zwar kein come back zu erleben, aber zumindest deutlicher ins Blickfeld wissenschaftlicher Diskussion zu rücken. Und das ist gut so.

Mirjam Springers kluge und philologisch präzise Arbeit aus dem Jahr 1995 über die Erzählungen Immermanns, Markus Fausers Habilitation »Intertextualität als Poetik des Epigonalen« mit seiner bereits im Titel so einleuchtend umrissenen These sowie die beiden Bände »Karl Leberecht Immermann. Ein Dichter zwischen Romantik und Realismus« und »O Widerspruch, du Herr der Welt« von Peter Hasubek, die beide die jahrzehntelange Auseinandersetzung des Braunschweiger Germanisten mit Immermann eindrucksvoll und äußerst ertragreich dokumentieren, waren wichtige Wegsteine der Immermann-Forschung der 90er Jahre. Der zu Beginn dieses Jahres erschienene erste Band des Immermann-Jahrbuches, das von Peter Hasubek und Gerd Vonhoff im Namen der Magdeburger Immermann-Gesellschaft herausgegeben wird, bietet hierzu das lang entbehrte Diskussions- und Publikationsforum der Immermann-Forschung.

Wie die Herausgeber im Vorwort ankündigen, soll das Jahrbuch nicht nur einschlägigen Beiträgen der Immermann-Forschung einen Ort geben sowie der Publikation schwer zugänglicher oder unbekannter Immermann-Texte dienen, sondern auch historische, literarische und kulturgeschichtliche Beiträge über die Jahre zwischen dem Wiener Kongress 1815 und dem Todesjahr Immermanns 1840 berücksichtigen.

Der 150seitige Band gliedert sich in zwei Abteilungen: Sechs größeren Aufsätzen im ersten Teil folgen im zweiten Teil drei Rezensionen, die man sich jeweils etwas kürzer, dafür aber um einige besprochene Titel vermehrt wünschen würde. Kritisch anzumerken bleibt auch, dass die von Peter Hasubek in seinen beiden letzterschienenen Monographien begonnene und fortgeführte Immermann-Bibliographie hier ihren Ort haben sollte, jedoch leider fehlt.

Den Auftakt des Bandes macht ein Beitrag von vier Forschern des Germanistischen Instituts der Otto-von-Guericke-Universität Magdeburg: Sie veröffentlichen – in gekürzter Form – ein naturgeschichtliches Lehrbuch, das der Vater des Dichters, Gottlieb Leberecht Immermann, zur Unterrichtung seines Sohnes zwischen 1805 und 1809 handschriftlich verfertigt hat, und eröffnen damit nicht nur einen gerade für den Germanisten lehrreichen Einblick in die frühe naturwissenschaftliche Bildung Immermanns, sondern zeigen zugleich in der Kommentierung die Tugenden positivistischer Präzision, die dem Leser den Zugang zu einem Text ermöglicht, ohne ihn durch Detailversessenheit zu erschweren.

Der Beitrag von Hanna Marks über den Einfluss des Molièreschen »Tartüffe« auf Immermanns Lustspiel »Die Schule der Frommen« zeigt nicht nur die Belesenheit und gedankliche Tiefe Immermanns deutlich auf, sondern bietet zugleich interessante Ansätze zur Frage der Funktion religiöser und theologischer Motive in seinen Werken.

Obwohl die Fragestellung auf eine der bisher wenig beachteten und dennoch im Zentrum des Romans stehenden Figuren zielt, gelingt es Tobias Witt in seinem Beitrag über die Figur des Arztes in den »Epigonen« nur bedingt, die Vielgestaltigkeit dieser Figur in ihrer komplexen Anlage zu erhellen.

Peter Hasubek versucht den späten autobiographischen Text »Düsseldorfer Anfänge. Maskenspiele« im Gesamtwerk zu verorten, woraus sich eine hochspannende Diskussion über die Gattungszuordnung entwickelt, die deutlich zeigt, dass auch die kleineren Texte Immermanns Einblicke in die für den Autor so wichtige Fragestellung nach der Verschränkung von Individuellem und Zeitgeschichtlichem erlauben. Zweifelhaft dagegen ist die Schlusswendung Hasubeks, die Immermann das Prädikat eines »professionellen Schriftstellers« zugesteht. Die explizite Formulierung einer Selbstverständlichkeit hat, obwohl von gegenteiliger Intention, einen diffamierenden Charakter.

Untersuchungen zum Verhältnis Immermanns zu Goethe haben in der Diskussion um den gerade in dieser Hinsicht epigonal verstandenen Autor Immermann seit dem 19. Jahrhundert eine lange Tradition. Manfred Windfuhr untersucht in seinem Aufsatz dieses schwierige Thema, beleuchtet Immermanns lebenslangen Versuch einer Gradwanderung zwischen Abgrenzung und Anlehnung und entgeht dennoch nicht ganz der Gefahr, den von Immermann selbst geprägten Begriff des Epigonen auf den Autor zurückzuspiegeln.

Mit den Wirkungen Immermanns auf Wilhelm Raabe beschäftigt sich Gabriele Henkel. Sie belegt die Einflüsse und Anlehnungen Raabes an den älteren Kollegen und zeigt auf, dass Immermann nicht nur als Autor »am Ende der Kunstperiode« verstanden werden kann, sondern dass sein Werk in zahlreichen Elementen den Realismus vorbereitet hat und von Wilhelm Raabe auch als solches gelesen worden ist.

Die hier versammelten Aufsätze belegen, dass das Werk Immermanns an der Schnittstelle unterschiedlicher literarischer wie zeitgeschichtlicher Epochen neue Tendenzen und Strömungen katalysiert und dass gerade die Auseinandersetzung mit ihm nicht nur der Immermann-Forschung selbst neue Erträge zu geben imstande ist, sondern auch, worauf der Untertitel des Jahrbuches verweist, »Beiträge zur Literatur und Kulturgeschichte zwischen 1815 und 1840« zu liefern vermag.

Sikander Singh

Anne Maximiliane Jäger: *»Besaß auch in Spanien manch' luftiges Schloß«. Spanien in Heinrich Heines Werk.* Stuttgart und Weimar: Verlag J.B. Metzler 1999, 340 S., DM 88,–.

Diese Buchversion der gleichnamigen Dissertationsarbeit leistet einen grundlegenden Beitrag zu einem zentralen Aspekt in Heines Werk, der bisher von der Forschung nur in Teilstudien (Fingerhut, Hoffmeister, Kabel, Reck, Staub) oder mit anderem Ansatz (Fendri) beleuchtet wurde. Die Bedeutung dieser Thematik für ein tieferes Verständnis des Düsseldorfer Dichters drängt sich einem im Verlauf der Lektüre geradezu auf. Wie die Autorin in ihrer Einleitung vorausschickt, war Spanien für Heine ein Schauplatz der romantischen Orient- und Mittelalterbegeisterung. Es war aber auch der Austragungsort einer von ihm diagnostizierten christlich-spiritualistischen Krankheit des Abendlandes. Heine extrapolierte das Spannungsfeld zwischen der nationalkatholischen bzw. antinapoleonischen Komponente der Romantik und den eigenen aufklärerischen Idealen in einen spanischen Kontext, dessen historiographischen Hintergrund er gründlich studiert hatte und der für ihn somit fest im Boden der kulturgeschichtlichen Realität verwurzelt war.

Anne Maximiliane Jäger untersucht Heines Spanienbild anhand seiner fünf Hauptwerke, die sich mit einer hispanischen Thematik befassen: die Tragödie »Almansor« (1823), das Romanfragment »Der Rabbi von Bacherach« (1840), Heines Vorwort zur Quijote-Übersetzung von Viardot (1837), sein satirisches Versepos »Atta Troll« (1847) sowie mehrere Balladen mit spanischem Hintergrund aus dem »Romanzero« (1851). Jäger handhabt dabei sowohl ältere als auch neueste Forschungsliteratur akribisch und souverän. Über ihre fundierten Deutungen von konkreten Textstellen und deren Verknüpfung mit zeitgenössischen Ereignissen treibt sie die Heine-Forschung um ein Wesentliches voran, denn erstmalig wird diese Spanienthematik, die im Gesamtwerk des Dichters einen augenfälligen Platz einnimmt, in direkter Relation zu seinen kreativen Zielen gesehen. Erfreulich ist, dass die Verfasserin bei ihren Gegenüberstellungen nie den Überblick verliert und es versteht, Einzelprobleme in einem breiteren Zusammenhang zu schildern. In einem Epilog, betitelt nach Heines letztem Gedichtzyklus »Bimini« (1852), gelingt es ihr, Teilresultate ihres mustergültigen Quellenstudiums und ihrer kritischen Untersuchung von exakten Passagen der oben genannten Texte zu einer Gesamtsynthese zusammen zu bringen.

Es ist offensichtlich, dass die spanische Geschichte Heine eine ausgezeichnete Kulisse bot, um seine Deutschlandskepsis an einem anderen, geistig verwandten Ort auszutragen. Auch in dieser Hinsicht bediente er sich als »romantique défroqué« wieder der literarischen Mode der Zeit (das Orientalisch-Romantische), um diese von innen heraus bloß zu stellen, ihr aber gleichzeitig erneuernde Impulse mit emanzipatorischem Inhalt zu vermitteln.

In der »Almansor«-Tragödie thematisierte Heine den Konflikt, den die Alternative von Vertreibung oder Zwangstaufe bei den Mauren nach der christlichen Eroberung Granadas aufwarf. Immer wieder lässt er den Chor in diesem nach klassischem Zuschnitt verfassten Bühnenwerk an die kulturelle Blüte »des spanischen Maurentums als Interimszeit zwischen dem despotischen Orient und der christlichen Willkürherrschaft« (S. 55) erinnern. Dabei deckt Heine auf subtile Weise ein in der deutschen Romantik enthaltenes politisches Programm der christlichen Sublimierungsideologie auf, das sich für ihn unter anderem in der Schlegelschen Begeisterung für Calderón manifestierte. Dieser ideologieträchtigen Tendenz stellt Heine mit dem »Almansor« laut Jäger sein eigenes »frühes sensualistisches Programm« (S. 85) gegenüber, indem er mit seiner bestechend genauen Aufarbeitung der spanischen Vergangenheit wiederholt Bezug auf die religiöse Intoleranz der Gegenwart nimmt, gleichzeitig aber die Sinnesfreuden des blühenden Gartens Spanien betont.

Für das 3. Kapitel des »Rabbi von Bacherach« hatte Heine im Zuge seines Gedankenaustausches mit dem Berliner »Verein für Cultur und Wissenschaft der Juden« ebenfalls eine Vielzahl von Chroniken zur Situation der spanischen Juden im Mittelalter zu Rate gezogen. Er zeigte sich nachhaltig beeindruckt von der Höhe der philosophisch-wissenschaftlichen Bildung der Toledanischen Dichterschule im Gefolge der Cordobesischen Schriftgelehrten Averröes und Maimonides. Für sein Romanfragment richtete Heine sein Augenmerk auf die sephardische Familie der Abarbanel. In der Figur des sensualistischen Renegaten Don Isaak setzte er sich subjektiv mit dem Problem der Taufe auseinander, das auch seiner dreiteiligen Romanze »Almansor« im »Buch der Lieder« zugrunde lag.

Was Heine am »Quijote« so faszinierte, war einerseits das Prinzip der Reisebeschreibung, das er selbst immer wieder in seine Werke mit einbrachte; zum anderen die Doppelfigur Don Quijote-Sancho Panza, die als Kontrastästhetik gedacht scheint und nach Heines Worten »die größte Satyre gegen die menschliche Begeisterung« erlaubte. Untermauert durch einen einschlägigen Ausspruch von Heine, kann Jäger die Ansicht vertreten, er »reklamiere [sic] für sich dieselbe Funktion innerhalb der deutschen Lyrik, der eigentlichen Gattung der Deutschen, die Cervantes für den Roman, die eigentliche Gattung der Spanier, zukommt« (S. 186). Die Doppelfigur sei außerdem für Heine »die Grundkonstellation von närrischer Illusion und ernüchternder Realität« (S. 318). Unter diesem Gesichtspunkt gesehen wirft Heines »Quijote«-Vorwort ein entscheidendes Licht auf den Rest seines Schaffens. Nicht zuletzt erkannte er auch, dass es Cervantes hier gelungen war, auf ironische Art mit der anhaltenden Literaturmode mittelalterlicher Ritterromane abzurechnen. Eine solche literarische Erneuerung war wohl auch Heines innerstes Anliegen.

Der »Atta Troll« entstand zwar vor dem Hintergrund der Börne-Polemik, schildert aber auch, in Analogie zu Deutschland, die aktuellen Zustände in Spanien während des ersten Karlistenkrieges als ein »untergründiges Fortleben des Mittelalters in märchenhaft-allegorischer Form« (S. 215–216). Der Bärenführer verkörpert somit den klerikalen Absolutismus in Opposition zu einer liberalen konstitutionellen Monarchie, ein damals auch in der Tagespresse viel diskutiertes Dilemma. Neu an Jägers These ist die Tatsache, dass sie eine überzeugende Verbindung herstellt zwischen satirischer Einzelmotivik und wirklichem Zeitgeschehen, wodurch sich wiederum viele Gestalten und Invektiven im »Atta Troll« erst eigentlich recht erklären. So lässt Heine ein Bild vom »Land der Ostbarbaren« (Deutschland) vor der Folie des »Landes der Westbarbaren, die um tausend Jahr zurück sind« (Spanien) entstehen. Jäger hebt dabei die »funktionale Ambivalenz der spanischen Kulisse« (S. 229) hervor, eine Doppeldeutigkeit, die bekanntlicherweise den Kern aller Heineschen Werke ausmacht.

In den Balladen des »Romanzero« schließlich befasst sich Heine mit der jüdischen Tradition innerhalb der orientalischen Motiv- und Bilderwelt (»Hebräische Melodien«, insbesondere »Jehuda ben Halevy«). Heine rühmte Halevys Leistung auf dem Gebiet der Dichtkunst (Zionide) sowie dessen dialektische Auseinandersetzung (Kusari) mit dem Islam und dem Christentum, die er als relevant für die moderne jüdische Reformbewegung betrachtete. Die Beziehung zu Lessings »Ringparabel« aus »Nathan der Weise« und zu Heines eigener »Disputazion« aus den »Hebräischen Melodien« vervollständigen hierbei die literarischen Bezüge. Im »Mohrenkönig« wird Boabdil, der letzte Maurenkönig von Granada, dadurch vor der Geschichte rehabilitiert, dass Heine sich auf die Seite der Verlierer schlägt. Damit reintegriert er »das Gedächtnis der spanischen Mauren in die europäische Geschichte« (S. 254). Im Romanzenepos »Vitzliputzli«, das eine spiegelbildliche Religionskritik enthält, demaskiert Heine die Hoffnung auf eine Neue Welt als christliche Usurpation eines neuen »gelobten Landes«. Jäger weist ausdrücklich darauf hin, dass die Entdeckung Amerikas, der Anbruch einer neuen Ära, zeitlich zusammenfiel mit der wenig glorreichen Vertreibung der Juden und der Zwangschristianisierung der Mauren.

Im Mittelpunkt von Heines aufklärerischem Interesse für die spanische Thematik stand offensichtlich sein Wunsch, ein entheroisierendes Gegenbild zu den romantischen Vorstellungen vom spanischen Mittelalter zu entwerfen, denn für ihn lebten die Unterlegenen der siegreichen Reconquista im kulturellen Gedächtnis als verdrängtes Trauma weiter. Das revolutionäre Potential des echten »goldenen Zeitalters«, welches er weniger im Barock als zwischen dem 13. und 15.Jahrhundert ansiedelte, faszinierte Heine auch im Zusammenhang mit den jüdischen Emanzipationsbestrebungen seiner Zeit. So hatte Spanien für ihn insofern einen dialektisch gebrochenen Schwellencharakter im Übergang vom Mittelalter zur Neuzeit, als dieses Erneuerungspotential nicht realisiert wurde. Ebenso förderten die zeitgeschichtlichen Ereignisse der napoleonischen Befreiungskriege in Spanien wie in Deutschland zum einen die Mythifizierung des Mittelalters und einen irrationalen Nationalismus, der in Deutschland zur Teutomanie ausartete; zum anderen konnte eine religiöse Regression hier wie dort Fuß fassen. An beidem musste sich Heines Suche nach Licht und Gleichberechtigung immer wieder reiben, denn wenn an Spanien die aufklärerischen Ideen so gut wie spurlos vorübergegangen waren – die Inquisition zum Beispiel war von Napoleon dort vorübergehend abgeschafft worden, Ferdinand VII. führte sie jedoch wieder ein; das Heilige Offiz wurde erst 1965 als solches aufgehoben –, so focht Heine doch ständig aufs Neue die Überlagerung aufklärerischen Gedankenguts während der deutschen Romantik an. Jägers sachlich-kritisches Buch ist dank seiner minutiös wissenschaftlichen Anlage, seiner überzeugenden Argumentation und der nützlichen bibliographischen Zusammenstellung im Anhang ein fundamentaler Beitrag zur Heine-Forschung, der gerade im europäischen Kontext als besonders anregend gelten wird. Als leicht störend empfindet man lediglich die Tatsache, dass die Autorin in der Buchausgabe auf die etwas schulmäßige Kapiteleinteilung und Überschriftung (»Schluß«, »Schluß und Konsequenz«) nicht verzichtet hat, die in einer Dissertation wohl angebracht, in einer für ein breiteres Publikum gedachten Veröffentlichung jedoch eher obsolet sind. Eine Reihe von Druckfehlern müssten für eine eventuelle Neuauflage ausgebügelt werden. Die Verfasserin gebraucht auffallend häufig das Adjektiv »brisant« und das Nomen »Brisanz«, was den Leser allerdings im Zusammenhang mit dem Düsseldorfer Ruhestörer kaum verwundern sollte. Alles in allem rundet dieses Buch nicht nur das Heine-Bild ab, sondern es wird von nun an auch ein unabdingbarer Anhaltspunkt für grenzübergreifende und komparatistische Studien zu diesem Autor sein.

Berit Balzer

Roger Jones/Martina Lauster (Hrsg.): *Karl Gutzkow. Liberalismus – Europäertum – Modernität.* Bielefeld: Aisthesis 2000 (= Vormärz-Studien VI). 290 S., DM 88,–.

Der vorliegende Sammelband dokumentiert die Ergebnisse und Folgen des ersten Gutzkow-Symposions, das im Oktober 1997 in Keele (GB) stattfand. Die zwölf Beiträge dürften die erste, ausschließlich diesem Autor gewidmete wissenschaftliche Veranstaltung überhaupt repräsentieren.

Dass sich in Sachen Gutzkow die Dinge in den letzten Jahren gleichsam überschlagen, zeigt dieser Band durch das Bemühen, sich auf den Stand der Entwicklung des Jahres 1999 zu bringen. Mit dem Symposion zeitgleiche Unternehmen (Wolfgang Raschs Bibliographie »Karl Gutzkow (1829–1880)«, Adrian Hummels und Thomas Neumanns sieben Bände Schriften, darunter »Die

Ritter vom Geiste«, neu gesetzt nach der 1. Auflage, schließlich die Edition einiger wichtiger Erzählungen und Novellen durch Stephan Landshuter) wurden nachträglich eingearbeitet, einige Monographien (zu Literatur und Technik im 19.Jahrhundert, zum Zeichengebrauch des Realismus, zum Erzählen um 1850), in denen Gutzkow eine Rolle spielt, sogar noch übersehen – erstaunliche Fülle der Bemühungen, und der Band bildet so die Dynamik in der Gutzkow-Forschung ab.

Zugleich ist er ein Dokument des Übergangs zwischen einer älteren und einer neueren Gutzkow-Lektüre. Die ältere Forschung war umgetrieben von literarästhetischen Wertungsfragen einerseits, orientiert an den Maßstäben goethezeitlicher und realistischer Erzählkunst, (sensu Fontane, der Gutzkow journalistische Meriten einräumte, um ihm überzeugender die dichterischen absprechen zu können, posthum versteht sich), von einem ideologiekritischen Ansatz andererseits, der in Gutzkow die Halbheiten liberalen Reformwillens und bürgerlicher Klasseninteressen verkörpert finden wollte.

Die entstehende neuere Forschungsorientierung, die den Band so lesenswert macht, auch und gerade im Hinblick auf (den dabei noch allzu absenten Vergleichsgegenstand) Heine, konstruiert Gutzkow als Protagonisten einer eigensinnigen Vormärz-Literatur, als Berufsschriftsteller auf der Höhe der wirtschaftlichen und denkgeschichtlichen, der literarästhetischen, stilistischen wie semantischen, und der medialen Entwicklung des Literatursystems. Eines Literaturmarktes und -systems, dessen deutlich transnationale Züge mit Blick vor allem auf die englischsprachige, aber natürlich auch auf die französische Literatur und die bestehenden Austauschbeziehungen überzeugend gezeigt werden. Hier ist die alte Einflussforschung, die nur schlechte deutsche Dubletten europäischer Meisterwerke erkennen wollte, endlich durch eine am Detail interessierte, komparatistische Forschung abgelöst, die in die staubigen Archive der Zeitschriften, Sammelwerke und Leihbibliotheken geht, so dass endlich literarische Märkte und ihre Verbindungen transparent werden, ohne dass Texte ihre Individualität verlieren (Lauster, Jauslin).

Daneben sei noch auf drei weitere Grundlinien hingewiesen, die die meisten Beiträge des Bandes durchziehen und als eng verknüpft nachgewiesen werden: die Frage nach der Moderne bzw. der Modernität Gutzkows, die durch neue Verständnisweisen des Panoramas und des Nebeneinanders beantwortet wird. Das Innovationspotential in Gutzkows Werk wird vor allem in seinen publizistisch-journalistischen Schriften – die editorisch gegenwärtig am schlechtesten greifbar sind – geortet; die Erzählliteratur, aber auch das Drama scheinen dort am stärksten, wo sie, sowohl stilistisch-formal (Hasubek) wie thematisch, von dort gespeist werden. Gutzkow gelangt schon Mitte der 1830er Jahre zur Auffassung der Moderne als einer »Summe sich ständig beschleunigender, einander überholender Moden« (Lauster, S. 53). Und er erkennt – man kann, wie Gutzkow, dabei an Görres, aber auch an Stifter oder Gotthelf denken –: »Wer in das Feste und sogenannte Bestehende flüchtet, muß sich zuvor dem Fluidum und dem kritischen Habitus des Modernen ausgesetzt haben.« (Lauster, S. 62) Wahrnehmung und Darstellung von ›Wirklichkeit‹ zu problematisieren, Erzeugung, Organisation, Vermittlung und Durchsetzung von Wissen über eine sowohl zunehmend historisch informierte als auch in dynamischen Veränderungen begriffene ›Wirklichkeit‹ zu reflektieren, macht ein Gutteil dieser ›Modernität‹ aus. Und diese entsteht so nicht zuletzt, um Medienbedingungen von Literatur und Theater (Spreckelsen, Jones) selbst und in Kooperation und Konkurrenz mit der Presse unter den Bedingungen des Telegraphen (Wülfing) zu verstehen; zum eigenen Fortkommen und Besten.

Hier liegen auch die Ursprünge von Gutzkows Interesse an der Denkfigur des ›Nebeneinanders‹. Dieses korrespondiert als Textverfahren dem abbildungstechnischen, Wahrnehmung (neu)ordnenden und steuernden Verfahren ›Panorama‹. Gegen den früher betonten additiven

Charakter von Gutzkows Großromanen als literarischen Panoramen, als totalisierenden Gegenwartsabbildungen, setzt Vonhoff die Ambivalenz von »›Befreiung [...]‹ und ›Kerker des Blicks‹« (S. 115) und den Formwillen Gutzkows ins Recht, der das »Nebeneinander« als Ordnungsfunktion für die »pluralistische Wirrnis der Alltagserfahrung« (S. 114) konzipiert. Hasubek weist Lesages »Le Diable boiteux« (1707/1726) als bildspendende Quelle für Gutzkows Charakterisierungen des Nebeneinanders nach (S. 202), Wülfing des Autors Erstling »Briefe eines Narren an eine Närrin« (1832) als frühen Beleg für Gutzkows konzeptionelles Bemühen, der Raum- und Zeitvernichtung technischer Apparate der Moderne durch eine »Synchronistik« (S. 91) gerecht zu werden. Jauslin präzisiert die Ambivalenz des Panoramas, indem er, wie übrigens auch Foucault in »Überwachen und Strafen«, auf Jeremy Benthams Projekt eines panoramatisch angelegten Gefängnisbaus von 1791 zurückblickt, das Bentham »Panopticon« nennt (S. 145). Der Wille zum Wissen als Medium von Herrschaft und Kontrolle vereinigt sich offenbar mit einem libertären (und, würde ich ergänzen, experimentellen) Moderne-Begriff auch in Gutzkows Œuvre zum Paradox, das den Modernisierungsprozess der europäischen Gesellschaften charakterisiert (vgl. Jörg Schönert, »Zur Kategorie der Modernisierung in kultur- und literaturgeschichtlichen Rekonstruktionen«. Differenzierung und Integration. Sprache und Literatur deutschsprachiger Länder im Prozeß der Modernisierung, Berlin 1993 und Hans van der Loo/ Willem van Reijen, Modernisierung. Projekt und Paradox. München 1997). Damit sich die Debatte nicht ausschließlich um schon oder (noch) nicht ›Moderne‹ zu drehen beginnt, sollte die Gutzkow-Forschung sich ein Modernisierungskonzept zueigen machen. Dann kommt sie auch weder der Forschung ins Gehege, die die ›Moderne‹ für die Romantik um 1800 reklamiert, noch derjenigen, die modernism als Epochenetikett der Jahre nach 1890/1900 beansprucht. Die Vormärz-Phase sollte sich so als wichtige und eigenständige Etappe in einem Modernisierungsprozess langer Dauer ausweisen lassen. Und es wäre zu zeigen, warum und wieweit in den 1830er Jahren Entwicklungen anlaufen, die nach 1850 überlagert, ja konterkariert werden, um zur Jahrhundertwende in veränderten Konstellationen fortgeführt zu werden.

Mit wenigen Ausnahmen (Rasch, Jones) führt uns der Band den Gutzkow vor allem der 1830er und der frühen 1850er Jahre in neuer Sicht vor, den er mit den anderen führenden europäischen Literaturen, und nicht zu seinem Schaden, vergleicht. Die Desiderate einer weiteren Gutzkow-Forschung gibt der Band damit vor. Das erste scheint von einer aus dem Symposion erwachsenen Arbeitsgruppe bereits abgegolten zu werden: Vonhoff kündigt das Entstehen einer modernen kritischen, netzbasierten Gutzkow-Edition an. Daneben sollten die Ansätze des Symposions zu einer kultursemiotischen und mediologischen Gutzkow-Lektüre auf den gesamten Produktionszeitraum (die 1840er, 60er und 70er Jahre) und das Gesamt der Texttypen des Autors ausgedehnt, zudem die deutschen Literaturverhältnisse als primärer Kontext erarbeitet werden. Auf dieser Basis wären dann auch Fragen nach Kontinuität und Wandel (um 1850?) im Werk zu diskutieren und so ein noch immer weitgehend unbekannter Kontinent zu erschließen.

Gustav Frank

Martina Lauster (Hrsg.): *Vormärzliteratur in europäischer Perspektive III. Zwischen Daguerreotyp und Idee.* Bielefeld: Aisthesis 2000. 381 S., DM 78,–.

Die europäische Literatur der Vormärzperiode jenseits der begrenzten Wahrnehmung von Einzelphilologien in den Blick zu nehmen und in der Analyse von gemeinsamen wie divergierenden Phänomenen neue Perspektiven auf eine Epoche gesellschaftlicher wie ästhetischer Umbrüche zu werfen, war das Ziel eines internationalen, von DAAD und British Council geförderten Forschungsprojekts, dessen Tagungsbeiträge in drei Bänden dokumentiert sind. Während der erste Band (»Öffentlichkeit und nationale Identität«, hrsg. v. Helmut Koopmann und Martina Lauster, Bielefeld 1996) das Augenmerk auf den literarischen und publizistischen Markt und damit verbundene Fragen der Produktion, Distribution und Rezeption von Texten richtet und der zweite (»Politische Revolution – Industrielle Revolution – Ästhetische Revolution«, hrsg. v. Martina Lauster und Günter Oesterle, Bielefeld 1998) vor allem am In- und Nebeneinander vielfältiger Umwälzungsprozesse interessiert ist, wendet sich der letzte, nun vorliegende Band vorrangig ästhetischen Fragestellungen zu. Die Entstehung einer europäischen literarischen Moderne in Vor- und Nachmärz (auf den im Gesamtprojekt »extensiv« verstandenen Vormärzbegriff weisen die Herausgeber in der Einleitung des ersten Bandes, S. 9, hin) wird im Spannungsfeld aufkommender mimetisch-realistischer (»Daguerreotyp«) und idealistischer Paradigmen (»Idee«), zu denen sich die Schriftsteller der Epoche notwendigerweise kritisch verhalten mussten, diskutiert.

Sechs Themenblöcke nähern sich dabei unterschiedlichen Facetten der zeitgenössischen ästhetischen Diskussions- und Problemlage. Der erste Block, »Zwischen ›Daguerreotyp‹ und ›Idee‹: Heinrich Heine«, greift die Schlüsselbegriffe des Bandtitels auf und exemplifiziert die zwischen ihnen wirkende Spannung an einem Autor, der beide Begriffe in seinen ästhetischen Reflexionen verwendet. Prototypisch werden hier Probleme der literarischen Repräsentation an einem der prominentesten Vertreter der deutschen Literatur der Epoche vorgeführt, und auch über diese ausdrücklich Heine gewidmete Sektion des Bandes hinaus gewinnt man bei der Lektüre den Eindruck, dass dieser Autor als ein immer wieder bemühtes Leitfossil für die Frühgeschichte der Moderne figuriert. Daher sei es erlaubt, die beiden Aufsätze der ersten Sektion eingehender zu betrachten.

Michael Perraudin spürt in seinem Beitrag, »Heinrich Heines Welt der Literatur. Realistisches und Antirealistisches in seinem Werk« (S. 15–29) dem unaufgelösten Gegensatz von »nicht-empirischen und empirischen Impulsen« (S. 15) bei Heine nach. Gegen eine Tendenz zur Favorisierung anti-empirischer, esoterischer und idealistischer Züge in Heines Schreiben, die Perraudin in Forschungsbeiträgen zu Heines Ästhetik entdeckt, betont er den Erlebnis- und Realitätsgehalt in zahlreichen Texten, ohne den als Ausgangspunkt Heines Suche nach der »Signatur aller Erscheinungen« (DHA V, 231) nicht denkbar wäre. Die Gedichte »Zum Lazarus«, aber auch »Wintermährchen« und »Harzreise« werden von Perraudin zum Beleg für den »beträchtlichen empirischen Kern« (S. 20) von Heines Texten herangezogen. Ausführlich diskutiert Perraudin die Cholera-Episode im sechsten Artikel der »Französischen Zustände«, um an den dortigen Reminiszenzen an literarische Pestberichte und an Delacroix' berühmtes Revolutionsgemälde das Ineinander von Erleben und nachträglicher Ausgestaltung zu demonstrieren. In der Auseinandersetzung mit kritischen Einwänden gegen einen Realitätskern der Heineschen Cholera-Schilderungen verliert sich Perraudin dabei selbst allzusehr in die müßige Frage, welche Elemente real und welche fiktiv sein könnten. Was fact und was fiction an der Revolutionsallegorese im Cholera-Bericht ist, ist schlechterdings nicht zu entscheiden – unbestreitbar kann nur sein, dass Heine hier (in welchem Umfang auch immer) erlebte Wirklichkeit gestaltet und in Beziehung zu seiner Auffassung von der Juli-Revolution gesetzt hat. Insgesamt konstatiert Perraudin das »expressive Unvermögen [Heines], die reale Welt in Literatur wiederzugeben« (S. 28), ohne dass sich vorgefundenes Material, literarische (Vor-) Bilder und idealisierte Stilisierungen dazwischenschöben. Das Genre der »Reisebilder« und die Variationen dieses Schreibmodus in Prosa und Vers sei Heines Lösung gewesen, aus der Not eine Tugend zu machen und »unverhohlen subjektiv, imaginativ, referentiell und symbolisch« (S. 27f.) zu schreiben – und so ein Werk zu hinterlassen, das sich produktiv der Spannung zwischen »Daguerreotyp« und »Idee« bedient.

Im zweiten Beitrag der Sektion, »Der Dichter als Daguerreotyp« (S. 31–54), unterzieht Lothar Schneider Heines Vorwort zu Alexander Weills Novellen einer eingehenden Analyse, die der Verschränkung von ästhetischer und politischer Aussage auf den Grund geht. Im Weill-Vorwort erblickt Schneider Heines Abwendung von der sensualistischen Utopie des ersten Pariser Jahrzehnts – zwar bleibe das Fleisch in seinem Recht, doch jetzt als der leidende Leib, figuriert in der Passion Christi; daher die Datierung der Schrift auf den Karfreitag 1847. Schneider hebt die Beobachtung hervor, dass Heine seine Auseinandersetzung mit der Utopie aus der Diskussion ästhetischer Gestaltungsprinzipien entwickelt, nämlich im Ausgang seiner Kritik am Realismus des Genres der Dorfgeschichten. Ob Heine sich aber wirklich, wie Schneider suggeriert, von der Utopie distanziert, wäre noch eingehender zu diskutieren. Immerhin scheint sein Lob für Weills fourieristisch inspirierte Aufsätze den spöttischen Beiklang zu überwiegen, wenn er von dessen »sehr interessanten, sehr pikanten und sehr tumultuarischen Aufsätzen, wo er für die große Sache unserer Gegenwart aufs löblich Tollste Parthey ergreift« (DHA X, 283), spricht; und ist das heitere Mahl, auf dem an die kannibalistischen religiösen Gebräuche der Vorzeit erinnert wird, wirklich »die sarkastische Vision eines Symposions, bei dem die schauerliche Erinnerung an den rituellen Verzehr des getöteten Gottes nur noch ästhetisches Interludium in der Speisefolge« (S. 51) ist? Eher scheint der Rückblick auf die Gegenwart des Autors und seiner Leser sich den glücklicheren Menschen der utopischen Zukunft als schmerzliches Gedenken aufzudrängen, schließlich bemüht man sich alsbald, »die düsteren, unheimlichen Erinnerungen zu verscheuchen« (DHA X, 285). Der Autor bringt sich selbst (und den mit herablassender Freundlichkeit gelobten Kollegen Weill) durch die Karfreitags-Datierung doch eher in eine Christus-Pose: Voller Schmerz werden die glücklichen Enkel sich der Ahnen erinnern (das Abendmahl ist zuallererst ein Akt des Erinnerns und Eingedenkens), deren Zeit durch ein »schauerliches Leichenmahl« (ebd.) charakterisiert ist und die sich selbst für die bessere Zeit geopfert haben, leidend für die Zukunft und nicht allein an der Gegenwart.

Die zweite Sektion, »Zwischen Gegenwärtigkeit und Erinnerung: Klassisch-romantische Sehweisen in der Auseinandersetzung mit vormärzlicher Stadt- und Zeitästhetik«, bleibt im Raum der deutschsprachigen Literatur, schlägt thematisch aber einen weiten Bogen, der von Carl Gustav Carus' Pariser Reisetagebuch (Ingrid Oesterle) über Stifters Erzählung »Turmalin« (Harald Schmidt) zu Eichendorffs Verssatiren (Judith Purver) reicht und verschiedene Weisen der Opposition gegen die an Großstadt und Beschleunigung orientierte Ästhetik jungdeutscher und vormärzlicher Literatur präsentiert. Von der Bedeutung der deutschen Romantik für die Konstitution einer europäischen Moderne handeln die drei Aufsätze der dritten Sektion, »Zwischen moderner Form und nationalem Inhalt: Wirkungen deutscher Romantik im europäischen ›Vormärz‹«, die sich mit der Rezeption der deutschen Romantik in Irland (Brigitte Anton) sowie mit E.T.A. Hoffmanns Einfluss auf die Entwicklung moderner Erzählformen in der französischen (Wendy Mercer) und russischen Literatur (Svetlana Downes) befassen und auch hier jeweils eine (oftmals paradoxale) Verschränkung von ästhetischen und politischen Momenten in der Rezeption und Transformation romantischer Inhalte und Formen erkennen lassen. Auf dem Terrain der deutschsprachigen Literatur bewegen sich die Beiträge zu den Sektionen IV und V, die sich dem Volkskalender als Mittel operativer Literatur zuwenden, das gleichermaßen von fortschrittlichen (Anita Bunyan über Berthold Auerbachs »Gevattersmann«) wie konservativen Publizisten (Eda Sagarra über Alban Stolz' »Kalender für Zeit und Ewigkeit«) eingesetzt wurde, oder sich mit mehr (Hubert Lengauer über Franz Ernst Pipitz) oder weniger (Peter Stein über Georg Herwegh) marginalisierten Vormärzautoren beschäftigen. Peter Stein bemüht sich um eine Art Ehrenrettung Herweghs, der in der literaturwissenschaftlichen Wahrnehmung vor allem als der von Heine verspottete vormärzliche Tendenzpoet existiert. Stein richtet dagegen den Blick auf den nachmärzlichen Herwegh, der anders als viele ehemalige Mitstreiter am Anspruch zeitkritischer Lyrik festgehalten habe und, in Abwandlung einer Aussage Klaus Brieglebs, »Vormärz im Nachmärz« (S. 245) repräsentiere. »Meine These ist,« schreibt Peter Stein, »daß aus dem durch und nach 1848 gewandelten Herwegh mehr an Erkenntnis über das Problem operativer Literatur herauszuholen ist als aus dem ›Tendenzpoeten‹ Herwegh von vor 1848« (S. 244). In kontrastiver Parallelisierung zu Heinrich Heine stellt Stein so Herwegh als konsequenten Fortsetzer einer radikalen Deutschlandkritik bis in die Gründerzeit hinein heraus.

Die sechste Sektion, »Zwischen ästhetischer und politischer Ethik: Der Ästhetizismus«, öffnet noch einmal die Perspektive auf europäische Zusammenhänge und untersucht Formen des Schönheitskults als Reaktionen auf die radikale Umwälzung der Lebenswirklichkeit mit der sich durchsetzenden Industrialisierung und auf die sich entwickelnde realistische Ästhetik. Anhand von Baudelaire und Gutzkow beschreibt Martina Lauster (»Der Dandy zwischen Engagement und Ästhetizismus«) den Dandyismus als ästhetisch-politisches Schlüsselphänomen; eine ähnliche Zwischenstellung auf der Grenze von Ästhetentum und politischem Engagement weist Dörthe Schilken (»Romance als ästhetischer Gegenentwurf. Die Phantasien des William Morris«) den Versdichtungen des in Deutschland vor allem als Kunsthandwerker und Zeichner präsenten Morris zu. Thomas Bremer schließlich (»Je suis italien, artiste«) untersucht den Zusammenhang von erotischer Ambivalenz, wie sie etwa die Inszenierung von Geschlechtlichkeit als Maskerade in Balzacs Erzählung »Sarrasine« und in Théophile Gautiers Roman »Mademoiselle de Maupin« prägt, und der Theorie des l'art pour l'art, als deren Initialtext Gautiers umfangreiches Vorwort zu seinem Roman gilt. Mit diesem höchst anregenden Beitrag schließt ein Sammelband, der zwar höchst disparates Material versammelt, das, je für sich genommen, nur zum Teil dem selbstgestellten komparatistischen Anspruch genügt, insgesamt aber ein facettenreiches und vielfältige Entdeckungen ermöglichendes Panorama europäischer Literaturen der Vormärz-Periode zeichnet. Mehr derartige Blicke über den immer noch vorhandenen Tellerrand täten der germanistischen Literaturwissenschaft durchaus gut.

Robert Steegers

Ralph Martin: *Die Wiederkehr der Götter Griechenlands. Zur Entstehung des »Hellenismus«-Gedankens bei Heinrich Heine.* Sigmaringen: Thorbecke 1999 (= Aurora-Buchreihe, Bd. 9). 228 S., DM 64,–.

Wie im Untertitel seiner Untersuchung (der überarbeiteten Fassung einer 1996 in Erlangen vorgelegten, von Peter Horst Neumann betreuten Dissertation) verwendet Verf. den Begriff des »Hellenismus« durchweg in Anführungszeichen. Heine verenge, so heißt es, den im zeitgenössischen Verständnis die »griechische Gefühls- und Denkweise« (DHA IX, 47) bezeichnenden Terminus »auf einen diesseitsbezogenen Sensualismus« (S. 10), dem eine zeitkritische und damit zugleich utopische Dimension eigne. Die Genese dieses sensualistischen Programms von den »Nordsee«-Gedichten im »Buch der Lieder« bis in die zweite Hälfte der 1830er Jahre hinein ist Gegenstand der Arbeit, die ihren Fokus auf Phänomene der Intertextualität richtet: »Ihre Aufgabe ist [...], die Entwicklung seiner [Heines] antik-sensualistischen Programmatik als poetische Auseinandersetzung mit literarischen Vorgängern und Zeitgenossen und somit als intertextuelle Auseinandersetzung lesbar zu machen. Hier ist«, betont Verf. zurecht, »neues Terrain zu erschließen.« (S. 7)

Intertextualität wird vom Verf. nicht ontologisch im Sinne avancierterer Intertextualitätstheorien wie denen von Kristeva, Barthes oder Derrida verstanden, sondern schlicht deskriptiv zur Be-

schreibung der intentionalen Auseinandersetzung des Autors Heine mit literarischen Bezugsgrößen. In drei Schritten unternimmt es Verf., Texten Heines einen oder mehrere Prätexte unter-
zulegen, um Heines sensualistisches Konzept auf diese Weise nicht nur als politisches Programm,
sondern auch als poetologisches analysieren zu können: »Die Götter Griechenlands« aus dem
zweiten »Nordsee«-Zyklus werden vor der Folie von Schillers »Die Götter Griechenlandes« und
Goethes frühen Hymnen gelesen, »Die Stadt Lukka« vor der von Novalis' Schrift »Die Christenheit oder Europa« und dessen »Hymnen an die Nacht«, die »Florentinischen Nächte« schließlich
unter Bezug auf den »Heinrich von Ofterdingen« und auf Goethes »Wilhelm Meisters Lehrjah-
re«. Inwieweit sich dieser Ansatz jeweils bewährt, wird im folgenden näher zu untersuchen sein –
vorausgeschickt seien jedoch, bei grundsätzlicher Sympathie für Methode und Ansatz, Zweifel an
der enormen Bedeutung, die vom Verf. der Romantik als zentraler Bezugsgröße Heines zuge-
sprochen wird. Folge dieser Fokussierung ist das Fazit, Heines Dichtung sei »in ihren literarischen
Mitteln weitgehend der Romantik verpflichtet, so daß sie als eine spezifische (Spät-)Form der romantischen Poesie bezeichnet werden kann« (S. 226). Vorsichtigere Urteile scheinen angemessener
zu sein, wie sie Verf. als »romantische Prägung« (ebd.) Heines wenige Zeilen weiter selbst vor-
schlägt.

Verf. liefert in drei großen Kapiteln detailreiche und schlüssige Analysen der jeweils zugrunde
gelegten Heine-Texte, die in ihren Einzelheiten hier nicht nachgezeichnet werden können. Lediglich Ausgangsthese und Argumentationsgang sollen jeweils kurz skizziert werden. Kritische Einwände beziehen sich zumeist auf Detailfragen und Einzelaspekte; verzichtet wurde darauf, auf gelegentliche Druckfehler und Textversehen hinzuweisen, wie z.B. auf die irreleitenden Quellenver-
weise auf S. 130, Anm. 63 und 64, wo es »DHA XII/1« statt »DHA V« heißen muss.

Das erste größere Kapitel ist dem Gedicht »Die Götter Griechenlands« aus dem zweiten
»Nordsee«-Zyklus gewidmet. Dort stelle Heine, so der Verf., »zum ersten Mal Antike und christliche Gegenwart in kritischer Absicht einander gegenüber.« (S. 13) Ergänzend ließe sich darauf
hinweisen, dass bereits im »Heimkehr«-Zyklus die Gedichte »Götterdämmerung« (1822 zuerst
gedruckt) und »Almansor« (1825 entstanden) diese Thematik anklingen lassen. Ersteres vermengt
in einer den »Göttern Griechenlands« vergleichbaren Art griechische und christliche (und germa-
nische) Mythologeme, indem titanengleich die »Riesensöhn' aus alter Nacht« (DHA I/1, 304) den
doch eher christlich gedachten Gottvater bedrohen und ein Kobold des Dichters »bleichen Engel«
zu Boden reißt und ihn »fest mit griechischer [!] Umschlingung« (ebd., S. 306) fasst, bis Erde und
Himmel einstürzen. Im »Almansor«-Gedicht wird zudem (wie im gleichnamigen Drama) bereits
deutlich die Absage an das Christentum formuliert, durch den Plural des letzten Verses auch hier
schon vor der Folie heidnischen Polytheismus': »Und die Christengötter wimmern.« (ebd., S. 326)

Zunächst aber ordnet Verf. »Die Götter Griechenlands« in den Kontext der beiden »Nordsee«-
Zyklen ein, auch hier bereits Prätext-Bezüge zur »Odyssee« und zu Goethes Jugendhymnen her-
ausstellend. Angelehnt vor allem an Markus Küppers (Heinrich Heines Arbeit am Mythos. Mün-
ster/New York 1994) wird Heines Umgang mit mythologischem Material herausgehoben. Manchmal scheint Verf. dabei jedoch allzusehr auf die Antike fixiert zu sein, sonst würde er die Verse
55–62 der »Nacht am Strande« (DHA I/1, 367: »Siehst du, mein Kind, ich halte Wort, / Und ich
komme, und mit mir kommt / Die alte Zeit, wo die Götter des Himmels / Niederstiegen zu Töchtern der Menschen, / Und die Töchter der Menschen umarmten, / Und mit ihnen zeugten / Zep-
tertragende Königsgeschlechter / Und Helden, Wunder der Welt.«) nicht allein auf die griechische
Mythologie (vornehmlich auf die Amouren des Göttervaters Zeus) beziehen, sondern den Heine
vermutlich ebenso präsenten biblischen Bezug auf Genesis 6, 2–4 sehen. Dort, in der Noah-Er-
zählung, ist es die Vermählung der Göttersöhne mit den Menschentöchtern, die die Menschen

hochfahrend und boshaft macht und ihnen die Sintflut zuzieht – im Kontext der Meeres-Thematik vielleicht ein Bezug, dessen Bedeutung einmal nachzugehen wäre. Insgesamt aber legt Verf. eine stringente Interpretation der »Götter Griechenlands« vor, deren intertextuellen Kern er in der Kombination von »Schillers Klage über den Untergang der lebendigen Schönheit mit Prometheus' Tat« (S. 43) erkennt und, angelehnt an Markus Küppers' Interpretation des »Gesangs der Okeaniden«, darin die Tendenz zur Politisierung mythologischen (und damit zugleich in emphatischem Sinne klassischen) Materials durch Rückbezug auf das subversive Potential des Sturm und Drang offenlegt. Das ist, vom Ergebnis her betrachtet, nicht spektakulär, lässt aber durch den Fokus auf die Schiller- und Goethe-Bezüge die Genese oder doch zumindest die literarische Repräsentation der Heineschen Zeit- und Religionskritik in einem helleren Licht erscheinen.

Präludiert die Interpretation der »Götter Griechenlands« dem Thema der Entstehung von Heines sensualistischem Programm, so lässt sich Verf. in dem umfangreicheren Kapitel zum Reisebild »Die Stadt Lukka« auf einen für Heines Religionskritik zentralen Text ein. Habe Heine sich dort mit der Weimarer Klassik auseinandergesetzt, so die Ausgangsthese, ziele er hier auf eine Positionsbestimmung hinsichtlich der Frühromantik. Novalis' »Hymnen an die Nacht«, vor allem die fünfte, und dessen Schrift »Die Christenheit oder Europa«, die 1826 in der von Tieck herausgegebenen vierten Auflage der »Schriften« erstmals nahezu vollständig publiziert wurde, werden vom Verf. als Bezugstexte herangezogen. Wird »Die Stadt Lukka« als Kontrafaktur Hardenbergscher Schriften gelesen, eröffnen sich in der Tat neue Perspektiven, die den bisherigen Interpretationen von Heines Reisebild neue Nuancen hinzufügen und einzelne Textpassagen in anderem Licht erscheinen lassen. Das gilt vor allem für die Kapitel fünf und sechs des Reisebildes, die Verf. als zum Teil parodistische Variationen über die dritte und fünfte der »Hymnen an die Nacht« liest und eine Reihe überzeugender Textbelege für diese Lektüre anführt. Schlagend sind vor allem die Parallelen zwischen Heines Vision vom unter die Götter des Olymp tretenden Christus als Schmerzensmann (DHA VII/1, 173) und dem in die heitere Götterwelt eindringenden Traumbild des Todes (der später mit Christus identifiziert wird) in Hardenbergs fünfter Hymne (S. 48–52), aber auch die zwischen der nächtlichen Prozession in Lucca (DHA VII/1, 169–172) mit Versen aus demselben Novalis-Text (S. 55f.) Der konzentrierte Blick auf Heine und Novalis führt den Verf. jedoch gelegentlich so in die Irre, dass der fruchtbare Ansatz fast zur idée fixe wird: Wenn er etwa in der Struktur der »Stadt Lukka« einen Kontrast zwischen negativ konnotierter, Novalis parodierender Nacht und positiv besetztem Tag entdecken will und dazu den feisten Mönch und das »vollbusig nackte Weibsbild« (DHA VII/1, 168), die dem Erzähler beim ersten Besuch in Lucca begegnen, als Chiffren einer »menschlich-natürlichen Synthese [...], in der letztlich die Sinnlichkeit triumphiert« (S. 55), auffasst und der positiven Tageseite zuschlägt, übersieht er, dass bei Heine eher konventionelle aufklärerische Pfaffenkritik am Werk ist und des Erzählers Wertung ganz eindeutig nicht den positiven Aspekt der frivolen Szene herausstreicht: »[...] ich merkte wohl, Gespenster sind noch furchtbarer, wenn sie den schwarzen Mantel der Nacht abwerfen, und sich im hellen Mittagslichte sehen lassen« (DHA VII/1, 169), heißt es über den unkeuschen Mönch. Auch über die (Text-)Grenzen der »Stadt Lukka« hätte Verf. häufiger blicken sollen. Dann würde er wohl nicht vertreten, die »Ursache« (S. 62) für Franscheskas Sprödigkeit und Wendung zur Religion sei ihre Affäre mit dem Abbate Cecco, der für sie die Rolle einer Mittlerinstanz zwischen Mensch und Gott spiele, wie Hardenberg sie entwickele. Ein Blick in die »Bäder von Lukka« zeigt, dass die Cecco-Affäre in Franscheskas Leben schon einige Zeit zurückliegt (vgl. DHA VII/1, 105), was die Beobachtung erlaubt, dass Franscheskas neu entdeckter Katholizismus doch in erster Linie als Instrument eingeführt wird, mit dem sie Gumpelino durch Reiz und Entzug gefügig zu machen gedenkt (vgl. ebd., S. 185). So instrumentalisiert, erscheint der südländische Katholizismus auch nicht mehr als von Heine favorisierte »schon seit Jahrhunderten existierende Variante« einer »antik-christlichen Synthese« (S. 63), wie Verf. vermutet, sondern als Ausdruck der (unvollständig) unterdrückten und infolgedessen pervertierten menschlichen Triebnatur. Fraglich ist auch, ob die Bildbeschreibungen im siebten Kapitel der »Stadt Lukka« wirklich als Exempel einer solchen Synthese und durch die Kunst vermittelter »Verkettung der großen Weltzeitalter« (S. 83) gelesen werden können, da Heine Lady Mathilde durch allerlei frivole Anmerkungen die Ausführungen des Erzähler-Ichs konterkarieren lässt (vgl. DHA VII/1, 177) und dieses Gespräch zwischen Erzähler und Mathilde wohl auch nicht ohne sein Pendant in Kapitel XII gelesen werden kann (vgl. ebd., S. 188–191), das den repressiven Charakter christlicher Moral und deren entstellende Folgen für die menschliche Sexualität herausstellt.

Während diese Einwände nicht grundlegend die augenscheinliche Beziehung der »Stadt Lukka« zu Hardenbergs »Hymnen an die Nacht« in Frage stellen, erweist sich Verf.s Versuch, dessen Schrift »Die Christenheit oder Europa« als Prätext plausibel zu machen, als wesentlich problematischer. Wenn es Heine tatsächlich darum gegangen wäre, einer restaurativen politischen Missdeutung von Novalis' Schrift entgegenzuwirken, deren ästhetisch-philosophische Qualität er dagegen anerkannt habe (vgl. S. 89), hätte er dann nicht in irgendeiner Form explizit auf diesen Text reagiert – wenn schon nicht in der »Stadt Lukka«, so doch in Briefen, Gesprächen oder im Kontext der Deutschland-Schriften? Was Verf. an inhaltlichen und motivischen Anklängen anführt – etwa dass Heines Bezeichnung von Paris als das »neue Jerusalem« der Freiheit am Ende der »Englischen Fragmente« (DHA VII/1, 269) auf die Schlusspassage der »Europa«-Schrift anspiele (vgl. S. 98) (während sich, um im Feld diesseitiger Sinnenfreude und im Kontext der Heineschen Tanzmetaphorik zu bleiben, ebensoviel oder -wenig Jean Pauls »Unsichtbare Loge« als Bezugspunkt anbieten würde, in deren 37. Sektor ein Tanzsaal als neues Jerusalem apostrophiert wird) –, kann angesichts fehlender eindeutiger oder gar außertextlicher Belege nicht wirklich überzeugen und verleitet zu Fehlschlüssen. So wird man nur mit den Augen des 20. Jahrhunderts Heines polemischen Vergleich von Missionaren mit Handelsvertretern (vgl. DHA VII/1, 195) als Reaktion auf Hardenbergs Rede vom »Geschäft der Religionserweckung« (S. 95) in der »Europa«-Schrift lesen können, da die Reduktion des Begriffs »Geschäft« auf den Bereich des Ökonomischen zur Zeit Heines bestenfalls ansatzweise erfolgt war. Nach der Ausgabe des Adelungschen Wörterbuchs von 1808 bedeutet »Geschäft« noch ganz allgemein »alles was man macht oder wirket« (Bd. 2, Sp. 603), und unter den dortigen Beispielsätzen befindet sich einer, der Hardenbergs Gebrauch des Begriffes im religiösen Kontext als durchaus nicht außergewöhnlich und parodierenswert ausweist: »Der Glaube ist ein Geschäft des heiligen Geistes, wird von dem heiligen Geiste gewirket, hervorgebracht« (ebd.). Und nicht nur die »Geschäfts«-Metaphorik in der »Stadt Lukka« interpretiert Verf. allzu modern, auch der Traumvision am Schluss der Zeitschriftenfassung des zehnten Briefs »Ueber die französische Bühne« (DHA XII/1, 503 f.) stülpt er eine Bedeutung über – dort werde gezeigt, »wie die Repression der weiblichen Sinnlichkeit in der Generationsfolge weitergegeben wird« (S. 133) – die so sehr dem feministischen Diskussionsstand unserer Zeit geschuldet ist, dass sie um die Mitte des 19. Jahrhunderts schlechterdings nicht zu denken ist.

Gewinnt das Kapitel zur »Stadt Lukka« durch die Passagen zu »Die Christenheit oder Europa« eine gewisse Schräglage, so erweisen sich die beiden folgenden Kapitel, ein kleineres, eher überleitendes über das Motiv der Marmorbilder und eine umfassende Analyse der »Florentinischen Nächte«, in ihrem intertextuellen Ansatz als insgesamt überzeugender. Hier sind es vor allem die Parallelen zwischen der Laurence-Handlung der »Florentinischen Nächte« und Goethes »Wilhelm Meister«, die wesentliche Einblicke in Heines politische wie poetologische Intentionen zulassen. Zurecht tritt Verf. dafür ein, die »untergründige sensualistische und politische Brisanz des

Textes« (S. 140) anzuerkennen – gegen die Position, es handele sich bei dem Erzählfragment um eine bloße novellistische Fingerübung oder um den Versuch, nach dem Bundestagsbeschluss vorerst nichts »Erschießliches«(DHA III/1, 101) mehr zu publizieren, spricht allein schon Heines allzu treuherzige Versicherung in der Vorrede zu Salon III, er habe »alles was ins Gebieth der Politik und der Staatsreligion hinüberspielte« (DHA XI, 154) vermieden, die im Verneinen jeder kritischen Absicht den subversiven Gehalt des Textes ebenso beschwört wie im Vergleich der »Florentinischen Nächte« mit Boccaccios »Decamerone«, deren tertium comparationis die »pestilenzielle Wirklichkeit« (ebd.), hier auf die Seuche, dort auf das Restaurationssystem bezogen, ist.

Im Kapitel zu den »Florentinischen Nächten« ist es jedoch das Beharren auf einer allegorischen Lektüre, das die Interpretation des vermeintlichen Heineschen Nebenwerks problematisch macht. Natürlich lassen sich die Figuren rund um die Tänzerin Laurence deutlich in einen historisch-politischen Kontext einordnen, Türlütü z. B. als Repräsentant des im restaurativen Frankreich wieder zu Einfluss gekommenen Adels des Ancien régime; die Laurence-Handlung aber als »Teil einer großangelegten politischen Allegorie [...], in der die wichtigsten Figuren eine genau bestimmbare politische Identität besitzen« (S. 167), zu deuten, führt fast zwangsläufig in Aporien oder argumentiert um mehr Ecken, als es der Interpretation oder auch nur dem Textverständnis gut tut. Ein Beispiel: »Die selbsttestierte königliche Ratgeberschaft Türlütüs wird von Heine also mit den kindlichen Anfängen der Regentschaft Ludwigs XVI. in Verbindung gebracht, wodurch die Reife des politischen Urteils Karls X. in Zweifel gezogen wird.« (S. 170)

Ob man am Ende dem Fazit der Untersuchung zustimmen mag, Heines sensualistisches Programm, sein »Hellenismus«, sei eine Fortsetzung der frühromantischen »Neuen Mythologie« unter »sensualistischen und politischen Gesichtspunkten« (S. 227), ist fraglich. Die Kapitel zu den »Göttern Griechenlands« und zu den »Florentinischen Nächten« haben gezeigt, dass Heines produktiver Umgang mit literarischen und philosophisch-politischen Bezugsgrößen weit über eine bloße Rezeption oder Fortschreibung der Romantik hinausgeht. Neben Goethe und Schiller ließen sich gewiss weitere Bezugsgrößen stellen, deren Bedeutung für Heines politische Ideale und ihre Repräsentation im Medium der Literatur noch nicht ausreichend erhellt ist – Jean Paul gehört in diese Ahnen- und Zeitgenossenreihe, gewiss auch viele der Autoren, auf die sich Heine immer wieder explizit beruft, wie Lessing, Voß, Sterne oder Cervantes. Intertextuelle Lektüren, wie sie Ralph Martin exemplarisch an einzelnen Texten vorgeführt hat, werden Heines Werk mit Sicherheit weitere Einsichten und neue Aspekte ablocken können. Im Anstoß dazu liegt ein Verdienst seiner anregenden Dissertation.

Robert Steegers

Arnold Pistiak: »*Ich will das rote Sefchen küssen«. Nachdenken über Heines letzten Gedichtzyklus.* Stuttgart und Weimar: Metzler 1999 (= Heine-Studien). 411 S., DM 78,–.

»[...] ein ganz neuer Ton und zu dem Eigenthümlichsten gehörend, das ich gegeben« – so charakterisierte Heine in einem Brief an Julius Campe vom 7. 3. 1854 den lyrischen Zyklus, den er unter dem Titel »Gedichte. 1853 und 1854« im ersten Band seiner »Vermischten Schriften« (1854) veröffentlichte und der seiner Planung zufolge den Kern einer späteren, seiner vierten eigenständigen Gedichtsammlung hätte bilden sollen, die dann allerdings nicht mehr zustandekam. Trotz dieser hohen Wertschätzung durch Heine selbst, der damit sogar den so erfolgreichen »Romanzero« »überbieten« zu können glaubte (an Campe, 27. 10. 1853), und der Tatsache, dass er mit »Das Sklavenschiff«, »Laß die heil'gen Parabolen«, »Epilog« oder dem großartigen »Wie langsam kriecht sie dahin« einige seiner bekanntesten Gedichte enthält, steht dieser Zyklus bis heute im Schatten des »Romanzero«, was nicht zuletzt auf die Editionspraxis der maßgeblichen Heine-Ausgaben zurückzuführen ist, die die ursprüngliche Komposition der »Vermischten Schriften« auflösen und deren Bestandteile jeweils unterschiedlichen Bänden zuordnen. Nicht ohne Berechtigung bemängelt Arnold Pistiak daher, »daß die ›Gedichte. 1853 und 1854‹ von der Literaturwissenschaft geradezu stiefmütterlich behandelt wurden« (S. 10), und es ist das besondere Verdienst der von ihm vorgelegten Studie, der negativen Rezeptionsgeschichte zum Trotz die Aufmerksamkeit auf diese Sammlung zu lenken und den letzten Gedichtzyklus Heines erstmals eingehend zu würdigen.

Bereits Norbert Altenhofer hat auf die große Bedeutung der Zyklen-Komposition für Heines Lyrik hingewiesen (Ästhetik des Arrangements. – In: Text + Kritik 18/19: Heinrich Heine. 4. Aufl. 1982, S. 16–32). Auch wenn Pistiak sich nicht ausdrücklich auf diese grundlegende Darstellung beruft, folgt er doch ihrem Ansatz, denn das »Anliegen« seines Buches, so schreibt er, »besteht darin, im Unterschied zu den bislang vorliegenden Arbeiten einen Vorschlag zu einer Gesamtsicht auf Heines letzte Gedichtsammlung zu unterbreiten, deren Komplexität und Struktur ernstzunehmen und somit die Frage nach deren Spezifik zu stellen« (S. 12). Der Zyklus wird als Ganzes, als ästhetische Einheit in den Blick genommen, und es gehört zu den Stärken von Pistiaks Studie, dass sich das »Nachdenken über Heines letzten Gedichtzyklus« nicht auf eine bloße Aneinanderreihung von Einzelinterpretationen beschränkt, sondern immer wieder auf die Querbezüge der Gedichte untereinander verweist, formale wie inhaltliche Korrespondenzen, die sich aus ihrer Abfolge ergeben, hervorhebt und auf diese Weise die bewusst angelegte, spannungsreiche innere Ordnung der Sammlung sichtbar werden lässt. Auch der Zusammenhang der »Vermischten Schriften« insgesamt bleibt nicht unberücksichtigt; durch die konsequente Beachtung von Heines kontrastiver Anordnung der Texte, die er mit dem »Goetheschen Prinzip der wechselseitigen Spiegelungen« vergleicht (S. 261), wird die geeignete Perspektive für eine insgesamt gelungene Darstellung der besonderen künstlerischen Qualität der »Gedichte. 1853 und 1854« gewonnen, die sowohl zum Verständnis der einzelnen Werke als auch der Poetik des späten Heine einige lesenswerte Beiträge bietet.

Die Gliederung ist nicht nach der Reihenfolge der einzelnen Gedichte innerhalb des Zyklus ausgerichtet, sondern systematisch nach übergreifenden thematischen Gesichtspunkten wie Gesellschaftssatire, Krankheit und Tod vs. Gesundheit und Leben, Liebe, Frauengestalten u. a. Der Verfasser wendet sich gegen das in der älteren Forschung entstandene Bild eines resignativen und pessimistischen »Alterswerkes« und hebt stattdessen die Kontinuität politisch emanzipatorischer Elemente sowie »des Irdisch-Sinnlich-Lebendigen« (S. 121) hervor. Der »Kern der Ästhetik des späten Heine« liegt für ihn in ihrer spezifischen Wirkungsabsicht, der »Provokation des Lesers« durch das »zugespitzte Widerspruchsgefüge seiner Schriften« (S. 316 f.), die produktive Verunsicherung statt Eindeutigkeit und Gewissheit auslösen wollten. Überzeugend demonstriert er vor allem die Bedeutung, die dabei der Rollenlyrik und der poetischen Selbstdarstellung des Dichters zukommt. Auch die Betonung der grotesken und sarkastischen Züge von Heines Satiren erhellt, insbesondere bei den in der bisherigen Forschung selten erörterten »musikalischen« Gedichten wie »Mimi« und »Jung-Katerverein für Poesie-Musik«, einige interessante Aspekte. Zu den »Gedichten. 1853 und 1854« selbst bietet die Studie eine Reihe origineller Lesarten und Einzelbeobachtungen. Die Ausführungen zur Gesamteinschätzung der poetologischen Konzeption des späten Heine – die der Verfasser allerdings ausdrücklich als vorläufigen Entwurf verstanden wissen will, der »in besonders hohem Maße Versuchscharakter trägt« (S. 16) – sind demgegenüber etwas weniger gewinnbringend. Der letzte Teil des Buches, in dem dieser Versuch hauptsächlich unternommen wird, wirkt im Vergleich zu den konzisen und konkreten Gedichtanalysen etwas disparat und unsystematisch. Eher flüchtig wird hier eine Vielzahl religiöser, politischer und philosophischer Aspekte berührt, wobei bereits Kapitelüberschriften wie »Über Heines poetische Arbeit«

(S. 258), »Über Heines Selbstverständnis als Dichter« (S. 286) oder »Über den geschichtlich-biographischen Standort des Heineschen Spätschaffens« (S. 302) eine gewisse Allgemeinheit und gelegentliche Redundanz nicht verleugnen können.

Mit dem Schlagwort »Ästhetik der Provokation« (S. 16 u. ö.) versucht der Verfasser die spezifischen poetischen Verfahrensweisen des späten Heine auf einen Begriff zu bringen, der sich allerdings nur in Ansätzen als tragfähig erweist. Zum einen, weil der Begriff selbst zu unscharf ist und letztlich für alle Kunst Geltung hat, die sich als modern begreift – zudem wirkte auch schon der junge Heine als »ungezogener Liebling der Grazien« provozierend auf sein zeitgenössisches Publikum –, und zum anderen, weil der politische, soziale und literaturgeschichtliche Horizont, vor dem sich diese »Provokation« abzeichnen müsste, hier nicht hinreichend ausgeleuchtet wird und insbesondere der Komplex der gescheiterten Revolutionen von 1848/49 viel zu kurz kommt. Eine solch grundsätzliche und umfassende Betrachtung wäre jedoch auch zu viel verlangt und entspräche nicht der Anlage dieses Buches, das sich lediglich als »Versuch« versteht, einzelne »Bausteine zu einer Ästhetik des späten Heine zu liefern« (S. 16). Wohl deshalb wird auf eine intensivere Auseinandersetzung mit der bisherigen Forschungsliteratur weitgehend verzichtet. Dem offenen und gelegentlich assoziativen »Nachdenken über Heines letzten Gedichtzyklus« kommt das durchaus zunächst zugute, in denjenigen Abschnitten jedoch, die so grundlegende Fragestellungen wie die Beschäftigung Heines mit Hegel oder die Funktion der Bibel für sein Schreiben behandeln, muss dieser Verzicht als Mangel erscheinen.

Das Buch ist in einem gut lesbaren, unprätentiösen Stil gehalten. Dennoch wird die ansonsten angenehme Lektüre leider durch eine gewisse Unübersichtlichkeit erschwert, denn die Kapitel sind nicht durchnummeriert, und ihre kleineren, noch einmal mit jeweils eigenen, typographisch aber gleichartigen Überschriften versehenen Teilabschnitte werden im Inhaltsverzeichnis gar nicht aufgeführt, so dass man, vor allem im Schlussteil, oft nicht weiß, an welchem Punkt der Argumentation man sich gerade befindet. Ausgesprochen hilfreich ist hingegen ein zusätzlich aufgenommenes, besonderes Register der Gedichte des Zyklus, das zugleich eine kleine Spezialbibliographie (ohne Vollständigkeitsanspruch) darstellt, indem es zu jedem Gedicht jeweils einige literaturwissenschaftliche Arbeiten auflistet, in denen es erörtert wird.

Zur »Würdigung« seiner »Gedichte. 1853 und 1854«, so hatte Heine am 3. 8. 1854 gegenüber Campe erklärt, »sind nur die ganz naiven Naturen und die ganz großen Kritiker berufen«. Obwohl der Verfasser der vorliegenden Studie offenkundig weder das eine noch das andere ist – Naivität kann man ihm auf keinen Fall attestieren, und die Autorität eines »großen Kritikers« weist er durch den Vorbehalt, seine »Ansichten, Urteile u. dgl.« seien »nicht apodiktisch«, sondern als »Diskussionsangebot« gemeint (S. 16), selbst ausdrücklich von sich – ist ihm eine angemessene »Würdigung« der »Gedichte. 1853 und 1854« gelungen, die deren Besonderheit und Komplexität hervorhebt, ihre Stellung und ihre große Bedeutung im Kontext von Heines gesamtem Spätwerk deutlich macht sowie viele Anregungen für weiteres, nun nicht mehr stiefmütterliches »Nachdenken über Heines letzten Gedichtzyklus« bietet.

Christian Liedtke

Irmgard Scheitler: *Gattung und Geschlecht. Reisebeschreibungen deutscher Frauen 1780 – 1850.* Tübingen: Max Niemeyer Verlag 1999 (= Studien und Texte zur Sozialgeschichte der Literatur, Bd. 67). 312 S., DM 96,–.

»Es macht heuer auch kein Blaustrumpf mehr eine Spazierfahrt über Wasser, ohne ein ästhetisches Gewäsch und touristisches Geschreibsel in einigen Bänden loszulassen – eine ganz erschreckende

Art von Natur- und Kunstquälerei«, so das Schlusszitat einer Arbeit, die sich eben dieser »Natur-
und Kunstquälerei« zugewandt hat, einer literaturwissenschaftlichen »terra incognita«. Irmgard
Scheitler untersucht die Reisebeschreibungen deutschsprachiger Frauen zwischen 1780 und 1850,
angefangen von den frühen Texten der 1780er Jahre der Sophie von La Roche über das Werk der
beiden großen Reiseschriftstellerinnen des beginnenden 19. Jahrhunderts, Friederike Brun und
Elise von der Recke, bis hin zu Texten Johanna Schopenhauers, der Weltreisenden Ida Pfeiffer und
schließlich Fanny Lewalds Schriften der Jahrhundertmitte. Über Leben und Werk der zum großen
Teil wenig bekannten 44 zwischen 1731 (Sophie von La Roche) und 1821 (Marie Espérance
Schwartz) geborenen Autorinnen unterrichtet ein bio-bibliographischer Anhang.

Die zeitliche Begrenzung ergibt sich von dem ersten Eckpunkt her innerliterarisch aus dem
Auftreten von Reisebeschreibungen deutscher Frauen in den achtziger Jahren des 18. Jahrhunderts: Der früheste bekannte Zeitschriftenbeitrag eben stammt aus dem Jahr 1780. Den zweiten
Eckpunkt setzt die Verfasserin außerliterarisch motiviert, einerseits bedingt durch ein neues
Selbstbewusstsein der Schriftstellerinnen im Zuge der Frauenbewegung nach 1848, andererseits
durch den entstehenden Massentourismus, der als Folge der Revolution der Verkehrsmittel zu
ganz anderen Formen des Reisens führte. Im Zeitraum zwischen 1780 und 1850 indes sieht Scheitler eine gewisse Homogenität der – wenn auch individuell sehr unterschiedlich ausgeprägten –
Reisebeschreibungen von Frauen, die sich nicht einer Entwicklung literarischer Epochen dieser
Zeit zuordnen lassen: »Daß Frauen mit literarischen Zeitströmungen nicht so konform gehen wie
männliche Autoren, mag bei einzelnen von ihnen an einem Mangel an Bildung und literarischer
Übung oder an mangelnden Kontakten mit anderen Schriftstellern liegen; hauptsächlich aber erklärt sich dieses Phänomen aus der Festlegung von Frauen auf geschlechtsspezifische Schreibwei-
sen.« Am Geschlechtsrollenkonstrukt jedoch »hat sich zwischen 1780 und 1850 kaum etwas geändert«. (S. 44)

Insofern ist die Untersuchung, der ein Textkorpus von 87 Reiseberichten zugrunde liegt, nicht
chronologisch, sondern systematisch angelegt. Sie analysiert die äußeren Umstände der Reise, den
literarischen Markt sowie Exordialtopik, Kompositionskriterien, Redaktion und Rezeption der
Texte selbst immer in Gegenüberstellung zu Reisen und Texten männlicher Schriftsteller (Pückler-
Muskau, Heine, Goethe u. a.) und zeigt damit die Besonderheiten weiblichen Schreibens auf. Eine
weitere interessante Abgrenzung erfolgt gegenüber nichtdeutschen Schriftstellerinnen. Vor allem
vor der Folie französischer und englischer Reisebeschreibungen von Frauen wird deutlich, wie
sehr sich Schriftstellerinnen in Deutschland bis zur Jahrhundertmitte noch der von ihnen erwar-
teten geschlechtsspezifischen Rolle anpassten. Das systematische Vorgehen, mit dem hier ein sehr
unsystematisches Textkorpus strukturell erfasst wird, erscheint somit angemessen gewählt und erweist sich prinzipiell als sinnvoll, wenn es auch zu einer Vielzahl von Wiederholungen führt.

»Bescheidenheit und weibliche Demut«, »Milde und Zurückhaltung im Urteil« (S. 212) werden
von Frauen erwartet. Allein schon die Untersuchung der Vorworte ist aufschlussreich, zeigt sie
doch, wie Frauen sich bemühen, den Schein der professionellen Schriftstellerei gar nicht erst aufkommen zu lassen. So bezeichnet sich Therese Huber im Vorwort ihrer »Bemerkungen über
Holland« als »einfältige Matrone, welche diese Briefe schrieb«. Ihre »weiblichen Gefühle, ihre
phantastischen Ansichten« möchte sie keineswegs mit männlichen Reisebeschreibungen vergleichen; sie wolle »nur die Empfindungen erwecken, jene wackeren Männer mögen dann berichtigen
und belehren« (S. 122). Solche Demutstopoi zeigt die Verfasserin als typisch für Reiseberichte aus
weiblicher Hand auf. Frauen durften so schreiben, wie es ihrem Geschlecht entsprechend erwartet wurde: »unverbildet und natürlich« (S. 129). Während männliche Reiseschriftsteller sich um in-
struktive Berichte bemühten, galten Gelehrtheit und informierendes Schreiben als unweiblich. So

entwickelte sich etwa die Strategie, aus Rücksichtnahme auf die männliche Eitelkeit belehrende Passagen ausdrücklich nur an die weibliche Leserschaft zu richten, eine Leserschaft, die zwar de facto sehr zahlreich war, letztlich aber von deutschen Schriftstellerinnen nicht favorisiert wurde: »Das weibliche Publikum galt schließlich als das minderwertigere, weniger anspruchsvolle. Deutsche Schriftstellerinnen waren weit davon entfernt, sich stolz zu diesem Publikum zu bekennen«. (S. 206)

In vergleichenden Analysen männlicher und weiblicher Reiseliteratur zeigt die Verfasserin an Einzelbeispielen sehr überzeugend, in welch unterschiedlicher Weise Landschaftsbeschreibungen, Kunstbetrachtungen und politisch-gesellschaftliche Urteile bei Männern eher belehrend und faktisch, bei Frauen eher gefühlsmäßig, aphoristisch und mit einem Hang zum Persönlichen dargestellt werden. »Daß Frauen die Dinge um sich her anders erblicken, anders darstellen, als Männer«, wie Johanna Schopenhauer 1813 schreibt (S. 176), macht – so Scheitler – die spezifische Form weiblicher Reiseschriftstellerei aus. Darüber hinaus zeigt sie auf, dass auch die Inhalte andere sind. Der Blick richtet sich »auf die gesamte ›Innenseite‹ der Gesellschaft: Ernährung, Kleidung, Behausung, Erziehung, Moral, Hygiene werden in Reiseberichten von Frauen wesentlich häufiger thematisiert als bei Männern.« (S. 176) Frauen berichten weniger von Städten und Bauwerken als vom alltäglichen Leben der Menschen. Typisch ist hier die Aufforderung, die Fanny Lewald zur Niederschrift ihres »Italienischen Bilderbuches« überliefert: »Erzählen Sie uns möglichst wenig von Kirchen und Bildern und möglichst viel von Land und Leuten. Sagen Sie uns, woran das Volk sich erfreut, worunter es leidet« (S. 177).

Neben einerseits dem geschlechtsspezifischen Blick und andererseits den ins Blickfeld genommenen geschlechtsspezifischen Gegenständen sieht Scheitler letztlich das deutlichste Merkmal weiblicher Reiseberichte in der »Häufigkeit der Stellen, an denen Reiseschriftstellerinnen von sich selbst als Frau sprechen« (S. 188). Immer wieder wird das eigene Geschlecht reflektiert, befinden sich doch Reiseschriftstellerinnen immer in doppelter Weise in einer exzeptionellen Situation: als reisende Frauen und als schreibende Frauen. Die Konfrontation mit dem fremden Land wird zur »Konfrontation mit den eigenen Vorstellungen von Weiblichkeit, zum Prüfstein für die eigenen Lebensmöglichkeiten« (S. 197). Sehr viel intensiver als bei anderen literarischen Formen ist daher »Gattung und Geschlecht« in der Reisebeschreibung von Frauen aufeinander bezogen gewesen, wenn auch – wie die Untersuchung zeigt – deutsche Autorinnen zwischen 1780 und 1850 die tradierten Weiblichkeitsmuster nur in Ausnahmefällen durchbrachen, sie vielmehr in Form und Inhalt ihrer Schriften immer wieder neu festschrieben. Das Selbstbewusstsein, aber auch die Keckheit einer Ida Hahn-Hahn, »in jeder Hinsicht eine Autorin von extremen Positionen« (S. 200), die gerade auch von Heine immer wieder angegriffen wurde, war für deutsche Reiseschriftstellerinnen bis zur Jahrhundertmitte, so macht die sehr sorgfältig analysierende Arbeit deutlich, durchaus untypisch und auch für Hahn-Hahn selbst ohne Konsequenzen: »Ich weiß aber auch recht gut, wer's erfunden hat, daß die schriftstellerischen Frauen abgeschmackt sein sollen: die mittelmäßigen Männer haben es gethan, und es giebt deren weit mehr als sie selbst es ahnen.« (S. 173)

Karin Füllner

Georg Weerth und das Feuilleton der »Neuen Rheinischen Zeitung«. Kolloquium zum 175. Geburtstag am 14./15. Februar 1997 in Detmold. Hrsg. von Michael Vogt. Bielefeld: Aisthesis Verlag 1999 (= Vormärz-Studien II). 202 S., DM 34,–.

Mit diesem wiederum international besuchten Kolloquium setzte das Forum Vormärz Forschung e.V. eine bereits 1992 initiierte wissenschaftliche Diskussion über das schriftstellerische Wirken und das Leben des Kaufmanns Georg Weerth fort. (Georg Weerth 1822–1856. Referate des I. Internationalen Georg Weerth-Colloquiums 1992. Hrsg. von Michael Vogt in Verbindung mit Werner Broer und Detlev Kopp. Bielefeld 1993) Der »Nachholbedarf« einer kritischen Weerth-Rezeption – sie erfolgte, von wenigen Ausnahmen abgesehen, lange Zeit nur in der DDR und in der Sowjetunion – war groß und ebenso folglich das Bedürfnis, weitere Forschungslücken zu schließen.

Der vorliegende Tagungsband enthält zehn vorgetragene Referate sowie eine von Bernd Füllner ausgearbeitete detaillierte Chronik von Weerths Leben und journalistischen Leistungen in den beiden Revolutionsjahren 1848/49.

Fritz Wahrenburg (Paderborn) untersucht Weerths Feuilletons in der »Kölnischen Zeitung«, wobei er einleitend den Begriff und die Geschichte dieses Literaturgenres, u.a. am Beispiel der »Rheinischen Zeitung« und der Ära Püttmann, sowie ihre Forschungsperspektiven darlegt. Ausführlich geht Wahrenburg speziell auf die Reisefeuilletons Weerths ein, die die enge Verbindung des sozialkritischen Kaufmanns mit seinen literarischen Ambitionen veranschaulichen. Dass Weerth hierbei Heinrich Heine zum Vorbild nahm und zugleich Eigenständigkeit entwickelte, wird von Wahrenburg an einigen Beiträgen aus der »Kölnischen Zeitung« analysiert.

Auch in der achtteiligen satirischen Feuilletonserie »Die Langeweile, der Spleen und die Seekrankheit« folge Weerth Heines Intentionen, so Florian Vaßen (Hannover), um noch klarer das Phänomen der Langeweile unter politisch-soziologischem Gesichtspunkt am Beispiel der Religion, Familie, respektive Ehe und Politik zu thematisieren. Vaßen befragt diese Serie nach ihrer politischen und literarischen Substanz sowie nach der Relevanz des Themas. Er kommt zu der abschließenden Erkenntnis, dass Weerth mit diesem bisher zu Unrecht wenig beachteten Text die gesellschaftliche Bewusstseinslage und die Stimmung im März 1849 widergespiegelt hat. Zugleich ist die Serie ein wichtiger Beitrag zur zeitgenössischen Mentalitätsgeschichte sowie ein literarisch interessantes Beispiel für das politische Feuilleton – nicht nur zu jener Zeit.

Das noch heute mit großem Vergnügen zu lesende Weerthsche Spottgedicht »Heute morgen fuhr ich nach Düsseldorf« stellt, wie Michael Vogt (Bielefeld) meint, eine gelungene Verbindung von Rhetorik und Ästhetik dar. Die Analyse zielt darauf, tendenziell dem Vorurteil entgegenzuwirken, dass »operative Literatur« in toto reine Verbrauchsliteratur und daher ästhetisch minderwertig sei.

Norbert Otto Eke (Paderborn) vergleicht in »Revolution und Ökonomie oder Der Bürger in der Klemme« das von Nikolaus Müller während der Mainzer Republik verfasste Lustspiel »Der Aristokrat in der Klemme« mit Weerths Romanfragment und dessen »Humoristischen Skizzen aus dem deutschen Handelsleben«. Damit zeigt er den gesellschaftlichen Bedeutungswandel der drei wichtigsten agierenden Klassen in der ersten Hälfte des 19. Jahrhunderts – Adel, Bourgeoisie und aufkommendes Proletariat – aus der Sicht von Weerth.

In Anlehnung an den 1851 geprägten Ausspruch »Die Revolution hat mich um alle Heiterkeit gebracht« zeichnet Bernd Füllner (Düsseldorf) nach, welchem Gefühlswandel Weerths Revolutionserlebnis von 1848/49 unterlag. Dieser Wandel von der Emphase über die französische Februarrevolution zur zunehmenden Ernüchterung und dann bitterer Enttäuschung über die sukzessive Niederlage der demokratischen Partei prägte entscheidend auch den Ton seiner über 90 Feuilletonserien, Artikel und literarischen Splitter: von überschwenglicher Begeisterung zu Hohn und Spott.

Jürgen-Wolfgang Goette (Lübeck) untersucht detailliert Weerths überlieferte Briefe aus dem Revolutionsjahr. Bei dieser eingeschränkten Zahl von Briefen – nachweisbar sind andere nicht erhalten geblieben – kann es auch zu spekulativen Aussagen über Motive von Weerths Entscheidungen und Handlungen 1848/49 kommen, denen Goette möglicherweise nicht ganz entgangen ist. Wenn er z. B. behauptet, dass Weerth aufgrund seiner Reisen sich an der »Neuen Rheinischen Zeitung« nicht mit »Haut und Haaren« engagieren wollte (S. 110) oder »daß Weerth sich aus dem Staub gemacht hat« (S. 111), so ist auch eine andere Sichtweise denkbar: Könnten die Reisen von Weerth, dem gewieften Kaufmann, nicht dazu gedient haben, für das Blatt so dringend benötigtes Geld aufzutreiben, ebenso wie es Marx im Sommer 1848 und im Frühjahr 1849 getan hat?

Inge Rippman (Basel) analysiert aus der roten Abschiedsnummer der »Neuen Rheinischen Zeitung« Weerths »Proklamation an die Frauen« und verbindet dies mit der Frage der Frauenfiguren in seinen Werken, einschließlich der Allegorie in weiblicher Gestalt. Doch merkt Rippmann kritisch an, dass Weerth mit seiner Proklamation zur Lösung der »großen Frauenfrage« wenig beigetragen hat – wie nahezu alle männlichen Revolutionäre seit 1789. Eine kleine Korrektur ist angebracht: Der Rückblick über die ungarische Revolution in der Abschiedsnummer hat nicht Karl Marx zum Verfasser, sondern Friedrich Engels (S. 116, 123.)

In seinem Beitrag »Der Fabelkönig, sein Waffenbruder und die Gladiatoren« geht Nikolaus Gatter (Köln) ausführlich auf die Entstehung des berühmten Empfehlungsschreibens von Heinrich Heine für Ferdinand Lassalle, die Gründe für dessen Veröffentlichung in der »Neuen Rheinischen Zeitung« am 3. Januar 1849 und den daraus resultierenden Unwillen von Heine ein. Gatter zitiert hier auch Iring Fetscher, der meinte, dass der von Weerth mit einer Einleitung versehene und aus politischen Motiven veränderte Abdruck ungewollt dem späteren Lassalle-Kult wesentlich den Weg geebnet habe. In einem Anhang wird das Empfehlungsschreiben mit allen Druckvarianten späterer Veröffentlichungen wiedergegeben.

Eoin Bourke (Galway, Irland) befasst sich mit Weerths Einschätzung der beiden irischen Politiker Daniel O'Connell und Feargus O'Connor in verschiedenen Gedichten und Feuilletons. Zuerst begeistert von der Anziehungskraft von O'Connells »Repeal«-Bewegung für ein unabhängiges irisches Parlament, wandte sich Weerth jedoch unter Einfluss von Engels von ihm ab, da er seine Rolle als Katalysator der Revolution nicht wahrnahm. Spätestens 1846 orientierte sich Weerth an dem revolutionären Chartisten O'Connor. Aber dessen Sinneswandel und vor allem das enttäuschende Auftreten während des Londoner Aufmarsches von 20000 Chartisten am 10. April 1848 ließen Weerth zunehmend kritische Distanz zu O'Connor gewinnen.

In »Kaufmann und homme de lettres à la fois« geht Uwe Zemke (Salford, England) der Frage von Weerths beruflicher Tätigkeit in seiner ›Kölner Residenz‹ 1848/49 nach. Zemke verficht die These, dass er seinen Handelsberuf nur vorübergehend aufgab und sich der journalistischen Tätigkeit zuwandte, da im Revolutionsjahr an keine Geschäfte zu denken war. Für die Priorität des Kaufmannsberufs zitiert Zemke eine Passage aus Weerths Brief vom 18. November 1846, berücksichtigt dabei aber nicht die qualitativ andere Situation des Jahres 1848. Um seiner These Nachdruck zu verleihen, vertritt Zemke die Auffassung, dass Weerth nach dem Wiedererscheinen der »Neuen Rheinischen Zeitung« am 12. Oktober nur notgedrungen und vorläufig in die Redaktion zurückgekehrt sei. Ähnlich wie bei Goette wird Aussagen von Weerths Mutter ein größerer Wahrheitsgehalt zugebilligt, ohne dabei den gesamten Komplex der Wirkungsbedingungen des Blattes von Marx zu berücksichtigen und damit möglichen Fehlurteilen zu entgehen.

Zweifellos trugen die Vorträge und Diskussionen auf dem internationalen Kolloquium zum 175. Geburtstag von Weerth dazu bei, weitere Seiten seines Lebens und seines literarischen Schaffens vor allem in der Revolution von 1848/49 zu erhellen. Allerdings widerspiegelte sich auch hier, dass in der bisherigen Rezeption seine journalistische Tätigkeit im politischen Teil der »Neuen Rheinischen Zeitung« weitgehend ausgeblendet blieb. Verschiedene Indizien weisen darauf hin, dass dieser Teil nicht wenige Beiträge von ihm enthält, in denen sein politischer Standpunkt noch klarer zutage trat.

Dieses Terrain ist allerdings wesentlich komplizierter zu bearbeiten. Im Gegensatz zu den meisten Feuilletons erschienen die Beiträge über dem »Strich« anonym, weshalb ihre Zuordnung zu den acht Redakteuren eine entscheidende Hürde für die Auswertung darstellt. Doch liegen hierzu nunmehr einige Forschungsergebnisse vor. Die Einbeziehung der Artikel von Weerth im politischen Teil könnte dazu beitragen, eine umfassendere Einsicht über sein Wirken an dem Blatt zu gewinnen und einen neuen qualitativen Ansatz zur Rezeption des Weerthschen literarischen Schaffens an der »Neuen Rheinischen Zeitung« bieten.

François Melis

Martin Zimmermann: *Nerval lecteur de Heine. Un essai de sémiotique comparative.* Paris/ Montréal: L'Harmattan 1999. 238 S., FF 130,–.

Das Buch beschäftigt sich mit einem Punkt der deutsch-französischen Literaturbeziehungen, der schon relativ lange und relativ gut erforscht wurde. Von den Arbeiten von Louis Betz (»Heine in Frankreich«, 1894) bis zur grundlegenden Nerval-Biographie von Claude Pichois und Michel Brix (1995) reichen die Bemühungen darum, nicht nur das persönliche Verhältnis der beiden so unterschiedlichen Autoren, sondern auch die Beziehungen ihrer Werke zueinander zu bestimmen. Die Arbeit von Zimmermann nähert sich dieser Frage von der Seite Nervals aus – wie bereits der Titel anzeigt –, ist aber auch für Heine-Freunde mit Gewinn zu lesen. Denn der Autor will mehr als nur die ohnehin hinlänglich bekannten Fakten über wechselseitige Erwähnungen und Bezugnahmen nochmals zusammenstellen und befragen. Im Gegenteil geht es ihm gerade darum, entlang dem expliziten und impliziten Beziehungsgeflecht, das zwischen beider Werk besteht, auf die fundamentalen Unterschiede aufmerksam zu machen zwischen dem poetischen Universum Nervals und dem Heines.

Dabei bedient er sich des Instrumentariums der Intertextualitätsforschung, deren unterschiedliche Ansätze im ersten Kapitel des Buches kurz vorgestellt und auf ihre Tauglichkeit überprüft werden. An neun Punkten lässt sich ein intertextueller Bezug zwischen beiden Autoren konstatieren:

1. Poetologische Reflexionen über den Hintergrund der jeweils eigenen Arbeit;
2. Autobiographische Berichte über ihr gegenseitiges Verhältnis;
3. Kommentare über das literarische Werk des anderen;
4. Namensnennung;
5. Übersetzung;
6. Textzusammenfassung, Zitat;
7. Gemeinsame Ideen und Gedanken aus gemeinsamer Zeitgenossenschaft;
8. Bewusste stilistische Nachahmung;
9. Gemeinsame Motive.

Während der Bezug in den ersten sechs Komplexen, die im 2. Kapitel des Buches abgehandelt werden, sich konkret in den Texten Nervals benennen lässt, wird er für 7.–9. (3. Kapitel) erst über den Leser und die Lektüre hergestellt.

Gleich beim ersten Punkt gelingt es dem Verfasser, den grundlegenden Unterschied zwischen beiden Autoren deutlich zu machen, der dann im Verlauf der Untersuchung weiter verdeutlicht und differenziert wird. Für Nerval wie für Heine wird die Bibliothek eines Onkels zum Anlass poetologischer Reflexionen. Nerval nennt die Vorrede zu »Illuminés« von 1852 »La Bibliothèque de mon oncle«, Heine schildert seine Begegnung mit den Büchern seines Onkels Simon van Geldern in den »Memoiren«. Während es Nerval darum geht, sich in die Tradition einzureihen, er davon spricht, dass es wichtig sei, das Alte zu bewahren und wiederherzustellen, betont Heine eher den Abstand, der zwischen Gegenwart und Vergangenheit liegt, hebt er den Traditionsbruch und den Neubeginn heraus.

Auf diesen Unterschied hin spitzt Zimmermann die gesamte Untersuchung zu: Heines poetisches Universum sieht er bestimmt vom Bruch, vom Ausschluss, von der Analyse, während Nervals literarische Welt im Gegenteil von der Suche nach Ganzheit, vom Wunsch nach Integration und Synthese beherrscht wird. Dieser Unterschied lässt sich in den biographischen Texten Nervals über Heine nachweisen, wenn der politische Dichter ganz ausgeklammert wird zugunsten des Poeten; selbst in den Übersetzungen ist dieser Wunsch nach Ausgleich zu spüren, wenn Heines Ironie ausgeblendet wird und etwa »Lyrisches Intermezzo« III von einem mehrdeutigen, weil z. B. auch poetologisch ausdeutbaren Text zu einem reinen Liebesgedicht zurechtgeschnitten wird. Ausführlich beschäftigt sich Zimmermann mit dem Komplex von »Intermezzo« XXIII (»Ein Fichtenbaum steht einsam«), ein Gedicht, das Nerval nicht nur übersetzt hat, dessen Geschichte er im Rahmen seiner »Reise in den Orient« seinen Lesern auch noch einmal nacherzählt. Erneut zeigt sich, wie Heine die Kontraste bedeutend schärfer akzentuiert als Nerval, dem es auch in diesem Zusammenhang noch darum geht, Ansätze für einen Ausgleich zu finden.

Solche vergleichenden Interpretationen findet man dann gehäuft im letzten Kapitel des Buches, wo es nicht mehr um den Bezug über direkte Intertexte geht, sondern um indirekte, erst durch die Lektüre hergestellte Zusammenhänge, die sich nicht auf tatsächliche Übernahmen oder Anspielungen beziehen müssen. Zueinander in Beziehung gesetzt werden hier z. B. die Träume in den »Nuits d'Octobre« und der »Harzreise« und schließlich eine Sequenz aus »Nordsee. Erste Abtheilung« (Gedichte VII–XII) und »Aurelia«. Wieder steht Nervals bruchlosem Übergang von Realität und Traumwelt die ironische Trennung beider Bereiche bei Heine entgegen, und auch die visionären Spaziergänge in der »Nordsee« bzw. »Aurelia« unterscheiden sich grundlegend: hier das schließlich doch freie und selbstbestimmte Ich bei Heine, dort der getriebene, sich in einem größeren Zusammenhang aufgehoben wissende Erzähler Nervals.

Dieses Buch macht völlig zu Recht darauf aufmerksam, dass mit dem bloßen Aufzeigen einer Textreferenz zwischen zwei Autoren noch gar nichts gesagt ist. Erst die genaue Analyse des Verwendungszusammenhangs und der damit einhergehenden semantischen Verschiebungen kann Sinn und Zweck solcher Über- und Bezugnahmen deutlich machen. Nerval hat die übernommenen Textstücke bzw. Motive ganz der neuen, allein durch ihn geprägten Textumgebung angepasst, hat sogar die Übersetzungen in diesem Sinne bearbeitet und letztlich die Heine-Referenz dazu benutzt, eigene ästhetische Positionen in Absetzung von der des Freundes zu verdeutlichen.

Allein schon die Tatsache, dass das Buch wieder einmal die Beziehung Heines zu einem Vertreter der französischen Literatur ganz aus der Nähe betrachtet, macht es zu einem Gewinn für die Heine-Forschung. In diesem Feld ist bislang noch viel zu wenig geschehen, vor allem haben sich noch nicht genügend Forscher von der anderen Seite, der Seite der französischen Schriftsteller her, dem Thema genähert. Auch wenn die Untersuchung keine spektakulären Entdeckungen macht, so könnte der vom Autor kenntnisreich und mit einem hohen Maß an interpretatorischer Genauigkeit abgeschrittene Weg für nachfolgende ähnliche Arbeiten Anregung sein und Beispiel geben.

Bernd Kortländer

Heine-Literatur 1998/99 mit Nachträgen

Zusammengestellt von Traute-Renate Feuerhake

Sammelbände sind jeweils nur einmal vollständig bibliographiert; ihre Titel werden bei den gesondert aufgeführten Einzelbeiträgen verkürzt wiedergegeben.

1 Primärliteratur

1.1 Werke

1.2 Einzelausgaben

Heine, Heinrich: Atta Troll. Ein Sommernachtstraum. Deutschland. Ein Wintermärchen. Limitierte Sonderausg. Frankfurt a. M. 1999. 159 S. (Fischer Taschenbuch. 50159)

Heine, Heinrich: Florentinische Nächte. Prosa. Mit einem Nachw. von Tilman Spreckelsen und Anm. von Gotthard Erler. Berlin 1999. 191 S. (Aufbau Bibliothek. 6047)

Ludwig Börne und Heinrich Heine, ein deutsches Zerwürfnis. Bearb. von Hans Magnus Enzensberger. Repr. der limitierten Bleisatzausg. Frankfurt a. M. 1997. 378 S.

1.3 Texte in Anthologien

Deutsche Lyrik. Von Walther von der Vogelweide bis Gottfried Benn. Ausgew. von Hans Joachim Hoof. Waltrop (u.a.) 1999. 634 S.

Der ewige Brunnen. Ein Hausbuch deutscher Dichtung. Ges. u. hrsg. von Ludwig Reiners. Reich geschmückt von Andreas Brylka. Sonderausg. auf d. Grundlage d. 2., durchges. u. erw. Ausg. 1959. 527.–562. Tsd. d. Gesamtaufl. München 1997. 1024 S.

Ein Fischer saß im Kahne. Die schönsten deutschen Balladen des 19. Jahrhunderts. Hrsg. von Herbert Greiner-Mai u. Wulf Kirsten. Berlin 1998. 236 S. (Aufbau Bibliothek. 6026)

Im Winter schneit es Marzipan. Geschichten und Gedichte zur Tannenbaumzeit. Ausgew. von Katrin Pieper. Mit Bildern von Jutta Mirtschin. Berlin 1999. 134 S.

Narrenzeit. Geschichten und Bilder von argen Schelmen, seltsamen Käuzen und buntscheckigem Volk. Hrsg. von Walter Gerlach. Frankfurt a. M. (u.a.) 1999. 266 S. (insel taschenbuch. 2274)

Nicht nur zur Osterzeit. Ein Frühlings-Lesebuch. Hrsg. von Gudrun Bull. Mit 39 Ill. Originalausg. München 1999. 170 S. (dtv. 12606)

Nordbilder. Hrsg. von Dagmar Berghoff. Hamburg 1999. 96 S. (Eine Bildreise)

Rheinfahrt. Von Mainz zum Niederrhein. Hrsg. von Johann Jakob Hässlin. 4. Aufl. Köln 1998. 390 S.

Riediger, Günter: In jedem Anfang liegt ein Zauber. Hamburg 1999. 63 S.

Stundenbuch für Letternfreunde. Besinnliches und Spritziges über Schreiber und Schrift, Leser und Buch. Gesammelt u. hrsg. von Horst Kliemann mit einem Vorw. von Ernst Penzoldt. Dortmund 1984. 186 S. (Die bibliophilen Taschenbücher. Nr. 927)

Tange, Ernst Günter: Zitatenschatz für Feinschmecker. Frankfurt a. M. 1999. 80 S.

Tintenfaß. Das Magazin für den überforderten Intellektuellen. Nr. 23. Zürich 1999. 270 S. (detebe. 22023)

Versunkene Städte. Geschichten, Märchen, Legenden. Hrsg. von Tilman Spreckelsen. Berlin 1998. 263 S. (Aufbau Taschenbuch. 1404)

1.4 Übersetzungen

Anthologie bilingue de la poésie allemande. Édition établie par Jean-Pierre Lefebvre. Paris 1995.
LXXXIV, 1862 S. (Bibliothèque de la Pleiade) [Text Deutsch/Franz.]

Heine, Heinrich: Doña Clara. Übers. ins Estnische von Ain Kaalep. – In: Akadeemia. Jg. 9, Tartu
1997, Nr. 12. S. 2550–2553.

Heine, Heinrich: La Rabeno de Baĥaraĥ. El la germana tradukis Lazaro Zamenhof. La Rabeno de
Bacherach. El la germana tradukis Reinhard Haupenthal. Chapeco (Brazilo) 1997. 104 S. (Fon-
to-Serio. 36) [Text: Esperanto]

Zweimal Heines ›An meine Schwester Charlotte‹ in Düsseldorfer Platt. – In: Rheinische Post.
Düsseldorf, 27. Mai 1998.

2 Sekundärliteratur

2.1 Dokumentationen, Monographien und Aufsätze

Abschlußbericht zum Heinrich-Heine-Jahr 1997 Düsseldorf. Hrsg. von Angela Eckert-Schweizer.
Düsseldorf 1998. 63 S.

Anglade, René: Heinrich Heine : Von der französischen ›Spezialrevoluzion‹ zur deutschen ›Uni-
versalrevoluzion‹. – In: HJb '99. S. 46–73.

Arendt, Dieter: Heines ›religiös-blasphemische‹ Konfession oder ›Die Welt ist die Signatur des
Wortes‹. – In: studi germanici. NF, XXXV, Rom 1997, Nr. 1. S. 25–64.

Astrup, Anne-Sophie: Le voyage identitaire des ›Reisebilder‹. – In: Heine voyageur. Toulouse
1999. So.113–127.

Beilein, Matthias: Telos und Utopie in den Geschichtsbildern Heines und Eichendorffs. – In: Un-
erledigte Geschichten. Hrsg. von Gesa von Essen u. Horst Turk. Göttingen 1999. S. 119–140.

Betz, Albrecht: Avantgarde, Revolution, Restauration. Teil 1: Heinrich Heine über Franz Liszt. –
Teil 2: Opportunismus der Star-Elite. – Teil 3: Gleißende Funken in politischer Nacht. – In: Pester Lloyd. Neuer Jg. 5, Budapest 1998, Nr. 19–21 (1998).

Betz, Albrecht: Befreiung der Sinne : Über Goethe und Heine als Anti-Asketen. Teil 1 u. 2. – In:
Pester Lloyd. Neuer Jg. 6, Budapest 1999, Nr. 34/35 (T. 1); Nr. 36 (T. 2).

Betz, Albrecht: Entzaubernder Verzauberer. Über Heinrich Heine – zwei Jahre nach seiner Heim-
holung. – In: Neue Zürcher Zeitung. Zürich, 13./14. März 1999.

Betz, Albrecht: Jupiter, großer Heide oder gereimter Knecht? – In: Frankfurter Rundschau.
Frankfurt a. M., 14. August 1999.

Betz, Albrecht: Kontraste, extrem : Wie Heinrich Heine die Massen entdeckte. – In: Die Neue Gesellschaft, Frankfurter Hefte. Bonn 2000, H. 3. S. 163–166.

Bierwirth, Sabine: Die Erotik der ›Gesundheitsliebe‹ – Heine und seine Mouche. – In: Forum
Vormärz Forschung. Jahrbuch 1999. Bielefeld 1999. S. 317–326.

Bierwirth, Sabine: Heine-Rezeption in Griechenland. – In: HJb '99. S. 205–214.

Borchmeyer, Dieter: Von der politischen Rede des Dichters. Heinrich Heine – Thomas Mann –
Martin Walser. – In: Frankfurter Allgemeine Zeitung. Frankfurt a. M., 30. Januar 1999.

Brandl-Risi, Bettina / Clemens Risi: »Meine kleine maliziös-sentimentale Lieder«. Heinrich Heines Lyrik und die Frage der Übersetzbarkeit von Ironie am Beispiel von Carl Loewe und
Robert Schumann. – In: Carl Loewe (1796 – 1869). Beiträge zu Leben, Werk und Wirkung.

Hrsg. von Ekkehard Ochs u. Lutz Winkler. Frankfurt a. M. (u.a.) 1998. S. 175–210. (Greifs-walder Beiträge zur Musikwissenschaft. Bd. 6)

Bremer, Thomas: München, ›seit kurzem ein Neues Athen‹. Der dritte Teil der ›Reisebilder‹ als Diskussion der Möglichkeiten intellektueller Existenz vor 1830. – In: Heine voyageur. Toulouse 1999. S. 165–185. (Résumé en français S. 186)

Brendel, Ina: Heinrich Heine und das Pariser Theater zur Zeit der Julimonarchie. Bamberg 1999. 258 S. (Bamberg, Uni., Diss., 1999)

Briegleb, Klaus: Heinrich Heine. – In: Metzler-Lexikon der deutsch-jüdischen Literatur. Stuttgart (u.a.) 2000. S. 213–219.

Briegleb, Klaus: »Trotz dem, daß ich ein heimlicher Hellene bin«. Heines Arbeit an Goethe. Eine Relektüre. – In: Menora. Bodenheim 1999. S. 111–153.

Calvié, Lucien: Autour du bicentenaire de la naissance de Heine: de la »misère« heinéenne française à la récurrente »misère allemande«. – In: Chroniques allemandes. Grenoble 1999, Nr. 7. S. 151–165.

Calvié, Lucien: ›Germania‹ de Henri Heine : d'un mythe à l'autre – de Barberousse à Napoléon I. – In: Cahiers d'études Germaniques. Nr. 30, Aix-en-Provence 1996. S. 36–43.

Calvié, Lucien: Heine et Goethe. – In: Heine voyageur. Toulouse 1999. S. 187–201.

Calvié, Lucien: Histoire politique et parodie littéraire : France-Allemagne, du comte de Thorenc au tambour Legrand. – In: Chroniques allemandes. Grenoble 1996, Nr. 5. S. 29–39.

Cozic, Alain: Heine, »citoyen du large«? – In: Heine voyageur. Toulouse 1999. S. 65–79.

Destro, Alberto: L'esilio degli dèi e il ritorno a Dio. – In: Heinrich Heine, cittadino d'Europa. Mailand 1999. S. 9–18.

Dialoge mit der Droste. [Kolloquium zum 200. Geburtstag von Annette von Droste-Hülshoff]. Hrsg. von Ernst Ribbat. Paderborn (u.a.) 1998. 318 S.

Dichterhandschriften von Martin Luther bis Sarah Kirsch. Hrsg. von Jochen Meyer. Stuttgart 1999. 235 S.

Dokumentation zum Heinrich-Heine-Schülerwettbewerb 1997. ›Heimat und Fremde‹. Red. Margitta Dobrileit. Düsseldorf 1997. 42 S.

Eörsi, István: Hiob und Heine. Passagiere im Niemandsland. Aus d. Ungar. von Gregor Mayer. Klagenfurt (u.a.) 1999. 336 S.

Esselborn, Hans: La description de la misère du Saint-Empire par Jean Paul. – In: Chroniques allemandes. Grenoble 1999, Nr. 7. S. 37–45.

Ettingshausen, Valeska von: Wirklichkeitsprofile in Heines ›Memoiren des Herren von Schnabelewopski‹. Düsseldorf 1998. 83 S. (Düsseldorf, Uni., Magister, 1998)

Faure, Alain: Die Harzreise. Sur les traces de Heinrich Heine. – In: Heine voyageur. Toulouse 1999. S. 17–44.

Fingerhut, Karlheinz: Assimilation und Transformation. Goethe-Reminiszenzen in Heines Werk. – In: Chroniques allemandes. Grenoble 1999, Nr. 7. S. 167–190.

Fliri Piccioni, Alida: Introduzione. – In: Heinrich Heine, cittadino d'Europa. Mailand 1999. S. 5–8.

Fraiman, Sarah: Jüdische Identität und Identitätskrise. Bewußtes und Unbewußtes bei Lion Feuchtwanger und Jakob Wassermann. – In: Aschkenas, Zeitschrift für Geschichte und Kultur der Juden. Jg. 8, Wien (u.a.) 1999, Heft 2. S. 511–524.

Folkerts, Menso: Wer war Heinrich Heines ›Mouche‹? Dichtung und Wahrheit. – In: HJb '99. S. 132–151.

Francke, Renate: »Damit sie die Geister entzünde und die Herzen treffe, rede die Philosophie in verständlichen Tönen!« Eine unbekannte Quelle für Heines philosophische Studien. – In: HJb '99. S. 91–104.

Gedichte und Interpretationen. Bd. 7: Gegenwart II. Hrsg. von Walter Hinck. Stuttgart 1997. 342 S. (Universal-Bibliothek. Nr. 9632)

Geitner, Christa: Au sommet du Brocken. Le voyage en littérature de Heine ou pourquoi le poète-narrateur n'assiste pas au lever du soleil. – In: Heine voyageur. Toulouse 1999. S. 81–95.

Glückert, Martin: »Rothe Pantoffeln«. – In: HJb '99. S. 74–90.

Görtz, Franz Josef: Ein Fragment für Heinrich Heine; exemplarische Gedenkschwierigkeiten in Düsseldorf. – In: ders.: Innenansichten. Über Literatur als Geschäft. Frankfurt a. M. 1987. S. 96–100.

Götze, Karl Heinz: Die unmögliche und die mögliche Liebe. Heines Liebeslyrik in der Geschichte der Gefühle. – In: HJb '99. S. 29–45.

Goldstein, Bluma: Heine's »Hebrew Melodies«: A Politics and Poetics of Diaspora. – In: Heinrich Heine's Contested Identities. New York (u. a.) 1999. S. 49–68.

Goltschnigg, Dietmar: Die Fackel ins wunde Herz. Kraus über Heine. Eine »Erledigung«? Texte, Analysen, Kommentar. Wien 2000. 485 S.

Großer Mann im seidenen Rock. Heines Verhältnis zu Goethe. Mit einem Essay von Jost Hermand. Bearb. von Ursula Roth u. Heidemarie Vahl. Stuttgart (u. a.) 1999. X, 195 S. (Heinrich-Heine-Institut Düsseldorf, Archiv, Bibliothek, Museum. Bd. 8)

Hansen, Volkmar: Heines sterbender Gott. – In: Heinrich Heine, cittadino d'Europa. Mailand 1999. S. 19–39.

Hauschild, Jan-Christoph / Michael Werner: Der Zweck des Lebens ist das Leben selbst – Heinrich Heine, eine Biographie. Korrigierte Ausg. Berlin 1999. 896 S. (Ullstein-Buch. 26566)

Heine voyageur. Textes réunis et présentés par Alain Cozic, Françoise Knopper et Alain Ruiz. Toulouse 1999. 234 S. (Interlangues littératures)

Heine-Jahrbuch 1999. Hrsg. von Joseph Anton Kruse. Heinrich-Heine-Institut der Landeshauptstadt Düsseldorf. In Verb. mit der Heinrich-Heine-Gesellschaft. Jg. 38, Stuttgart 1999. 339 S.

Heinrich Heine, cittadino d'Europa. Heinrich Heine als Europäer. Introduzione e cura di Alida Fliri Piccioni. Mailand 1999. 136 S. (Pubblicazioni della Facoltà di lettere e filosofia dell' Università di Pavia. 91)

Heinrich Heine's Contested Identities. Politics, Religion, and Nationalism in Nineteenth-Century Germany. Ed. by Jost Hermand and Robert C. Holub. New York (u. a.) 1999. IX, 199 S. (German Life and Civilization. Vol. 26)

Held, Heinz-Georg: Ironie des Liedes. Heinrich Heine und die romantische Musiktheorie. – In: Heinrich Heine, cittadino d'Europa. Mailand 1999. S. 41–64.

Hermand, Jost: Der Blick von unten. H. Heine und Johann Wolfgang von Goethe. – In: Großer Mann im seidenen Rock. Stuttgart (u. a.) 1999. S. 3–23.

Hermand, Jost: Tribune of the People or Aristocrat of the Spirit? Heine's Ambivalence Toward the Masses. – In: Heinrich Heine's Contested Identities. New York (u. a.) 1999. S. 155–173.

Höhn, Gerhard: »La meilleure formation, un homme intelligent l'acquiert en voyageant«. Les ›Reisebilder‹ de Heine et ›(Ver-)Bildungsreisen‹. – In: Heine voyageur. Toulouse 1999. S. 129–140.

Hoffmann, Christhard: History versus Memory: Heinrich Heine and the Jewish Past. – In: Heinrich Heine's Contested Identities. New York (u. a.) 1999. S. 25–48.

Hoffmeister, Gerhart: Heine in der Romania : Vorstudie zu einer Rezeptionsgeschichte. – In: HJb '99. S. 152–174.

Hohendahl, Peter Uwe: Heine's Critical Intervention : The Intellectual as Poet. – In: Heinrich Heine's Contested Identities. New York (u.a.) 1999. So.175–199.

Hohendahl, Peter Uwe: Heinrich Heine. Macht und Ohnmacht des Intellektuellen. – In: Responsibility and Commitment. Ethische Postulate der Kulturvermittlung. Frankfurt a. M. 1996. S. 91–107.

Holub, Robert C.: Confessions of an Apostate : Heine's Conversion and Its Psychic Displacement. – In: Heinrich Heine's Contested Identities. New York (u.a.) 1999. S. 69–88.

Horch, Hans Otto: Die unheilbar große Brüderkrankheit (zu Heine, Heinrich:»Das neue Israelitische Hospital zu Hamburg«). – In: Frankfurter Anthologie. Bd. 21. Frankfurt a. M. 1998. S. 61–65. [Zuerst in: Heinrich Heine, ich hab im Traum geweinet. Frankfurt a. M. 1997. S. 130–134.]

Horst, Christoph auf der: Heinrich Heine, die Geschichte Frankreichs und seine Rezeption der französischen Historiographie. Düsseldorf 1998. 800 S. (Düsseldorf, Uni., Diss., 1998)

Horst, Christoph auf der / Alfons Labisch: Heinrich Heine, der Verdacht einer Bleivergiftung und Heines Opium-Abusus. – In: HJb '99. S. 105–131.

Hundt, Martin: ›Das Leben ist weder Zweck noch Mittel; Das Leben ist ein Recht‹. – In: Beiträge zur Geschichte der Arbeiterbewegung. Jg. 40, Berlin 1998. S. 61–69.

Jäger, Anne Maximiliane: »Besaß auch in Spanien manch' luftiges Schloß«. Spanien in Heinrich Heines Werk. Stuttgart (u.a.) 1999. 340 S. (Heine-Studien)

Jaspers, Willi: »Goethe ist der gereimte Knecht, wie Hegel der ungereimte«. Die deutschen Mandarine und Ludwig Börnes »Judenschmerz«. – In: Menora. Bodenheim 1999. S. 155–184.

Kaalep, Ain: Heinrich Heine. – In: Akadeemia. Jg. 9, Tartu 1997, Nr. 12. S. 2550–2553.

Kapczynski, Jennifer / Kristin Kopp / Paul B. Reitter / Daniel Sakaguchi: The Polish Question and Heine's Exilic Identity. – In: Heinrich Heine's Contested Identities. New York (u.a.) 1999. S. 135–153.

Kesten, Hermann: Heine – heute. – In: Nahe Ferne. Düsseldorf 1999. S. 28–39.

Kiba, Hiroshi: Dokumentation Judenverfolung in Damaskus. Augsburger Allgemeine Zeitung. – In: Beiträge zur Germanistik. Hrsg. vom Germanistischen Verein der Universität Kobe. Kobe 1998. S. 1–72. [Text Japan.]

Kiba, Hiroshi: Heine und Amerika. Tiefpunkt der Amerika-Rezeption in der deutschen Literaturgeschichte. – In: Festschrift für Teruyasu Yamato. Osaka 1998. S. 47–62.

Kiba, Hiroshi: Heines Gesellschaftskritik und die deutsche Literatur in einer Umwandlungsperiode. Kobe 1999. S. 1–14.

Kiba, Hiroshi: Heines Gesellschaftskritik und die deutsche Literatur in einer Umwandlungsperiode. – In: Literatur in der Umwandlungsperiode. Kyoto 1999. S. 118–138. [Text Japan.]

Kiba, Hiroshi: Jüdische Ethnizität bei Heine und Börne. – In: Cross-Cultur Studies Review. Kobe 1999, No. 1. S. 1–11.

Kiba, Hiroshi: Zu Heine von Ichijo Masao. – In: Beiträge zur Germanistik. Hrsg. vom Germanistischen Verein der Universität Kobe. Kobe 1998. S. 101–144. [Text Japan.]

Kircher, Hartmut: Heinrich Heine, Deutschland. Ein Wintermärchen und andere Gedichte. Interpretation. 1. Aufl. in der neuen Rechtschreibung. München 1997. 158 S. (Oldenbourg Interpretationen. Bd. 83)

Klessmann, Eckart: Keine deutsche Marseillaise (zu Heine, Heinrich: »Die schlesischen Weber«). – In: Frankfurter Anthologie. Bd. 21. Frankfurt a. M. 1998. S. 51–55. [Zuerst in: Heinrich Heine, ich hab im Traum geweinet. Frankfurt a. M. 1997. S. 146–149.]

Knopper, Françoise: Heine et la tradition des chroniques de voyage. – In: Heine voyageur. Toulouse 1999. S. 99–111.

Koopmann, Helmut: Chamisso, Börne, Heine : Exil in Deutschland, Exil in Frankreich. – In : Vormärzliteratur in europäischer Perspektive. 1. Bielefeld 2000. S. 91–110.

Kortländer, Bernd: Berlin – Hamburg – London – Paris. Bilder der großen Stadt bei Heinrich Heine. – In: Heinrich Heine, cittadino d'Europa. Mailand 1999. S. 65–77.

Kortländer, Bernd: Heine in wechselnder Gestalt. Die beiden historisch-kritischen Heine-Ausgaben. – In: Ernst Meister Gesellschaft. Jahrbuch 1998. Aachen 1999. S. 21–38.

Kortländer, Bernd: Heinrich Heine, 1797–1856. – In: Reclams Romanlexikon. Bd. 2. Stuttgart 1999. S. 189–211.

Kortländer, Bernd: Le Rhin de Heine. – In: Pratiques d'écriture. o. O. 1996. S. 187–199.

Kortländer, Bernd: Vergleiche im Unvergleichlichen. Annette von Droste-Hülshoff und Heinrich Heine. – In: Dialoge mit der Droste. Paderborn (u. a.) 1998. S. 9–24.

Krebs, Gilbert: Heine, Göttingen et l'Allemagne : histoire d'une intégration manquée. – In: Heine voyageur. Toulouse 1999. S. 141–161.

Kruse, Joseph Anton: Heine und Goethe. Eine respektvolle Anmerkung. – In: Großer Mann im seidenen Rock. Stuttgart (u. a.) 1999. S. IX–X.

Kruse, Joseph Anton: Literatur im Vormärz: »Der Freiheit eine Gasse!« – In: Petitionen und Barrikaden. Rheinische Revolutionen 1848/49. Münster 1998. S. 224–228.

Kruse, Joseph Anton: »Mon cœur jubile«. Les voyages de Heine au bord de la mer. – In: Heine voyageur. Toulouse 1999. S. 45–63.

Kruse, Joseph Anton: Nah, gleichzeitig fern und dennoch immer dazwischen. – In: Nahe Ferne. Düsseldorf 1999. S. 8–13.

Kurz, Gerhard: Hirsch-Hyazinth. Zu einer Selbstdeutungsfigur Heines. – In: Aschkenas, Zeitschrift für Geschichte und Kultur der Juden. Jg. 8, Wien (u. a.) 1999, Heft 2. S. 501–510.

Ledanff, Susanne: »Berlin ist gar keine Stadt«: Der Ursprung eines Topos. Heines »Briefe aus Berlin«. – In: HJb '99. S. 1–28.

Lindlar, Heinrich: Loreley-Report. Heinrich Heine und die Rheinlied-Romantik. Köln-Rheinkassel 1999. 175 S.

Literatur in der Umwandlungsperiode. Hrsg. von K. Mishima u. Y. Kinoshita. Kyoto 1999. 319 S. (Philosophie in der Umwandlungsperiode; Bd. 5) [Text Japan.]

Lützeler, Paul Michael: Die Lippen der liebsten Frau (zu Heine, Heinrich: »Im Rhein, im schönen Strome«). – In: Frankfurter Anthologie. Bd. 21. Frankfurt a. M. 1998. S. 43–46. [Zuerst in: Heinrich Heine, ich hab im Traum geweinet. Frankfurt a. M. 1997. S. 44–47]

Magner, Michael: Heinrich Heines De l'Allemagne (1855) als jüdischer Gegenentwurf zur romantischen Poetik. Bonn 1999. 242 S. (Bonn, Uni., Diss., 1999)

Maher, Moustafa: Die arabische Welt in Heines Werk und Heines Werk in der arabischen Welt. – In: HJb '99. S. 175–196.

Matt, Peter von: Knalleffekt und Raffinesse (zu Heine, Heinrich: »Belsatzar«). – In: ders.: Die verdächtigte Pracht. München (u. a.) 1998. S. 118–121.

Matt, Peter von: Die verdächtigte Pracht. Über Dichter und Gedichte. München (u. a.) 1998. 338 S.

Matt, Peter von: Wünscht Heine sich den Tod? Die Unfaßbarkeit des Ichs im lyrischen Text (zu Heine, Heinrich: »Mein Herz, mein Herz ist traurig«). – In: ders.: Die verdächtigte Pracht. München (u. a.) 1998. S. 201–212.

»Misère allemande«. »Deutsche Misere«. Textes réunis par Lucien Calvié et François Genton à l'occsaion du bicentenaire de la naissance de Heinrich Heine (1797–1856). Grenoble 1999. 228 S. (Chroniques allemandes. Nr. 7)

Menora. Jahrbuch für deutsch-jüdische Geschichte 1999. Im Auftr. des Moses-Mendelssohn-Zentrums für Europäisch-Jüdische Studien. Hrsg. von Julius H. Schoeps u. a. Bodenheim 1999. 386 S.

Metzler-Lexikon der deutsch-jüdischen Literatur. Hrsg. von Andreas B. Kilcher. Stuttgart (u. a) 2000. 664 S.

Morawe, Bodo: Heines »gefährliche Vielleichts« und die Anfänge des politischen Radikalismus in Deutschland. – In: Euphorion. Heidelberg 1999, Bd. 93, H. 1. S. 1–59.

Nahe Ferne. 25 Jahre Heine-Museum in der Bilker Straße. Eine Ausstellung des Heinrich-Heine-Instituts. Mit Fotos von Rolf Purpar. Bearb. von Heidemarie Vahl. Hrsg. von Joseph A. Kruse. Düsseldorf 1999. 126 S. (Veröffentlichungen des Heinrich-Heine-Instituts, Düsseldorf)

Neuss, Christina: Heines Verhältnis zum Tod als Schlüssel zur Interpretation der ›Lazarus‹-Gedichte – sein Weg von Lazarus zu Hiob. – In: Berliner Theologische Zeitschrift. Jg. 13, Berlin 1996, H. 1. S. 111–132.

Obermüller, Klara: Mit dem Schlimmsten rechnen (zu Heine, Heinrich: »In den Küssen«). – In: Frankfurter Anthologie. Bd. 21. Frankfurt a. M. 1998. S. 47–50. [Zuerst in: Heinrich Heine, ich hab im Traum geweinet. Frankfurt a. M. 1997. S. 84–87.]

Olwitz, Robert: Offenbarungen des Bildes. Heinrich Heine über Roberts Gemälde ›Die Schnitter‹. – In: HJb ’99. S. 197–204.

Peters, Paul: The text and its double : On editing Heinrich Heine. Montreal ca. 1998. 12 S.

Pinkert, Ernst-Ulrich: Die deutsche Misere und das Himmelreich auf Erden. Anmerkungen zu Wolf Biermanns Auseinandersetzung mit Heinrich Heine. – In: Chroniques allemandes. Grenoble 1999, Nr. 7. S. 125–138.

Pistiak, Arnold: »Ich will das rote Sefchen küssen«. Nachdenken über Heines letzten Gedichtzyklus. Stuttgart (u. a.) 1999. 411 S. (Heine-Studien)

Petitionen und Barrikaden. Rheinische Revolutionen 1848/49. Bearb. von Ingeborg Schnelling-Reinicke in Verbindung mit Eberhard Illner. Hrsg. von Ottfried Dascher. Im Auftr. des Ministeriums für Stadtentwicklung, Kultur u. Sport des Landes Nordrhein-Westfalen hrsg. vom Nordrhein-Westfälischen Hauptstaatsarchiv Düsseldorf. Münster 1998. 512 S. (Veröffentlichungen der staatlichen Archive des Landes Nordrhein-Westfalen. Reihe D. Bd. 29)

Podewski, Madleen: Der Gott in unseren Küssen. Anmerkungen zu Heines Konzeptualisierung einer ›Emanzipation des Fleisches‹ in »Seraphine«. – In: Forum Vormärz Forschung. Jahrbuch 1999. Bielefeld 1999. S. 355–367.

Pratiques d'écriture: Mélanges de poétique et d'histoire littéraire offerts à Jean Gaudon. Hrsg. Pierre Laforgue. o. O. 1996. 414 S. (Bibliothèque du XIXe siècle. 16)

Pressedokumentation. Heinrich-Heine-Jahr 1997. [Düsseldorf 1998] o. Z.

Raddatz, Fritz J.: Heinrich Heine. Taubenherz und Geierschnabel. Eine Biographie. Zürich (u. a.) 1999. 391 S. (pendo pocket. 21)

Reclams Romanlexikon. Hrsg. von Frank Rainer Max u. Christine Ruhrberg. Stuttgart. Bd. 2.: Von der Romantik bis zum Naturalismus. 1999. 558 S. (Universal-Bibliothek. Nr. 18002)

Reich-Ranicki, Marcel: Die alte Geschichte (zu Heine, Heinrich: »Ein Jüngling liebt ein Mädchen«). – In: Frankfurter Anthologie. Bd. 21. Frankfurt a. M. 1998. S. 73–76. [Zuerst in: Heinrich Heine, ich hab im Traum geweinet. Frankfurt a. M. 1997. S. 36–39.]

Reich-Ranicki, Marcel: Eine herrliche Bagatelle (zu Heine, Heinrich: »Leise zieht durch mein Gemüt«). – In: Frankfurter Allgemeine Zeitung. Frankfurt a. M., 12. Juni 1999.

Responsibility and Commitment. Ethische Postulate der Kulturvermittlung. Festschrift für Jost Hermand. Hrsg. von Klaus L. Berghahn. Frankfurt a. M. (u.a.) 1996. 315 S. (Forschungen zur Literatur- und Kulturgeschichte. Bd. 54)

Revolution 1848/49. Ereignis – Rekonstruktion – Diskurs. Hrsg. von Gudrun Loster-Schneider. St. Ingbert 1999. 322 S. (Mannheimer Studien zur Literatur- und Kulturwissenschaft. Bd. 21)

Rippmann, Inge: Die ersäuften Liebhaber. Zu einem Motiv zweier Werke aus dem Jahr 1835. – In: Forum Vormärz Forschung. Jahrbuch 1999. Bielefeld 1999. S. 37–65.

Ritte, Jürgen: Heinrich Heine an der Wiege der Moderne : Sechs Plädoyers. – In: lendemains. Jg. 23, Tübingen 1998, Nr. 91/92. S. 126–128.

Rölleke, Heinz: Heinrich Heine und die Volksliteratur. – In: Heinrich Heine, cittadino d'Europa. Mailand 1999. S. 79–88.

The romantic movement. A selective and critical bibliography for 1997. Ed. David V. Erdman. West Cornwall, Conn. 1998. (Heine-Bibliographie zusammengest. von Jeffrey L. Sammons. S. 344–375.)

Ruiz, Alain: Napoléon dans les ›Tableaux de voyage‹ de Heinrich Heine. Un nouveau ›mythe du sauveur‹. – In : Heine voyageur. Toulouse 1999. S. 203–234.

Sammons, Jeffrey L.: Who Did Heine Think He Was? – In: Heinrich Heine's Contested Identities. New York (u.a.) 1999. S. 1–24.

Schiavoni, Giulio: Heinrich Heine e l'»accusa del sangue«. – In: Heinrich Heine, cittadino d'Europa. Mailand 1999. S. 89–104.

Schloßmacher, Norbert: Heine-Freund, Lithograph, Mediziner und Revolutionär. Der Arzt Dr. med. Peter Joseph Neunzig (1797–1877). – In: Düsseldorfer Jahrbuch. Bd. 68. Düsseldorf 1997. S. 88–139.

Schmidt, Atze: Der Liebesdichter hat auch seine revolutionäre Seite : Über Heinrich Heines Einfluß auf chinesische Dichter. – In: China heute. Peking 1992, Mai. S. 44–46.

Seeba, Hinrich C.: Grillparzer und Heine. Historiographische Aspekte ihrer Begegnung. – In: Modern Austrian Literature. Vol. 28, Binghamton NY 1995, Nr. 3/4. S. 43–63.

Seeba, Hinrich C.: Keine Systematie : Heine in Berlin and the Origin of the Urban Gaze. – In: Heinrich Heine's Contested Identities. New York (u.a.) 1999. S. 89–108.

Sonino, Claudia: Heine e Gundolf : ebraismo e modernità. – In: Heinrich Heine, cittadino d'Europa. Mailand 1999. S. 105–111.

Steegers, Robert: Eucharistie und Eros. Zu Heinrich Heines Reisebildern »Die Stadt Lukka« (1831). – In: Forum Vormärz Forschung. Jahrbuch 1999. Bielefeld 1999. S. 369–402.

Steinecke, Hartmut: Unterhaltsamkeit und Artistik. Neue Schreibarten in der deutschen Literatur von Hoffmann bis Heine. Berlin 1998. 226 S. (Philologische Studien und Quellen. H. 149)

Steiner, Uwe: Elective affinity : Observations on Benjamin and Heine. – In: New Comparison. Oxford 1994, Nr. 18. S. 57–75.

Takaike, Hisataka: Heinrich Heine und die ›Tendenzpoesie‹. – In: Machikaneyama Ronso. Osaka 1981. XV. S. 23–38. [Japan. mit deutscher Zusammenfassung]

Takaike, Hisataka: Das Napoleon-Bild bei Heinrich Heine. – In: Quelle. Osaka 1982, Nr. 35. S. 23–32. [Japan.]

Tilch, Marianne: Bestandsverzeichnis der Düsseldorfer Heine-Autographen. Neuerwerbungen 1983–1998. – In: HJb '99. S. 231–241.

Treichel, Hans-Ulrich: Absolut negativ (zu Heine, Heinrich: »Mein Herz, mein Herz«). – In: Frankfurter Anthologie. Bd. 21. Frankfurt a. M. 1998. S. 67–71. [Zuerst in: Heinrich Heine, ich hab im Traum geweinet. Frankfurt a. M. 1997. S. 63–66.]

Ueding, Gert: Das unbefriedigte Weib (zu Heine, Heinrich: »Helena«). – In: Frankfurter Anthologie. Bd. 21. Frankfurt a. M. 1998. S. 57–60. [Zuerst in: Heinrich Heine, ich hab im Traum geweinet. Frankfurt a. M. 1997. S. 154–157.]

Vahl, Heidemarie: Ein Freund der Poeten. – In: Nahe Ferne. Düsseldorf 1999. S. 26–27.

Vahl, Heidemarie: Ich ehre große Dichter. – In: Nahe Ferne. Düsseldorf 1999. S. 16–20.

Voigt, Kai-Ingo: Ich habe hier bloß mit den Bäumen Bekanntschaft gemacht...: Heinrich Heine in Lüneburg. Hamburg 1997. 52 S.

Vormärzliteratur in europäischer Perspektive. 1: Öffentlichkeit und nationale Identität. Hrsg. von Helmut Koopmann u. Martina Lauster 1996. – 324 S. (Studien zur Literatur des Vormärz ; Bd. 1) [Beitr. teilw. dt., teilw. engl.]

Wehrmann, Harald: Heines Musikanschauung. – In: Acta Musicologica. Vol. LXX, Leipzig 1998, Jan.-Juni. S. 79–107.

Weis, Manuel: Vergleich der deutsch-französischen Heinrich-Heine-Rezeption, im breiten Spektrum der Öffentlichkeit, anläßlich seines 200. Geburtstages 1997. Trier 1999. 17 S. (Facharbeit im Leistungskurs Deutsch)

Wiesemann, Falk: Heinrich Heines ›Von Geldern Haggadah‹ und die Familie Frank. – In: Kalonymos. Jg. 3, Moers 2000, H. 1. S. 11.

Wild, Reiner: Politische Lyrik im Vormärz. – In: Revolution 1848/49. St. Ingbert 1999. S. 197–236.

Wilhelm, Friedrich: Humor und Ironie im deutschen Indienbild (Heinrich Heine und andere). – In: Berliner Indologische Studien. Reinbek b. Hamburg 1998, H. 11/12. S. 269–288.

Wilkes, J. / R. Albert: Der junge Heine. Die Kasuistik einer Pseudologia phantastica. – In: Der Nervenarzt. Bd. 69, Berlin 1998, H. 5. S. 437–439.

Windfuhr, Manfred: Rückschau und Bilanz. Zum Editionsprofil der Düsseldorfer Heine-Ausgabe. – In: Aufklärung und Skepsis. Internationaler Heine-Kongreß 1997 zum 200. Geburtstag. Stuttgart (u. a.) 1999. S. 891–908.

Witte, Barthold C.: Demokratie braucht Erinnerung – zum Beispiel an die Revolution von 1848 und an Heinrich Heine. – In: ders.: Von der Freiheit des Geistes. Sankt Augustin 1998. S. 186–197.

Witte, Barthold C.: Von der Freiheit des Geistes. Positionsbestimmungen eines Jahrzehnts. Sankt Augustin 1998. 238 S.

Woesler, Winfried: Freiheitssehnsucht in einer preußischen Festung. Interpretation von »Deutschland. Ein Wintermärchen«. Caput XVIII. – In: Heinrich Heine, cittadino d'Europa. Mailand 1999. S. 113–128.

Wülfing, Wulf: »Bagatell-Leben« – »Bagatell-Literatur«. Politisch-ästhetische Aspekte der deutschen Provinzialismus-Diskussion vor allem des 19. Jahrhunderts. – In: Chroniques allemandes. Grenoble 1999, Nr. 7. S. 69–75.

Wülfing, Wulf: Das europäische Panorama findet nicht statt. Bemerkungen zu einem diskursiven Streit um Öffentlichkeit im Vormärz. – In: Vormärzliteratur in europäischer Perspektive. 1. Bielefeld 2000. S. 91–110.

Zantop, Susanne: Columbus, Humboldt, Heine, or the Rediscovery of Europe. – In: Heinrich Heine's Contested Identities. New York (u. a.) 1999. S. 109–134.

Zöller, Wolfram: Heinrich Heine im Spiegel der Philatelie. – In: HJb '99. S. 225–230.

2.2 Weitere publizistische Beiträge

Aufwendige Schönfärberei für Heine. Kritische Stimmen in der Bücherei Garath zu Heine-Feierlichkeiten. – In: Der Gießerjunge. Jg. 17, Düsseldorf 1997, Nr. 4. S. 12.

Bade, Manfred: ›Die Stadt Göttingen, berühmt durch ihre Würste und Universität‹. »Harzreise« des jungen Heine. – In: Düsseldorfer Hefte. Jg. 44, Düsseldorf 1999, Nr. 6. S. 32–34.

Baron, Ulrich: Jedermanns Heine. Die Stadt Düsseldorf feiert den 200. Geburtstag ihres berühmten Dichtersohnes. – In: Rheinischer Merkur. Koblenz, 16. Mai 1997. S. 19–20.

Engel, Ulrich: Männer zwischen Kritik und Frömmigkeit – z.B. Heinrich Heine. – In: Pastoralblatt. Köln 1997, Nr. 10. S. 306–309.

Herzog, Roman: Ironie und gesunder Menschenverstand. Festakt anläßlich des 200. Geburtstages von Heinrich Heine am 13. Dezember 1997 in Düsseldorf. – In: ders.: Freiheit des Geistes. Reden zur Kultur. Hrsg. von Manfred Bissinger. Hamburg 1999. S. 43–47.

Kaltwasser, Gerda: Von unten nach oben. Prof. Jost Hermand sprach im Heinrich-Heine-Institut zum Goethe-Jahr. – In: Rheinische Post. Düsseldorf, 5. Februar 1999.

Killert, Gabriele / Richard Schroetter: Allerlei strapaziöse Ehren. – In: Neue Zürcher Zeitung. Zürich, 23. Dezember 1997.

Maass, Fritz: Unzeitgemäße Heine-Erinnerung im Jahr seines 200. Geburtstages. – In: Freies Christentum. Jg. 49, Gerlingen 1997, H. 6. S. 86–88.

Mit Rosen und Nachtigallen. Düsseldorfer Heine-Jahr '97 zum 200. Geburtstag des Dichters. – In: Düsseldorfer Museen. Jg. 17, Düsseldorf 1997, Nr. 1. S. 2.

Pfister, Eva: Die Inszenierung des Heinrich Heine. In Düsseldorf hat das Heine-Jubiläum seinen Anfang genommen. – In: Tages-Anzeiger. Zürich, 22. Mai 1997.

Schmitz, Hermann-Josef: Heinrich Heine. Zerrissen zwischen Kritik und Frömmigkeit. Ein Beitrag zum Heine-Jubiläumsjahr in Düsseldorf. – In: St. Lambertus Kalkum. Düsseldorf 1997, Nr. 7. S. 42–44.

Würzberg, Ulrike: Der Rheingauer Spätlesereiter Karl erobert Dänemark. Schüler sollen mit dem Comic Deutsch lernen. – In: Wiesbadener Kurier. Wiesbaden, 5. Januar 1999.

2.3 Allgemeine Literatur mit Heine-Erwähnungen und Bezügen

1848. Aufbruch zur Freiheit. Eine Ausstellung des Deutschen Historischen Museums und der Schirn Kunsthalle Frankfurt zum 150jährigen Jubiläum der Revolution von 1848/49. 18. Mai bis 18. September 1998 in der Schirn Kunsthalle Frankfurt a. M.. Hrsg. von Lothar Gall. Berlin 1998. 465 S.

Albes, Jens: Die Loreley schmückt sich für die Expo 2000. Außenprojekt der Weltausstellung soll kein Disneyland werden. – In: Rheinische Post. Düsseldorf, 20. März 1999.

Amalia Fürstin von Gallitzin (1748–1806). Meine Seele ist auf der Spitze meiner Feder. Ausstellung zum 250. Geburtstag in der Universitäts- und Landesbibliothek Münster vom 28. August bis zum 2. Oktober 1998. Hrsg. von Petra Schulz in Zusammenarbeit mit Erpho Bell. Münster 1998. 258 S. (Schriften der Universitäts- und Landesbibliothek Münster. Bd. 17)

Assmann, Aleida: Erinnerungsräume. Formen und Wandlungen des kulturellen Gedächtnisses. München 1999. 424 S.

Bausinger, Hermann: Ein bisschen unsterblich. Schwäbische Profile. Gerlingen 1999. 344 S.

Bildatlas Deutschland. Von den Anfängen bis heute. Sonderausg. München 1998. 304 S.

Blumenthal, W. Michael: Die unsichtbare Mauer. Die dreihundertjährige Geschichte einer deutsch-jüdischen Familie. Aus d. Amerikan. von Wolfgang Heuss. München (u. a.) 1999. 517 S.

Bodenständige Westfalen, leichtsinnige Rheinländer? Neanderthaler – Erenberger – Heine. – In: Das Tor. Jg. 62, Düsseldorf 1996, H. 4. S. 14.

Brenner, Michael: Jüdische Kultur in der Weimarer Republik. Aus d. Engl. übersetzt von Holger Fliessbach. München 2000. 316 S.

Briese, Olaf: Konkurrenzen. Philosophische Kultur in Deutschland 1830–1850. Porträts und Profile. Würzburg 1998. 195 S.

Burns, Robert: Liebe und Freiheit. Lieder und Gedichte. Zweisprachig. Hrsg. von Rudi Camerer. 2. Aufl. Gerlingen 1997. 356 S. (Sammlung Weltliteratur) [Gedichte und Lieder in engl./deutsch]

Calvié, Lucien: Terreur et démocratie, de Hegel au jeune Marx. – In: Terreur et représentation. Sous la direction de Pierre Glaudes. Grenoble 1996. S. 101–108.

Debrunner, Hans Werner: Grégoire l'Européen. Kontinentale Beziehungen eines französischen Patrioten : Henri Grégoire 1750–1831. Anif 1997. 365 S. (Im Kontext. 8)

Deutsch. 7. Texte, Literatur, Medien. Gymnasium [Hauptbd.]. Bearb. u. hrsg. von Wilfried Bütow. Berlin 1997. 256 S.

Enzensberger, Ulrich: Herwegh. Ein Heldenleben. Frankfurt a. M. 1999. 394 S. (Die andere Bibliothek)

Federhofer-Königs, Renate: Der unveröffentlichte Briefwechsel Alfred Julius Becher (1803–1848) Felix Mendelssohn Bartholdy (1809–1847). – In: Studien zur Musikwissenschaft. Bd. 41, Graz 1992. S. 7–94.

Feuchte, Andreas: Hermann Franck (1802–1855). Persönlichkeit zwischen Philosophie, Politik und Kunst im Vormärz. Frankfurt a. M. (u. a.) 1998. 368 S. (Forschungen zum Junghegelianismus. Bd. 3)

Fuld, Werner: Das Lexikon der Fälschungen. Fälschungen, Lügen und Verschwörungen aus Kunst, Historie, Wissenschaft und Literatur. Frankfurt a. M. 1999. 309 S. (Eichborn Lexikon)

Georg Weerth und das Feuilleton der ›Neuen Rheinischen Zeitung‹. Kolloquium zum 175. Geburtstag am 14. / 15. Februar 1997 in Detmold. Hrsg. von Michael Vogt. Bielefeld 1999. 198 S. (Vormärz-Studien. Bd. 2)

Giordano, Ralph: Die zweite Schuld oder Von der Last Deutscher zu sein. München 1990. 367 S. (Knaur. 3943)

Goethe. Seine äußere Erscheinung. Literarische und künstlerische Dokumente seiner Zeitgenossen. Hrsg. von Emil Schaeffer u. Jörn Göres. Frankfurt a. M. 1999. 198 S. (insel taschenbuch. 2275)

Grab, Walter: Meine vier Leben. Gedächtniskünstler – Emigrant – Jakobinerforscher – Demokrat. Köln 1999. 432 S.

Graetz, Heinrich: Geschichte der Juden : von den ältesten Zeiten bis auf die Gegenwart / aus den Quellen neu bearb. von H. Graetz. – Reprint der Ausg. letzter Hand. – Berlin 1998. Bd. 1–12.

Grass, Günter: Werkausgabe. Bd. 1–16 u. 23 CD's. Gedichte und Kurzprosa. Göttingen 1997. 560 S.

Grözinger, Elvira: Judenmauschel. Der antisemitische Sprachgebrauch und die jüdische Identität. – In: Sprache und Identität im Judentum. Hrsg. von Karl E. Grözinger. Wiesbaden 1998. S. 173–198.

Grosse-Brockhoff, Hans-Heinrich: Neue Beteiligungsformen für eine neue Kulturpolitik. Düsseldorf 1999. 6 S. [Vortrag Rotary-Club Düsseldorf, August 1999]

Günzel, Klaus: ›Viele Gäste wünsch ich heut' mir zu meinem Tische!« Goethes Besucher im Haus
  am Frauenplan. Weimar 1999. 266 S.

Gutmann, Thomas: Mit Optimismus durchs Leben. Michael Blumenthal, Direktor des Jüdischen
  Museums in Berlin. – In: Rheinische Post. Düsseldorf, 25. November 1999.

Hamann, Brigitte: Sissi. Kaiserin Elisabeth von Österreich; Elisabeth, Empress of Austria;
  L'Impératrice Elisabeth d'Autriche. Köln (u.a.) 1997. 96 S. [Mehrsprachig]

Heise, Norbert: Die Turnbewegung und die Burschenschaften als Verfechter des Einheits- und
  Freiheitsgedankens in Deutschland 1811–1847. Halle 1965. 60 S. (Halle, Uni., Diss., 1965)

Hesse, Alexander: Völkische Seminaristen und deutschnationale Seminarlehrer?: Die letzten Jahre des Lehrerseminars Hilchenbach (1922–1925). – In: Siegener Beiträge. Jahrbuch für regionale Geschichte. Bd. 4, Freudenberg 1999. S. 45–84.

Hildebrand, Olaf: Der göttliche Epicur und die Venus mit dem schönen Hintern. Zur Kritik he-
  donistischer Utopien in Büchners Dantons Tod. – In: Zeitschrift für deutsche Philologie. Bd.
  118, Berlin (u.a.) 1999, H. 4. S. 530–554.

Hinck, Walter: Im Wechsel der Zeiten. Leben und Literatur. Bonn 1998. 268 S.

Höfer, Anja: Johann Wolfgang von Goethe. Originalausg. München 1999. 157 S. (dtv. portrait.
  31015)

Höpcke, Klaus: Chancen der Literatur : Werte des Lebens und unserer Bücher. Halle (u.a.) 1986.
  206 S.

Höpcke, Klaus: Lob mit Fragen, über Erkennen und Werten : zu John Erpenbecks Auszeichnung
  mit dem Heinrich-Heine-Preis. – In: ders.: Chancen der Literatur. Halle (u.a.) 1986. S. 166–178.

Holzhausen, Hans-Dieter: Über das Sammeln von Erstausgaben. – In: Marginalien. Berlin 1993,
  H. 129. S. 32–38.

Hüwel, Detlev: Ein Refugium der Ruhe für Kaiserin ›Sisi‹. ›Achilleion‹ auf der griechischen Insel
  Korfu. – In: Rheinische Post. Düsseldorf, 9. Oktober 1999.

Immermann-Jahrbuch: Beiträge zur Literatur- und Kulturgeschichte zwischen 1815 und 1840. Im
  Namen der Immermann-Gesellschaft hrsg. von Peter Hasubek u. Gert Vonhoff. Bd. 1, Frankfurt a. M. (u.a.) 2000. 150 S.

Jürgens, Heinz: Heine auf Düsseldorfer Platt. – In: Mer spreche Platt. Düsseldorf 1998, Nr. 70.
  S. 32–33.

Karl Gutzkow: Liberalismus – Europäertum – Modernität. Hrsg. von Roger Jones u. Martina
  Lauster. Bielefeld 2000. 290 S. (Vormärz-Studien. 6; Gutzkow-Studien. Bd. 2)

Kerr, Alfred: Warum fließt der Rhein nicht durch Berlin? Briefe eines europäischen Flaneurs
  1895–1900. Hrsg. von Günther Rühle. Berlin 1999. 421 S.

Kerr, Alfred: Wo liegt Berlin? Briefe aus der Reichshauptstadt 1895–1900. Hrsg. von Günther
  Rühle. 5. Aufl. Berlin 1998. 767 S.

Kleinmanns, Joachim: Schau ins Land – Aussichtstürme. Marburg 1999. 160 S.

Kruse, Joseph Anton: Lyrisches Katasteramt – zu Heinz Czechowskis Gedicht Missingsch. – In:
  Gedichte und Interpretationen. Bd. 7. Stuttgart 1997. S. 71–83.

Kruse, Joseph Anton: Rousseau im Zürcher Mövenpick, oder das Haus Stargardt erklärt seine
  Tätigkeit. – In: Bunte Blätter. Klaus Mecklenburg zum 23. Februar 2000. Gesammelt von Rudolf Elvers u. Alain Moirandat. Basel 2000. S. 138–147.

Kruse, Joseph Anton / Michael-Georg Müller: Das Genie und sein Papagei : Das Heinrich-Heine-Institut in Düsseldorf besteht seit 25 Jahren. Leiter Joseph A. Kruse spricht im Interview
  über Aufgaben und Perspektiven. – In: Welt am Sonntag. Hamburg, 12. Dezember 1999.

Lewald, Fanny / Carl Alexander von Sachsen-Weimar: Mein gnädigster Herr! Meine gütige Korrespondentin. Fanny Lewalds Briefwechsel mit Carl Alexander von Sachsen-Weimar 1848–1889. Mit einer Einführung von Eckart Kleßmann. Mit Anm. von Rudolf Göhler, Zeittafel von Ulrike Nikel. Weimar 2000. 460 S.

Liersch, Werner: Dichters Ort. Ein literarischer Reiseführer. Rudolstadt 1985. 383 S.

Literatur-Kalender 1999.Jahrg. 32. Berlin 1998. o. Z.

Lütteken, Anett: Harzreise – nicht nur im Winter. Die Entdeckung einer literarischen Landschaft bei Friedrich Wilhelm Zachariä. – In: Jahrbuch des Freien Deutschen Hochstifts 1999. Tübingen 1999. S. 68–93.

Manuskript von Heine aufgetaucht. Originalblatt aus Familienbesitz wieder versteigert. – In: Rheinische Post. Düsseldorf, 10. Dezember 1999.

Marville, Charles: Paris. Marie de Thézy en collaboration avec Roxane Debuisson. o. O. 1994. 735 S.

Matray, Maria / Answald Krüger: Das Attentat. Der Tod der Kaiserin Elisabeth und die Tat des Anarchisten Lucheni. 2., durchges.u. erw. Aufl. München 1998. 336 S.

Meyer, E.: Max-Schule, Citadellstr. 2 b. – In: Jan Wellem. Jg. 75, Düsseldorf 2000, H. 2. S.6.

Miyashita, Keizo: Die Attraktivität von Poesie und Bildung. Wie die Japaner den Zauber der deutschen Literatur entdeckten. – In: Doitsu Bungaku (Die deutsche Literatur). Tokio 1998, Nr. 100. S. 36–45.

Das Museum Karl-Marx-Haus: Ein Begleitbuch zur ständigen Ausstellung im Geburtshaus von Karl Marx, Trier. Text: Heribert Lambert, Boris Olschewski. Trier 1997. 106 S. [Ausstellungskatalog, Bestandskatalog]

Noll, Wulf: Bolkerstraße. – In: neues rheinland. Jg. 43, Pulheim 2000, Nr. 1. S. 36–37.

Nur Mathildes Papagei ging verloren. Vom Gedenktäfelchen zum Institut, oder : Wie Düsseldorf sich mit Heine ehrte. – In: Rheinische Post. Düsseldorf, 11. Dezember 1999.

Oellers, Norbert / Robert Steegers: Treffpunkt Weimar : Literatur und Leben zur Zeit Goethes. Stuttgart 1999. 359 S.

Oguri, Hiroshi: Das geistige Vakuum und die Germanistik der japanischen Nachkriegszeit. – In: Doitsu Bungaku (Die deutsche Literatur). Tokio 1998, Nr. 100. S.77–91.

Orlowski, Hubert: ›Polnische Wirtschaft‹. Zum deutschen Polendiskurs der Neuzeit. Wiesbaden 1996. 478 S. (Studien der Forschungsstelle Ostmitteleuropa an der Universität Dortmund. Bd.21)

Pargner, Birgit: Charlotte Birch-Pfeiffer (1800–1868) – eine Frau beherrscht die Bühne. Eine Ausstellung im Deutschen Theatermuseum München vom 19. November 1999 bis zum 20. Februar 2000. Bielefeld 1999. 192 S.

Pfeil, Astrid von: John Friedlaender's Erb.Begräbnis 1838 : Ein Grabensemble des Berliner 19.Jahrhunderts. – In: O ewich is so lanck. Die historischen Friedhöfe in Berlin-Kreuzberg. Berlin 1988. S. 249–258.

Preußen und Wir. Wirtschaft, Bürgertum und Alltag im südlichen Westfalen 1800–1918. Hrsg. im Auftrag des Vereins für die Geschichte Preußens und der Grafschaft Mark e. V. von Eckhard Trox unter Mitarb. von Ulrich Hermanns. Ausstellung vom 22. November 1998 – 7. März 1999 im Stadtmuseum (Lüdenscheid). Lüdenscheid 1998. 207 S.

Pusch, Luise F.: Die Frau ist nicht der Rede wert. Aufsätze, Reden und Glossen. Frankfurt a. M. 1999. 214 S. (suhrkamp taschenbuch. 2921)

Rasch, Wolfgang: Die Stiftung Buchkunst stellt sich vor. – In: Forum. Dialog mit Bibliotheken. Jg. 10, Frankfurt a. M. 1998, H. 2. S. 37–42.

Reich-Ranicki, Marcel: Mein Leben. Stuttgart 1999. 565 S.

Richard A. Bermann alias Arnold Höllriegel. Österreicher – Demokrat – Weltbürger; eine Ausstellung des Deutschen Exilarchivs 1933–1945. Die Deutsche Bibliothek, Frankfurt a. M. [Begleitbuch: Hans-Harald Müller (Kapitel 1 – 7) und Brita Eckert (Kapitel 8 – 12)]. Unter Mitw. von Werner Berthold. Mitarb. Mechthild Hahner. München (u.a.) 1995. 431 S. (Die Deutsche Bibliothek. Sonderveröffentlichungen. Nr. 22)

Rippmann, Inge: Tradition und Fortschritt. Das frühindustrielle England aus der Perspektive eines aristrokatischen Individualisten, Fürst Pückler-Muskau. – In: Recherches Germaniques. Strasbourg 1995, Nr. 25. S. 159–179.

Schami, Rafik / Uwe-Michael Gutzschhahn: Der geheime Bericht über den Dichter Goethe, der eine Prüfung auf einer arabischen Insel bestand. München (u.a.) 1999. 185 S.

Schmidt-Möbus, Friederike / Frank Möbus: Kleine Kulturgeschichte Weimars. Unter Mitarb. von Tobias Dünow. Köln (u.a.) 1998. 352 S.

Schröder, Lothar: Verbunden in Heimatlosigkeit. Marcel Reich-Ranicki las im Schauspielhaus. – In: Rheinische Post. Düsseldorf, 13. Dezember 1999.

Schwarberg, Günther: Dein ist mein ganzes Herz : Die Geschichte von Fritz Löhner-Beda, der die schönsten Lieder der Welt schrieb, und warum Hitler ihn ermorden ließ. Göttingen 2000. 215 S.

Semmer, Gerd: Wir wollen dazu was sagen. Worte, Widerworte und Bilder aus der ersten Hälfte der Bundesrepublik. Texte 1949–1967. Hrsg. von Udo Achten. Oberhausen 1999. 227 S.

Semmer, Gerd: Heine contra Freund und Feind. Über die Einstellung der Literatur durch Kontrolle. – In: ders.: Wir wollen dazu was sagen. Oberhausen 1999. S. 182–185. (Zuerst in: Deutsche Woche. Jg. 6, München 1956, Nr. 7. S. 13 ff.)

Skorna, Hans-Jürgen: Poeten unter sich. – In: Der Gießerjunge. Jg. 19, Düsseldorf 1999, Nr. 5. S. 24–25.

Stambolis, Barbara: Luise Hensel (1798–1876). Frauenleben in historischen Umbruchzeiten. Köln 1999. 114 S. (Paderborner Beiträge zur Geschichte. Bd. 8)

Stein, Peter: Operative Literatur. – In: Hansers Sozialgeschichte der deutschen Literatur vom 16. Jahrhundert bis zur Gegenwart. Bd. 5. München 1998. S. 485–504.

Stevenson, Robert Louis / Lloyd Osborne: Die Ebbe. Roman. Aus dem Engl. erstmals übers. und mit Anm. vers. von Klaus Modick. Zürich 1998. 207 S. (Werke in Einzelbänden)

Sternstunden. Kunstwerke aus zwei Jahrtausenden erworben mit Mitteln der Kulturstiftung der Länder 1988–1998. Jubiläumsausstellung der Kulturstiftung der Länder gemeinsam mit der Staatsgalerie Stuttgart. 7. März bis 1. Juni 1998. Hrsg. von Klaus Maurice u. Britta Kaiser-Schuster. Berlin 1998. 246 S.

Tadday, Ulrich: Das schöne Unendliche. Ästhetik, Kritik, Geschichte der romantischen Musikanschauung. Stuttgart (u.a.) 1999. 335 S.

Tschörtner, Heinz Dieter: Bibliographie Werner Steinberg 1913–1992. – In: Marginalien. Berlin 1993, H. 129. S. 38–48.

Der verkannte Monarch. Friedrich Wilhelm IV. in seiner Zeit. Hrsg. von Peter Krüger u. Julius H. Schoeps in Verbindung mit Irene Diekmann. Potsdam 1997. 460 S. (Brandenburgische historische Studien. Bd. 1)

Wahrenburg, Fritz: Stadterfahrung im Genrewechsel. Glaßbrenners Berlin-Schilderungen. – In: Vormärz und Klassik. Hrsg. von Lothar Ehrlich, Hartmut Steinecke u. Michael Vogt. Bielefeld 1999. S. 277–300. (Vormärz-Studien. Bd. 1)

Das waren Zeiten. Geschichte. Sekundarstufe I. / 2. [Hauptbd.]. Bamberg 1998. 224 S.

Waszek, Norbert: Hegel, Mendelssohn, Spinoza – Beiträge der Philosophie zur ›Wissenschaft des

Judentums<? Eduard Gans und die philosophischen Optionen des ›Vereins für Kultur und Wissenschaft der Juden‹. – In: Menora. Bodenheim 1999. S. 187–215.

Waszek, Norbert: L'histoire du droit selon Edouard Gans. Une critique hégélienne de F.C. von Savigny. – In: Recht zwischen Natur und Geschichte. Le droit entre nature et histoire. Hrsg. François Kervégan u. Heinz Mohnhaupt. Frankfurt a. M. 1997. S. 257–280.

Windfuhr, Manfred: Auf Tod und Leben. Immermanns Verhältnis zu Goethe. – In: Immermann-Jahrbuch. Bd. 1, Frankfurt a. M. 2000. S. 103–120.

Wirkungen und Wertungen. Adolph Freiherr Knigge im Urteil der Nachwelt (1796–1994). Eine Dokumentensammlung. Eingel., erl. u. hrsg. von Michael Schlott. Unter Mitarb. von Carsten Behle. Göttingen 1998. (Knigge-Archiv. Bd. 1)

Wülfing, Wulf: Das Gefühl des Unendlichen : Zu Fontanes Versuchen, seinen deutschen Leserinnen und Lesern die fremde Semiotik der »Riesenstadt« London zu vermitteln. – In: Fontane-Blätter. Bd 58, Potsdam 1994. S. 29–42.

Wülfing, Wulf: Die telegraphischen Depeschen als „Chronik des Jahrhunderts". Karl Gutzkows ›Ahnungen‹ von einem Medium der Moderne. – In: Karl Gutzkow. Bielefeld 2000. S. 85–106.

Wuthenow, Ralph-Rainer: Deutsche Sprache – deutsche Wirklichkeit. Sprache und Öffentlichkeit bei Carl Gustav Jochmann. – In: Chroniques allemandes. Grenoble 1999, Nr. 7. S. 47–56.

Zaptcioglu, Dilek: Der Mond ißt die Sterne auf. Stuttgart (u. a.) 1998. 221 S.

3 Rezensionen

Aufklärung und Skepsis. Internationaler Heine-Kongreß 1997 zum 200. Geburtstag. Hrsg. von Joseph Anton Kruse, Bernd Witte u. Karin Füllner. Stuttgart (u.a.) 1999. XX, 950 S. – Rez.: Bernd Kortländer in: HJb '99. S. 270–273. – Rez.: Franz Norbert Mennemeier in: neues rheinland. Jg. 42, Pulheim 1999, Nr. 4. S. 38. – Rez.: Robert Steegers in: Forum Vormärz Forschung. Jahrbuch 1999. Bielefeld 1999. S. 417–421 – Rez.: Harro Zimmermann in: Die Zeit. Hamburg, 2. Dezember 1999.

Betz, Albrecht: Der Charme des Ruhestörers. Heine-Studien. Ästhetik und Politik II. Aachen 1997. 95 S. – Rez.: Walter Hinck in: Frankfurter Allgemeine Zeitung. Frankfurt a. M., 9. Dezember 1997. – Rez.: George F. Peters in: The German Quarterly. Vol. 71, Appleton, Wis. 1998, Nr. 3. S. 284–298. – Rez.: Harro Zimmermann in: Frankfurter Rundschau. Frankfurt a. M., 13. Dezember 1997.

Boerner, Maria-Christina: »Die ganze Janitscharenmusik der Weltqual«. Heines Auseinandersetzung mit der romantischen Theorie. Stuttgart (u.a) 1998. 396 S. (Heine-Studien) – Rez.: Sabine Bierwirth in: HJb '99. S. 263–266. – Rez.: Jeffrey L. Sammons in: Forum Vormärz Forschung. Jahrbuch 1999. Bielefeld 1999. So.421–423.

Briegleb, Klaus: Bei den Wassern Babels. Heinrich Heine. Jüdischer Schriftsteller in der Moderne. München 1997. 439 S. (dtv. 30648). – Rez.: Walter Hinck in: Frankfurter Allgemeine Zeitung. Frankfurt a. M., 9. Dezember 1997. – Rez.: George F. Peters in: The German Quarterly. Vol. 71, Appleton, Wis. 1998, Nr. 3. S. 284–298. – Rez.: Harro Zimmermann in: Frankfurter Rundschau. Frankfurt a. M., 13. Dezember 1997.

Gelder, Roelof van: Een venijnige vlinder. NRC Handelsblad. Amsterdam, 12. Dezember 1997. [Sammelrezension]

Germanica. Jahrbuch für deutschlandkundliche Studien. Jg. 4, Sofia 1997. 312 S. [Themenheft: Heinrich Heine und Europa]. – Rez.: Helmut Schanze in: HJb '99. S. 278–280.

Grab, Walter: Meine vier Leben. Köln 1999. – Rez.: Uwe Friesel in: Frankfurter Rundschau. Frankfurt, 8. September 1999.

Gronau, Dietrich: Heinrich Heine. ›Nichts als ein Dichter‹. München 1997. 237 S. (Heyne Sachbuch. 19/540). – Rez.: A.J. Andreas in: Welt am Sonntag. Berlin, 7. Dezember 1997. – Rez.: George F. Peters in: The German Quarterly. Vol. 71, Appleton, Wis. 1998, Nr. 3. S. 284–298.

Gutleben, Burkhard: Die deutsch-deutsche Heine-Forschung. Kontroversen und Konvergenzen 1949–1990. Frankfurt a. M. 1997. 151 S. – Rez.: Wilhelm Gössmann in: HJb '99. S. 266–267.

Gutmann, Thomas: Im Namen Heinrich Heines. Der Streit um die Benennung der Düsseldorfer Universität 1965–1988. Düsseldorf 1997. 216 S. – Rez. in: neues rheinland. Jg. 41, Pulheim 1998, Nr. 3. S. 39.

Hasubek, Peter: Vom Biedermeier zum Vormärz. Arbeiten zur deutschen Literatur zwischen 1820 und 1850. Frankfurt a. M. 1996. 304 S. – Rez.: Joseph Anton Kruse in: HJb '99. S. 267.

Hauschild, Jan-Christoph / Michael Werner: »Der Zweck des Lebens ist das Leben selbst«. Heinrich Heine. Eine Biographie. Köln 1997. 696 S. – Rez.: Jürgen Busche in: Literatur im Deutschlandradio. Berlin, 12. Dezember 1997. – Rez.: Roelof van Gelder in: NRC Handelsblad. Amsterdam, 12. Dezember 1997 – Rez.: Walter Hinck in: Frankfurter Allgemeine Zeitung. Frankfurt a. M., 9. Dezember 1997. – Rez.: Hiroshi Kiba in: Doitsubungaku-Ronkô (Forschungsberichte zur Germanistik). XXX, Osaka-Kobe 1998. S. 131–137. – Rez.: George F. Peters in: The German Quarterly. Vol. 71, Appleton, Wis. 1998, Nr. 3. S. 284–298. – Rez.: Harro Zimmermann in: Frankfurter Rundschau. Frankfurt a. M., 13. Dezember 1997.

Heine à la carte. Ein Koch- und Lesebuch nach Heinrich Heine. Zusammenstellung: Cordula Hupfer u. Holger Ehlert. Rezepte: Günter Scherrer (Victorian, Düsseldorf). Ill.: Thomas Klefisch. Düsseldorf 1997. 143 S. – Rez.: Walter Hinck in: Frankfurter Allgemeine Zeitung. Frankfurt a. M., 9. Dezember 1997.

Heine gehört auch uns. Tagungsband des Internationalen Heine-Symposiums '97 Beijing. Veranstaltet von der Peking-Universität u. der Heinrich-Heine-Universität Düsseldorf. Hrsg. von Zhang Yushu. Peking 1998. 470 S. – Rez.: Wilhelm Gössmann in: HJb '99. S. 275–278.

Heine und die Folgen. Das Jubiläumsjahr hat dem Buchhandel eine Schwemme von Biografien, Essays und Appetithappen beschert. Die Woche stellt die wichtigsten Neuerscheinungen vor. – In: DieWoche. Hamburg, 12. Dezember 1997. [Sammelrezension]

Heine, Heinrich: Historisch-kritische Gesamtausgabe der Werke. In Verbindung mit dem Heinrich-Heine-Institut hrsg. von Manfred Windfuhr im Auftrag der Landeshauptstadt Düsseldorf. Bd. 1–16. Hamburg 1970–1997. – Rez.: Martin Hundt in: Forum Vormärz Forschung. Jahrbuch 1998. Bielefeld 1999. S. 342–350.

Heine, Heinrich: »Ich liebe doch das Leben«. Ein Lesebuch. Hrsg. von Joseph A. Kruse unter Mitw. von Christoph Hollender, Markus Küppers, Hendrik Rost u. Inge Hermstrüwer. Frankfurt a. M. (u. a.) 1997. 403 S. – Rez.: Harro Zimmermann in: Frankfurter Rundschau. Frankfurt a. M., 13. Dezember 1997.

Heine, Heinrich: Memoiren und Geständnisse. Mit einem Nachwort von Walter Zimorski u. Anmerk. von Bernd Kortländer. Darmstadt 1997. 214 S. (Lizenzausgabe) – Rez.: Harro Zimmermann in: Frankfurter Rundschau. Frankfurt a. M., 13. Dezember 1997.

Heine, Heinrich: Mit scharfer Zunge. 999 Aperçus und Bonmots. Ausgew. von Jan-Christoph Hauschild. Mit Zeichnungen von Horst Hussel. München 1997. 198 S. (dtv. 2413). – Rez.: Harro Zimmermann in: Frankfurter Rundschau. Frankfurt a. M., 13. Dezember 1997.

Heine, Heinrich: Prinzessin Sabbat. Über Juden und Judentum. Hrsg. u. eingel. von Paul Peters. Bodenheim 1997. 679 S. – Rez.: George F. Peters in: The German Quarterly. Vol. 71, Appleton,

Wis. 1998, Nr. 3. S. 284–298. – Rez.: Bernd Witte in: HJb '99. S. 268–269. – Rez.: Harro Zimmermann in: Frankfurter Rundschau. Frankfurt a. M., 13. Dezember 1997.

Heine, Heinrich: Die Prosa nimmt mich auf in ihre Arme. Verrisse und Visionen. Ausgewählt u. kommentiert von Dolf Oehler. München 1997. 172 S. – Rez.: Harro Zimmermann in: Frankfurter Rundschau. Frankfurt a. M., 13. Dezember 1997.

Heine, Heinrich: Roter König, Grüne Sau. Frivole Gedichte. Hrsg. von Jan-Christoph Hauschild. Köln 1997. 160 S. – Rez.: Harro Zimmermann in: Frankfurter Rundschau. Frankfurt a. M., 13. Dezember 1997.

Heine, Heinrich: Und grüß mich nicht unter den Linden. Gedichte von Heinrich Heine komm. von Elke Schmitter. München (u. a.) 1997. 190 S. – Rez.: Harro Zimmermann in: Frankfurter Rundschau. Frankfurt a. M., 13. Dezember 1997.

Heine, Heinrich: Werke. Ausgew. von Mathias Bertram. Hörtext: »Die Harzreise«. Vorgetragen von Achim Hübner. – Christian Liedtke: Heinrich Heine. Berlin 1998. (Digitale Bibliothek. Bd. 7) 1 CD-ROM. – Rez.: Bernd Füllner in: HJb '99. S. 282–285.

Heine-Jahrbuch 1997. Hrsg. von Joseph Anton Kruse. Heinrich-Heine-Institut der Landeshauptstadt Düsseldorf. In Verb. mit der Heinrich-Heine-Gesellschaft. Jg. 36, Stuttgart 1997. 334 S. – Rez. in: neues rheinland. Jg. 41, Pulheim 1998, Nr. 3. S. 39.

Heine-Jahrbuch 1998. Hrsg. von Joseph Anton Kruse. Heinrich-Heine-Institut der Landeshauptstadt Düsseldorf. In Verb. mit der Heinrich-Heine-Gesellschaft. Jg. 37, Stuttgart 1998. 393 S. – Rez.: Franz Norbert Mennemeier in: neues rheinland. Jg. 42, Pulheim 1999, Nr. 4. S. 38.

Heinrich Heine und die Religion, ein kritischer Rückblick. Ein Symposium der Evgl. Kirche im Rheinland vom 27.–30. Oktober 1997. Hrsg. von Ferdinand Schlingensiepen u. Manfred Windfuhr. Düsseldorf 1998. 244 S. (Schriften des Archivs der Evgl. Kirche im Rheinland. Nr. 21). – Rez. in: neues rheinland. Jg. 42, Pulheim 1999, Nr. 6. S. 40.

Heinrich Heine und die Romantik. Heinrich Heine and Romanticism. Erträge eines Symposiums an der Pennsylvania State University (21.–23. September 1995). Hrsg. von Markus Winkler. Tübingen 1997. XIII, 232 S. – Rez.: Wilhelm Gössmann in: HJb '99. S. 269–270. – Rez.: Madleen Podewski in: Forum Vormärz Forschung. Jahrbuch 1998. Bielefeld 1999. S. 353–356.

Heinrich Heine, Zeit Leben Werk. Erstmals alles von und über Heinrich Heine. Hrsg. von Wolfgang Decker, Jürgen von Esenwein (u. a.). Stuttgart 1997. (1 CD-ROM.). – Rez.: Bernd Füllner in: HJb '99. S. 282–285. – Rez.: George F. Peters in: The German Quarterly. Vol. 71, Appleton, Wis. 1998, Nr. 3. S. 284–298.

Heinrich Heines Höllenfahrt. Nachruf auf einen streitbaren Schriftsteller. Dokumente 1846–1858. Ausgew., hrsg. u. mit einem Nachwort versehen von Ralf Georg Bogner. Heidelberg 1997. 207 S. (Bibliotheca Funebris. Bd. 1). – Rez.: George F. Peters in: The German Quarterly. Vol. 71, Appleton, Wis. 1998, Nr. 3. S. 284–298. – Rez.: Harro Zimmermann in: Frankfurter Rundschau. Frankfurt a. M., 13. Dezember 1997.

Hinck, Walter: Immer Ärger mit Harry. Der Ganze, der Wahre, der Ungeteilte – Literatur zum Heine-Jahr. – In: Frankfurter Allgemeine Zeitung. Frankfurt a. M., 9. Dezember 1997. [Sammelrezension]

Höhn, Gerhard: Heine-Handbuch. Zeit, Person, Werk. 2. aktualisierte u. erw. Aufl. Stuttgart (u. a.) 1997. XV, 570. – Rez.: Walter Hinck in: Frankfurter Allgemeine Zeitung. Frankfurt a. M., 9. Dezember 1997. – Rez.: Joseph Anton Kruse in: Forum Vormärz Forschung. Jahrbuch 1998. Bielefeld 1999. S. 350–353. – Rez.: Harro Zimmermann in: Frankfurter Rundschau. Frankfurt a. M., 13. Dezember 1997.

»Ich Narr des Glücks«. Heinrich Heine 1797–1856. Bilder einer Ausstellung. Hrsg. von Joseph A.

Kruse unter Mitarb. von Ulrike Reuter u. Martin Hollender. (Eine Ausstellung zum 200. Geburtstag. Kunsthalle Düsseldorf.) Stuttgart (u.a.) 1997. X, 584 S. – Rez.: Roland Gross in: Darmstädter Echo. Darmstadt, 14. Juni 1997. – Rez.: Fritz Mende in: HJb '99. S. 285–287. – Rez.: Michael-Georg Müller in: Welt am Sonntag. Hamburg, 11. Mai 1997. – Rez.: Eva Pfister in: Tages-Anzeiger. Zürich, 22. Mai 1997. – Rez.: Harro Zimmermann in: Frankfurter Rundschau. Frankfurt a. M., 13. Dezember 1997.

Die Jahre kommen und vergehn! 10 Jahre Heinrich-Heine-Universität Düsseldorf. Hrsg. von Holger Ehlert (u.a.). Düsseldorf 1998. 299 S. – Rez.: Sema Kouschkerian in: Westdeutsche Zeitung. Düsseldorf, 19. Dezember 1998.

Kircher, Hartmut: Heinrich Heine. Deutschland, ein Wintermärchen. München 1997. 158 S. – Rez.: Walter Hinck in: Frankfurter Allgemeine Zeitung. Frankfurt a. M., 9. Dezember 1997.

Kreutzer, Leo: Träumen Tanzen Trommeln. Heinrich Heines Zukunft. Frankfurt a. M. 1997. 138 S. (suhrkamp taschenbuch wissenschaft. 1329). – Rez.: Walter Hinck in: Frankfurter Allgemeine Zeitung. Frankfurt a. M., 9. Dezember 1997. – Rez.: Harro Zimmermann in: Frankfurter Rundschau. Frankfurt a. M., 13. Dezember 1997.

Kruse, Joseph Anton: Heine-Zeit. Stuttgart (u.a.) 1997. 401 S. – Rez.: Walter Hinck in: Frankfurter Allgemeine Zeitung. Frankfurt a. M., 9. Dezember 1997. – Rez.: Hans-Christoph von Nayhauss in: HJb '99. S. 287–289. – Rez.: George F. Peters in: The German Quarterly. Vol. 71, Appleton, Wis. 1998, Nr. 3. S. 284–298. – Rez.: Harro Zimmermann in: Frankfurter Rundschau. Frankfurt a. M., 13. Dezember 1997.

Lämke, Ortwin: Heines Begriff der Geschichte. Der Journalist Heinrich Heine und die Julimonarchie. Stuttgart 1997. 180 S. (Heine-Studien). – Rez.: George F. Peters in: The German Quarterly. Vol. 71, Appleton, Wis. 1998, Nr. 3. S. 284–298.

Liedtke, Christian: Heinrich Heine. Originalausg. Reinbek bei Hamburg 1997. 174 S. (rororo Monographie. 50535). – Rez.: Walter Hinck in: HJb '98. S. 313–315. – Rez.: George F. Peters in: The German Quarterly. Vol. 71, Appleton, Wis. 1998, Nr. 3. S. 284–298. – Rez.: Harro Zimmermann in: Frankfurter Rundschau. Frankfurt a. M., 13. Dezember 1997. – Rez. in: neues rheinland. Jg. 41, Pulheim 1998, Nr. 3. S. 39.

Lutz, Edith: Der »Verein für Cultur und Wissenschaft der Juden« und sein Mitglied Heinrich Heine. Stuttgart (u.a.) 1997. 323 S. (Heine-Studien) – [Zugl.: Potsdam. Uni., Diss., 1995]. – Rez.: Sabine Bierwirth in: Forum Vormärz Forschung. Jahrbuch 1998. Bielefeld 1999. S. 356–361.

»Madame, Sie sollen meine Küche loben«. Essen und Trinken mit Heinrich Heine. Mit neun Heinrich-Heine Créationen von Maître Jean-Claude Bourgueil. Hrsg. von Jan-Christoph Hauschild. Mit 75 Abb. München 1997. 143 S. (dtv premium). – Rez.: Freddy Derwahl in: Belgischer Rundfunk. Eupen, 10. Dezember 1997 (Radiofrühstück). – Rez.: Walter Hinck in: Frankfurter Allgemeine Zeitung. Frankfurt a. M., 9. Dezember 1997. – Rez.: Harro Zimmermann in: Frankfurter Rundschau. Frankfurt a. M., 13. Dezember 1997.

Mit Heine im Exil. Heinrich Heine in der deutschsprachigen Exilpresse 1933 bis 1945. Hrsg. u. komm. von Wolfgang Schopf. Frankfurt a. M. 1997. 167 S. – Rez.: Walter Hinck in: Frankfurter Allgemeine Zeitung. Frankfurt a. M., 9. Dezember 1997.

Morawe, Bodo: Heines »Französische Zustände«. Über die Fortschritte des Republikanismus und die anmarschierende Weltliteratur. Heidelberg 1997. 109 S. (Beiheft zu Euphorion. H. 28) – Rez.: Walter Hinck in: Frankfurter Allgemeine Zeitung. Frankfurt a. M., 9. Dezember 1997. – Rez.: George F. Peters in: The German Quarterly. Vol. 71, Appleton, Wis. 1998, Nr. 3. S. 284–298. – Rez.: Harro Zimmermann in: Frankfurter Rundschau. Frankfurt a. M., 13. Dezember 1997.

Naturlyrik. Über Zyklen und Sequenzen im Werk von Annette von Droste-Hülshoff, Uhland, Lenau und Heine. Hrsg. von Gert Vonhoff. Frankfurt a. M. (u. a.) 1998. 282 S. (Historisch-kritische Arbeiten zur deutschen Literatur. Bd. 23) – Rez.: Sabine Bierwirth in: HJb '99. S. 292–294. – Rez.: Hans-Wolf Jäger in: Forum Vormärz Forschung. Jahrbuch 1999. Bielefeld 1999. So.425–426.

Pawel, Ernst: Der Dichter stirbt. Heinrich Heines letzte Jahre in Paris. Aus d. Engl. von Regina Schmidt-Ott. Berlin 1997. 239 S. – Rez.: George F. Peters in: The German Quarterly. Vol. 71, Appleton, Wis. 1998, Nr. 3. S. 284–298. – Rez.: Harro Zimmermann in: Frankfurter Rundschau. Frankfurt a. M., 13. Dezember 1997.

Peters, George F.: Heinrich Heine at 200. – In: The German Quarterly. Vol. 71, Appleton, Wis. 1998, Nr. 3. S. 284–298. [Sammelrezension]

Raddatz, Fritz J.: Heinrich Heine. Taubenherz und Geierschnabel. Ein Biographie. Weinheim (u. a.) 1997. 391 S. – Rez.: Roelof van Gelder in: NRC Handelsblad. Amsterdam, 12. Dezember 1997. – Rez.: Walter Hinck in: Frankfurter Allgemeine Zeitung. Frankfurt a. M., 9. Dezember 1997. – Rez.: George F. Peters in: The German Quarterly. Vol. 71, Appleton, Wis. 1998, Nr. 3. S. 284–298. – Rez.: Harro Zimmermann in: Frankfurter Rundschau. Frankfurt a. M., 13. Dezember 1997.

Reich-Ranicki, Marcel: Der Fall Heine. Stuttgart 1997. 128 S. – Rez.: Walter Hinck in: Frankfurter Allgemeine Zeitung. Frankfurt a. M., 9. Dezember 1997. – Rez.: Harro Zimmermann in: Frankfurter Rundschau. Frankfurt a. M., 13. Dezember 1997.

Schwamborn, Frank: Maskenfreiheit. Karnevalisierung und Theatralität bei Heinrich Heine. München 1998. 244 S. (Zugl.: München, Uni., Diss. 1998). – Rez.: Gerda Kaltwasser in: HJb '99. S. 289–290.

Seidel, Jürgen: Harry Heine und der Morgenländer. Roman. Weinheim (u. a.) 1997. 235 S. – Rez.: Karin Füllner in: HJb '99. S. 280–282.

Selden, Camille: Heinrich Heines letzte Tage. Bodenheim 1997. 106 S. (Nachdruck der Erstausgabe von 1884.) – Rez.: Harro Zimmermann in: Frankfurter Rundschau. Frankfurt a. M., 13. Dezember 1997.

Stauf, Renate: Der problematische Europäer. Heinrich Heine im Konflikt zwischen Nationenkritik und gesellschaftlicher Utopie. Heidelberg 1997. VI, 517 S. (Beiträge zur neueren Literaturgeschichte. F. 3. Bd. 154) – [Zugl.: Berlin, Techn. Uni., Habil.-Schrift, 1996]. – Rez.: Walter Hinck in: Frankfurter Allgemeine Zeitung. Frankfurt a. M., 9. Dezember 1997. – Rez.: George F. Peters in: The German Quarterly. Vol. 71, Appleton, Wis. 1998, Nr. 3. S. 284–298. – Rez.: Harro Zimmermann in: Frankfurter Rundschau. Frankfurt a. M., 13. Dezember 1997.

Trilse-Finkelstein, Jochanan: Gelebter Widerspruch. Heinrich Heine Biographie. Berlin 1997. 420 S. – Rez.: Walter Hinck in: Frankfurter Allgemeine Zeitung. Frankfurt a. M., 9. Dezember 1997. – Rez.: Harro Zimmermann in: Frankfurter Rundschau. Frankfurt a. M., 13. Dezember 1997.

Wilamowitz-Moellendorff, Erdmann von / Günther Mühlpfordt: Heine-Bibliographie 1983–1995. Stiftung Weimarer Klassik, Herzogin Anna Amalia Bibliothek. Stuttgart (u. a.) 1998. XIII, 396 S. (Personalbibliographien zur neueren deutschen Literatur. Bd. 2). – Rez.: George F. Peters in: The German Quarterly. Vol. 71, Appleton, Wis. 1998, Nr. 3. S. 284–298.

Windfuhr, Manfred: Rätsel Heine. Autorprofil – Werk – Wirkung. Heidelberg 1997. 439 S. (Reihe Siegen. Beiträge zur Literatur-, Sprach- und Medienwissenschaft. Bd. 133). – Rez.: George F. Peters in: The German Quarterly. Vol. 71, Appleton, Wis. 1998, Nr. 3. S. 284–298. – Rez.: Harro Zimmermann in: Frankfurter Rundschau. Frankfurt a. M., 13. Dezember 1997.

Wolf, Hubert / Wolfgang Schopf: Die Macht der Zensur. Heinrich Heine auf dem Index. Düsseldorf 1998. 272 S. – Rez.: Christoph Bartscherer in: HJb '99. S. 294–297.

Zimmermann, Harro: Aufklärer, Jude, Fabelkönig. Viele Bücher und ein neuer Streit um Heinrich Heine. – In: Frankfurter Rundschau. Frankfurt a. M., 13. Dezember 1997. [Sammelrezension]

4 Rezeption

4.1 Das Werk auf der Bühne, Vertonungen

Kaltwasser, Gerda: Ironische Vision und bittere Medizin. Heine-Feier von 1909 zu Eulenbergs 50. Todestag. – In: Rheinische Post. Düsseldorf, 6. September 1999.

Schieffer, Hans Hubert / Hermann Josef Müller: Neue Musik in Düsseldorf seit 1945. Ein Beitrag zur Musikgeschichte und zum Musikleben der Stadt. Mitarb. Jutta Scholl. Köln 1998. 239 S.

Unter jedem Grabstein eine Weltgeschichte. Heine-Rezitationen in der Reihe ›Litteracustic‹ des Aschaffenburger Geschichtsvereins. – In: Main-Echo. Aschaffenburg, 19. Dezember 1998.

4.2 Literarische Essays und Dichtungen zu Heine

Gernhardt, Robert: Vor der letzten Nacht hat es sich nicht ausgelacht. Abgekupfert u. d. zeitungspapierenen Vergänglichkeit entrissen von Ulrich Alpers. Esslingen 1999. 25 S. (Aus: Frankfurter Allgemeine Zeitung. Frankfurt a.M., 13. Dezember 1997)

Hacks, Peter: Die Gedichte. Hamburg 2000. 466 S.

Mann, Klaus: Gedichte und Chansons. Hrsg. von Uwe Naumann u. Fredric Kroll. Mit Radierungen von Inge Jastram. Schriesheim 1999. 107 S.

Rühmkorf, Peter: Von mir zu Euch für uns. Göttingen 1999. 221 S.

Voss, Monika: Düsseldorwer Dönekes zom Schmökere on Schmonzele. Düsseldorf 1997. 200 S.

4.3 Audiovisuelle Medien

1848–1949. Ein Jahrhundert deutscher Geschichte. Mannheim 1997. 1 CD-ROM.

Boy Gobert spricht Heinrich Heine. Wiedergabe einer Lesung in den Kölner Kammerspielen am 9. Januar 1966. o. O. 1998. 1 CD.

Deutsche Literatur von Lessing bis Kafka. Ausgew. von Mathias Bertram. Berlin 1998. (Digitale Bibliothek. Bd. 1) 1 CD-ROM.

Für Dich. Die deutschen Stimmen von Bruce Willis, Robert de Niro, Jack Nicholson u. a. sprechen die schönsten Liebesgedichte. Stuttgart 1999. 1 CD.

Heine, Heinrich: Atta Troll. Für den freien Vortrag bearb. u. präsentiert von Ernst Pilick. Augsburg 1997. (Reihe Mitschnitt. 15) 1 MC.

Heine, Heinrich: Deutschland. Ein Wintermärchen. Gelesen von Gerd Wameling. Produktion Sender Freies Berlin 1997. München 1999. (Klassiker Welten) 1 MC.

Heine, Heinrich: »Genialer Künstlerschweiß«. Juliane Kosarev u. Michael Proksch (Klavier). o. O. 1997. 1 CD.

Heine, Heinrich: Die Harzreise. Reisebilder. Gelesen von Gert Westphal. Studioaufnahme 1994. Hamburg 1995. 3 MC's.

Heine, Heinrich: Ich weiß nicht, was soll es bedeuten. Autorenporträt zusammengest. u. geles. von Gert Westphal. Mitschnitt einer Lesung in Schloß Reinbek am 11. 3. 1990. Hamburg 1991. 1 MC. – ders.: 2 CD's.

Heine, Heinrich: Ideen. Das Buch le Grand. Gestaltet von Dirk Boelling. Düsseldorf ca. 1998. 2 MC's.

Heine, Heinrich: »Küßt mir aus der Brust das Leben«. Lyrik und Prosa gesprochen von Matthias Friedrich. München o. J. 1 MC.

Heine, Heinrich: Die Memoiren des Herrn von Schnabelewopski. Musik: Anton Reicha; Sprecher: Gerd Udo Feller. München 1998. (Klassiker der Literatur; Naxos Hörbücher) 1 CD.

Heine, Heinrich: Oh, Deutschland, meine ferne Liebe. Cornelia Kühn-Leitz rezitiert heiter und aggressiv, spöttisch und romantisch Lyrik und Prosa. Studioaufnahme. Hannover 1997. 1 CD.

Heine, Heinrich: Werke. Ausgew. von Mathias Bertram. Hörtext: »Die Harzreise«. Vorgetragen von Achim Hübner. – Christian Liedtke: Heinrich Heine. Berlin 1998. (Digitale Bibliothek. Bd. 7) 1 CD-ROM.

Heine-Lieder. Schubert, Schumann, Wieck, Mendelssohn, Liszt, Brahms, Grieg. Leonardo Wolovsky (Bariton) u. Andrea Passigli (Klavier). Live-Mitschnitt 1995 u. 1996 in Florenz. Fibbiana 1998. 1 CD.

Heine-Vertonungen. Robert Schumann, Hugo Wolf, Richard Wagner. Ulrich Schütte (Bassbariton), Gary Holt (Klavier). Mainz 1995. 1 CD.

Heinrich Heine, Zeit Leben Werk. Erstmals alles von und über Heinrich Heine. Hrsg. von Wolfgang Decker, Jürgen von Esenwein (u.a.). Stuttgart 1997. 1 CD-ROM.

Heinrich Heine Zwischentöne. Irina von Bentheim liest Texte von u. über Heinrich Heine. Thilo Deutsch singt eigene Vertonungen von Heine Lyrik. Live-Mitschnitt. Berlin ca. 1998. 1 CD.

Johann Wolfgang von Goethe, Zeit, Leben, Werk. Hrsg. von Jürgen von Esenwein, Harald Gerlach (u.a). Berlin (u.a.) 1999. 1 CD-ROM.

Lieder zu Gedichten von Heinrich Heine. Meier, Gardeweg, Hömberg, Medek, Eisler. Ulrich Schütte (Bassbariton). Bad Honnef 1997. 1 CD.

Lippe, Jürgen von der / Mario Hené: Die andere Seite. Gedichte von Goethe, Brecht, Kästner, Fontane u.v.a. Musik von Mario Hené. Berlin 1999. 1 CD.

Weimar literarische Begegnungen. Hörtexte der Ausstellung ›Zeitreisen zu Fuß in Weimar‹. Leipzig 1998. 3 DC's.

4.4 Bildende Kunst / Denkmäler

Aulich, Uwe: Heine-Denkmal soll an der Neuen Wache stehen. Bezirksamt lädt heute zur Anhörung ein. Neue Debatte zu den Standbildern Unter den Linden. – In: Berliner Zeitung. Berlin, 28. Oktober 1998.

Bernhardt, Rüdiger: Peter Hilles Denkmal für Heinrich Heine. – In: Hille-Blätter. 15. Jahrbuch der Peter-Hille-Gesellschaft. Nieheim 1998. S. 7–45.

Bott, Barbara: ›Verdorben, gestorben‹, ein ›Gemäldegedicht‹ als Nachtrag zum Heine-Jahr 1997. – In: Informationen aus dem Hessischen Landesmuseum in Darmstadt. Darmstadt 1998, 1. S. 17–18.

Dieckmann, Friedrich: Eine Berliner Generalverwirrung. Mal hier, mal da, mal dort, mal irgendwo : Die Neue Wache und andere Berliner Denkmalfragen. – In: Frankfurter Allgemeine Zeitung. Frankfurt a. M., 9. Februar 1999.

Heine-Brunnen in New York in neuem Glanz. – In: Jan Wellem. Jg. 73, Düsseldorf 1999, H. 4. S. 12.

Moritz Daniel Oppenheim. Die Entdeckung des jüdischen Selbstbewußtseins in der Kunst. Jewish Identity in 19th Century Art. Jüdisches Museum der Stadt Frankfurt a. M. 16. Dezember 1999

- 2. April 2000. Hrsg. von / ed. by Georg Heuberger u. Anton Merk. Köln, Frankfurt a. M. 1999. 413 S. [Text deutsch, engl.]

Oppenheim, Moritz Daniel: Erinnerungen eines deutsch-jüdischen Malers. Hrsg. u. mit einem Nachw. vers. von Christmut Präger. Heidelberg 1999. 144 S.

Riemann, Johannes: Heine-Brunnen in New York : Schönheitskur für Loreley. Düsseldorfer Delegation bei Neueinweihung des Denkmals in der Bronx. – In: Magazin der Heinrich-Heine-Universität Düsseldorf. Duisburg 1999, Nr. 4. S. 18–19.

Riemann, Johannes: Letzte Chance vor Verfall : Düsseldorfer Karin Schedler und Dr. Hermann Klaas engagieren sich für das Heine-Denkmal in New York. – In: Rheinische Post. Düsseldorf, 22. Februar 1999.

Schubert, Dietrich: »Jetzt wohin?« Heinrich Heine in seinen verhinderten und errichteten Denkmälern. Köln (u. a.) 1999. 380 S. (Beiträge zur Geschichtskultur. Bd. 17)

Tribulations posthumes d'une figure de poète. Images commentées par Bernd Kortländer. – In: romantisme, Jg. 28, Paris 1998, Nr. 101. S. 63–71.

Wulf, Erich: Das Berliner Heine-Denkmal von Waldemar Grzimek. – In: HJb '99. S. 215–224.

Yamashita, Hideo: Hideo Yamashita. Illustration portforio. Tokio 1996. 71 S. (Art Box Gallery)

4.5 Heinrich-Heine-Gesellschaft / Heinrich-Heine-Institut / Gedenkstätten / Weitere Forschungsinstitutionen

Antje Vollmer übernimmt Heine-Professur. Die Universität gewinnt Grüne als sechste Inhaberin des Gast-Lehrstuhls. – In: Rheinische Post. Düsseldorf, 16. Oktober 1999.

Besuch bei Heine und Goethe. Varnhagen-Gesellschaft tagt demnächst in Düsseldorf. – In: Rheinische Post. Düsseldorf, 18. November 1999.

Bittner, Helga: Papierner Schatz im Schrank : Im Heinrich-Heine-Institut wird Archivarbeit für Studenten angeboten. – In: Rheinische Post. Düsseldorf, 15. März 2000.

Ein Dichter fürs Leben. Heinrich-Heine-Institut, lebendiges Denkmal für Heine. – In: Top Magazin Düsseldorf. Jg. 19, Düsseldorf 2000, Nr. 1. S. 141–142.

›Du hättest in Bonn bleiben sollen‹. Die Heinrich-Heine-Gesellschaft reiste auf den Spuren ihres Dichters. – In: Rheinische Post. Düsseldorf, 6. November 1999.

Füllner, Karin: Museumsnacht im Heinrich-Heine-Institut in Düsseldorf. – In: ALG Umschau. Berlin 1999, Nr. 23. S. 30.

Gesamtkatalog Museum: Museen, Kunsthallen, Archive, Bibliotheken, Vereine. Verbände, Kulturbehörden, Partner. Hrsg. von Hans J. Heinrich. Berlin 1998. 880 S.

Gödden, Walter: Die Großen und die Kleinen. Literaturgeschichte u. Literarische Gesellschaften, Literarische Gedenkstätten u. Literaturarchive in NRW. – In: KulturTrip. Düsseldorf 1995, Nr. 3. S. 3–11.

›Großer Mann im seidenen Rock‹. – In: Das Tor. Jg. 65, Düsseldorf 1999, H. 6. S. 8.

Hansen, Volkmar: ›Aufklärung und Skepsis‹. Heinrich Heine zum 200. Geburtstag. (Internationaler Heine-Kongreß v. 25.–30.5.1997 in Düsseldorf, veranstaltet von der Heinrich-Heine-Universität und dem Heinrich-Heine-Institut; Kongreßbericht) – In: Zeitschrift für Germanistik. NF, Frankfurt a. M. 1998, Nr. 1. S. 156.

Heine auf der neuen Art/Card. Ein Jahr gültiges Gemeinschaftsbillett der Museen. – In: Düsseldorfer Museen. Jg. 17, Düsseldorf 1997, Nr. 1. S. 3.

Heine-Gastvorlesungen beginnen im Mai. – In: Magazin der Heinrich-Heine-Universität Düsseldorf. Duisburg 2000, Nr. 1. S. 5.

Hirsch, Helmut: Kein Griffel spitz genug. Gedenken an Inge Hermstrüwer. – In: Düsseldorfer Hefte. Jg. 44, Düsseldorf 1999, Nr. 10. S. 58–59.

Hoffmann, Rainer: Im Zeichen der Birne : Daumier und Heine. Ausstellung in Düsseldorf. – In: Neue Zürcher Zeitung. Zürich, 8. Januar 1999.

Hoffmann, Rainer: Transfers culturels. Das Heinrich-Heine-Institut in Düsseldorf. – In: Neue Zürcher Zeitung. Zürich, 21. Februar 1995.

Kaltwasser, Gerda: Durch Sprache riechen, schmecken. Ingeborg-Bachmann-Preisträgerin Terézia Mora las im Heine-Institut. – In: Rheinische Post. Düsseldorf, 8. November 1999.

Kaltwasser, Gerda: In Pyrenäen auf den Spuren des Dichters wandeln. Heine-Gesellschaft : alter Vorstand wiedergewählt. – In: Rheinische Post. Düsseldorf, 20. März 1999.

Kruse, Joseph Anton: Die Ausstellung als Kunstwerk : Mit Beispielen aus dem Heinrich-Heine-Institut, Düsseldorf. Düsseldorf 1999. 6 S. [Manuskript eines Vortrages gehalten am 1. Juni 1999 in Tartu; das Manuskript liegt in dt. u. engl. vor; die estnische Fassung ist abgedr. in: Paar Sammukest , 16 (1999), S. 51 – 53.] – ders. in: ALG Umschau. Berlin 2000, Nr. 24. S. 5–7.

Kruse, Joseph Anton: Nachruf auf Inge Hermstrüwer. – In: HJb '99. S. 338–339.

Kruse, Joseph Anton: Woher und Wohin – Nachlaßsammlungen nach dem Zufallsprinzip? – In: Literaturarchive und Literaturmuseen der Zukunft. Bestandsaufnahme und Perspektiven. Hrsg. von Angelika Busch u. Hans-Peter Burmeister. Loccum 1999. (Loccumer Protokolle. 18/99)

Literarische Gesellschaften in Deutschland. Ein Handbuch. Hrsg. Arbeitsgemeinschaft Literarischer Gesellschaften. Bearb. von Christiane Kussin. Berlin 1995. 390 S.

Richthofen, Alice von: Opfer des Genie-Kults : Heine und sein Idol Goethe. ›Großer Mann im seidenen Rock‹. – In: Düsseldorfer Hefte. Jg. 44, Düsseldorf 1999, Nr. 7. S. 36–37.

Schaar, Thorsten: Schlinks Ausleger. – In: coolibri. Düsseldorf 2000, Februar. S. 14.

Tilch, Marianne: Veranstaltungen des Heinrich-Heine-Instituts und der Heinrich-Heine-Gesellschaft e.V. Januar bis Dezember 1998. – In: HJb '99. S. 333–337.

Vahl, Heidemarie: Ausstellungen des Heinrich-Heine-Instituts. – In: Nahe Ferne. Düsseldorf 1999. S. 48–101.

Vahl, Heidemarie: Bewegtes Leben bis zur Lähmung. ›Matratzengruft und Reisekoffer‹. Installationen von Burgi Kühnemann. – In: Düsseldorfer Museen. Jg. 17, Düsseldorf 1997, Nr. 1. S. 7.

Voges, Regina: Die Vorarbeiter der Nachwelt. Das Sammeln von Handschriften ist eine Sache von Verstand und Gefühl. – In: Sammler Journal. Jg. 29, Schwäbisch Hall 2000, Nr. 5. S. 142–146.

4.6 Heinrich-Heine-Preis der Landeshauptstadt Düsseldorf

Enzensberger, Hans Magnus: Über die gutmütigen Deutschen. Rede zur Verleihung des Heinrich-Heine-Preises 1998. – In: HJb '99. S. 246–253.

Heine-Preis nun bei 25000 Euro. – In: Das Tor. Jg. 65, Düsseldorf 1999, H. 10. S. 17.

Heinrich-Heine-Preis ist nunmehr mit 25000 Euro dotiert. – In: Düsseldorfer Hefte. Jg. 45, Düsseldorf 2000, Nr. 5. S. 6.

Lepenies, Wolf: Zorn altert, Ironie ist unsterblich. Laudatio auf Hans Magnus Enzensberger. – In: HJb '99. S. 254–262.

Merten, Ulrike: Ironie als Würze der Wahlverwandtschaft. Heinrich Heine und sein Preisträger Wladyslaw Bartoszewski. – In: Neue Rhein Zeitung. Düsseldorf, 14. Dezember 1996.

Rügemer, Werner: Von der moralischen Überdüngung des Mobs. Zur Geistesverfassung des Heine-Preisträgers Enzensberger und seines Publikums. – In: Junge Welt. Berlin, 4. Januar 1999.

Veranstaltungen
des Heinrich-Heine-Instituts und der Heinrich-Heine-Gesellschaft e.V.

Januar bis Dezember 1999

Zusammengestellt von Marianne Tilch

Abkürzungen: HHI   Heinrich-Heine-Institut, Düsseldorf
              HHG   Heinrich-Heine-Gesellschaft e.V.
Wenn nicht anders angegeben, gilt als Veranstaltungsort das Heinrich-Heine-Institut, Düsseldorf, und als Veranstalter die Heinrich-Heine-Gesellschaft in Verbindung mit dem Heinrich-Heine-Institut.

bis 7.2.1999   Ausstellung: »Zwei Zeitmaler in Paris«: Heinrich Heine und Honoré Daumier (seit 6.12.1998).

28.1.1999   Lesung im Rahmen der Sonderausstellung »Zwei Zeitmaler in Paris«: Heinrich Heine und Honoré Daumier. Hanna Seiffert, Düsseldorfer Schauspielhaus, und Peter Welk lesen Texte aus Heines »Lutezia«.

3.2.1999   Der Blick von unten. H. Heine und Johann Wolfgang von Goethe. Vortrag von Prof. Dr. Jost Hermand.

7.2.1999   Führung durch die Sonderausstellung »Zwei Zeitmaler in Paris«: Heinrich Heine und Honoré Daumier.

14.2.1999   Feier zum 70. Geburtstag von Rolfrafael Schröer. Veranstalter: Literaturbüro NRW e.V., HHI.

17.2.1999   Ausstellungseröffnung: »... als wären mir Flügel verliehen«. Fanny Lewald: Geschichte einer Emanzipation (17.2.-14.3.1999). Ausstellungskonzeption: Dr. Gabriele Schneider.
                  Einführung: Dr. Gabriele Schneider; Lesung: Manuela Alphons.

24.2.1999   Zum 200. Todestag Georg Christoph Lichtenbergs: Ein »Mann von Kopf« und seine »Wörterwelt«: Ein »Sprach- und Schallwerk«. Prof. Dr. Karl Riha, Heike Schmidt, Ingeborg Eberts, Martin Gerke und Walter Pusch rezitieren aus den »Sudelheften« und anderen Schriften. Veranstalter: HHI, HHG in Zusammenarbeit mit der Lichtenberg-Gesellschaft.

11.3.1999	Donnerstagsvorstellung. Literatur im Schnabelewopski Wilhelm Boeger liest: »Der Leihbeamte«. Berichte aus Bonn, Schwerin und anderen Kleinstädten«. Moderation: Dr. Karin Füllner.
14.3.1999	Die Stube der Lewald – ein Forum der Literatur. Vortrag von Dr. Gabriele Schneider.
18.3.1999	Mitgliederversammlung der Heinrich-Heine-Gesellschaft e.V. mit Wahl des Vorstandes. In ihren Ämtern wurden bestätigt: Johanna von Bennigsen-Foerder als 1. Vorsitzende; Bernd Diekmann als 2. Vorsitzender; Prof. Dr. Joseph A. Kruse als Geschäftsführer und Bernd Eversmann als Schatzmeister. Im Anschluß daran: »Der Wächter am Rhein«. Anmerkungen zu den Neuerwerbungen für das Heinrich-Heine-Institut. Vortrag von Prof. Dr. Joseph A. Kruse. Sonderausstellung der Neuerwerbungen im Foyer des Museums.
21.3.1999	Ausstellungseröffnung: Robert Schumann. 150 Jahre »Album für die Jugend«. Ausstellung des Robert-Schumann-Hauses, Zwickau, in Verbindung mit der Robert-Schumann-Forschungsstelle, Düsseldorf (21.3. -2.5.1999). Einführung: Dr. Gerd Nauhaus, Robert-Schumann-Haus, Zwickau. Musikalische Umrahmung: Schülerinnen und Schüler des Theodor-Fliedner-Gymnasiums, Düsseldorf.
21.3.1999	Führung durch die Sonderausstellung Robert Schumann. 150 Jahre »Album für die Jugend« mit Dr. Bernhard R. Appel.
15.4.1999	Buchvorstellung: Wilhelm Gössmann: »Die sieben Männer«. Einführung: Dr. Karin Füllner.
18.4.1999	Moskau / Düsseldorf 1999. Alexander Puschkin zum 200. Geburtstag. Eröffnungsveranstaltung. Grußwort: Joachim Erwin, Bürgermeister; Festvortrag: Alexander Puschkin zum 200. Geburtstag von Prof. Dr. Rolf-Dietrich Keil. Veranstalter: HHI, Literaturbüro NRW e.V., VHS Düsseldorf, Grupello Verlag, Kontakty. Deutsch-Russischer Kreis e.V., Düsseldorf.
22.4.1999	Donnerstagsvorstellung. Literatur im Schnabelewopski Clemens-Peter Bösken liest aus seinem Düsseldorf-Krimi »Zwergenwerfen«.
24.4.1999	Führung durch die Sonderausstellung Robert Schumann. 150 Jahre »Album für die Jugend« mit Dr. Bernhard R. Appel.
25.4.1999	Moskau / Düsseldorf 1999. Alexander Puschkin zum 200. Geburtstag. Lesung und Gespräch. Matinee mit den Schriftstellern Olga Barasch, Genrich Sapgir und Alexander Nitzberg. Veranstalter: HHI in Zusammenarbeit mit Kontakty. Deutsch-Russischer Kreis e.V., Düsseldorf.
9.5.1999	Ausstellungseröffnung: »Großer Mann im seidenen Rock«. Heines Verhältnis

zu Goethe (9.5.–1.8.1999). Ausstellungskonzeption: Heidemarie Vahl und Dr. Ursula Roth.
Thomas Huber und Winfried Küppers vom Düsseldorfer Schauspielhaus lesen Texte von Heine und Goethe.
Weitere Station: Universitätsbibliothek der Fernuniversität – Gesamthochschule Hagen.

16.5.1999   Führung durch die Sonderausstellung »Großer Mann im seidenen Rock«. Heines Verhältnis zu Goethe.

20.5.1999   Donnerstagsvorstellung. Literatur im Schnabelewopski
Margot Schroeder liest aus ihrem neuen Buch »Oktobertee«.

27.5.1999   Autorinnen aus Wien zu Gast im Heinrich-Heine-Institut.
Friederike Mayröcker liest »brütt«. Veranstalter: HHI, HHG in Zusammenarbeit mit der Düsseldorfer Antiquariatsmesse.

30.5.1999   Autorinnen aus Wien zu Gast im Heinrich-Heine-Institut.
Ilse Aichinger liest »Verschenkter Rat«. Veranstalter: HHI, HHG in Zusammenarbeit mit der Düsseldorfer Antiquariatsmesse.

10.-13.6.1999   Bücherbummel auf der Kö
Heinrich-Heine-Institut und Heinrich-Heine-Gesellschaft e.V. präsentieren sich.

13.6.1999   Führung durch die Sonderausstellung »Großer Mann im seidenen Rock«. Heines Verhältnis zu Goethe.

19.6.1999   Museumsnacht im Heine-Institut
Erich Kästner zum 100. Geburtstag. »Wer das, was schön war, vergißt, wird böse / wer das, was schlimm war, vergißt, wird dumm«. Ein literarisch-musikalisches Programm mit Herbert Kromann und Peter Hecking (Kontrabaß).
Führung durch die Sonderausstellung »Großer Mann im seidenen Rock«. Heines Verhältnis zu Goethe.
Musikalische Soiree mit Klaviermusik aus der Heine-Zeit mit Werken von Robert Schumann und Johannes Brahms. In Zusammenarbeit mit der Clara-Schumann-Musikschule. Ausführende: Maria Basel, Niklas Füllner und Yevgeny Peyryk.
»Anfangs wollt' ich fast verzagen«. Heinrich Heine. Ein Leben in Liedern. theater im palais (Berlin) mit Jens-Uwe Bogadtke, Carl Martin Spengler und Henry Krtschil (Klavier). Programm und Regie: Barbara Abend.

21.-25.6.1999   Sommerferienprogramm: »Hexenküche bei Heine«. Von Teufeln und zauberhaften Frauen. Für Schülerinnen und Schüler von 8 bis 12 Jahren.

27.6.1999   Führung durch die Sonderausstellung »Großer Mann im seidenen Rock«. Heines Verhältnis zu Goethe.

1.8.1999	Führung durch die Sonderausstellung »Großer Mann im seidenen Rock«. Heines Verhältnis zu Goethe.
14.8.1999	Ausstellungseröffnung: »Verlag zu vier Händen«. Fünfzig Jahre Eremiten-Presse (15.8.-3.10.1999). Grußwort: Prof. Dr. Joseph A. Kruse; Einführungsvortrag: »Bildschriften« von Thomas Kling.
19.8.1999	Donnerstagsvorstellung. Literatur im Schnabelewopski Wolfgang Reinke liest aus seinem Gedichtband »Paßwort«.
29.8.1999	Führung durch die Sonderausstellung »Verlag zu vier Händen«. Fünfzig Jahre Eremiten-Presse mit den Verlegern Jens Olsson und Fridolin Reske.
1.9.1999	Literaturcafé Schnabelewopski Buchpräsentation: Jelena Schwarz (St. Petersburg): »Das Blumentier«. Gedichte. Es lesen Jelena Schwarz (russisch) und Alexander Nitzberg (deutsch). Moderation: Dr. Karin Füllner. Veranstalter: HHI und Grupello Verlag.
4.9.1999	Herbert Eulenberg zum 50. Todestag. Wiederaufführung der Heinrich-Heine-Feier von 1909. Dr. Bernd Kortländer: Einleitende Worte zu Herbert Eulenberg. Dr. Karin Füllner: Die Morgenfeiern des Schauspielhauses Düsseldorf. Mit Winfried Küppers (Herbert Eulenberg); Manuela Alphons (Elsa Valéry); Thomas Huber (Alfred Breiderhoff); Dieter Prochnow (Franz Everth); Daniel Shay (Gustav Schützendorf); Raimund Laufen (Klavier). Veranstalter: HHI, HHG mit Unterstützung des Kulturamtes der Stadt Düsseldorf.
14.9.1999	Der Schriftsteller als »Blutzeuge für das Wort«. Von Märtyrern, Helden und Verrätern im Zeichen der Karlsbader Zensur. Vortrag von Dr. Peter Stein.
17.9.1999	Zum 240. Geburtstag von Robert Burns: »Liebe und Freiheit«. Ein Programm mit Liedern und Gedichten des schottischen Dichters. Von und mit Uli Zähringer und Rudi Camerer.
23.9.1999	Alphons Silbermann liest aus seinem neuen Buch: »Flaneur des Jahrhunderts. Rezitative und Arien aus einem Leben«.
26.9.1999	»Brauchen wir Ketzer?« Fritz Beer (London) im Gespräch mit Ralph Giordano (Köln).
3.10.1999	Finissage der Ausstellung »Verlag zu vier Händen«. Fünfzig Jahre Eremiten-Presse. Gerhard Rühm liest Märchen, Fabeln und Romanzen.
7.10.1999	Ungarische Autorinnen und Autoren in Düsseldorf. György Dalos liest aus seinem Roman »Der Gottsucher«; Mihály Kornis liest

aus seinem Roman »Der Held unserer Geschichte«. Veranstalter: HHI, Literaturbüro NRW e.V. und Literatur bei Rudolf Müller.

10.10.1999   Ausstellungseröffnung: »Bildersprache«. Künstlerische Arbeiten zu Texten von Gertrud Boernieck, Eri Krippner und Petra Kurze (10.10.-7.11.1999). Grußwort: Prof. Dr. Joseph A. Kruse; Einführung: Bildgewordenes Wort von Petra Kurze (Münster).

15.10.1999   »Venus und Loreley«. Die Wandlungen des Frauenbildes in der Lyrik Heinrich Heines. Vortrag von Dr. Geertje Suhr.

21.10.1999   Donnerstagsvorstellung. Literatur im Schnabelewopski Christoph Peters liest »Stadt Land Fluß«.

23.10.1999   »Briefkultur im Vormärz«. Kolloquium.
Begrüßung und Einführung: Prof. Dr. Joseph A. Kruse, Dr. Michael Vogt, Dr. Bernd Füllner.
Dr. Olaf Briese: Krise, Krankheit, Katastrophe. Brief und Selbsterhaltung.
Dr. Wolfgang Bunzel: Brief – Edition – Roman. Zu Bettine von Arnims epistolarischem Werk.
PD Dr. Martin Friedrich: Der Briefwechsel zwischen Friedrich Wilhelm IV. von Preußen und Christian Carl Josias von Bunsen.
Prof. Dr. Joseph A. Kruse: Heine-Briefe. Literarische Qualität und biographische Quelle.
Ute Promies M.A.: Probleme der Gutzkow-Briefedition.
Dr. Bernd Kortländer: Probleme einer Laube-Briefedition.
Veranstalter: Forum Vormärz Forschung e.V., Bielefeld, HHG.

24.10.1999   Gespräch und Lesung mit Eri Krippner in der Sonderausstellung »Bildersprache«. Künstlerische Arbeiten zu Texten.

29.10.1999   Ungarische Autorinnen und Autoren in Düsseldorf.
Imre Kertész liest. Veranstalter: HHI, Literaturbüro NRW e.V. und Literatur bei Rudolf Müller.

30.10.1999   Tagesausflug der Heinrich-Heine-Gesellschaft auf den Spuren des Dichters nach Bonn.
Führung durch das Haus der Sprache und Literatur mit Karin Hempel-Soos; Heine in Bonn, Kurzvortrag von Christian Liedtke M.A.; Besuch des Ernst-Moritz-Arndt-Hauses; Führung durch das Haus der Geschichte.

31.10.1999   »Europas Revolutionen 1848/49. Paris – Wien – Berlin«. Ein Programm mit Texten von Heinrich Heine, Friedrich Hebbel, Ferdinand Lassalle und Elisabeth von Österreich von Otto Steffl (Wien).

4.11.1999   Ungarische Autorinnen und Autoren in Düsseldorf.

Terézia Mora liest aus ihrem Erzählband »Seltsame Materie«. Veranstalter: HHI, Literaturbüro NRW e.V. und Literatur bei Rudolf Müller.

10.11.1999 »Mein Herz macht sich Luft in den Tönen...«. Eine theatralische Annäherung an Clara Schumann. Von und mit Jovita Dermota.

22.11.1999 Michael Blumenthal liest: »Die unsichtbare Mauer«.

2.12.1999 Literaturcafé Schnabelewopski
Lesung deutscher und polnischer Literatur im Rahmen der »Oberschlesischen Dialoge II« mit Tina Stroheker, Jan Goczol, Boleslaw Lubosz und Thomas Hoeps.
Veranstalter: HHI, HHG in Zusammenarbeit mit dem Eichendorff-Institut, der Heinrich-Heine-Universität und dem Gerhart-Hauptmann-Haus.

11.12.1999 Studierenden-Kolloquium 1999. »Die Vernunft des Herzens«. Neue Arbeiten über Heinrich Heine. Vorträge und Diskussionen.
Begrüßung: Prof. Dr. Joseph A. Kruse und Prof. Dr. Georg Stötzel.
Marcus Pfeifer: Heine und sein Bezug zum Judentum.
Jutta Nickel M.A.: Brunnengeschichten. Heines Brief aus Helgoland vom 18. Juli.
Buchvorstellung: Wilhelm Gössmann: »Literatur als Lebensnerv«.
Michaela Wirtz: Heines Deutschlandbild in der frühen Lyrik.
Christian Liedtke M.A.: Heines Zeitgedichte im Nachmärz.
Konzeption und Moderation: Dr. Karin Füllner und Holger Ehlert M.A.
Veranstalter: HHI, HHG und Germanistisches Seminar der Heinrich-Heine-Universität Düsseldorf.

12.12.1999 Düsseldorfer Schauspielhaus
Marcel Reich-Ranicki liest aus seinen Büchern »Der Fall Heine« und »Mein Leben«.
Ausstellungseröffnung: »Nahe Ferne«. 25 Jahre Heine-Museum in der Bilker Straße. Eine Ausstellung des Heinrich-Heine-Instituts mit Fotos von Rolf Purpar. (12.12.1999- 30.1.2000).
Kayoko (Klavier): Clara Schumann: »Die Loreley«; Begrüßung: Ursula Schieffer, Bürgermeisterin; Prof. Dr. Joseph A. Kruse: Zur Geschichte des Heinrich-Heine-Instituts und seinen 25 Jahren in der Bilker Straße; Heidemarie Vahl: »...ich ehre große Dichter«. Heinrich Heine als Ausstellungsthema; Annette Wojtowicz (Klavier) und Henning Erlekotte (Violine): Ignaz Pleyel: op. 48 Allegro, Andante, Rondo.
Anschließend Geburtstagstee in den Ausstellungsräumen. In der Sonderausstellung spielt Maria Ionita (Harfe); in der Ständigen Ausstellung »Nähe und Ferne« spielen Annette Wojtowicz und Henning Erlekotte.

Hinweise für die Autoren

Für unverlangt eingesandte Texte und Rezensionsexemplare können wir keine Gewähr übernehmen.

Die Autoren werden gebeten, soweit sie mit Computern arbeiten, ihre Beiträge möglichst als Ausdruck und Diskette einzusenden.

Die Manuskripte sollten folgendermaßen eingerichtet sein:

1. Im Text:

Zitate und Werktitel in doppelte Anführungszeichen.
Größere Zitate (mehr als 3 Zeilen) und Verse einrücken. Sie werden in kleinem Druck gesetzt; eine weitere Kennzeichnung entfällt.
Auslassungen oder eigene Zusätze im Zitat: [ ].
Hochzahlen (für Anmerkungen) ohne Klammer hinter den schließenden Anführungszeichen, und zwar vor Komma, Semikolon und Doppelpunkt, aber hinter dem Punkt.
Unterstreichung bedeutet Kursivsatz.

2. Fußnoten

Alle Anmerkungen fortlaufend durchnummeriert am Schluss des Manuskriptes. Hochzahlen ohne Klammer oder Punkt.
Literaturangaben in folgender Form:
a) Bücher
   – Monographien: Vorname Zuname des Verfassers: Titel. Ort Jahr, Band (röm. Ziffer), Seite.
   – Editionen: Vorname Zuname (Hrsg.): Titel. Ort Jahr, Seite.
b) Artikel
   – in Zeitschriften: Vorname Zuname des Verfassers: Titel. – In: Zeitschriftentitel Bandnummer. Jahr, Seite.
   – in Sammelwerken: Vorname Zuname des Verfassers: Titel. – In: Titel des Sammelwerks, hrsg. von Vorname Zuname. Ort Jahr, Band, Seite.
Bei wiederholter Zitierung desselben Werkes: Zuname des Verfassers [Anm. XXX], Seite.

c) Heine-Ausgaben und gängige Heine-Literatur
  – Abkürzungen nach dem Siglenverzeichnis (im Heine-Jahrbuch hinter dem Inhaltsverzeichnis) verwenden.
  – Heine-Texte möglichst im laufenden Text unter Verwendung der Abkürzungen in runden Klammern nachweisen [z.B. (B III, 100) oder (DHA I, 850) oder (HSA XXV, 120)].

3. Abkürzungen:

Zeitschriftentitel u. dgl. möglichst nach dem Verzeichnis der »Germanistik« u.ä.
S.   = Seite
hrsg. v. = herausgegeben von
Auflagenziffer vor der Jahreszahl hochgestellt.
(vgl. auch das Verzeichnis der Siglen hinter dem Inhaltsverzeichnis in diesem Jahrbuch).

4. Korrekturen:

Der Verlag trägt die Kosten für die von der Druckerei nicht verschuldeten Korrekturen nur in beschränktem Maße und behält sich vor, den Verfassern die Mehrkosten für Autorkorrekturen zu belasten.

Abbildungen

Mitarbeiter des Heine-Jahrbuchs 2000

Marianne Wirenfeldt Asmussen, Karen Blixen Museet, Rungsted Strandvej 111, DK – 2960 Rungsted Kyst

Berit Balzer, C/ Marbella, 56, E – 28034 Madrid

Dr. Christoph Bartscherer, Ludwig-Maximilians-Universität, Veterinärstr. 1, 80539 München

Dr. Alfredo Bauer, Superi 1430 – 5° »9«, 1426 Buenos Aires, Argentinien

Rudij Bergmann, Wormser Str. 5, 68309 Mannheim

Sabine Brenner M.A., Schnepperter Str. 6, 42719 Solingen

Traute-Renate Feuerhake, Karl-Müller-Str. 14, 40237 Düsseldorf

Dr. Gustav Frank, Friedhofweg 4, 91177 Thalmässing

Dr. Karin Füllner, Urdenbacher Dorfstr. 30, 40593 Düsseldorf

Prof. Dr. Achim Hölter, Jülicher Str. 16, 40477 Düsseldorf

Dr. Anne Maximiliane Jäger, Universität-Gesamthochschule Siegen, Adolf-Reichweinstr., 57068 Siegen

Gerda Kaltwasser, Schiefbahnweg 23, 40547 Düsseldorf

Prof. Dr. Gerhard Kluge, Burg Odendorf, 53913 Swisttal-Odendorf

Dr. Bernd Kortländer, Gernandusstr. 8, 40489 Düsseldorf

Dr. Tilman Krause, Leitender Literaturredakteur der Tageszeitung »Die Welt«, Axel-Springer-Str. 65, 10888 Berlin

Prof. Dr. Joseph A. Kruse, Kaiserswerther Str. 70, 40477 Düsseldorf

Christian Liedtke, Zülpicher Str. 231, 50397 Köln

Dr. François Melis, Straße 76, Nr. 85, 12524 Berlin

Prof. Dr. Oh. Han-sin, Hankuk University of Foreign Studies, Imun Dong 270, Tongdaemun-Gu, Seoul 130-791, Korea

Dr. Arnold Pistiak, Zeppelinstr. 174, 14471 Potsdam

Tanja Rudtke, Schwanter Str. 7, 91126 Rednitzhembach

Prof. Dr. Bernhard Schlink, Heilbronner Str. 3, 10779 Berlin

Dr. Thomas Schmidt-Beste, Heidelberger Akademie der Wissenschaften, Forschungsstelle Capella Sistina, Augustinergasse 7, 69117 Heidelberg

Dr. Ingeborg Schnelling-Reinicke, Ottweiler Str. 26, 40476 Düsseldorf

Sikander Singh, Höhenstr. 88, 40227 Düsseldorf

Dr. Robert Steegers, Hausdorffstr. 57, 53129 Bonn
Marianne Tilch, Metzkauser Str. 55, 40625 Düsseldorf
Dr. Gerhard Weiß, Plauener Str. 30, 67663 Kaiserslautern
Wolfgang Zöller, Karlsruher Str. 21, 30519 Hannover

Printed in the United States
By Bookmasters